新能源汽车
选购指南

二师兄汽车内容团队 组织编写

汪港 朱平 等编著

化学工业出版社

·北京·

U0319550

内 容 简 介

本书对市面上近200款全新热门主流新能源汽车进行了盘点，包含纯电动汽车、混合动力汽车和燃料电池汽车，并针对轿车、SUV、MPV等车型按不同价位区间进行细分，以"表+图+视频+文字"的形式逐一讲解。

全书对各类新能源汽车的品牌口碑、价位和车型定位、车身尺寸、性能优缺点、续航里程、充电速度、经济性、安全性、便利性等进行了综合分析，并用一句话点评这些车型的生产和销售背景、基本参数、客观亮点等，从而有效地解答了新能源汽车潜在消费者的选购疑问。

本书是新能源汽车消费者及欲选购新能源汽车的潜在用户的实用指南，也可作为新能源汽车产品研发、市场推广人员，汽车行业工程师和汽车爱好者的参考书。

图书在版编目（CIP）数据

新能源汽车选购指南 / 二师兄汽车内容团队组织编写；汪港等编著. —北京：化学工业出版社，2023.6
ISBN 978-7-122-43124-0

Ⅰ.①新… Ⅱ.①二… ②汪… Ⅲ.①新能源－汽车－选购－指南 Ⅳ.①F766-62

中国国家版本馆 CIP 数据核字（2023）第 047079 号

责任编辑：黄 滢　　　　　　　　　　　　装帧设计：水长流文化
责任校对：刘 一

出版发行：化学工业出版社（北京市东城区青年湖南街 13 号　邮政编码 100011）
印　　装：北京缤索印刷有限公司
787mm×1092mm　1/16　印张 20　字数 404 千字　2023 年 8 月北京第 1 版第 1 次印刷

购书咨询：010-64518888　　　　　　　　　售后服务：010-64518899
网　　址：http://www.cip.com.cn
凡购买本书，如有缺损质量问题，本社销售中心负责调换。

定　　价：128.00 元

我认真浏览了此书的原稿，有以下体会与广大读者分享：其一，这本书收集了截至2022年年底在中国市场销售的近200款新能源汽车，并且按照车型种类——纯电动汽车、插电式（增程式）混合动力汽车、氢燃料电池汽车以及市场销售价格档次等进行了分类介绍，对广大新能源汽车用户最为关心的性能指标（如外形尺寸、"三电"系统、动力电池组容量和续航里程、充电模式和时间、智能化配置等）进行了重点介绍；其二，此书是作者在中国以及全球新能源汽车产业发展最为迅速的十年来，在新能源汽车研发、销售、咨询等领域潜心耕耘、认真总结提炼并与行业的相关专家、工程技术人员，以及从事新能源汽车各个领域的人员进行合作、沟通的基础上完成的具有创造性的科技成果；其三，此书可以作为新能源汽车产品研发、市场推广的参考书。同时，此书对于新能源汽车用户及欲选购新能源汽车的潜在用户是一个非常实用的指南。我向新能源汽车行业推荐此书，希望作者能在新能源汽车大发展中不断对书中内容进行更新和完善。

——清华大学车辆与运载学院　教授、博士生导师　陈全世

这本书是中国汽车行业第一本收集市面上新能源车型的著作，它不仅为购车的消费者提供参考，也可以作为汽车行业工程师、专业从业人员和汽车爱好者的参考书。得益于作者与车企的深入沟通，收集的数据具有全面、完整、准确的特点。本书也为消费者购车提供了专业的选车指南，包括确定合适的品牌、车型和预算，所以一书在手，可以为消费者节省大量的市场调研时间，提高购车效率。某种程度而言，本书还可以为行业研究员和汽车分析师撰写报告提供参考数据。

——北方工业大学汽车产业创新研究中心研究员与工商管理MBA导师　张翔

专家推荐

　　中国新能源汽车产业高质量发展并领跑着全球汽车产业的大变革，国内外消费者越来越关注中国生产的新能源汽车。我经常接到准备购买新能源汽车的朋友的咨询电话，请我推荐新能源汽车的品牌、款型，我感到很为难，因为品牌众多、款型众多。本书的出版恰逢其时，为购买新能源汽车的朋友介绍了近200款车型，对社会大众全面了解各类新能源汽车进而选型购车有重要的指导作用。

——广东省新能源汽车产业协会秘书长　周发涛

　　这是了解中国市场新能源汽车不可或缺的一本书。本书从与新能源汽车消费者息息相关的汽车知识如续驶里程、充电技术、用车成本等切入，有效地解答了新能源汽车潜在消费者的选购疑问；更值得一提的是，本书大篇幅的内容集中在通过标准且合理的分类对中国市场上截至2022年年底的几乎所有的新能源汽车产品进行了综合分析，任何一位第一次考虑选购新能源汽车的消费者都可以通过阅读这本书获得对新能源汽车更全面的了解。

——国际知名汽车评论家　马克安德鲁

在动笔写之前，我翻了翻过去5年时间内找我咨询过购买新能源汽车事宜的朋友的聊天记录，大多数聊天的第一句话是以下这样的。

"我想买辆20万元的新能源汽车，你有什么推荐吗？"

"我攒够了15万元，能帮我推荐一款轿车不？"

"30万元左右的电车有什么好的推荐吗？"

"我想买辆新能源汽车，但又有点担心安全性，你能给点建议吗？"

"市面上的新能源汽车动不动就起火，真的安全吗？"

"……"

还有人让我给推荐一款纯电动越野车，这让我一时有些难选，深入聊过之后才知道，他口中的"越野车"，其实是"SUV"。

面对上述的疑问，我都会一一耐心给他们做需求分析，从车型到品牌、从用车场景到配置选择、从预算到维修保养便利性等，时间久了之后，我就把一些新能源汽车选车的思路写成了文章发表在网络上，以求让更多的人能够结合自己的真实需求找到称心如意的车。

诚然，伴随着新能源汽车行业的飞速发展，越来越多的新能源汽车产品争先恐后地进入市场，在给予消费者更多选择的同时，各式各样的新车型、新功能、新概念等也让许多消费者犯了难，不知如何选择。

但实际上，新能源汽车的选择，需要综合多方面的考量。就车型产品而言，除了外观要好看、要符合车主的审美要求之外，车辆的空间是否够大，车型的内部座舱设计是否合理、功能配置是否周全、智能网联配置是否符合预期、安全设计是否全面、续航能否满足出行需求、动力输出是否够用、底盘悬架是否舒适等，都是需要被考虑到的。

从学生时代开始，我便对汽车有着浓厚的兴趣，数年前毕业后便进入车企从事研发工作，先后任职于大众、福特等跨国车企，参与十余款新车型的设计开发工作，其中便有3款基于纯电平台研发的新能源汽车，工作期间也曾外派去往德国大众进行项目沟通，对于新能源汽车的设计开发、新车技术、智能网联、智能驾驶、行业趋势等有一定的认知；自2014年开始，持续在网络创作发表各类与汽车相关内容的文章，迄今已创作数千篇，全网络累计阅读量逾10亿次；工作之余也持续关注新能源汽车行业的各种新车型，先后试驾了百余款新能源汽车，对主流的新能源车企及旗下的主流新能源车型有一定的了解。

也因为长期在汽车行业工作，所以身边的朋友们选车、购车时，大多都会找我进行沟通交流，在用车过程中出现问题时，也会与我讨论并咨询我的建议。在上述的过程中，不少消费者展现出对于选购新能源车的迷茫。也因此，我试图基于自己对新能源汽车选购流程的理解，结合对市面上主流新能源车型的分析，为广大消费者提供一份新能源汽车购车手册，以便为大家选车提供一定的帮助。

需要提前告知给各位读者的是，由于车市新车迭代速度很快，已上市车型的配置信息也经常会因为不同的原因而产生一定的变更，因而本书中罗列的配置、功能等信息的准确性、时效性可能与实际情况存在一定的偏差，在涉及具体车型、具体配置或功能之时，还请读者以各大车企官网最新的产品信息为准，由此带来的不便，在此向各位读者表示深深的歉意。

本书由汪港、朱平、李绅、马长春编著，感谢各大车企在本书编写过程中提供的文字、图片和视频等素材，感谢陈皓杰、陆永佳、甘霖、黄薇婷等汽车行业资深人士提供的咨询支持，还要特别感谢张翔老师对本书内容提出的宝贵意见。

由于水平有限，再加上新能源汽车行业新技术层出不穷，书中不妥之处在所难免，恳请读者不吝指正。另外，由于业内新能源汽车快速迭代，在本书出版过程中，可能有部分车型已经更新换代，甚至有更多新车型不在本书的收录之中，请广大读者以官网最新版车型信息为准。针对本书，读者有任何意见和建议请发送至ershixiongcar@163.com，以便后续修订。

汪港

·目录·

① 基础知识篇

② 10万元以下级新能源汽车选购篇

③ 15万元级新能源汽车选购篇

4 20万元级新能源汽车选购篇

⑤ 25万元级新能源汽车选购篇

6 30万元级新能源汽车选购篇

7 50万元级新能源汽车选购篇

8 80万元级新能源汽车选购篇

9 80万元以上级新能源汽车选购篇

1 基础知识篇

▶ 什么是新能源汽车?

依据2020年7月30日中华人民共和国工业和信息化部令第54号公布的《工业和信息化部关于修改〈新能源汽车生产企业及产品准入管理规定〉的决定》,新能源汽车是指采用新型动力系统,完全或者主要依靠新型能源驱动的汽车。

▶ 新能源汽车如何分类?

新能源汽车的种类很多,从大类上来看,包括插电式混合动力(含增程式)汽车、纯电动汽车和燃料电池汽车(图1-1)。插电式混合动力汽车又分为串联式插电式混合动力汽车(增程式插电混合动力汽车即为串联式插电式混合动力汽车)、并联式插电式混合动力汽车、混联式插电式混合动力汽车。燃料电池汽车又有多种分类方法,按燃料种类来分类有氢燃料电池汽车、甲烷燃料电池汽车等。

(a) 插电式混合动力汽车

(b) 纯电动汽车

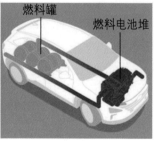
(c) 燃料电池汽车

图1-1 新能源汽车

值得注意的是,从能量来源上来看,混合动力汽车又可分为可外接充电式的混合动力汽车和不可外接充电式的混合动力汽车,其中后者由于依然采用的是传统的燃料,所以不能被归属于新能源汽车,在国内,它被划分到节能汽车的行列,也被称为油电混合动力汽车。

如图1-2所示是新能源汽车和节能汽车的分类。

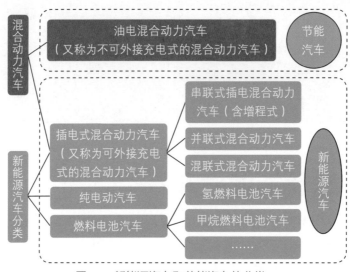

图1-2　新能源汽车和节能汽车的分类

值得一提的是，市面上也有不少48V混动车型，但也不归属新能源汽车的行列，这是因为，48V系统低电压的属性使得其峰值功率有限，单独驱动车辆行驶较为困难，因而其主要目的是适时启动以改善发动机运行状态，从而达到节能减排的目的。所以，48V弱混系统并不能直接归属新能源汽车，还是属于传统燃油汽车的范畴，如图1-3所示是搭载48V技术的别克英朗。

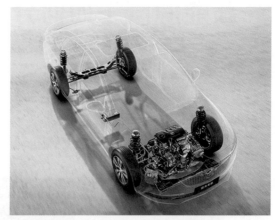

图1-3　搭载48V技术的别克英朗

▶ 什么是交流慢充和直流快充？

在了解交流慢充和直流快充的工作原理之前，先来看看交流慢充充电枪、直流快充充电枪以及与之对应的交流慢充充电桩、直流快充充电桩。

直观来看，交流慢充充电枪和直流快充充电枪的接口线孔的数量是不同的，孔径大小也是不同的，如图1-4所示，其中，交流慢充充电枪接口采用7端子结构（5大孔、2小孔），而直流快充充电枪则有9个接口（2大孔、1中孔、6小孔）。可以简单地这样记：因为直流快充充电电压和充电电流要远高于交流慢充，所以直流快充中间的2个线孔直径要大很多。

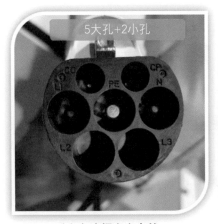

(a) 交流慢充充电枪 (b) 直流快充充电枪

图1-4 交流慢充充电枪和直流快充充电枪差异对比

从尺寸上来看，相较于交流慢充充电桩而言，直流快充充电桩的体积会显得十分庞大，原因在于其相较于交流慢充充电桩多出了交流电转直流电的整流斩波模块，如图1-5所示。此外，在外观上还可以通过充电线粗细区别两者，由于直流快充充电桩输出电流大，直流充电线会粗许多。目前在国内，大部分交流慢充充电桩的功率是3.5kW和7kW，大部分的直流快充充电桩的功率是35kW和60kW。

(a) 交流慢充充电桩 (b) 直流快充充电桩

图1-5 交流慢充充电桩和直流快充充电桩差异对比

接下来，再来看看交流慢充和直流快充原理上的差异。

所谓直流快充，就是将AC/DC转换器安置在直流充电桩内，在直流充电桩内完成交流到直流的转换，如此一来，充电枪输出的电流就直接是直流了；反观交流慢充，通过充电枪进来的是220V或380V交流充电桩输出的交流电，首先连接的是车载充电机，这个设备的作用就是将充电桩进来的交流电转化成直流电，其原理对比如图1-6所示。

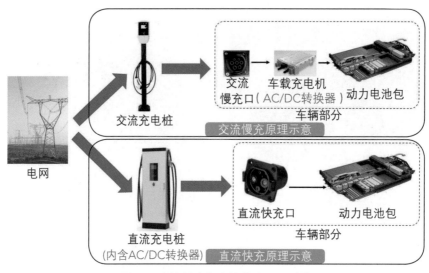

图1-6　交流慢充与直流快充原理对比

直流快充的充电电流大，是常规充电电流的十倍甚至几十倍，最快可以在15min左右充电至电池包完整容量的80%。但是，鱼和熊掌不可兼得，由于直流快充模式在短时间内对电池的冲击较大，容易导致电池活性物质脱落和电池发热，无论电池技术再完美，长期快充终究会影响电池的使用寿命；反观交流慢充，其以恒定低电流的方式给电池包充电，让电压缓慢升高，对电池的长期健康也有好处，缺点就是充电时间比较长，一般的车型需要6～10h才能将电完全充满。

什么是NEDC/CTLC/WLTC续航里程?

NEDC续航里程指的是在新欧洲驾驶循环工况（New European Driving Cycle，NEDC）下测得的续航里程，其包含有4个市区循环和1个郊区循环（模拟）。但实际上，无论是市区循环还是郊区循环，NEDC约定的测试都与实际行驶工况有较大的差异，因此，NEDC续航也与实际驾驶里程存在较大的偏差。

CLTC续航里程指的是基于中国轻型汽车行驶工况（China Automotive Test Cycle，CATC)下测得的续航里程，其又包含轻型乘用车工况(China Light-duty Vehicle Test Cycle-passenger，CLTC-P)与轻型商用车工况(China Light-duty Vehicle Test Cycle- commercial，CLTC-C)两种，用以替代此前的NEDC工况。针对乘用车，CLTC-P由低速工况、中高速工况以及高速工况三部分组成，分别与消费者日常驾车时的城市工况、郊区工况和高速工况一一对应，这是专门针对国内用车环境进行调研开发的乘用车循环测试工况，更贴近国内的驾车环境。

WLTC续航里程指的是基于全球统一轻型车辆测试循环（World Light Vehicle Test Procedure，WLTP）中约定的测试规程下所测得的续航里程。WLTP台架测试之中，考虑了四种道路类型：低速、中速、高速、额外高速，并且，WLTP标准还加入了RED测试，这就是实际道路驾驶测试，测量准确度比NEDC提高了不少。目前，欧盟已经强制要求汽车制造商进行WLTP测试和RDE测试(Real Driving Emissions，真实路况驾驶排放)，以取代原有的NEDC测试。除了可以测试纯电动汽车之外，也可以测试插电式混合动力汽车，同时可以对传统燃油汽车进行测试。

如表1-1所示，便是NEDC/CTLC/WLTC续航里程的对比。从实际测试情况来看，CLTC工况续航里程比NEDC工况续航里程更精准，比WLTC工况续航里程更符合中国市场。

表1-1　NEDC/CTLC/WLTC续航里程的对比

标准	发布者	来源	同一车型不同工况下的续航里程（插混车型）/km			同一车型不同工况下的续航里程（纯电动车）/km	
			2022年款理想ONE	2022年款问界M7	2022年款荣威RX5新能源	2021年款特斯拉Model 3	2022年款高合HiPhi X
NEDC	欧洲	新欧洲驾驶循环工况（NEDC）	61	230	188	605	630
CLTC	中国	中国轻型汽车行驶工况（CATC）	—	—	—	675	650
WLTC	美国、日本、欧洲	全球统一轻型车辆测试循环（WLTP）	52	150	155	—	—

▶ 什么是"油改电"？

油改电指的是车企在现有的燃油汽车开发平台的基础上进行设计调整，从而将其变为电驱动的新能源汽车，简单来讲便是去掉内燃机系统（包括内燃机驱动系统、油箱等），增加电动系统（包括电机驱动系统、电池包等），如图1-7所示。

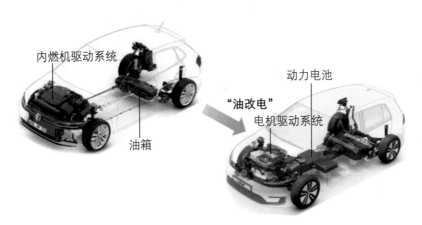

图1-7　某燃油汽车及其"油改电"车型

整体来看，虽然"油改电"车型确实承载着电动汽车时代赋予它的特殊意义，也是向纯电动汽车普及过程中的过渡产物，但弊端也比较明显，其在续航、动力性、操控性、安全性等方面均有一定的限制。

▶ 什么是纯电动汽车的"三电"？

纯电动汽车的"三电"指的是电池系统、电驱系统、电控系统，如图1-8所示。其中，电池系统负责存储能量，用瓦时（W·h）来表示，1kW·h就是一度电；电驱系统就像是燃油汽车上的动力系统，主要参数是功率和扭矩，分别用千瓦（kW）和牛米（N·m）来表示；电控系统便是电动汽车的控制中心，分别控制整车、电机和电池，对应的控制器分别是整车控制器（Vehicle Control Unit，VCU）、电机控制器（Motor Control Unit，MCU）和电池管理系统（Battery Management System，BMS）。

图1-8　纯电动汽车"三电"

值得一提的是，"三电"占据整车较高的成本（有统计数据显示为50%左右），对整车的最终性能表现也有着极大的影响，是当下消费者购买纯电动汽车关注度越来越高的方面。

▶ 购买纯电动汽车有哪些补贴政策？

2021年12月31日，财政部、工信部、科技部、发改委联合发布《关于2022年新能源汽车推广应用财政补贴政策的通知》（以下简称《通知》），自2022年1月1日起实施，如表1-2所示。

《通知》明确，2022年保持现行购置补贴技术指标体系框架及门槛要求不变（也就是说新能源汽车购置补贴标准的纯电续航里程条件不变），新能源汽车补贴标准在2021年基础上退坡30%，如对于续航里程≥400km的电动汽车而言，补贴从2021年的1.8万元降低至2022年的1.26万元。

同时，按照财建［2020］86号文件要求，新能源汽车推广应用财政补贴政策实施期限延长至2022年年底。并且，《通知》明确2022年12月31日新能源汽车购置补贴政策终止，2022年12月31日后上牌的车辆不再给予补贴。

好消息是，2022年8月，国务院常务会议决定，为扩大消费、培育新增长点和促进新能源汽车消费、相关产业升级，决定将新能源汽车免征车辆购置税政策延续至2023年年底，继续予以免征车船税和消费税、路权、牌照等支持。

表1-2 新能源乘用车补贴方案（非公共领域）   单位：万元

车辆类型	纯电动续驶里程R（工况法）/km		
	$300 \leqslant R < 400$	$R \geqslant 400$	$R \geqslant 50$（NEDC工况）/ $R \geqslant 43$（WLTC工况）
纯电动乘用车	0.91	1.26	
插电式混合动力（含增程式）乘用车	—		0.48

纯电动乘用车单车补贴金额=Min{里程补贴标准，车辆带电量×280元}×电池系统能量密度调整系数×车辆能耗调整系数
对于非私人购买或用于营运的新能源乘用车，按照相应补贴金额的0.7倍给予补贴
补贴前售价应在30万元以下（以机动车销售统一发票、企业官方指导价等为参考依据，"换电模式"除外）

▶ 传统燃油汽车和新能源汽车有何本质差异？

传统燃油汽车与新能源汽车的本质差异主要有两点：动力系统差异和能量来源差异，如图1-9所示。

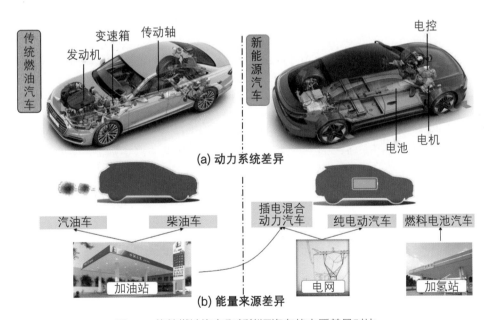

(a) 动力系统差异

(b) 能量来源差异

图1-9 传统燃油汽车和新能源汽车的本质差异对比

其中，在动力系统方面，对于传统燃油汽车而言，发动机、变速箱是核心，油箱、进气系统是辅助；对于新能源汽车而言，核心则变成了电驱、电池和电控。而在能量来源方面，对于传统燃油汽车而言是汽油或者柴油；而对于新能源汽车而言则有着多样化

的输入，比如对于纯电动汽车而言能量来源是电网，对于插电混动汽车而言，能量来源是电网和加油站，对于燃料电池汽车而言能量来源则是氢气、甲烷等。

▶ 传统燃油汽车和新能源汽车在使用/保险/保养/质保/报废方面有何差异？

传统燃油汽车和新能源汽车在使用、保险、保养、质保、报废等方面存在较大的差异，为了便于理解，接下来选择指导价为31.88万元的2022年款沃尔沃XC40燃油版（下称"XC40燃油版"）和指导价为31.5万元的2022年款沃尔沃XC40纯电动版（下称"XC40纯电动版"）进行对比，主要从5个维度展开，如表1-3所示（注：以下数据随着时间和地区的不同会有偏差，仅供参考）。

表1-3　传统燃油汽车与新能源汽车在使用/保险/保养/质保/报废方面差异对比

项目		车辆类别	
		XC40燃油版	XC40纯电版
使用方面	补能方式	加油站	私人充电桩/公共充电桩
	补能速度	3~5min加满油	慢充：10h　快充（80%）：0.67h
	能耗成本	16000元/年（每年2万千米算）	2000元/年（每年2万千米算）
保险方面		5450元	7450元
保养方面		11142元/6万千米	<1000元/6万千米
质保方面		整车：三年不限里程	整车：三年不限里程 纯电动力部件：8年或16万千米保修（以先到为准）
报废方面		60万千米的引导报废（私家车）	

（1）使用方面　在使用方面传统燃油汽车与纯电动车的差异主要有三点。

第一，传统燃油汽车需要定期去加油站加油；而纯电动汽车则需要定期充电，充电可以用私人充电桩，也可以用公共充电桩。

第二，补能时间方面，传统燃油汽车加满油时间为3~5min；对于纯电动汽车，慢充的话，补能时间约为10h，快充的话，0.67h充电至80%。

第三，能量消耗成本方面，XC40燃油版油耗约为9L/100km，按95号汽油油价9元/L来计算的话，每千米成本0.8元，按一年2万千米来计算费用为16000元；XC40纯电动版电耗约为15kW·h/100km，按1kW·h电0.65元来计算的话，每千米成本0.1元，按一年2万千米来计算费用为2000元。

（2）保险方面　在保险方面，XC40燃油版的车船税为400元（车船税全国各地略有差异，仅供参考），交强险为950元，商业险按4500元计算，总车险为5450元；XC40纯电版没有车船税，交强险为950元，商业险按6500元计算，总车险为7450元。

（3）保养方面　在保养方面，XC40燃油版的保养首保里程为10000km，保养间隔亦为10000km，在不同时间涉及的保养项目不同，主要费用如表1-4所示，按6万千米来计算，共计费用11142元。

表1-4　XC40燃油版基础保养项目

项目	1万千米	2万千米	3万千米	4万千米	5万千米	6万千米
机油	●	●	●	●	●	●
机油滤清器	●	●	●	●	●	●
空气滤清器			●			●
汽油滤清器			●			
空调滤清器		●		●		
火花塞						
共计/元	1179	1652	2082	2495	1179	2555
合计/元	11142					

注：数据来源于汽车之家。

对于XC40纯电版而言，在保养方面则简单许多，没有了燃油汽车的机油、机油滤清器、空气滤清器、火花塞等，只需要定期（每年或3万千米，时间和里程数量先到者为准）更换官方建议零售价为381元的空调滤清器即可，即便按6万千米来算，费用也仅千元。不过，由于沃尔沃官方给XC40纯电版的首任车主提供终身免费保养服务（依据沃尔沃官网2022年7月的信息），所以每年的保养费用几乎为零。

（4）质保方面　在车辆质保方面，XC40燃油版和XC40纯电版都有着三年不限里程的质保政策（法律规定家用汽车保修期不得低于3年或6万千米，以先到者为准），所有保修期限均由授权经销商开具购车发票之日起计算；针对XC40纯电版，纯电动部件（含动力蓄电池、驱动电机及电控单元）享受8年或16万千米的保修服务（以先到为准）（国家对动力电池出台过的相关政策为：厂家对其搭载的动力电池必须满足8年或12万千米的质保期），这也就意味着，对于沃尔沃XC40纯电版而言，在16万千米内，无需担心电池包的更换费用问题。

（5）报废方面　在车辆报废政策方面，新能源汽车的报废标准与传统燃油汽车一样。对于营运车辆及大型车辆，都是有强制报废年限的。但是，对于私家车则没有强制报废年限，只有60万千米的引导报废。根据《2020车辆报废年限最新规定》：家用5座位轿车以及7座位的SUV，非营运的小、微型汽车无使用年限限制。在正常行驶里程达到60万千米时，国家将引导报废，注意，不再是强制报废。超过15年以后每年必须检验2次（半年/次），如果年检不通过并且维修之后仍不通过的，或者连续3个机动车检验周期未能获得年检通过标志的，强制报废。

▶ 选购新能源汽车前需考虑清楚哪些问题？

考虑到新能源汽车和燃油汽车存在的差异，对于购买新能源汽车的消费者而言，在购车之前，需要重点关注以下5个注意事项，如图1-10所示。

图1-10　购买新能源汽车的5个注意事项

（1）用车需求　选择一款适合自己的车型，首先需要发掘自己的真实购车需求。比如，买车是为了接送孩子上学，或是为了上下班代步，或是为了多口之家出行，是否需要考虑周末短途自驾游甚至小长假出游，是否需要兼顾大空间和操控性等，这些都会直接决定要选择一款什么样的车型，需要多少的续航里程。

在这里，我们把续航里程拿出来单独聊一聊。市面上的车型种类很多，有SUV、MPV和轿车，即便是同一款车，一般也都有多个配置，对应着不同的续航里程。不同的用车需求，对应着不同的续航里程，比如只是上下班代步，300~400km的续航足以应付，如果需要结合长途用车的需求来看，那市面上500~600km续航的车型会更适合一些；不同的用车场景下，续航里程的实际衰减情况也不一样，比如在北方用车和在南方用车，电池包的实际续航衰减就会存在较大的区别，再比如夏季开空调制冷、冬季因天气冷制热等因素，都会让续航里程大打折扣。

（2）配套设施　从使用来看，新能源汽车与燃油汽车最大的区别就是补能方式，前者需要充电桩或随车充电线缆，其作用与加油站的加油机功能相似，加油机都在加油站，但充电桩的安装或分布网点，需要考虑的因素就比较多了。比如，家里或者小区里是否允许安装充电桩，社区供电设备的功率支持的是慢充桩还是快充桩，公司里充电是否方便，周边配套的公共充电桩布局是否全面等。条件允许的话，大部分人会选择把充电桩安装在家里或小区里，此时，我们就需要综合考虑充电桩等基础设施建设问题。

（3）补贴政策　补贴政策主要分为以下几种：国家补贴、地方补贴以及车企补贴。政策调整比较频繁且补贴标准也因地制宜，通常会受到厂家销售政策、车型、续航里程、上牌所在区/县、购车性质等因素影响。不同的车型、不同的续航里程，对应的补贴政策都不一样；不同的地区，地方性的补贴不一样，有的是按照最新减免后补贴政策算的，有的没有购置税，有的是限购免费充电等。此外，各家车企的限时销售政策或促销活动亦有不同，置换或者新增购车给予不同补贴等。

比如2022年因新冠疫情冲击，上海在5月30日出台的《上海市加快经济恢复和重振行动方案》，其中涉及纯电动汽车补贴政策"年内新增非营业性客车牌照额度4万个，按照国家政策要求阶段性减征部分乘用车购置税，对置换纯电动汽车的个人消费者给予一次性10000元补贴"，在购车之前需要询问清楚相关的信息，以免因误解而造成不必要的误会。

（4）质保政策　和燃油汽车不同，新能源汽车的质保主要考虑的是整车"三电"系统（即电池、电驱和电控），因此，关于电池使用寿命的质保政策至关重要。

国家对动力电池出台过的相关政策：厂家对其搭载的动力电池必须至少满足8年12

万千米的质保期，电池衰减必须满足"500次充放衰减不超过10%，1000次充放衰减不超过20%"。在国标的基础上，不同车企给出的质保政策不同，有些是8年或12万千米的"三电"质保，有些车企会提供"三电"系统终身免费质保增值服务包或者免费换电政策，购车时客户可自主选购，但可能是仅限于首任车主享受，这些对应的政策，在购车之前也务必要了解清楚且写进合同中方可生效。

（5）售后服务　由于新能源汽车市场是近几年来的新兴市场，所以品牌繁多，产品质量良莠不齐，甚至许多新兴品牌还未经过市场的长期检验，更不乏昙花一现的品牌。也因此，作为消费者，在购车前需要关注品牌的售后服务政策，确保车企有健全的售后服务机制和队伍，有能力履行"三包"义务、践行售后承诺等。

新能源汽车出现的本质是为了解决"碳中和"的问题，作为一个新兴领域，消费者在购买新能源汽车之前一定要擦亮眼睛，认清自己的真实需求，了解中意的汽车品牌。

▶ 选购新能源汽车需要重点关注哪些指标？

随着新能源汽车的普及，越来越多的消费者开始想要选购一辆新能源汽车。面对市场琳琅满目的品牌及产品，很多消费者都会感到有些不知所措。如果想要购买一辆纯电动汽车，究竟应该如何选择呢？这里总结出11个需要重点关注的指标，如图1-11所示。

图1-11　新能源汽车购车关注指标

（1）续航里程　对于新能源汽车而言，续航里程是大家关注的焦点。这两年，随着国家新能源政策的出台，车企们也在积极创新升级，电动汽车的续航里程都有了非常明显的提升。因为不同的消费者对于续航需求不尽相同，在选车时，还是需要根据自身的需求去选择，毕竟更长的续航里程就意味着更高的购车预算。从日常通勤的角度来看，纯电动汽车续航超过300km就绰绰有余了；如果需要偶尔长途出行，也可以适当考虑更高一些，500～600km一般也够用了；如果还有里程焦虑，那目前市面上超过600km的量产车型也在逐渐增加。

（2）动力性　在选车时，许多人首要关注的就是动力性，包括电机的最大扭矩以及最大输出功率。通常来说，主要看的是汽车的最高车速和0～100km/h加速时间。在日常起步的时候，纯电动汽车的驱动特性也更能让人们感受到足够的加速感，更多纯电动汽车客户看重起步加速性能，动力体验方面，往往会比燃油汽车更为出众。但是从电池续航能力方面考虑，并不是加速越快越好，瞬间动力达到峰值往往意味着耗电量的加剧，影响续航和电池寿命，所以两者需要综合考虑。

（3）经济性　我们都知道，由于纯电动汽车采用的是电力驱动，所以它比传统燃油汽车的使用成本会更低。对于纯电动汽车而言，通常可以用100km耗电量作为能耗经济性评价指标，也就是说，一辆电动汽车行驶100km到底耗费了多少电，选择电耗水平低的车型，对于日常用车成本来说也会更低。

（4）充电速度　通常来说，在快充模式下，电池组从30%充到80%一般在半个小时左右就可完成；而在慢充模式下，电池包充满电则需要5～8h。如果电池组的充电时间过长，就会带来不那么"美妙"的用车体验了，毕竟"时间成本"也是另一种耗费。

（5）"三电"水平　在选车时，"三电"信息不仅体现了纯电动汽车的技术水准，其也直接影响着驾驶的操控性和舒适度，比如良好的BMS（电池管理系统）有利于驾驶平顺性和增加续航里程。在"三电"方面，除了需要结合实际需求去选择对应续航里程的车型之外，还需要根据自己对于动力的需求选择能接受的动力。

（6）安全性　对于纯电动汽车来说，安全性是靠设计、制造和使用的全流程来保障的，如今，也有越来越多的车企，在纯电动汽车的安全设计方面，有着严苛的设计和各类极端条件测试，这些也都是人们在选车时需要留意的地方。比如大众的ID系列，电池板壳体上增加一层云母盖板，在高速碰撞后迅速膨胀1000倍将电池单元覆盖住，可防止碰撞时电池起火，增加乘客逃生时间。

（7）便利性　选车时，除了考虑到车辆本身外，同样需要留意使用的便利性。对于许多老小区来说，充电桩安装起来特别困难，目前核心城区的很多新能源汽车的车主，还是不得不依靠公用充电桩。不过，新基建的重点之一就是全面铺开快充桩建设，相信在未来，充电便利性也将不再是人们需要担心的大问题了。

（8）品牌口碑　选车的同时，也在选品牌。在新能源汽车"大热"的当下，有越来越多的新品牌加入，车型也是琳琅满目。在选车时不要忘记，多对比一下品牌和口碑，如果害怕出错，可以尽量选择口碑相对较好、销量数据较高的大品牌车型，这样质量方面也更加有保障。

（9）科技感　对于年轻消费者来说，新能源汽车另一大吸引力就是其更具优势的科技属性。从内饰的中控屏幕和液晶仪表，到车机系统，再到车辆的ADAS高级驾驶辅助系统等，都关乎着这辆车能给人们带来的整体使用感受。并且，许多新的科技，需要一段时间的适应，从这个角度而言，也需要多加留意。

（10）养护政策　和燃油汽车一样，新能源汽车也同样需要保养和维护。要知道，

"三电"系统的成本约占整车的一半甚至更多，如果一旦脱离质保期再更换维修相关部件，特别是动力电池的费用，那必然不是一个小数目。所以在购车时，也需要着重关注车辆的"三电"系统质保时间（或质保里程）。如今有不少车企推出了"三电"系统终身质保政策，甚至有一些车企推出了一定的流量赠送政策，这也是能够为消费者省下一笔钱的。

（11）交付时间　买新能源汽车，特别是买造车新势力企业的新能源汽车，交付时间一定要问清楚，这是买车注意事项中的重中之重。因为在当下，部分品牌刚刚发布的汽车，交付时间有可能达到半年之久，甚至有些车企在半年之后还有可能会发生交付延迟，这样的案例屡见不鲜。所以，千万不要因为交付时间的不确定性而影响自己的出行生活。

总体来看，在选购纯电动汽车时其实也并非无从下手，只要掌握了这11个重要指标，纯电动汽车的选择也能变得很容易。只要根据自身的实际用车需求，多对比品牌，多看看口碑，多研究车辆性能、售后服务等方面，在购车前把"功课"做足，相信一定能拥有纯电动汽车所带来的愉快使用体验。

▶ 如何用"购车八步法"选出最适合你的新能源汽车？

该怎么选？怎么对比？怎么"砍价"？怎么提车？针对这些问题的解决方法有很多，可以总结为"购车八步法"。

第一步：根据经济实力确定购车预算

"有多少钱，就办多少事儿"，这句话是"至理名言"。在买车这件事儿上，应根据自己的经济实力来。像"最早打算买捷达，最后买了辉腾"这种故事，也就看着笑一笑罢了，万万不可当真。

一般来说，对于普通家庭而言，买车时的裸车预算，定在家庭一年的整体年收入的1倍范围内比较合理。不过，对于新能源汽车来说，由于购置税的优惠、后续油价和电价的经济性以及保养更便宜，所以可以考虑把这一区间适当放宽到年收入的1.5倍以内。当然，对于购车有特殊用途的用户来说，这一规律并不成立。

比如一家三口用车，年收入在20万元左右，新车裸车价在20万元上下，建议不要超过30万元。当然，这一价格范围还应根据房贷和其他贷款的情况进行浮动。如果家庭年收入20多万元，有存款无贷款，买一辆30万元左右的车辆"代步"，后期生活品质会比较高。如果有房贷，一定要将购车预算合理下调一些。

第二步：根据用车需求确定汽车类型

选混动车，还是选纯电动车？选轿车，还是SUV，还是MPV？如图1-12所示，日渐复杂的汽车品类，让大家迷花了眼。很多人在确定预算之后，都不知道自己想要什么样的汽车。如何确定汽车类型？还是应立足于实际。

众所周知，新能源汽车可以规避限号限牌的问题，如果你在限行的大城市又没有燃油汽车指标，毫无疑问新能源汽车比较合理。那么，在新能源汽车之中，又该如何选择呢？

插电式混动车型，比较适合对续航里程有需求的用户。除了日常通勤代步

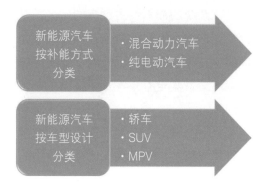

图1-12 新能源汽车分类

之外，如果喜欢长途自驾游或者节假日时需要跑长途回老家，那更建议你选择插电式混动车型。

反观纯电动车型，日常用车成本更低，但是里程限制也比较明显。一般而言，纯电动汽车续航为300～600km，城市通勤代步没问题，但是如果要出远门，还应提前规划好沿途的充电地点。而且，纯电动车型最理想的用车环境，是自己有固定的车位且能在车位安装充电桩，如果能满足这些条件，那么用车体验还是比较愉快的。

对于是选轿车、SUV还是MPV，那就看自己的喜好了。如果更追求操控，选轿车；如果喜欢长途自驾，可以考虑选择空间大、底盘高、视野好的SUV；如果是多成员家庭，出门动辄四五人，那么乘坐MPV更适合。

第三步：根据基本认知确定汽车品牌

在确定好自己预计的车型之后，下一步，就要开始考虑各个品牌了。在当下，各大汽车品牌为了提高市占率，在各个价位区间基本上都有涉猎。但是，每个品牌的调性不同，国产、合资、豪华品牌即便涵盖了同一价位区间，但是品牌力、性价比之间也有差异。目前来看，市面上的主流新能源汽车品牌如图1-13所示。

图1-13 市面上的主流新能源汽车品牌

国产品牌：就目前的新能源市场来说，普通国产品牌的性价比是最高的。在20万元价位以内，可以买到一辆综合配置较高、内部舒适性不错、车辆核心品质也有保障的车型，比如比亚迪、吉利、长城等品牌的混动系列。如果追求极致的性价比，并且可以接受国产车品牌力，大可选择国内的一线自主品牌。至于国内的新势力品牌，它们也有鲜明的特性，那就是：综合的设计整体更为激进一些，而且科技配置足够高，只不过由于造车时间相对短了一些，在核心品质方面，有些品牌可能不如传统大厂出色。一般来说，新势力品牌比较适合喜欢追求新鲜感、手头预算充裕、家中还有其他车辆的用户选择。

合资品牌：诚然，合资品牌燃油汽车的市场占有率极大，但是，在新能源领域，很多合资品牌打造的插电混动车型、纯电动车型，都还广泛采用"油改电平台"，其发展规模和速度都无法与国内自主品牌比较。因此，在挑选新能源车的时候，如果只盯着合资品牌不放，请注意"油改电"这三个字。另外，还要好好看看续航等方面的表现。

当然，合资品牌也有比较突出的地方，我们曾试驾过日系、德系等合资品牌的纯电动汽车，发现它们的续航里程显示相对而言是比较准的；对比来看，有些国产或者合资电动汽车显示的剩余续航里程有一定的虚标，但是大多数合资品牌的车型基本上能跑到公示的里程数。

豪华品牌：豪华品牌的新能源汽车其实除了比合资品牌更加豪华之外，其他诸如智能驾驶、智能网联等方面的表现差距相对也不大，主要差异点更在于品牌力。

通过对品牌的取舍，此时，基本上可以在预定的价位内，筛选出自己比较喜欢的几款车型了。而接下来需要去做的一件事，事关你最后的用车体验是否足够高，这便是试乘试驾。

第四步：根据试驾体验确定具体车型

现在，你已经基本上了解了各大品牌的"调性"，也可能有了几个自己喜欢的车型。但"纸上谈兵终觉浅，绝知此事要躬行"，接下来，你需要去实地试驾，看看自己选定的几款车型是否能达到预期，并且找一辆最适合自己的车型出来。至于如何在试驾中找到最适合自己的车型，先从"避坑说起"。

在去试驾车辆的时候，试驾专员一般默认会让你试驾这款车的高配车型。但是，在实际的新能源汽车中，高配车型和中低配车型不仅仅是配置上有差异，很多车型在动力方面也有差异。此时，你需要根据自己的预算来确定试驾的车型，即便试驾的是顶配车型，也需要清楚自己的目标车型和顶配车型的重要差异点在哪。

在试驾不同车型的时候，一定不要盲目。如果你实在纠结得无法选择，还有一个建议：做一个可以量化的评分表（表1-5），在每一次试驾的时候，通过自己的实际体验，为每一款车打分。

当试驾完一款车之后，你可以在对应的表格中为其打分，回家后，通过车型的综合评分来确定自己最后选择哪一款车型。

总而言之，不管你在网上看到了什么心仪的车，也不管别人如何给你推荐一款车，这些都是次要的。最重要的是自己的用车体验与用车感受，毕竟适合自己的才是最好的。

表1-5　车型试驾评分表

车型（单项满分为10分）	车型A	车型B	车型C	车型D
外观				
内饰				
空间				
动力				
配置				
性价比				
总分				

第五步：根据个人喜好确定具体配置

每一款车，都会区分高低配来适应不同的消费者。在确定好预算、选择好车型之后，配置基本上也就确定了。但是，往往也容易遇到一个问题，那就是相差一两千元、三五千元的不同配置之间，到底该如何选？这需要分以下两种情况。

第一种，价格相差三五千元，有低动力+高配置、高动力+低配置两种选项。此时，如果你偏向动力操控，那建议选择高动力的低配车型；反之，如果你对动力要求并不高，那么，低动力+高配置会更能提升用车时的舒适性和便捷性。

第二种，就是动力配置一样，但是相差三五千元，配置差异比较大的一类。此时，你可以去研究一下，多出的这些配置，对于自己来说是否划算。比如多花一两千元，新增座椅加热这一配置，对于北方的朋友来说很有用，对于南方的朋友来说可能价值感就没那么明显了；再比如，花三五千元选择ACC自适应巡航等配置，对于经常跑高速的朋友来说比较实用，但是如果你仅仅是在城里"代步"，还不如把这些钱用于买保险和充电。

第六步：根据综合评价确定4S店

"货比三家"是大家都知道的一个购物策略，在购车的时候也是如此。即便是同一品牌、同一车型，在不同的4S店，它们的优惠力度和促销活动也可能会不同。一般来说，我们按照"价低者买"的方案去实施，没有什么问题。但在此处需要注意一个问题，一定要问车辆的落地价，而非裸车价。因为有一些4S店为了招揽顾客，会把优惠说得比较高，从而显得报价比较低。但与此同时，你想要获得这个低价也属实不容易，因为店家会有一些"捆绑包"，比如要在店内买多少保险、要做贷款等前提条件，才能获得这个低价，如此一算，最后落地价反而比较高。因此，在谈价格的时候，需要获得一份最终的落地价并基于这个落地价去展开对比。

至于如何去"砍价"，或者如何去打探底价，那就完全是心理的博弈了。因为4S店的销售人员一开始并不会把自己的底价给你，完全需要你自己去"砍价"。此时，你要做的，是通过透露"自己看了很多家，这家店并非自己的唯一选择"等技巧，获得进一步的压价空间。

在看准价格之后，你还需要考虑到4S店离家的距离、自己保养车辆是否足够方便。当然，这其实问题倒不是很大，因为现在大部分厂商的4S店在售后方面都是联网的，维护、保养并非只能在购车的那家店内操作。不过，如果你购买了保养礼包等服务，可能还需要看看这个礼包的服务条约是否支持跨店操作。

第七步：根据谈判情况确定购车合同

确定4S店，确定价格之后，购车的步骤，也完成了一大半。不过，在付订金、签合同的时候，依然有很多需要注意的地方。比如在付订金的时候，你一定要咬字眼，看看是"订金"还是"定金"。两者的区别很大，从合同法来说，"订金"可以无理由退，但是"定金"只有在卖车方违约的情况下才能退。而在合同的细则方面，一定要约定好车身颜色、车辆配置、提车时间等问题。尤其是提车时间（交付时间），一定要确定好。此前笔者就遇到过一个朋友在买车时，没把提车时间写进合同，4S店延期交付，最后双方推诿，比较麻烦。

最后需要提一下的是，在有些新车销售合同中，会出现一些不平等条款，比如捆绑销售等。这些不平等条款，都是违背相关管理条例和法律的，如果遇到这种情况，请大家保留好证据，在将来维权的时候，可能会用得到。

第八步：根据验车情况确定最终车辆

合同签订完成、交了钱，一切顺利，就等着提车了！你以为把车提回家，就万事大吉了吗？答案是否定的，还有一些工作等着你去做。

在新车交付的时候，不管是燃油车还是新能源车，都会有一个PDI检测流程。如果销售人员告诉你"检测流程已做完，您只需要签个字"，那你可能就大意了，新车出库检测流程，建议自己盯着完成。

在这一流程中，不仅需要查验车辆的外观、内饰有无损伤，车辆配置是否与合同一样之外，还需要查看很多内在的东西。比如，通过OBD查看车辆的动力电池、驱动系统是否存在故障，通过相关的仪器来监测小电池的损耗情况，以及刹车液、车漆状况等。在检测完成之后，你就能签字，把车提回家了。

此时，有的4S店还会提供上牌服务。建议是，如果上牌费用为300～500元，可以交给4S店去操作，毕竟，省出来的时间也是成本；但是，如果上牌费超过千元，那还不如自己跑一趟车管所，在车管所内部，上牌流程清晰易懂，按照流程去操作，很快就能办理完毕。

到这里，"购车八步法"也差不多结束了，再回过头来看，其实我们想要买车的时候，也并没有那么复杂。找到自己心仪的车型、确定好4S店和价格，然后在签合同与提车时多留个心眼，基本上就能让整个购车流程轻松又愉快了。

2 10万元以下级新能源汽车选购篇

2.1 5万元级纯电动汽车 （14款）

东风风光MINIEV

（指导价：3.26万~4.46万元）√

| ★一句
话点评 | "纯电小车浪潮"之下的产物。 |

基本信息（2022年款）	车型	时尚款实用型	时尚款舒适型	时尚款豪华型	糖果款泡泡糖	糖果款棒棒糖	糖果款棉花糖
	定位	3门　4座　纯电动　微型车					
	指导价/万元	3.26	3.86	4.46	—		
	尺寸/mm	长宽高2995×1495×1640			轴距1960		
电池性能	CLTC综合续航里程/km	120		180	120	180	220
	电池容量/（kW·h）	9.18		13.8	9.18	13.8	16.8
	电池类型	磷酸铁锂电池					
	充电速度/h	慢充：5		慢充：6.5	慢充：5	慢充：6.5	慢充：7.5
动力性	电机类型	永磁同步电机					
	电机总功率/kW	25					30
	电机总扭矩/（N·m）	100					
智能化	屏幕及尺寸（顶配）/in	4		7		4	7
	驾驶辅助亮点（顶配）	定速巡航					
政策	整车质保政策	3年或10万千米					
	"三电"质保政策	8年或12万千米					
	其他关键词	胎压报警					

❶ 外观方面，风光MINIEV看起来短小精悍，前脸上大面积的黑色饰条给整车营造出了一丝运动感，棱角分明的大灯辨识度也比较强。

❷ 车辆内部，这款电动小车配备有多功能方向盘，可以让用户操控车内音量、接打电话等；同时，倒车影像亦在这款车上搭载，可以让用户在倒车时看清车后情况，减少剐蹭的可能性。

❸ 安全性方面，风光MINIEV全系配备胎压报警、ABS防抱死以及制动力分配等比较基础的安全功能，不过，目前在售的3款时尚款车型均未配备安全气囊，其余3款车型也仅配备有主驾驶位置安全气囊。

❹ 动力方面，这款电动小车的0～50km/h的加速时间为5.2s，对于这个级别的电动小车来说基本够用，可以较好地满足城市代步出行需求。得益于小巧的车身设计，风光MINIEV可以带来比较灵活的操控感受，可以在城市中比较自由地穿行。

❺ 售价方面，风光MINIEV足够便宜，起售价不过3.26万元。售价便宜的同时，这款小车的用车费用也很低，平均每千米的电费在0.4元左右，充满电的电费还不到5元；而且，这款电动小车支持220V电源充电，如果用户家里支持安装充电桩，可以进一步节省用车费用。

---

❶ 本书中政策相关内容来源为创作时的官方信息，考虑到厂家政策的调整，以官方最新政策和官方售后保修手册为准，下同。

❷ 1in=2.54cm。

五菱宏光MINIEV

（指导价：3.28万～7.28万元）✓

★ 一句话点评 经典款、马卡龙版、GAME BOY版三大车系合力，兼具实用性和趣味性，电动小车界的No.1。

对于五菱宏光MINIEV车系，绝大部分消费者肯定不陌生：这款电动小车曾连续数月蝉联中国新能源车销冠宝座。

五菱宏光MINIEV车系提供了丰富的车型选择，分为经典款、马卡龙版和GAME BOY版三大类。其中，经典款造型简洁耐看，可潮创度较高；马卡龙版采用了更圆润饱满的线条设计，色彩靓丽，适合女性消费者；宏光MINIEV GAME BOY帅气潮酷，配合五菱光标，不但辨识度有所提升，精致感也有所加强。

值得一提的是，上汽通用五菱还上线了"国内首个原厂个性化定制服务平台"——LING LAB。通过LING LAB，用户可自由地组装新车、完成个性化定制等，从而实现用户"千车千样"的潮创诉求。

❶ 空间部分，宏光MINIEV有比较多的尺寸选择，虽然GAME BOY版的车身尺寸更大一些，但车身尺寸的加大，主要是由于外观套件的增加，所以实际乘坐空间表现与长×宽×高分别为2917mm×1493mm×1621mm、轴距为1940mm的经典款相差无几。从实际乘坐体验来看，宏光MINIEV的前排座位比较宽敞，坐下两个成年人不成问题，不过后排座椅稍显局促。得益于小巧灵活的车身设计，宏光MINIEV能灵活地穿梭于城市道路中，甚至在小巷子里也可以做到一次性掉头。

❷ 安全性方面，宏光MINIEV GAME BOY配备了ABS防抱死系统+EBD制动力分配系统、低速行人警示系统、胎压监测、后排ISOFIX儿童安全座椅接口等安全配置，再加上高强钢比例达到42%的环状笼式车身设计，可以带来较为安全的出行体验。

❸ 续航方面，宏光MINIEV车系有120km、170km、200km和300km四种选择，消费者可以根据自己的用车需求，选择适合自己的续航版本。

基本信息（2022年款）		马卡龙				GAME BOY			敞篷版
车型		基本款	自在	时尚	臻享款	200km	300km		
		轻松	悦享款			都市追风限量款 玩乐款 玩咖款	都市追风限量款 玩咖款 玩乐款	竞速游侠限量款	竞速游侠敞篷款限量款
		三元锂 磷酸铁锂	三元锂 磷酸铁锂	三元锂 磷酸铁锂	三元锂 磷酸铁锂	三元锂 磷酸铁锂	三元锂 磷酸铁锂		一
定位		4座 纯电动 微型车							2门2座 软顶 敞篷车
指导价/万元		3.28	3.88	4.48 4.38	4.98 5.58	5.78 6.28	6.78 6.98	7.28	
尺寸/mm		长宽高2917×1493×1621 轴距1940				长宽高3061×1520×1655 轴距2010（注：另外有其他尺寸规格，差异较小）			
纯电续航里程/km		NEDC 120	NEDC 170	NEDC 170	NEDC 120	NEDC 170	CLTC 200	CLTC 300	CLTC 280
电池容量/(kW·h)		9	14 13.9	9	14 13.9	17.3	26.5		
电池类型		见表头					磷酸铁锂电池		
充电速度/h		慢充：6.5	慢充：9 6.5	慢充：9	慢充：9	慢充：5.5	慢充：8.5		
电机类型		永磁同步电机							
电机总功率/kW		20				30			
电机总扭矩/(N·m)		85				110			
屏幕及尺寸（顶配）		全液晶仪表盘							
驾驶辅助亮点（顶配）		倒车影像							
智能网联亮点（顶配）		手机APP远程控制、蓝牙/车载电话							
整车质保政策		3年或10万千米							
"三电"质保政策		8年或12万千米							
其他关键词		主驾遮阳板带化妆镜、内后视镜带有行车记录仪接口、电池防尘防水性能P68等级、多车型选择							

五菱Air ev晴空

（指导价：6.78万~8.28万元）✓

> ★ 一句话点评　　五菱汽车首款全球新能源车型。

　　五菱Air ev晴空是五菱汽车首款全球新能源车型，在中国上市之前，这款车的右舵版已经在印度尼西亚上市开售。

❶ 从外观来看，五菱Air ev晴空和宏光MINIEV"长得"很不一样，新车前脸部分的纵贯一体式耀目灯带+灵感光标设计，让它看起来颇具科技感；侧面来看，这款电动小车的轮毂造型新颖，线条简洁大方；车尾部分则通过多线条勾勒出比较丰富的层次感，再结合分体式尾灯组，贯穿式的刹车灯等设计，比较有辨识度。

基本信息（2023年款）	车型	两座—标准版	两座—进阶版	四座—标准版	四座—进阶版
	定位	2/4座　纯电动　微型车			
	指导价/万元	6.78	7.58	7.68	8.28
	尺寸/mm	长宽高2974×1505×1631　轴距2010			
电池性能	CLTC续航里程/km	300			
	电池容量/（kW·h）	26.7		28.4	
	电池类型	磷酸铁锂电池			
	充电速度/h	快充：0.75　　慢充：7.5~8			
动力性	电机类型	永磁同步电机			
	电机总功率/kW	30		50	
	电机总扭矩/（N·m）	110		140	
智能化	屏幕及尺寸（顶配）	液晶仪表：10.25in		中控屏：10.25in	
	驾驶辅助亮点（顶配）	倒车影像			
	智能网联亮点（顶配）	高德地图、语音识别控制、车联网、4G、Wi-Fi热点、远程控制			
政策	整车质保政策	3年或10万千米			
	"三电"质保政策	电池组质保8年或12万千米			
	其他关键词	360°全景影像（选装）			

❷ 车辆内部，五菱Air ev晴空采用了简洁的设计风格，10.25in双联屏在同级车中相当吸睛。在中控屏内部还搭载了五菱自研的Ling OS灵犀系统，这套系统延续了流畅、快捷等优点，UI界面设计得比较合理，再加上全场景OTA升级、在线导航以及手机APP远程控制等功能，便利性确实不错。

　　为满足消费者个性化的出行需求，五菱Air ev晴空提供了2座版或4座版车型可选，车身尺寸也不一样，四座版会更大一些，长宽高分别为2974mm×1505mm×1631mm，轴距为2010mm，除了尺寸比宏光MINIEV稍大一些外，这款新车的载物能力也表现出色，最大容纳体积可达704L。

❸ 作为一款主打城市代步的电动小车，五菱Air ev晴空在安全性方面配备有ESC车身稳定/ABS防抱死/坡道辅助等功能，能满足基本的安全出行需求。值得一提的是，五菱Air ev晴空还采用了笼式高强钢车身结构，高强钢占比达62%，并在前大梁、A柱、后大梁等部位大量采用了热成形超高强钢。

❹ 续航方面，五菱Air ev晴空全系最高续航300km，可以轻松覆盖用户的日常出行需求。在与电池息息相关的"三电"安全方面，五菱Air ev晴空搭载了IP68超高防护等级电池，并拥有VCU中央控制单元、德州仪器MCU软件等硬/软件，24h进行监控。

　　宏光MINIEV的成功，让五菱在电动小车界拥有了更大话语权，而五菱Air ev晴空的诞生，则是帮助五菱巩固在微型电动车市场的地位，并与其他五菱电动小车一起，丰富五菱的产品布局。

北汽元宝

（指导价：3.39万～4.99万元）✓

★ **一句话点评** 双联屏设计是亮点，能跟上同级主流水准。

北汽元宝是北京汽车制造厂2022年6月推出的一款3门4座两厢车，在外观上，北汽元宝采用了小巧的方盒子车身造型，前脸处的圆角矩形LED头灯搭配封闭式前格栅设计，看起来比较憨厚可爱。

❶ 车辆内部，北汽元宝采用了比较简洁的设计风格，双辐式多功能方向盘搭配双联屏设计，在一定程度上提升了内饰的科技感，并且10.25in的全液晶仪表盘和中控大屏功能也更为全面，在观感上对比同级别的其他车型，具有一定优势。

❷ 配置方面，北汽元宝搭载了智能语音交互功能，用户可以通过这项功能控制音量、接听电话等。另外，这款电动小车还配备了360°全景影像功能，再加上前/后辅助雷达，可以帮助用户在泊车时能更清晰地看到车辆周边情况，减少剐蹭的可能性。

❸ 续航方面，北汽元宝的最大续航里程达到了170km，这在同级别、同价位的微型纯电动汽车中算是中规中矩。

	车型	纯萌款	乐萌款	宝萌款	智萌款
基本信息	定位	3门　4座　纯电动　微型车			
	指导价/万元	3.39	3.99	4.39	4.99
	尺寸/mm	长宽高	3162×1498×1585		轴距2050
电池性能	CLTC综合续航里程/km	120			170
	电池容量/（kW·h）	100			—
	电池类型	磷酸铁锂电池			
	充电速度/h	慢充：8			
动力性	电机类型	永磁同步电机			
	电机总功率/kW	20			
	电机总扭矩/（N·m）	85			
智能化	屏幕及尺寸（顶配）	组合仪表：10.25in		中控屏：10.25in	
	驾驶辅助亮点（顶配）	360°全景影像			
	智能网联亮点（顶配）	语音控制系统			
政策	整车质保政策	3年或10万千米			
	"三电"质保政策	8年或12万千米			
	其他关键词	胎压显示			

朋克美美

（指导价：3.48万～3.98万元）✓

★ 一句话点评　朋克汽车的第一款两座代步小车，偏向年轻化审美。

朋克美美是御捷新能源于2021年发布的车型，也是朋克汽车"美多啦"家族三款小型多功能电动乘用车的第一款车。

▶ 扫二维码 ◀

看朋克美美视频

❶ 在外观上，2023年款朋克美美采用比较圆润的设计风格，前脸处采用分体式头灯和贯穿式日间行车灯的设计，与贯穿式尾灯前后呼应；同时，这款电动小车的外后视镜与车门下护板还采用了双色处理，提升了整车的辨识度。

基本信息 （2023年款）	车型	初见版	热恋版
	定位	3门　2座　纯电动　微型车	
	指导价/万元	3.48	3.98
	尺寸/mm	长宽高3025×1500×1515	轴距1950
电池 性能	NEDC综合续航里程/km	116	180
	电池容量/（kW·h）	9.2	15.5
	电池类型	磷酸铁锂电池	
	充电速度/h	慢充：8	
动力性	电机类型	永磁同步电机	
	电机总功率/km	20	
	电机总扭矩/（N·m）	110	
智能化	屏幕及尺寸（顶配）	液晶仪表：5in	中控屏：7in
	驾驶辅助亮点（顶配）	倒车影像	
政策	整车质保政策	3年或10万千米	
	"三电"质保政策	8年或12万千米	
	其他关键词	胎压监测	

❷ 内饰方面，这款电动小车的中控台采用木纹饰板，并提供黑红/黑绿两种内饰配色。配置方面，这款电动小车提供全液晶仪表、多功能方向盘、手动空调、倒车影像以及驾驶模式切换（运动/经济）等实用性较强的配置。

❸ 在车身设计上，朋克美美采用了全承载式高强度车身骨架，底盘亦是基于MINI专属底盘开发而来，采用前置前驱的动力形式，前麦弗逊式独立悬架+后扭力梁式非独立悬架的悬架系统对于这款电动小车而言也是够用。

另外，定位三门两座小车的朋克美美，由于不用考虑在后排设置两个座位，所以车内空间比较宽敞。对于消费者，相比较车型而言，或许更需要仔细掂量一下这个品牌。

朋克多多

（指导价：3.78万~4.58万元）√

★一句话点评　动力、续航等表现位于同级主流，五门四座设计较为实用。

基本信息（2022年款）	车型	炫多多 10.3kW·h	酷多多 15.1kW·h	酷多多 15.5kW·h	酷多多pro 15.1kW·h	酷多多pro 15.5kW·h
	定位	5门　4座　纯电动　微型车				
	指导价/万元	3.78	4.28			4.58
	尺寸/mm	长宽高		3310×1500×1588		轴距2275
电池性能	NEDC综合续航里程/km	128	175			
	电池容量/（kW·h）	10.3	15.1	15.5	15.1	15.5
	电池类型	磷酸铁锂电池				
	充电速度/h	慢充：8				
动力性	电机类型	永磁同步电机				
	电机总功率/kW	29				
	电机总扭矩/（N·m）	110				
智能化	屏幕及尺寸（顶配）	组合仪表：5in			中控屏：7in	
	驾驶辅助亮点（顶配）	倒车影像				
	智能网联亮点（顶配）	手机互联/手机映射				
政策	整车质保政策	3年或10万千米				
	"三电"质保政策	8年或12万千米				
	其他关键词	胎压报警				

造型圆润、尺寸小巧的朋克多多设计上用色清新，呈现出一定的年轻与活力，符合当下年轻消费群体的审美。

❶ 从车侧来看，这款电动小车采用双色车身设计，向下收尾的D柱营造出一丝溜背和运动气息，结合蓝色元素点缀，一定程度上强化了这款电动小车外观的辨识度。

❷ 内饰部分，朋克多多配备了双辐式方向盘，再配上内嵌式悬浮中控液晶仪表，具有一定科技感。

值得一提的是，这款电动小车的后排座椅运用了"可与地板齐平"的高效折叠方式，折叠后后备厢容积最大可以达到987L，进一步提升了空间利用率和大件物品的储运能力。并且这款电动小车具有较高的可改造潜力，消费者可以根据自己的需求将车辆改装成自己喜欢的样式。

与此同时，朋克多多采用了全承载式高强度车身骨架，配合智能电池管理系统、车侧盲区影像功能、胎压报警功能等安全配置，可以提升行车安全性。

另外，朋克多多的底盘基于MINI专属底盘开发而来，采用前置前驱形式，搭载前麦弗逊式独立悬架+后拖曳臂式非独立悬架的悬架系统，操控性表现较好。

北汽小猫

（指导价：3.98万元）√

★一句话点评　与大众认知中的老年代步车比较相似。

北汽小猫是北京汽车制造厂推出的一款2门2座微型纯电动小车，它的外观设计肯定让很多人印象深刻，整个前脸完全不是我们常见的汽车设计的风格，大灯位置紧靠前风挡玻璃，还使用了单雨刮结构，也没有传统的中网设计。

① 车辆内部，北汽小猫搭载一块触控液晶屏，但功能比较有限，仅支持蓝牙、车载电话等功能。

需要说明的是，这款电动小车使用的是两门结构，车身非常短，长宽高仅为2365mm×1400mm×1680mm，轴距为1560mm，仅够两个人坐在车内，而且这两个人得挨着坐才能坐得下。不过，短小的车身也有一个好处，那就是停车方便，可以说，北汽小猫甚至比宏光MINIEV还要好停车，如果开着这款车去买菜，的确挺好用。

需要注意的是，这辆车没有提供能够从后部开启的后备厢盖，车尾是封闭式的；换言之，用户无法在车内放置行李箱等大件物品，只能放置袋子、背包等小件物品。

② 续航方面，北汽小猫的NEDC综合续航里程为108km，显然不适合长途出行，对于许多中小城市内的代步出行而言问题不大，但对于中大型城市而言，这个续航里程恐怕也会让人焦虑。

基本信息 （2020年款）	车型	基本型
	定位	2门　2座　纯电动　微型车
	尺寸/mm	长宽高　2365×1400×1680　轴距　1560
电池 性能	NEDC纯电续航里程/km	108
	电池容量/（kW·h）	9.2
	电池类型	三元锂电池
动力性	电机类型	永磁同步电机
	电机总功率/kW	17
	电机总扭矩/（N·m）	65
政策	整车质保政策	3年或6万千米
	其他关键词	触控液晶屏

奇瑞QQ冰淇淋

（指导价：3.99万~5.75万元）✓

★ 一句话点评　NEDC 170km续航表现尚可，造型设计可圈可点，"三电"核心品质不错。

　　奇瑞QQ冰淇淋的整体造型比较可爱，前脸两侧的大灯组看上去像是炯炯有神的大眼睛，再配合U形灯带结构，点亮后的效果也比较萌。

　　奇瑞QQ冰淇淋的内饰设计同样"少女心"十足，规则的中控台配合撞色拼接设计，年轻时尚感呼之欲出。而且，车内的8in大屏内置车联网、高德地图以及4G网络等功能，比较全面。

❶ 车身尺寸方面，奇瑞QQ冰淇淋的长×宽×高分别为2980mm×1496mm×1637mm，轴距为1960mm，也比宏光MINIEV略大一些，再结合比较合理的空间规划，这款电动小车的前后排实际乘坐空间还是比较宽敞的。

作为奇瑞iCar生态的首款产品，奇瑞QQ冰淇淋的用户可在iCar生态手机APP上注册并认证车辆，并通过APP实现远程开关中控锁、开关空调、开关近光灯、APP智能补电等12项功能。

值得一提的是，奇瑞QQ冰淇淋的车内座椅采用的是抗菌生态环保面料，拥有德国莱茵健康汽车认证，也许可以借此收获一波"年轻宝妈"的青睐。

❷ 续航方面，奇瑞QQ冰淇淋的续航有120km和170km两个版本，虽然续航里程比长安Lumin稍短一些，但对于奇瑞QQ冰淇淋这类以城市代步为主的电动小车来说也够用了，基本可以覆盖用户的日常代步需求。

信息（2022年款）		车型	奶昔	甜筒	圣代	桃欢喜 香桃款	桃欢喜 甜桃款	桃欢喜 蜜桃款	布丁
基本	定位		4座　纯电动　微型车						
	指导价/万元		3.99	4.39	4.99	4.752	5.452	5.752	2.99
	尺寸/mm		长宽高2980×1496×1637				轴距1960		
电池性能	NEDC续航里程/km		120		170	120	170		120
	电池容量/（kW·h）		9.6		13.9	9.6	13.9		9.6
	电池类型		磷酸铁锂电池						
	充电速度/h		慢充：6		慢充：8	慢充：6	慢充：8		慢充：6
动力性	电机类型		永磁同步电机						
	电机总功率/kW		20						
	电机总扭矩/（N·m）		85						
智能化	屏幕及尺寸（顶配）		中控屏：8in			全液晶仪表盘			
	驾驶辅助亮点（顶配）		胎压报警、倒车影像、后驻车雷达、上坡辅助						
	智能网联亮点（顶配）		高德地图、原厂互联/映射、4G、远程控制						
政策	整车质保政策		3年或10万千米						
	"三电"质保政策		首任车主不限年限/里程						
	其他关键词		iCar生态、抗菌生态环保面料						

长安Lumin

（指导价：4.89万～6.39万元）✓

★ 一句话点评 长安EPA0纯电平台出品，有日系K-Car神韵，是一款时尚纯电小车。

	车型	155km 清甜款	210km 香甜款	301km 蜜甜款
基本信息（2022年款）	定位	3门　4座　纯电动　微型车		
	指导价/万元	4.89	5.39	6.39
	尺寸/mm	长宽高3270×1700×1545		轴距1980
电池性能	CLTC纯电续航里程/km	155	210	301
	电池容量/（kW·h）	12.92	17.65	27.99
	电池类型	磷酸铁锂电池		
	充电速度/h	慢充：7.5	慢充：9.8	慢充：9.5
动力性	电机类型	永磁同步电机		
	电机总功率/kW		30	35
	电机总扭矩/（N·m）		41	48
	0～50km/h加速时间/s	6.5		
智能化	屏幕及尺寸（顶配）	液晶仪表：7in　　中控屏：10.25in		
	驾驶辅助亮点（顶配）	胎压报警、倒车影像、后驻车雷达、上坡辅助		
	智能网联亮点（顶配）	原厂互联/映射、语音控制、蓝牙电话、远程控制		
政策	整车质保政策	3年或12万千米		
	"三电"质保政策	8年或12万千米		
	其他关键词	迎宾流水大灯、隐藏式门把手、高强度钢吸能式车身、标配高灵敏度碰撞传感器、标配倒车影像/倒车雷达		

　　长安Lumin基于长安EPA0纯电平台打造而来，新车走的是圆润可爱的路线，并采用了全新的"Lumin"LOGO（商标）。在外观设计方面，这款电动小车的前脸迎宾流水大灯具有不错的辨识度，还提供了雾白、苔绿、湖蓝、鹊灰、露青、麦黄、樱粉7种车身颜色可选。

▶ 扫二维码 ◀
看长安Lumin视频

❶ 车身尺寸方面，长安Lumin的长×宽×高分别达到了3270mm×1700mm×1545mm，轴距为1980mm，要比宏光MINIEV更大一些。从实际乘坐体验来看，这款电动小车的前后排空间的确更宽敞一些，并且配备的织布面料座椅，填充物较为厚实饱满，乘坐舒适度比较不错。

❷ 车辆内部，长安Lumin内饰的造型风格延续了外观的设计，多种颜色、材质搭配的中控台，看起来比较年轻时尚。这款电动小车还配备了三辐式多功能方向盘、悬浮式全液晶仪表、10.25in中控屏等。

❸ 在功能方面，这款电动小车的三辐式方向盘左右两边配备了多功能按键，可以对多媒体功能进行控制；中控大屏的车机集成了倒车影像、手机互联以及语音控制等功能，显示效果比较细腻，操控响应速度可圈可点。

❹ 座椅方面，长安Lumin采用的是织布面料座椅，填充物较为厚实饱满。值得一提的是，这款电动小车全系标配双安全气囊+倒车影像+后驻车雷达，对于安全性和停车便利性都有不小的帮助。

❺ 续航方面，作为一款3门4座微型纯电动汽车，长安Lumin的最大续航里程达到了301km，在同级别车型里算是一个不错的水准，基本上能覆盖用户的短途代步、上下班用车需求。

五菱NanoEV

（指导价：5.68万～6.68万元）✓

★ **一句话点评**　"三电"系统亮点不多，迪士尼联名款是亮点，主打年轻市场。

　　作为"神车批发部"，上汽通用五菱在电动小车市场推出了多款热门车型，五菱NanoEV就是其中的一款纯电小车。

　　具体来看，五菱NanoEV采用简约可爱的造型，前脸处还配有可发光车标，再配合靓丽的车身色彩，确实比较引人注目。

❶ 走进车内，双色内饰设计与外观一样看起来比较年轻时尚；蝴蝶式包裹座椅样式新颖，还可以提供不错的支撑性和包裹性。如果用户喜欢更个性一些的外观，还可以考虑入手五菱和迪士尼联名打造的五菱NanoEV限定款。在车外的细节设计方面，五菱NanoEV采用下翻式尾门设计，可承重100kg，随时随地变成置物台。

车辆内部，五菱NanoEV取消了中控大屏设计，信息显示主要由7in的液晶仪表来完成，或许对于部分购车人而言需要适应一下，不过，这样的设计也增大了车内的空间感。

基本信息（2021年款）	车型	玩乐款	玩乐款高功率版	热爱款	迪士尼疯狂动物城Judy款	迪士尼疯狂动物城Nick款
	定位	3门　2座　纯电动　微型车				
	指导价/万元	5.68	5.88	6.18	6.68	
	尺寸/mm	长宽高2497×1526×1616			轴距1600	
电池性能	NEDC综合续航里程/km	305				
	电池容量/（kW·h）	28				
	电池类型	磷酸铁锂电池				
	充电速度/h	慢充：13.5（如采用6.6kW　高功率充电机4.5h充满电）				
动力性	电机类型	永磁同步电机				
	电机总功率/kW	24				
	电机总扭矩/（N·m）	85	110	85		
智能化	屏幕及尺寸（顶配）	液晶仪表：7in				
	驾驶辅助亮点（顶配）	倒车影像				
	智能网联亮点（顶配）	语音识别、遥控钥匙、无钥匙进入/启动、蓝牙电话、远程控制				
政策	整车质保政策	3年或10万千米				
	其他关键词	电池智能保温＆加热、超40%高强度钢车身、下翻式尾门				

❷ 在智能网联方面，五菱NanoEV支持APP车机互联，用户可以通过APP随时监测车辆的"三电"状态，还可以预约充电。

❸ 车辆安全性方面，五菱NanoEV也比较重视，整车采用超40%的高强度钢车身，并配有ABS/EBD/ESC车身稳定系统，再加上坡道辅助以及胎压监测系统，一定程度上可以提高车辆的安全性。

❹ 五菱NanoEV NEDC续航为305km，慢充时间为13.5h，如采用6.6kW的充电机，则可以在4.5h内充满。另外，五菱NanoEV的电池组具备智能保温和加热功能，防水、防尘级别达到了IP67级，可以进一步保障行车安全。

荣威科莱威CLEVER

（指导价：6.00万元）✓

★ 一句话点评　外形精致度表现一般，但车内空间宽敞，相对比较务实。

基本信息 （2022年款）	车型	311km元气啵啵版			
	定位	3门	4座	纯电动	微型车
	尺寸/mm	长宽高3140×1648×1531　轴距2000			
电池性能	CLTC纯电续航里程/km	311			
	电池容量/（kW·h）	29			
	电池类型	磷酸铁锂电池			
	充电速度/h	慢充：5.5			
动力性	电机类型	永磁同步电机			
	电机总功率/kW	33			
	电机总扭矩/（N·m）	100			
智能化	屏幕及尺寸（顶配）	中控屏：9in（选装）			
	驾驶辅助亮点（顶配）	倒车影像（选装）			
	智能网联亮点（顶配）	遥控钥匙、NFC/RFID钥匙、手机互联/映射（选装）			
政策	整车质保政策	3年或10万千米			
	"三电"质保政策	8年或15万千米			
	其他关键词	胎压显示、无钥匙启动、67.7%高强度钢比例笼式车身			

　　荣威科莱威CLEVER是上汽集团旗下微型纯电动小车，新车外观小巧可爱，整车线条圆润饱满，前脸处的雷霆LED转向灯具有不错的照明效果，车侧处的回旋镖铝合金轮毂看起来也比较新颖。

❶ 车辆内部，这款电动小车采用了与车身同色的"胶囊"形内饰条，提升了座舱的时尚氛围；车内的9in高清触控屏，滑动流畅，并包含倒车影像功能，遗憾的是该功能需要选装。车内的炫黑皮质一体式座椅，填充物软硬适中，而且后排座椅支持折叠，折叠后，后备厢容积变得更大，可以放下更多物品。

❷ 智能方面，用户可以使用已注册NFC车钥匙的手机靠近科莱威CLEVER的感应区域，就可以完成车辆的解锁动作。此外，这款电动小车还配备了无钥匙启动系统，可以带来更便捷的用车体验。

❸ 科莱威CLEVER的安全性表现也不错，配备了前排双气囊、后驻车雷达、TPMS胎压监测功能等安全功能，而且整个车身的高强度钢比例达到了67%。

❹ 科莱威CLEVER的CTLC续航里程为311km，在6.6kW家用充电桩的加持之下，5.5h即可满电。此外，动力电池组还有航космический级热失控管理系统的加持，防水、防尘级别则达到了IP67级，一定程度上确保了"三电"系统的安全性。

东风风光E1

（指导价：6.78万～7.38万元）√

★ 一句话点评　雷诺-日产-三菱联盟技术赋能，底盘调校和驾控性能不错，"三电"系统中规中矩。

东风风光E1是东风小康推出的一款都市纯电小型SUV，整体风格简洁小巧，周身点缀有象征着纯电动的蓝色元素，虽然不惊艳，但算是比较耐看的。

❶ 车辆内部，这款电动小车运用了大面积黑色配色，中控台采用了对称式布局，比较规整。中控台的8in触控屏支持GPS导航、OTA升级、语音识别控制系统以及在线娱乐等功能，比较丰富。此外，用户还可以利用手机远程控制车辆，查看、诊断车辆情况，比较方便。在储物空间方面，这款电动小车的后备厢容积最大可以达到1107L。

❷ 续航方面，东风风光E1的NEDC续航里程为271km，中规中矩，基本可以满足用户的日常代步需求。慢充需要4h，但这款小车配备有快充模式，30%～80%充电的话半小时即可完成。值得一提的是，基于雷诺-日产的CMF-A小型车平台开发而来的风光E1，采用了雷诺-日产-三菱联盟底盘技术，一定程度上可以带来比较不错的驾控体验。

另外，这款电动小车配备了电池智能温度控制系统，可以比较智能地控制电池组的温度，对于"三电"系统的安全性有一定帮助。

	车型	E动型	E智型	E趣型
基本信息（2020年款）	定位	5门　4座　纯电动　小型SUV		
	指导价/万元	6.78	6.98	7.38
	尺寸/mm	长宽高3699×1579×1515		轴距2423
电池性能	NEDC综合续航里程/km	271		
	电池容量/（kW·h）	26.8		
	电池类型	三元锂电池		
	充电速度/h	快充（30%～80%）：0.5		慢充：4
动力性	电机类型	永磁同步电机		
	电机总功率/kW	20		
	电机总扭矩/（N·m）	85		
智能化	屏幕及尺寸（顶配）	液晶仪表盘：3.5in		中控屏：8in
	驾驶辅助亮点（顶配）	倒车影像		
	智能网联亮点（顶配）	语音识别控制、卫星导航、OTA、车联网、蓝牙电话、远程控制		
政策	整车质保政策	待查		
	"三电"质保政策	8年或12万千米		
其他关键词		电池智能温度控制系统、300～1107L后备厢		

吉利几何EX3功夫牛 （指导价：6.88万~7.88万元）✓

★一句话点评 油改电的产物，电驱数据表现不错，驾乘体验还有待提高。

吉利几何EX3功夫牛延续了几何汽车家族式设计，新车前脸采用了直瀑式设计的半封闭式格栅，比较有辨识度；再从车身侧面来看，前后凸起的轮眉线条配合前低后高的腰线，在一定程度上塑造出比较有层次感的视觉效果。

基本信息 （2021年款）	车型	坚强牛牛	功夫牛牛
	定位	5座　纯电动　小型SUV	
	指导价/万元	6.88	7.88
	尺寸/mm	长宽高4005×1760×1575　轴距2480	
电池 性能	CLTC综合续航里程/km	322	
	电池容量/（kW·h）	37.23	
	电池类型	三元锂电池	
	充电速度/h	快充（至80%）：0.5　慢充：7	
动力性	电机类型	永磁同步电机	
	电机总功率/kW	70	
	电机总扭矩/（N·m）	180	
	0~100km/h加速时间/s	12.07	
智能化	屏幕及尺寸（顶配）	液晶仪表：7in　　中控屏：8in	
	驾驶辅助亮点（顶配）	定速巡航、倒车影像	
	智能网联亮点（顶配）	蓝牙/车载电话、原厂互联/映射	
政策	整车质保政策	3年或12万千米	
	"三电"质保政策	8年或15万千米	
其他关键词		液冷温控电池管理系统、前后防撞钢梁、400~900L后备厢容积	

① 车辆内部，几何EX3功夫牛搭载7in的组合仪表和8in的触控中控屏，其中中控屏支持手机互联、蓝牙电话等基础功能；空间方面，这款电动小车的后备厢容积达到了400L，在同级别车型里属于比较出色的，而且后排座椅还可以按照4∶6比例放倒，放倒后后备厢容积最大可以达到900L，能够放下多个大尺寸的行李箱。

② 安全性方面，几何EX3功夫牛搭载了前排双气囊+前后防撞钢梁，可以在紧急时刻给予车上乘员一定的安全性保护；主动安全方面，这款电动小车配备了TPMS智能胎压监测、倒车影像和倒车雷达等基础实用功能，让用户可以及时注意胎压变化，倒车时候尽量避免出现剐蹭，有助于提升驾驶安全性。

③ 续航方面，几何EX3功夫牛的CLTC续航里程为322km，在电动小车中算是一个比较不错的水准，基本可以覆盖大部分用户的日常代步出行需求。

这款电动小车还采用了液冷温控电池管理系统，可以有效控制电池组温度。同时，几何EX3功夫牛全系标配快充功能，充电半小时可以增加150多千米的续航，比较实用。

思皓E10X

（指导价：6.99万～7.99万元）✓

★ 一句话点评　采用合资技术，"三电"系统稳定性和可靠性不错，较为适合城市代步。

思皓E10X是思皓品牌的首款纯电动车，拥有时尚的外形设计，还采用了双色车身的设计，看上去十分新潮，很符合年轻人的审美需求，车辆前部和尾部的双边"C"字形贯穿式黑色装饰也彰显出了一定的动感。此外，这款车推出了迎合女性审美的花仙子款，更好地凸显出这款车的外形设计特点。

另外值得一提的是这款车的空间表现，比如3.65m的车身长度以及2.39m的轴距，放在同级别车型当中，还是具有一定优势的，而且这款车的搭载有外后视镜电动调节、外后视镜加热等功能，后备厢空间也相对比较宽敞，提升了车辆的实用性。

动力方面，思皓E10X采用了功率为61匹❶的电动机，最大输出转矩能达到150N·m，配合31.4kW·h的磷酸铁锂电池，综合续航里程能达到306km。而且这款车支持快充，快充时间为0.7h，普通充电则需要11h。

基本信息（2022年款）	车型	花仙子款 蒲公英	花仙子款 四叶草	花仙子款 满天星	花仙子款 向日葵
	定位	4座/5座　纯电动　微型轿车			
	指导价/万元	6.99	7.39	7.69	7.99
	尺寸/mm	长宽高3650×1670×1540		轴距2390	
电池性能	CLTC续航里程/km	306			
	电池容量/（kW·h）	31.5			
	电池类型	磷酸铁锂电池			
	充电速度/h	快充（至80%）：0.7		慢充：11	
动力性	电机类型	永磁同步电机			
	电机总功率/kW	30		45	
	电机总扭矩/（N·m）	95		150	
	0～100km/h加速时间/s	7		5	
智能化	屏幕及尺寸（顶配）	液晶仪表：6.2in		中控屏：12.8in	
	驾驶辅助亮点（顶配）	360°全景影像			
	智能网联亮点（顶配）	飞鱼3.0智能网联系统、科大讯飞智能语音、蓝牙/车载电话、手机互联/映射、OTA升级、车联网、数字钥匙			
政策	整车质保政策	3年或12万千米			
	"三电"质保政策	首任车主不限年限/里程			
	网联流量政策	2G/月免费基础流量			
	其他关键词	手机无线充电、电动泊车（选装）			

---

❶ 1匹（马力）≈735瓦，下同。

2.2 10万元级纯电动汽车（7款）

零跑T03

（指导价：7.39万～9.65万元）✓

★一句话点评	有Smart的既视感，智能配置较为丰富，满足城市用车需求。

	车型	玛瑙版	皓玉版	琥珀版	耀金版	星钻版	特别版
基本信息（2022年款）	定位	4座　纯电动　微型车					
	指导价/万元	7.95	8.65	8.85	9.25	9.65	8.59
	尺寸/mm	长宽高3620×1652×1592			轴距2400		
电池性能	CLTC续航里程/km	301	403				
	电池容量/（kW·h）	31.9	41				38
	电池类型	磷酸铁锂电池					
	充电速度/h	快充（至80%）：0.6			慢充：2.75/3.5		
动力性	电机类型	永磁同步电机					
	电机总功率/kW	55		80		55	
	电机总扭矩/（N·m）	155		158		155	
	0～100km/h加速时间/s	14.5		12		14	
智能化	屏幕及尺寸（顶配）	液晶仪表：8in　中控屏：10.1in					
	驾驶辅助亮点（顶配）	车道偏离预警、车道保持辅助、道路交通标识识别、主动刹车、前方碰撞预警、全速自适应续航、自动泊车					
	智能网联亮点（顶配）	语音识别控制、高德地图、4G、车联网、OTA、Wi-Fi热点、远程控制					
政策	整车质保政策	3年或12万千米					
	"三电"质保政策	8年或15万千米					
	其他关键词	L2级智能辅助驾驶、人脸识别启动功能、语音识别控制					

零跑T03是零跑汽车旗下的第二款车型，其采用了圆润可爱的造型风格，有一种Smart的既视感，新车提供有夜眸蓝、金属黑、光白、磁灰、珊瑚橙、流沙粉、新氧绿、星河银8种车身配色。

❶ 车辆内部，这款纯电小车搭载了10.1in悬浮式液晶中控屏+8in全液晶仪表，并配备智能车机系统，支持人脸识别启动、语音识别控制以及OTA升级等功能。

作为一款定位精准的迷你纯电小车，零跑T03在智能辅助方面展现出了一定的优势，其具备有"3摄像头+1mm波雷达+11超声波雷达"的硬件基础，支持包括车道偏离预警系统、车道保持辅助系统等在内的多达10项自动辅助驾驶功能，可实现L2级智能辅助驾驶。

此外，ESC车身稳定控制系统、倒车影像、自动驻车以及上坡辅助等配置的加持，也使得零跑T03在城市中的行驶会更轻松一些。

❷ 续航方面，零跑T03搭载最大功率为55kW和80kW的两款永磁/同步电动机，提供31.9kW·h和41kW·h的磷酸铁锂电池选择，NEDC续航里程分别为301km和403km，可以覆盖用户的日常出行需求。

奇瑞小蚂蚁

（指导价：7.39万～9.40万元）√

★ 一句话点评　铝合金车身结构加持，五菱宏光MINIEV之后的又一款"超人气纯电小车"。

在微型纯电动车领域，宏光MINIEV的地位确实难以撼动，但其实，在纯电小车领域，奇瑞小蚂蚁诞生得更早，并且这款车也有着不俗的市场表现。

❶ 外观上，奇瑞小蚂蚁采用呆萌时尚的设计风格，"微笑前脸"喜形于色，天使眼大灯组灵动有神，双色悬浮车顶动感有活力，圆翘车尾时尚感强，奇瑞小蚂蚁这样的外观设计，对女性消费者也有一定吸引力。

❷ 车辆内部，10.4in的中控屏是奇瑞小蚂蚁座舱内的视觉中心，多处软质材料的使用带来更好的触感体验，人体工程座椅也能增加驾乘舒适性。配置上，奇瑞小蚂蚁配备了同级少见的PM2.5空调滤芯、空调自清洁/自通风以及远程杀毒功能，可以清新空气，让乘员呼吸更畅快。

❸ 智能网联方面，奇瑞小蚂蚁支持智能语音交互和百度Car-Life互联，可实现包括远程车窗、远程寻车、预约充电等115项远程控制，并且手机无线充电也能带来一定的便利性。

❹ 空间方面，轴距2150mm的奇瑞小蚂蚁很适合两人出行；四人出行的话，短途应急是可以的，但如果长途乘坐，舒适度就很一般了。值得一提的是，作为国内首款轻量化全铝车身纯电小车，奇瑞小蚂蚁按照五星安全标准设计，安全性还是有一定的保障的。

❺ 相比较动力，续航里程对于这个级别的车型来说更能体现出价值，奇瑞小蚂蚁最大续航里程表现达到408km，在同级别车型中还是有一定的优势的，正常上下班出行代步情况下，一周充一次电没什么问题，并且奇瑞小蚂蚁还支持快充，0.5h充满至80%。

基本信息（2022年款）	车型	微糖版	半糖版	加糖版	全糖版	改款一 半糖版 30kW	改款二 半糖版 55kW	改款三 全糖版 55kW	魅罗曼司 28.8kW·h 29.2kW·h	魅洛可可 28.8kW·h 29.2kW·h
基本信息	定位					4座　纯电动　微型车				
	指导价/万元	7.39	7.69	8.1999	8.2	8.89	8.99	9.4	8.552	9.152
	尺寸/mm					长宽高3200×1670×1550　轴距2150				
电池性能	CLTC续航里程/km			301					301	
	NEDC续航里程/km						408			
	电池容量/（kW·h）		28.8（三元锂） 29.2（磷酸铁锂）				40.3（三元锂）		28.8（三元锂） 29.2（磷酸铁锂）	
	电池类型					三元锂/磷酸铁锂电池				
	充电速度/h	快充：0.5　慢充：9					快充：0.5　慢充：7		快充：0.5　慢充：9	
动力性	电机类型					永磁同步电机				
	电机总功率/kW	30					55		30	
	电机总扭矩/（N·m）	120					150		120	
智能化	屏幕及尺寸（顶配）					液晶仪表：尺寸未知　中控屏：10.4in				
	驾驶辅助亮点（顶配）					并线辅助、DOW开门预警、360°全景影像、倒车车侧预警				
	智能网联亮点（顶配）					语音识别控制、Car Life、4G、车联网、Wi-Fi热点、远程控制				
政策	整车质保政策					3年或12万千米				
	"三电"质保政策					首任车主不限年限/里程				
	其他关键词					航空级全铝车身骨架				

宝骏KiWi EV

（指导价：8.78万～10.28万元）✓

★ **一句话点评** 灵犀智驾系统加持，智能化配置有新意，走出了一条独特的竞争路线。

　　2023年款宝骏KiWi EV于2022年9月15日正式上市，这款新车是宝骏汽车和大疆合力推出的新作。

❶ 外观方面，KiWi EV的造型轮廓还是较为方正的味道，以追求空间的最大化；在细节上，新车进行了优化设计，比如车标LOGO、两侧灯组镀铬饰条以及四叶草轮毂等，进一步迎合了年轻消费者的审美需求。

❷ 车辆内部，除了可调节皮质方向盘、3D环绕式品质音响、麂皮材料包裹设计等比较加分外，双10.25in一体式"瀑布"双联屏是KiWi EV内饰最大的看点，大尺寸看上去很大气，并且集成了一系列比较实用的功能和配置。车机系统在语音识别、UI界面、导航等方面实现了进化，支持各社交APP位置一键分享到车、停车场推荐、最后一公里步行导航等功能，呈现出不错的科技感，比较容易受年轻消费者的喜爱。

在手机APP在线车控功能的支持下，KiWi EV的用户可以通过手机APP执行远程温控、远程空调预约、自动补电、钥匙分享授权等操作。

❸ 在智能辅助驾驶方面，KiWi EV搭载了"灵犀智驾系统"，在智能驾驶辅助方面有着比较突出表现。比如，在智能泊车方面，新车覆盖了包含垂直、水平、斜列车位和车位障碍物等在内的多状态车位识别，可以支持360°无死角泊车、墙角泊车等多个泊车场景，而且这款新车不止是"可见即可停"，还可以实现30s高效泊车。

　　与此同时，2023年款KiWi EV还能覆盖城市高速路、复杂路况、拥堵路况等高频出行场景，实现快速路主动推荐、弯道智能调速、车道障碍物识别和应对、车辆近距离加塞应对、拨杆变道等智驾功能。

　　在续航方面，2023年款KiWi EV搭载40kW·h和50kW·h两种电池包，NEDC续航里程也有301km和305km两种，这样的表现基本可以满足家用代步需求。另外，新车还配备快充模式，该模式下1h就可以把电量从30%充至80%，充电效率也比较高。

	车型	磷酸铁锂			三元锂		
		智潮版	智奢版	大疆版	智潮版	智奢版	大疆版
基本信息（2023年款）	定位	4座　纯电动　微型轿车					
	指导价/万元	8.78	9.38	10.28	8.78	9.38	10.28
	尺寸/mm	长宽高2894×1655×1595　　轴距2020					
电池性能	NEDC续航里程/km	305		301	305		301
	电池容量/（kW·h）	31.9			31.7		
	电池类型	磷酸铁锂电池			三元锂电池		
	充电速度/h	快充（至80%）：1　慢充：5					
动力性	电机类型	永磁同步电机					
	电机总功率/kW	40		50	40		50
	电机总扭矩/（N·m）	150					
智能化	屏幕及尺寸（顶配）	中控屏：10.25in　　全液晶仪表盘：10.25in					
	驾驶辅助亮点（顶配）	并线辅助、车道偏离预警、车道保持辅助、主动刹车、前方碰撞预警、360°全景影像、全速自适应续航、自动泊车					
	智能网联亮点（顶配）	语音识别控制、高德地图、4G、车联网、OTA、远程控制					
政策	整车质保政策	3年或6万千米					
	"三电"质保政策	电池组质保8年或12万千米					
	网联流量政策	3年免费流量2G/月					
其他关键词		L2级智能辅助驾驶、灵犀智驾系统、对外放电、后置后驱、前后双独立悬挂					

哪吒V

（指导价：7.99万～9.69万元）√

> **★ 一句话点评** 设计中规中矩，产品力较为平淡的"新势力SUV"。

与大多数纯电动车一样，哪吒V的外观设计也比较简洁科技：这款电动SUV的前脸采用全封闭式的前格栅设计，配合几何波纹状的下进气格栅，具有一定的辨识度。车身尺寸方面，哪吒V的长宽高分别为4070mm×1690mm×1540mm，轴距为2420mm，后备厢空间为335L，在这个级别的车型中算是中规中矩。

车辆内部，哪吒V全系标配14.6in智能中控大屏和12in数码仪表屏，且均搭载哪吒AI语音助手，这套语音控制识别系统可以提供连续对话、常用场景免唤醒、可见即可说等功能。

值得一提的是，这款电动SUV搭载了同级独有的360安全卫士，涵盖隐身模式、空间清理以及代客模式三大功能，在兼顾系统流畅性与稳定性的同时，可以有效保护隐私安全，提升用车时的心理安全感。哪吒V还配备了车内生命体征监测系统，万一用户把孩子、宠物等遗忘在了后排，车辆会及时提醒用户注意。

与此同时，哪吒V支持L2级智能驾驶辅助功能，可以实现车道偏离预警、车道保持辅助以及道路交通标识识别等功能。但值得注意的是，目前全系车型中就一款车型（2022年款潮400 Pro）达到了L2级智能驾驶辅助。

	车型	潮300 Lite 磷酸铁锂	潮300 Lite 三元锂	潮400 Lite	潮400	潮400 Pro
基本信息（2022年款）	定位	5座　纯电动　小型SUV				
	指导价/万元	7.99		8.69	9.29	9.69
	尺寸/mm	长宽高4070×1690×1540　轴距2420				
电池性能	NEDC续航里程/km	301			401	
	电池容量/（kW·h）	31.15	31.7		38.54	
	电池类型	磷酸铁锂	三元锂			
	快充速度/h	30min从30%～80%（120kW）				
	慢充速度/h	12		8		
动力性	电机类型	永磁同步电机				
	电机总功率/kW	40		70		70
	电机总扭矩/（N·m）	110		150		150
	0～50km/h 加速时间/s	5.9/3.9/4.9				
智能化	屏幕及尺寸（顶配）	液晶仪表：12in　中控屏：14.6in				
	驾驶辅助亮点（顶配）	并线辅助、车道偏离预警、车道保持辅助、道路交通标识识别、主动刹车、前方碰撞预警、全速自适应续航、自动泊车、遥控泊车				
	智能网联亮点（顶配）	语音识别控制、4G、车联网、OTA、远程控制、Wi-Fi热点				
政策	整车质保政策	3年或12万千米				
	"三电"质保政策	终身免费"三电"质保				
	网联流量政策	终身免费车联网流量				
	其他关键词	对外放电、L2级智能驾驶辅助、车内生命体征监测系统				

吉利几何E

（指导价：8.68万～10.38万元）✓

★一句话点评	设计不落俗套，空间同级相比较为宽裕，整体而言比较务实。

基本信息（2022年款）		车型	320km乖巧虎 4座/5座	401km玲珑虎 4座/5座	401km霹雳虎 4座/5座
		定位	4座/5座　纯电动　小型轿车		
		指导价/万元	8.68	9.78	10.38
		尺寸/mm	长宽高4006×1765×1550　轴距2485		
电池性能		CLTC续航里程/km	320		401
		电池容量/（kW·h）	33.5		39.4
		电池类型	磷酸铁锂电池		
		充电速度/h	快充（30%～80%）：0.5　慢充：5.5		
动力性		电机类型	永磁同步电机		
		电机总功率/kW	60		
		电机总扭矩/（N·m）	130		
智能化		屏幕及尺寸（顶配）	液晶仪表：10.25in　中控屏：10.25in		
		驾驶辅助亮点（顶配）	车道偏离预警、自适应巡航、主动刹车/主动安全系统、前方碰撞预警		
		智能网联亮点（顶配）	高德地图、语音识别控制、车联网、4G		
政策		整车质保政策	4年或15万千米		
		"三电"质保政策	免费"三电"终身质保		
		其他关键词	双联屏、对外放电		

几何E是一款面向城市通勤的家用代步车，外形设计相对年轻化，车头造型部分辨识度比较高，比如贯穿式大灯灯带比较有个性。

❶ 座舱内部，几何E提供了经典的5座布局。除此之外，该车还提供4座版本的车型可供选择。车内空间表现中规中矩，日常乘坐载人并不会觉得拥挤，也能保证一定的乘坐舒适性。

虽然价格不贵，但几何E在智能网联方面做得还比较不错。具体来看，几何E的乖巧虎版本和玲珑虎版本配备9.8in的液晶仪表盘，而霹雳虎版本配备的则是10.25in的液晶仪表盘，用户可以轻松体验高德地图、卫星导航等功能。科大讯飞3.5智能语音系统的加持也让车内控制更加便捷，在行车过程中，车主可以通过语音控制音乐、导航等常见功能，也提升了驾驶安全性。

❷ 在智能驾驶方面，几何E同样给用户带来一些较为实用的功能配置。比如，这款车标配有自适应巡航、自动紧急制动、车道偏离预警以及主动刹车等功能，结合这辆车的价格来看，这样的配置表现能给用户的安全性和舒适性带来一定程度的提升。尤其是在拥堵路段驾驶时，能更好地保证大家的行驶安全。

❸ 动力方面，几何E全系搭载了最大输出功率为82匹（60kW）的电动机，动力满足日常代步没有太大问题，也因此有了更长的续航表现。续航表现方面，几何E提供了33.5kW·h与39.4kW·h两种容量的电池组，能分别带来320km和401km的续航。

奇瑞无界PRO

（指导价：8.99万～11.29万元）✓

★ 一句话点评 续航、智能表现比较出色，基本适应年轻市场对于高品质小车的需求。

　　奇瑞无界Pro是一款双门微型电动车，采用了机甲风格设计，封闭式的前脸内部融入了菱形的装饰，两侧的大灯造型独特，具有较强的辨识度。车侧部分，这款电动小车采用的是双色车身设计，车门把手为隐藏式；车尾方面，这款电动小车的尾灯与前大灯形成呼应，后包围还营造出排气装饰，整体造型放在这个级别中算是比较独特的。值得一提的是，这款电动小车可提供7款车身颜色，年轻人可以比较充分地根据自身喜好，选择合适的配色。

❶ 内饰部分，奇瑞无界Pro主打简洁、科技风格，并搭载了单核最高频率可达1.9GHz的第三代高通6155车载8核高速处理芯片；在这套芯片的支持下，这款电动小车将拥有高达50000DMIPS的算力，在同级别车型里有一定优势。

基本信息（2022年款）	车型	301km 魔兽版	301km 灵兽版	301km 神兽版	408km 魔兽版	408km 神兽版
	定位	4座 纯电动 微型轿车				
	指导价/万元	8.99	9.49	9.99	10.29	11.29
	尺寸/mm	长宽高3402×1680×1550 轴距2160				
电池性能	CLTC续航里程/km	301			408	
	电池容量/（kW·h）	28.86/29.23			40.296	
	电池类型	三元锂电池/磷酸铁锂电池			三元锂电池	
	充电速度/h	（120kW）快充（30%～80%）：0.5 慢充：10				
动力性	电机类型	永磁同步电机				
	电机总功率/kW	55			70	
	电机总扭矩/（N·m）	150			120	
	0～50km/h 加速时间/s	5～6				
智能化	屏幕及尺寸（顶配）	液晶仪表：7in 中控屏：12.9in				
	驾驶辅助亮点（顶配）	并线辅助、车道偏离预警、道路交通标识识别、开门预警、前方碰撞预警、360°全景影像、倒车车侧预警、定速续航、透明底盘、自动变道辅助				
	智能网联亮点（顶配）	语音识别控制、4G、高德/腾讯地图、车联网、OTA、远程控制、HiCar				
政策	整车质保政策	首任车主不限年限/里程				
	"三电"质保政策	首任车主不限年限/里程				
其他关键词		对外放电、单踏板模式				

　　与此同时，这款电动小车配备了Easy-Entry电动调节座椅、全景天幕等舒适便利性配置，为出行的舒适性提供了更多的可能性。此外，新车搭载的540°全景影像功能对于新手司机来说，也称得上"福音配置"。

❷ 动力方面，奇瑞无界Pro的最大输出功率为70kW，峰值扭矩为150N·m。有一说一，奇瑞无界Pro这样的动力性能表现只能说是中规中矩。不过，最大408km的CLTC续航里程还是值得肯定的。

比亚迪海豚

（指导价：10.28万～13.08万元）✓

★一句话点评 比亚迪e平台3.0出品，采用海洋美学设计，核心产品力毋庸置疑。

基本信息（2021年款）	车型	301km 活力版	405km 自由版	405km 时尚版	401km 骑士版
	定位		5座 纯电动 两厢车		
	指导价/万元	10.28	11.28	11.78	13.08
	尺寸/mm		长宽高4150×1770×1570	轴距2700	
电池性能	NEDC续航里程/km	301	405		401
	电池容量/（kW·h）	30.7	44.9		
	电池类型		磷酸铁锂		
	充电速度/h		快充（至80%）：0.5	慢充：—	
动力性	电机类型		永磁同步电机		
	电机总功率/kW		70		130
	电机总扭矩/（N·m）		180		290
	0～100km/h 加速时间/s	10.5	10.9		7.5
智能化	屏幕及尺寸（顶配）		液晶仪表：5in	中控屏：12.8in	
	驾驶辅助亮点（顶配）		车道偏离预警、车道保持辅助、道路交通标识识别、主动刹车、前方碰撞预警、360°全景影像、全速自适应续航		
	智能网联亮点（顶配）		高德地图、语音识别控制、4G、车联网、OTA、远程控制、NFC/RFID钥匙		
政策	整车质保政策		6年或15万千米		
	"三电"质保政策		非营运车辆首任车主不限年限/里程（具体细则和政策有效期详见官方信息）		
	网联流量政策		全系2年免费云服务、全系2年免费车机流量（具体细则和政策有效期详见官方信息）		
	其他关键词		旋转大屏、对外放电、L2级智能辅助驾驶、遥控驾驶、比亚迪e平台3.0、刀片电池、"中国心"十佳新能源汽车动力系统		

　　海豚是比亚迪海洋系列的第一款车型，是比亚迪加入小型纯电动领域战局的代表作，也是比亚迪e平台3.0的首款车型。

　　比亚迪海豚的车身长度为4150mm（顶配车型），是标准的小型车，但带给人的视觉效果却比较震撼，低趴的车身，流畅的车身线条，恰到好处的车身比例，都有效地提升了它的观感。在这个背后，是e平台3.0的加成。这是因为，e平台3.0实现了高度的集成化，因此比亚迪海豚的车身比例突破了燃油汽车的限制，虽然是小型车，但它的身形比同级车看上去更修长，视觉效果更佳。

❶ 车辆内部，比亚迪海豚也带来了超出同级的座舱体验，12.8in旋转屏操作流畅，语音识别精度高，支持90°的旋转显示，功能软件比较齐全，操作流畅度也不错。

❷ 智能辅助驾驶方面，比亚迪海豚的顶配车型达到了L2级别的辅助驾驶等级，配备有主动刹车、前方碰撞预警等功能，安全性更进一步。相对而言，中低配车型的配置就低了些。

❸ 动力方面，比亚迪海豚分为两个版本，低功率版本输出最大功率70kW，总扭矩180N·m；高功率版本输出最大功率130kW，总扭矩290N·m。搭载的刀片电池也分为30.7kW·h和44.9kW·h两种，分别

可带来301km和405km的NEDC续航里程。
在e平台3.0架构的加持下，比亚迪海豚的动力系统还有高度智能化的特征，带来了更佳的动力性能。譬如，e平台3.0搭载了全球首款量产八合一点动力总成。简单来说，这是一种深度集成的动力模块，它实现了整车控制器、电池管理器、电机控制器、驱动电机、减速器等八个模块的高度集成，整个动力系统的重量和体积大幅减少，因此比亚迪海豚才能为用户提供更长的轴距和更大的空间。与此同时，由于动力系统零部件数量大幅减少，它所产生的震动与噪声也得到了一定程度的降低。

④ 动力部分，顶配车型的最大输出功率为130kW，峰值扭矩为290N·m，0～100km／h加速时间为7.5s；其余车型的最大输出功率为70kW，峰值扭矩为180N·m，0～100km／h加速时间分别为10.5s或10.9s。

⑤ 在充电速度方面，e平台3.0也颇有独到之处，比如，它首创了充电和驱动附庸的深度集成高电压架构，就是将驱动模块的大功率元器件用在大功率充电上，从而实现了真正的高压充电，而目前行业内绝大多数充电桩都只能实现低压充电。在高压充电模式下，e平台3.0车型可以实现充电5min，续航150km。

对于比亚迪海豚的车主而言，出行场景一般都是以市区代步为主，30min充电至80%的速度已经有一定的优势，再加上5min可增加150km续航，可以让车主远离续航焦虑。

3 15万元级新能源汽车选购篇

3.1 15万元级纯电动汽车（15款）

3.1.1 15万元级纯电动轿车（8款）

比亚迪秦Plus EV

（指导价：13.88万~17.58万元）√

| ★一句话点评 | Dragon Face 3.0设计，舒适度、可靠性、续航里程表现都不错，深得网约车车主之心。 |

秦PLUS EV是比亚迪旗下的热门车型之一，这款电动车采用了Dragon Face 3.0设计语言，再配合轿跑溜背式车身，看起来既时尚又动感。

在"颜值"较高的同时，秦PLUS EV舒适性也不错，配备了符合人体工程学设计的座椅，头、肩、腰等位置均可以得到支撑。

❶ 科技配置方面，秦PLUS EV搭载了12.8in 8核自适应旋转悬浮Pad，科技感较强，并配备了DiLink 3.0智能网联系统，UI界面和功能与"同门兄弟"车型比亚迪汉保持了高度一致，内置了包括高德地图、喜马拉雅、QQ音乐等丰富的第三方应用，使用起来相当便捷且有趣。

基本信息（2021年款）	车型	400km 豪华型	500km 豪华型	500km 尊贵型	600km 旗舰型	400km 领畅型	400km 出行型
	定位	5座　纯电动　紧凑型轿车					
	指导价/万元	13.88	14.88	15.88	17.58	17.48	17.58
	尺寸/mm	长宽高4765×1837×1515　　轴距2718					
电池性能	NEDC续航里程/km	400	500		600	400	
	电池容量/（kW·h）	47.5	57		71.7	47.5	
	电池类型	磷酸铁锂电池					
	充电速度/h	快充（至80%）：0.5　　慢充：一					
动力性	电机类型	永磁同步电机					
	电机总功率/kW	100					
	电机总扭矩/（N·m）	180			280		180
	0~50km/h加速时间/s	4					
智能化	屏幕及尺寸（顶配）	液晶仪表：3.5in			中控屏：12.8in		
	驾驶辅助亮点（顶配）	并线辅助、车道偏离预警、车道保持辅助、道路交通标识识别、主动刹车、前/后方碰撞预警、360°全景影像、倒车车侧预警、全速自适应巡航、遥控泊车					
	智能网联亮点（顶配）	卫星导航、导航路况信息显示、语音识别控制、4G、车联网、Wi-Fi热点、OTA、远程控制、NFC/RFID钥匙					
政策	整车质保政策	6年或15万千米					
	"三电"质保政策	非营运车辆首任车"三电"系统不限年限/里程					
	网联流量政策	2年免费车机流量、2年免费云服务					
	其他关键词	L2级智能辅助驾驶、刀片电池、后排座椅加热					

❷ 智能辅助驾驶配置方面，秦PLUS EV拥有车道保持、行人识别保护、车道偏离预警系统以及全速自适应续航等功能。同时，用户还可以通过360°全景影像功能的4个摄像头来判断车身周边的情况，对于新手司机来说，算是"福音"配置。

除了配备了比较丰富的安全驾驶辅助配置外，秦PLUS EV还配备刀片电池，这套电池组通过了电池安全测试领域"珠穆朗玛峰"针刺实验，拥有七维四层安全矩阵设计，耐高温，寿命较长，让用户出行更无忧。

❸ 动力方面，秦PLUS EV顶配车型的电机最大输出功率为100kW，最大扭矩为280N·m。动力方面表现一般。续航方面，秦PLUS EV分别有三种配置：400km、500km和600km（均为NEDC工况续航）。

广汽埃安AION S

（指导价：13.98万～14.68万元）✓

★一句话点评　铝合金底盘加持，"三电"品质表现突出。

AION S称得上是广汽埃安AION的走量车型，无论是在私家车市场，还是在网约车市场，AION S都有不错的市场热度。值得一提的是，广汽丰田iA5便是基于广汽埃安AION S打造而来。

❶ 外观方面，AION S采用了家族式"穿云箭"设计语言，"T形"LED前大灯组与"数字火焰"贯穿式LED尾灯前后呼应，"高能脉冲"腰线设计让整车看起来颇具动感，而且这款电动车的风阻系数仅为0.245，在同级别车型里具有一定优势。

基本信息（2022年款）	车型	改款 炫 530	魅 580	魅 580 Pio	炫 530
	定位	5座　纯电动　紧凑型轿车			
	指导价/万元	13.98	14.68	14.68	13.98
	尺寸/mm	长宽高4768×1880×1545		轴距2750	
电池性能	NEDC续航里程/km	410	460		410
	电池容量/（kW·h）	50.688	60		50.688
	电池类型	磷酸铁锂电池			
	充电速度/h	（120kW）快充（30%～80%）：0.4		慢充：—	
动力性	电机类型	永磁同步电机			
	电机总功率/kW	100			
	电机总扭矩/（N·m）	225			
智能化	屏幕及尺寸（顶配）	液晶仪表：3.5in		中控屏：12.3in	
	驾驶辅助亮点（顶配）	定速巡航			
	智能网联亮点（顶配）	车联网、Wi-Fi热点、OTA、4G、远程控制、语音识别控制、高德地图			
政策	整车质保政策	4年或15万千米			
	"三电"质保政策	"三电"终身质保（非营运首任车主）			
	其他关键词	风阻系数0.245、智能电机能量回收模式、广汽纯电专属平台GEP			

❷ 在智能辅助驾驶方面，AION S的优势不大，虽然提供了倒车影像、定速巡航等实用的驾驶辅助配置，但是高阶的驾驶辅助功能却未配备。

好在AION S的智能网联配置比较齐全，提供了可以精准导航的高德地图，支持CarPlay和CarLife手机互联、语音识别控制系统以及OTA升级等多项实用的功能。而且用户可以利用手机APP远程启动车辆，进行车辆定位以及车况查询/诊断等。

作为基于广汽第二代纯电专属平台开发的车型，AION S的整车尺寸（长×宽×高）为4768mm×1880mm×

1545mm，轴距长达2750mm，以"电池+电驱"为中心的布局也减少了机舱的占用空间，整车空间规划更加合理，可以带来比较宽敞舒适的乘坐空间表现。

❸ 动力方面，AION S全系均为单电机前置驱动，电机最大输出功率为100kW，最大扭矩为225N·m。续航方面，AION S Plus全系配备了基于磷酸铁锂电池的"弹匣电池"，NEDC续航有410km和460km两个版本。

欧拉好猫

（指导价：14.10万～17.10万元）✓

★ 一句话点评 采用复古主义设计，走精致时尚路线，直面女性市场的"纯电小车"。

欧拉好猫是一款明显偏向女性消费者，同时也是一款关注度比较高的"纯电小车"。

这款电车采用了复古主义设计，整车车身线条圆润，配合椭圆形的前大灯，看起来十分独特且精致。但是也有部分消费者指出，欧拉好猫的外观设计，与大众甲壳虫过于相似。

❶ 内饰部分，欧拉好猫将精致感进行到底，仪表台上部整体采用3D-Mesh包覆工艺，使用细腻的高品质仿麂皮与皮革专用缝线，整体做工精细，触感柔软顺滑，再配合古典镀铬拨杆设计，确实可以讨女性消费者的芳心。而且，车内的主驾驶座椅具备6向电动调节功能（前后、靠背、上下），多点式按摩系统还能达到调节位姿、推压肌肉、促进血液循环、减轻疲劳的功效。

❷ 欧拉好猫的安全性表现也比较不错，全系标配6个安全气囊（主副驾安全气囊，前排侧安全气囊，前后一体式安全气帘），还在A柱、B柱、门槛等要害部位采用了热成形钢加强板，连成了球笼式焊接结构，可以在危急时刻给予车上乘员较为周全的保护。

❸ 动力方面，欧拉好猫最大输出功率为105kW，峰值扭矩为210N·m，但对于大多数女性消费者来说，这样的动力性能表现已经够用了。续航方面，欧拉好猫有401km和501km两种续航可供选择（NEDC工况），大家可根据自己实际用车情况进行选购。

基本信息（2022年款）	车型	400km标准续航-磷酸铁锂电池				500km长续航-三元锂电池	
		豪华型	尊贵型	豪华型	尊贵型	豪华型	尊贵型
	定位	5座　纯电动　小型车					
	指导价/万元	14.1	15.1	14.1	15.1	16.1	17.1
	尺寸/mm	长宽高4235×1825×1596				轴距2650	
电池性能	NEDC续航里程/km	401				501	
	电池容量/（kW·h）	47.8		45.99		59.1	
	电池类型	磷酸铁锂电池		三元锂电池		三元锂电池	
	充电速度/h	（120kW）快充（30%～80%）：0.5				慢充：8	
动力性	电机类型	永磁同步电机					
	电机总功率/kW	105					
	电机总扭矩/（N·m）	210					
	0～50km/h加速时间/s	3.8					
智能化	屏幕及尺寸（顶配）	液晶仪表：7in　中控屏：10.25in					
	驾驶辅助亮点（顶配）	车道保持辅助、车道偏离预警、车道居中保持、道路交通标识别、主动刹车、前方碰撞预警、360°全景影像、全速自适应续航					
	智能网联亮点（顶配）	卫星导航、导航路况显示、高德地图、语音控制、面部识别、车联网、Wi-Fi热点、OTA、4G、远程控制					
政策	整车质保政策	4年或15万千米					
	"三电"质保政策	电池组质保首任车主不限年限/里程、"三电"终身质保					
	网联流量政策	一年免费娱乐流量、终身免费基础流量					
	其他关键词	复古造型、标配6气囊、主动格栅、全维生态热量管理系统、L2级智能辅助驾驶、开门预警（选装）、自动泊车（选装）					

荣威Ei5

（指导价14.48万～15.88万元）✓

★ **一句话点评**　空间较为宽敞，乘坐较为舒适，一款"经济舒适型"取向的家用纯电旅行车。

荣威Ei5是上汽首款完全基于新能源纯电动架构设计的休旅车。

❶ 外观上，荣威Ei5采用专属的电感化设计语言，前脸处通过高亮黑和镀铬饰条延伸连接车灯，一定程度上拉宽了该车的横向视觉效果；车身侧面的丰富腰线设计，让这款电动车呈现出不同的光影效果。

❷ 车辆内部，10.25in悬浮式中控大屏搭配三辐式多功能方向盘，看起来具有一定的科技感，空调出风口处的蓝色装饰条则突出了新能源车型的身份。

❸ 在智能化方面，荣威Ei5拥有L2级的AI Pilot高级安全辅助系统，这套驾驶辅助系统包含了ACC全速域自适应巡航系统、TJA交通拥堵辅助系统、LDP车道偏离纠正系统以及360°全景影像等功能，基本可以覆盖用户的智能出行需求。

另外，荣威Ei5的第二排座椅支持4：6比例放倒，并拥有1376L后备厢容积，可容纳两个28in行李箱+一个24in行李箱+一个20in行李箱，满足不同场景的储物需求。

值得一提的是，荣威Ei5还配备了一个"黑科技"——UVC深紫外线光学灭菌，支持远程启动，90s即可完成杀毒。

基本信息（2021年款）	车型	倾心版	倾慕版	倾城版
	定位	5座　纯电动　紧凑型车		
	指导价/万元	14.48	15.58	15.88
	尺寸/mm	长宽高4600×1818×1543　轴距2665		
电池性能	NEDC续航里程/km	501		
	电池容量/（kW·h）	61.1		
	电池类型	三元锂电池		
	充电速度/h	快充（至80%）：0.5　慢充：9.5		
动力性	电机类型	永磁同步电机		
	电机总功率/kW	135		
	电机总扭矩/（N·m）	280		
	0~100km/h加速时间/s	8.3		
智能化	屏幕及尺寸（顶配）	组合仪表：12.3in　中控屏：10.25in		
	驾驶辅助亮点（顶配）	车道保持辅助、车道偏离预警、车道居中保持、主动刹车、前方碰撞预警、360°全景影像、全速自适应巡航		
	智能网联亮点（顶配）	语音识别控制、CarPlay/CarLife、4G、车联网、OTA、Wi-Fi热点、远程控制		
政策	整车质保政策	家用车首任车主终身整车原厂质保		
	"三电"质保政策	家用车首任车主不限年限/里程		
	网联流量政策	终身免费基础流量		
	其他关键词	L2级智能辅助驾驶、UVC深紫外线空调杀毒系统、对外放电、"零重力"座椅		

江淮大众思皓E50A（指导价：14.59万～18.98万元）✓

★ **一句话点评** 基于大众质量标准体系打造，整车品质较为可靠。

基本信息（2021年/2022年款）	车型	2021年款尊享版	2022年款出行版	2021年款畅享版	2022年款公务版
	定位	5座 纯电动 紧凑型车（掀背车）			
	指导价/万元	14.59	17.19	17.99	18.98
	尺寸/mm	长宽高4770×1820×1510 轴距2760			
电池性能	NEDC/CLTC续航里程/km	402/460			
	电池容量/（kW·h）	50.1			
	电池类型	磷酸铁锂电池			
	充电速度/h	快充（至80%）：0.6 慢充：6.5			
动力性	电机类型	永磁同步电机			
	电机总功率/kW	142			
	电机总扭矩/（N·m）	340			
	0～100km/h加速时间/s	7.6			
智能化	屏幕及尺寸（顶配）	组合仪表：10.25in 中控屏：10.4in			
	驾驶辅助亮点（顶配）	定速巡航、倒车影像			
	智能网联亮点（顶配）	语音识别控制、高德地图、4G、车联网、OTA、Wi-Fi热点、远程控制			
政策	整车质保政策	3年或12万千米			
	"三电"质保政策	8年或15万千米			
	其他关键词	智能手环钥匙			

思皓E50A是江淮大众出品的紧凑型纯电动轿车，整体造型与江淮旗下紧凑型纯电动轿车iC5的设计风格比较相近，前脸处的不规则造型大灯组，配合下方和底部的黑色开孔，让新车看起来比较年轻化。

❶ 内饰部分，思皓E50A采用真皮多功能方向盘，同时，黑灰配色+镀铬+钢琴漆饰板等元素的加入在一定程度上提升了内饰的质感，而10.4in中控大屏+10.25in全液晶仪表盘，则强化了整个座舱的科技感。值得一提的是，思皓E50A的车机系统包含了科大讯飞智能语音3.5系统、智能生活管家、智能手环钥匙等功能。只是，中控大屏的位置有些偏低，驾驶时如果需要从大屏获取信息便意味着需要低头进行查看，难免为驾乘安全性带来一些风险。

此外，对比同价位的其他车型来看，思皓E50A的智能驾驶辅助配置表现一般，只提供了比较低阶的定速巡航功能，对于对智能辅助驾驶要求较高的年轻群体而言，存在一定的遗憾。

❷ 动力方面，这款纯电动轿车采用了三合一高集成电驱系统，拥有340N·m的峰值扭矩，0～100km/h加速时间仅需要7.6s，动力性能相对还是比较强劲的。另外，从续航表现来看，思皓E50A的402km的续航里程，虽然可以满足用户的日常出行需求，但是在同价位车型里，并不占优势。

荣威i6 MAX EV

（指导价：14.68万～17.08万元）✓

★ **一句话点评** 采用家族化设计，科技感较强，动力性能达到同级主流水准。

荣威i6 MAX纯电版采用了荣威的家族化设计，前脸处拥有名为"荣麟纹"的中网造型，搭配全新的狮标LOGO，进一步提升了前脸的辨识度。从细节方面来看，这款电动车前包围两侧的开口造型设计比较犀利，加上亮色装饰的点缀，看起来有一定的时尚感，3m²的全景天幕亦是外观设计的一大亮点。

❶ 车身侧面，平直的腰线贯穿荣威i6 MAX纯电版的车身，搭配黑色的五辐式轮圈，一定程度上彰显出了这款车的运动感。

❷ 智能网联方面，这款电动车搭载了互联网汽车智能系统HW2.0，这套系统包含了AI自然交互语音、人工智能导航系统、智联生态云服务、OTA无限升级迭代等功能，基本可以覆盖用户的智能用车需求。

不过，荣威i6 MAX纯电版的智能驾驶辅助功能不占优势，诸如车道偏离预警系统、车道保持辅助系统以及主动刹车等功能均未配备，好在配备的定速巡航和360°全景影像功能一定程度上可以减轻驾驶者的驾驶压力，提升行车安全性。

另外，为了提升驾乘舒适性和便利性，荣威i6 MAX纯电版配备了后排可调空调出风口、PM2.5过滤器、皮质座椅、无钥匙进入系统、外后视镜电动调节/加热等配置。

基本信息（2022年款）	车型	500天幕尊享版	500天幕旗舰版	500天幕特别版	600天幕尊享版	600天幕旗舰版
	定位	5座　纯电动　紧凑型轿车				
	指导价/万元	14.68	15.78	18.18	15.98	17.08
	尺寸/mm	长宽高4722×1835×1493　轴距2715				
电池性能	NEDC续航里程/km	502			605	
	电池容量/（kW·h）	61.1			69.9	
	电池类型	三元锂电池				
	充电速度/h	（120kW）快充（30%~80%）：0.5　慢充：9.5/12				
动力性	电机类型	永磁同步电机				
	电机总功率/kW	135				
	电机总扭矩/（N·m）	280				
智能化	屏幕及尺寸（顶配）	仪表盘：12.3in　中控屏：14.3in				
	驾驶辅助亮点（顶配）	360°全景影像				
	智能网联亮点（顶配）	卫星导航定位、导航路况信息显示、语音识别、车联网、Wi-Fi热点、4G、OTA、远程控制				
政策	整车质保政策	终身整车（含"三电"系统）原厂质保				
	"三电"质保政策	电池包质保首任车主不限年限/里程				
	网联流量政策	基础流量终身免费				
	其他关键词	3 m²全景天窗				

几何G6

（指导价：14.98万～18.68万元）√

★ 一句话点评　标配L2级智能驾驶辅助系统，20万元内为数不多的Harmony OS超电智能座舱。

基本信息（2022年款）		车型	480新智型	480新享型	620新乐型	620新趣型
		定位	纯电动　5座　紧凑型车			
		指导价/万元	14.98	15.98	16.98	18.68
		尺寸/mm	长宽高4752×1804×1503　轴距2700			
性能	电池	CLTC续航里程/km	480		620	
		电池类型	三元锂电池			
		充电速度/h	快充：0.5　慢充：8.5		快充：0.63　慢充：11	
	动力性	电机类型	永磁同步电机			
		电机总功率/kW	150			
		电机总扭矩/（N·m）	310			
		0～100km/h 加速时间/s	6.9			
智能化		屏幕及尺寸（顶配）	液晶仪表：10.2in　中控屏：14.6in			
		驾驶辅助亮点（顶配）	并线辅助、车道保持辅助、车道偏离预警、车道居中保持、道路交通标识识别、主动刹车、前方碰撞预警、360°全景影像、透明底盘/540°影像、全速自适应巡航、自动泊车入位、遥控泊车、抬头显示			
		智能网联亮点（顶配）	高德地图、语音识别控制、4G、车联网、远程控制、Wi-Fi热点、OTA			
政策		整车质保政策	4年或15万千米			
		"三电"质保政策	首任车主不限年限/里程			
		网联流量政策	三年畅玩无限车机流量			
		其他关键词	标配L2级智能辅助驾驶、Harmony OS超电智能座舱			

几何G6是几何品牌的全新车型，外观上采用了被官方称为"光语未来设计"的设计语言，前脸的封闭式前格栅与两侧大灯组相连接，形成了贯穿式造型，提升了车头的视觉宽度。

❶ 内饰部分，几何G6搭载了14.6in中控大屏+10.2in液晶仪表盘的组合，科技感较强，能带来一定的沉浸式驾乘体验。值得一提的是，几何G6的超电智能座舱基于Harmony OS系统打造而来，配合8G运行+128GB存储内存以及DDR4X存储技术，可以带来较为流畅的用车体验。同时，得益于自适应应用分屏功能，这款新车的车机系统可以实现导航画面与其他车载APP之间的互不干扰，换句话说也就是：主驾导航和副驾娱乐两不误。

❷ 智能辅助驾驶方面，这款新车全系标配L2级智能驾驶辅助系统，支持车道居中保持、前向车距显示等功能。另外值得一提的是，几何G6还配备了Onebox制动能量回收系统，能量回收率接近100%，对于提升续航里程表现具有一定帮助。

❸ 动力方面，几何G6搭载的是150kW的单电机，6.9s的0～100km／h加速虽然不能带来强烈的推背感，但应对日常家用绰绰有余。

❹ 续航方面，几何G6新乐型和新趣型的CLTC续航里程为620km，超过了600km的大关。不过，新智型和新享型的CLTC续航里程表现则不算特别突出了，CLTC工况下为480km，虽然够用，但要应对用户的长途出行需求还是有一定挑战的。

北京EU7

（指导价：15.99万～17.59万元）√

★一句话点评 国产纯电动中型车，整体"三电"性能表现尚可，但品牌影响力还有提升空间。

北京EU7是北京汽车旗下定位中型车的纯电动轿车，其前脸整体给人的感觉比较活泼，甚至有一丝丝的凶狠。车身侧面，设计师为这款车采用了修长的线条进行装饰，搭配大尺寸的空气动力学轮毂，彰显出了一定的时尚风格。

❶ 车辆内部，北京EU7的座舱设计比较具有层次感，12.3in的中控大屏是视觉的重心，只不过，对比来看这块大屏的黑边有些宽，对于科技感的彰显有些欠缺。不过，具备通风和加热功能的打孔皮质座椅和面积达到0.75m²的全景天窗、手机无线充电等功能，倒是也为座舱的便利性提供了一定的助力。

❷ 在智能网联配置方面，这款纯电动中型车搭载同为12.3in的全液晶仪表盘和中控娱乐大屏，双屏可智能交互，并具备智能语音、OTA空中升级以及手机APP远程控制等功能。

得益于EMD3.0 Pro智能电控，北京EU7可以对整车近260个电子部件系统实时统筹，譬如智能管理电池可使其续航更长，智能优化电机可使其加速更快，智能调校整车可使其操控更精准。可惜的是，EU7的智能驾驶辅助配置不占优势，其他同价位新能源车上比较常见的诸如主动刹车、碰撞预警等功能，这款纯电动中型车并未配备。

值得一提的是，EU7搭载了具有AQS空气净化功能的智能空调，能够实时监测空气中有害物质浓度，主动净化车内空气，一定程度上可以带来比较健康的座舱空间。

❸ 动力方面，北京EU7电机最大输出功率为160kW，最大扭矩为300N·m。动力方面表现属于同级别中上水平。然而这款车的NEDC续航里程仅为475 km，同级对比来看略低了一些。

基本信息（2022年款）	车型	逸风版	逸尚版	逸潮版
	定位	5座　纯电动　中型车		
	指导价/万元	15.99	16.59	17.59
	尺寸/mm	长宽高4815×1835×1528　轴距2801		
电池性能	NEDC续航里程/km	475		
	电池容量/（kW·h）	60.7		
	电池类型	三元锂电池		
	充电速度/h	快充（至80%）：0.5　慢充：10		
动力性	电机类型	永磁同步电机		
	电机总功率/kW	160		
	电机总扭矩/（N·m）	300		
	0～100km/h加速时间/s	8.4		
智能化	屏幕及尺寸（顶配）	组合仪表：12.3in　中控屏：12.3in		
	驾驶辅助亮点（顶配）	并线辅助、车道偏离预警、360°全景影像		
	智能网联亮点（顶配）	语音识别控制、CarLife、百度地图、4G、车联网、OTA、Wi-Fi热点、手机远程控制		
政策	整车质保政策	3年或15万千米		
	"三电"质保政策	电池组质保首任车主不限年限/里程		

▶ 3.1.2 15万元级纯电动SUV（7款）

几何M6

（指导价：14.98万~18.68万元）√

★一句话点评 几何G6的"亲兄弟"。

与几何G6一样，几何M6采用的也是"光语未来设计"的设计语言，前脸依旧是电动汽车常见的封闭式前格栅设计，中央辅以发光LOGO，搭配狭长灯组，比较耐看。车身侧面，这款新车采用了隐藏式门把手设计，能进一步优化风阻系数。

❶ 座舱内部，几何M6搭载的亦是与几何G6一致的14.6in中控大屏+10.2in液晶仪表盘的组合，并且在大屏内部也配备有Harmony OS系统，支持全场景"可见即可说"等功能。值得一提的是，这款车机系统还配备跨屏互联共享功能，支持华为设备和车机系统一键流转。也就是说，如果用户是华为手机机主，手机上的导航就能自动流转到大屏等。

❷ 智能辅助驾驶方面，在标配L2级智能辅助驾驶的基础上，这款新车还具备和几何G6一样的RPA神奇模式，支持手机远程遥控车辆自动泊入或泊出，如此一来，即便是遇到狭窄车位，也能轻松上下车或搬运货物。另外，得益于540°AR底盘透视功能，系统可以不留死角地全方位展示车辆所处环境，对新手司机而言还是比较友好的。

❸ 续航表现方面，几何M6高配车型的CLTC续航里程为580km，表现一般，而新智型和新享型的CLTC续航里程为450km，优势亦不明显。

基本信息（2022年款）	车型	450新智型	450新享型	580新乐型	580新趣型
	定位	纯电动　5座　紧凑型SUV			
	指导价/万元	14.98	15.98	16.98	18.68
	尺寸/mm	长宽高4432×1833×1560　轴距2700			
电池性能	CLTC续航里程/km	450		580	
	电池容量/（kW·h）	53		70	
	电池类型	三元锂电池			
	充电速度/h	快充：0.5　慢充：8.5		快充：0.63　慢充：11	
动力性	电机类型	永磁同步电机			
	电机总功率/kW	150			
	电机总扭矩/（N·m）	310			
	0~100km/h加速时间/s	6.9			
智能化	屏幕及尺寸（顶配）	液晶仪表：10.2in　中控屏：14.6in			
	驾驶辅助亮点（顶配）	并线辅助、车道保持辅助、车道偏离预警、车道居中保持、道路交通标识识别、主动刹车、前方碰撞预警、360°全景影像、透明底盘/540°影像、全速自适应巡航、自动泊车入位、遥控泊车、抬头显示			
政策	整车质保政策	4年或15万千米			
	"三电"质保政策	首任车主不限年限/里程			
	网联流量政策	三年畅玩无限车机流量			
	其他关键词	标配L2级智能驾驶辅助系统、Harmony OS超电智能座舱、540°AR底盘透视、主动进气格栅			

MG MULAN

（指导价：12.98万～18.68万元）✓

★ 一句话点评 纯电界里的"国产高尔夫"，造型攻击性十足，驾控乐趣可圈可点。

		425km 时尚版	425km 豪华版	520km 旗舰版	460km 四驱凯旋版
基本信息 （2022年款）	车型				
	定位	5座　纯电动　两厢跨界车			
	指导价/万元	12.98	13.98	16.38	18.68
	尺寸/mm	长宽高4287×1836×1516　轴距2705			
电池性能	CLTC续航里程/km	425		520	460
	电池容量/（kW·h）	51		64	
	电池类型	磷酸铁锂电池		三元锂电池	
	充电速度/h	快充（至80%）：0.47　慢充：7		快充（至80%）：0.38　慢充：9	
动力性	电机类型	永磁同步电机			
	电机总功率/kW	125		150	315
	电机总扭矩/（N·m）	250			600
	0～100km/h 加速时间/s	—			3.8
智能化	屏幕及尺寸（顶配）	液晶仪表：7in　中控屏：10.25in			
	驾驶辅助亮点（顶配）	车道保持辅助、车道偏离预警、车道居中保持、道路交通标识识别、主动刹车、前方碰撞预警、360°全景影像、全速自适应巡航			
	智能网联亮点（顶配）	4G、语音识别控制、车联网、Wi-Fi热点、OTA、远程控制			
政策	整车质保政策	3年或10万千米			
	"三电"质保政策	首任非营运车主"三电"终身质保			
	网联流量政策	首任非营运车主基础流量终身免费			
	其他关键词	星云纯电专属平台、CTP电池包、L2级智能辅助驾驶、上汽"魔方"电池、电池可充/可换/可升级、对外放电、第十届轩辕奖"最佳出口奖"			

　　MG MULAN采用了"灵动机能美学"设计语言，给人的第一印象就是很运动，很"钢炮"。细节方面，这款新车的前脸采用了造型犀利独特的灵动科技矩阵大灯设计，配合竖条参数化设计的碳纤维竞技前唇，彰显出了一定的气势；车身侧面，MG MULAN的造型介于两厢车和SUV之间，没有太多复杂的线条装饰，简单的双腰线设计更显灵动；MG MULAN的车辆尾部设计有一定的张力，夸张的贯穿式尾灯直接延伸到后翼子板两侧，加上镂空双幅尾翼设计，进一步强化了运动感。

　　MG MULAN的内饰设计以电竞运动为灵感，采用了"红白机"风格；大量搪塑软材质的使用让可触及的区域的手感更柔软，配合高亮黑喷漆材质，质感可圈可点。在MG MULAN的座舱内部，10.25in多彩中控屏、7in液晶仪表盘的双悬浮屏搭配7个功能按键，以数字大屏与机械按键组合的形式，兼顾着科技感和实用性。

❶ 智能网联方面，MG MULAN搭载了上汽集团目前主打的斑马洛神车机系统，系统运行流畅度较高，操作基本没有卡顿，联网功能较为全面，语音助手的识别率也比较高，还支持手机APP远程控制，可以满足人们的日常用车需求。

　　作为一款个性化电动"钢炮"，MG MULAN的车身尺寸不算出色，长宽高分别为4287mm×

1836mm×1516mm，轴距为2705mm，后排空间略显局促。不过，50：50的前后轴荷比和490mm的质心高度设计为操控性提供了更好的保障。

❷ 动力方面，MG MULAN顶配车型（四驱凯旋版）最大输出功率达到了315kW，峰值扭矩为600N·m，0~100km/h加速时间仅需3.8s，时刻让我们体验风驰电掣的加速感觉。在续航方面，MG MULAN搭载的是上汽"魔方"电池，CLTC工况下520km的续航里程表现胜过了大众ID.3，可以比较充分地满足用户的出行需求。

与此同时，这款新车的操控表现亦是可圈可点。譬如MG MULAN的最小转弯半径仅有5.3m，再配合XDS弯道动态控制系统、DP-EPS转向系统以及One-Box电制动系统，这款新车的入弯姿态相当稳健，较低的离地间隙和质心，还让车辆在快速过弯的时候，拥有充足的侧向支撑性，可以给予人们不错的驾驶自信心。

几何C

（指导价：13.57万~20.78万元）✓

★一句话点评 几何+开源共享平台首个载体，车辆自研程度较高，续航精准度较高。

几何C基于几何+开源共享平台开发而来，外观上采用了跨界造型、下压式前脸、隐藏门把手和悬浮车顶等设计，让整车看起来比较动感。

① 内饰部分，这款纯电动SUV采用了简洁的设计风格，中控面板及中央通道等多处拥有六边形几何图案设计，看起来颇具科技感。同时，律动环抱式七色氛围灯，E-touch中央超感触控区，高保真BOSE音响，75in超大曲面全景天幕等的加入，提升了用户的用车品质。

② 智能互联配置方面，这款纯电动SUV配备了GKUI EV音容智能生态系统，而且，得益于E01系统级芯片，整套车机系统的响应速度更快，运算能力更强，并支持全能AI语音，车家互联等功能。

值得一提的是，根据吉利官方介绍，几何C搭载了由几何汽车自主研发的SEM智能能量管理系统，续航精度接近100%，并且在博世IBOOSTER能量回收系统的支持下，这款纯电动SUV的制动能量回收效率接近100%。

另外，这款纯电动SUV采用了双向智能能热泵空调系统，可以回收空气中的热能，使得这款纯电动SUV在低温环境下的续航里程，可以提升10%左右。

基本信息（2022年款）	400km 蓝莓Pro	400km 蓝莓Plus	550km 西柚Pro	550km 西柚Plus	400km 出行版	550km 西柚Halo	550km 公务版	蓝莓C400	葡萄C550	西柚C550
定位					5座 纯电动 紧凑型SUV					
指导价/万元	13.57	14.57	15.97	16.27	17.98	17.57	20.78	13.57	15.57	17.27
尺寸/mm					长宽高4432×1833×1560 轴距2700					
NEDC续航里程/km	400	400	550	550	400	550	550	400	550	550
电池容量/(kW·h)	53	53	70	70	53	70	70	53	70	70
电池类型					三元锂电池					
充电速度/h					快充（至80%）：0.5/0.63 慢充：8.5/11					
电机类型					永磁同步电机					
电机总功率/kW					150					
电机总扭矩/(N·m)					310					
0~100km/h加速时间/s	6.9	6.9	7	7	6.9	7	7	6.9	6.9	7
屏幕及尺寸（顶配）					全液晶仪表盘：5in 中控屏：12.3in					
驾驶辅助亮点（顶配）					并线辅助、车道保持辅助、车道偏离预警、道路交通标识识别、主动刹车、前方碰撞预警、360°全景影像、透明底盘、全速自适应巡航、自动泊车入位、HUD抬头显示					
智能网联亮点（顶配）					语音识别控制、4G、车联网、远程控制、Wi-Fi、OTA					
整车质保政策					4年或15万千米					
"三电"质保政策					首任车主不限年限/里程					
其他关键词					L2级智能辅助驾驶、BOSE音响、对外放电、主动格栅、后扭力梁悬架					

广汽埃安AION Y

（指导价：13.76万~18.98万元）✓

★ **一句话点评**　GEP 2.0纯电平台打造，车身尺寸小，内部空间大，适合都市年轻用户。

　　之所以叫做AION Y，正是取了Young这个单词的首字母，象征着年轻与活力，也代表着这款纯电动SUV更专注于年轻消费群体。

❶ 从外观上来看，AION Y采用了时尚动感的设计风格，酷似羽翼式造型的日间行车灯具有较强的辨识度，车侧部分则采用较为平直的线条设计，并配备时下较为流行的隐藏式门把手。值得一提的是，为了满足年轻人的个性化审美，这款纯电动SUV提供了多达12种车色可供选择。

❷ 车辆内部，这款纯电动SUV采用了极简的设计风格，大量圆角矩形的设计配合多种色彩元素，强调了时尚感。

❸ 智能网联方面，这款纯电SUV搭载的14.6in中控屏，显示效果比较清晰，车机系统的UI界面清晰易读，除了支持常规的在线音乐和视频外，还支持车内KTV、横屏"刷抖音"等功能，用户也能用车内摄像头完成短视频的拍摄并上传至各种资讯平台。

　　值得一提的是，得益于车厢内的多个摄像头，AION Y还可以对车内乘员的情绪和动作进行监控，并提供吸烟时候自动打开车窗、驾驶者疲劳时候自动调大音量等多种服务。此外，这款纯电动SUV的360°全景影像系统，图像拼接自然，3D模型的加入也较好地降低了狭窄道路发生剐擦的风险。

❹ 动力方面，AION Y全系搭载的是总功率为135kW的电机，四驱版本的缺席稍显遗憾。不过，最大600km的NEDC续航则为这款车增加了另一个优势。

基本信息（2022年款）		车型	70 乐享版	70 畅享版	70 智领版	70 智享版	70 科技版	70 行政版	80超长 续航版	80 智享版	80 行政版
		定位	5座　纯电动　紧凑型SUV								
		指导价/万元	13.76		14.76		15.76	17.98	16.26	17.56	18.98
		尺寸/mm	长宽高4410×1870×1645　轴距2750								
性能	电池	NEDC续航里程/km	500						600		
		电池容量/（kW·h）	63.98						76.8		
		电池类型	磷酸铁锂电池						三元锂电池		
	动力性	电机类型	永磁同步电机								
		电机总功率/kW	135								
		电机总扭矩/（N·m）	225								
智能化		屏幕及尺寸（顶配）	液晶仪表：10.25in　中控屏：14.6in								
		驾驶辅助亮点（顶配）	车道保持辅助、车道偏离预警、主动刹车、前方碰撞预警、360°全景影像、透明底盘、全速自适应巡航、自动泊车、遥控泊车、远程召唤（选装）								
		智能网联亮点（顶配）	高德地图、高精地图（选装）、语音识别控制、CarLife、面部识别、4G/5G（选装）、车联网、远程控制、OTA								
政策		整车质保政策	4年或15万千米								
		"三电"质保政策	首任非营运车主"三电"终身质保								
		网联流量政策	车联网服务（6G/月）终身免费								
		其他关键词	L2级智能辅助驾驶、GEP2.0纯电平台、2.0m²天窗、弹闸电池组、扭力梁后悬架								

比亚迪元PLUS EV （指导价：13.78万～16.58万元）√

| ★ 一句话点评 | e平台3.0出品，兼具高可靠性和高实用性。 |

基本信息（2022年款）		车型	430km 豪华型	430km 尊贵型	510km 尊荣型	510km 旗舰型	510km 旗舰型PLUS
		定位	5座　纯电动　紧凑型SUV				
		指导价/万元	13.78	14.48	14.78	15.78	16.58
		尺寸/mm	长宽高4455×1875×1615　轴距2720				
性能	电池	NEDC纯电续航里程/km	430		510		
		电池容量/（kW·h）	49.92		60.48		
		电池类型	磷酸铁锂电池				
		充电速度/h	快充（至80%）：0.5　慢充：8.64		快充（至80%）：0.5　慢充：7.13		
动力性		电机类型	永磁同步电机				
		电机总功率/kW	150				
		电机总扭矩/（N·m）	310				
		0～100km/h加速时间/s	7.3				
智能化		屏幕及尺寸（顶配）	液晶仪表：5in　中控屏：15.6in				
		驾驶辅助亮点（顶配）	并线辅助、车道偏离预警、车道保持辅助、车道居中保持、道路交通标识识别、主动刹车/主动安全、开门预警、前/后方碰撞预警、360°全景影像、透明底盘、倒车车侧预警、全速自适应巡航、自动泊车入位、遥控泊车				
		智能网联亮点（顶配）	语音识别控制、车联网、高德地图、OTA、NFC/RFID钥匙、远程控制、Wi-Fi热点				
政策		整车质保政策	6年或15万千米				
		"三电"质保政策	非营运车辆首任车主不限年限/里程				
		网联流量政策	基础流量服务终身免费、全系云服务2年免费、全系车机流量2年免费				
		其他关键词	旋转大屏、八合一电动力总成、刀片电池、手机无线充电、对外放电、比亚迪e平台3.0				

元PLUS是比亚迪旗下一款面向年轻人的纯电动紧凑型SUV。

❶ 外观上，这款SUV延续了Dragon Face 3.0家族设计语言，前脸处采用三道横向间隙设计的中央格栅、羽翼状日间行车灯以及带有发光设计的"元"字LOGO等，让整车外观看起来更精致一些。

❷ 车辆内部，可旋转的15.6in大屏内搭载DiLink4.0智能网联系统，其内置有高德地图，导航信息丰富，定位准确，使用便利性较高；再加上语音识别控制系统、OTA升级等功能，实用性不错。

❸ 在驾驶辅助配置方面，元PLUS配备了DiPilot智能驾驶辅助系统，支持ACC-S&G启停型全速自适应巡航系统、AEB自动紧急制动系统、ICC智能领航系统以及TSR交通标志智能识别系统等在内的多项功能，可以减轻驾驶者驾驶压力的同时，也能在一定程度上提升行车安全性。

❹ 续航方面，元PLUS的最大续航里程为510km，是当前的主流水准，可以覆盖用户的日常出行代步需求，一定程度上也可以满足用户节假日的短中途出行需求。

值得一提的是，元PLUS基于比亚迪e平台3.0而来，搭载的是比亚迪刀片电池组，这套电池组安全系数较高，再配合宽温域高效热泵系统，可以保持较高的稳定性，进一步提升行车安全性。

思皓E40X

（指导价：14.95万～15.95万元）✓

★ **一句话点评** 江淮大众出品，延续江淮嘉悦X4造型，"三电"表现处于及格水平。

思皓E40X是江淮和大众合作推出的纯电动小型SUV，这款车的造型设计与江淮嘉悦X4基本保持一致，采用了江淮乘用车3.0时代的全新家族式设计语言，贯穿前脸的镀铬装饰条连接两侧的LED日间行车灯，增强了前脸的横向感，经过黑色处理的B柱和C柱营造出悬浮式车顶的效果，看起来比较动感。

内饰部分，思皓E40X采用了深色调，并加入镀铬元素进行点缀，同时这套车机系统支持华为智慧生态、酷我音乐、高德地图、科大讯飞智能语音系统等功能，能覆盖用户的日常用车需求。

不过，这款纯电动SUV的智能驾驶辅助功能不占优势，车道偏离预警系统、车道保持辅助系统以及全速自适应续航等功能均未配备，对比同级别的其他车型，有一定差距。而且思皓E40X定位小型SUV，车身尺寸和空间表现会比AION Y、几何C等略逊一筹，好在车内座椅的靠背和坐垫的填充物都比较充实，可以提升乘坐舒适性。

另外，思皓E40X的最大续航里程为420km，不算特别突出，但是可以满足用户的日常代步需求，偶尔的跨城市出行，问题也不大。

基本信息（2022年款）	车型	商务版	公务版
	定位	5座 纯电动 小型SUV	
	指导价/万元	14.95	15.95
	尺寸/mm	长宽高4410×1800×1660 轴距2620	
电池性能	NEDC续航里程/km	420	
	电池容量/（kW·h）	55	
	电池类型	磷酸铁锂电池	
	充电速度/h	快充（至80%）：0.75 慢充：9.5	
动力性	电机类型	永磁同步电机	
	电机总功率/kW	110	
	电机总扭矩/（N·m）	340	
	0～100km/h加速时间/s	9.7	
智能化	屏幕及尺寸（顶配）	液晶仪表：10.25in 中控屏：10.25in	
	驾驶辅助亮点（顶配）	360°全景影像、定速巡航	
	智能网联亮点（顶配）	语音识别控制、高德地图、4G、车联网、远程控制、Wi-Fi热点、OTA	
政策	整车质保政策	3年或12万千米	
	"三电"质保政策	电池组质保8年或15万千米	
	其他关键词	L2级智能辅助驾驶（选装）、对外放电（选装）	

本田M-NV

（指导价：14.98万～15.98万元）√

★ 一句话点评 "MM理念"加持，东风本田自主研发，但思铭车标影响市场认知度。

本田M-NV其实隶属于思铭品牌，所以新车前脸部分并没有悬挂本田车标。

① 外观上，本田M-NV采用分体式大灯设计，同时贯穿式灯带将两侧大灯组进行连接，塑造出贯穿式效果，视觉延展性较强。从侧面造型看，新车腰线设计较为复杂，塑造出很好的光影感；车身线条自B柱位置开始下降，看上去比较时尚。

② 内饰部分，本田M-NV采用12.3in全液晶仪表盘+8in中控大屏设计，彰显出了一定的科技感，只是中控屏幕尺寸相较于同级别车型而言略显小气，好在其中控屏幕被镀铬装饰围住，并与右侧空调出风口相连，打造出一个不对称的"哑铃"形状。

③ 智能网联配置方面，本田M-NV的用户可以通过东风Honda link APP实现对车辆的远程空调控制、查找充电桩、车况诊断/查询等，但可惜的是，这款纯电动SUV并未配备OTA升级功能。此外，在智能辅助驾驶方面，本田M-NV也仅配备了定速巡航和倒车影像，相比较而言比较缺乏吸引力。

④ 车身尺寸方面，定位小型纯电动SUV的本田M-NV，车身尺寸比思皓E40X还小一些，但得益于本田的"MM（乘员空间更大化，机械空间更小化）理念"，这款纯电动SUV的第二排座椅腿部空间倒是比较可观，结合填充饱满的座椅，乘坐感受是比较舒适的。

基本信息（2021年款）	车型	尚骋版	尚逸版
	定位	5座　纯电动　小型SUV	
	指导价/万元	14.98	15.98
	尺寸/mm	长宽高4324×1785×1637　轴距2610	
电池性能	NEDC续航里程/km	480	
	电池容量/（kW·h）	61.3	
	电池类型	三元锂电池	
	充电速度/h	快充（至80%）：0.5　慢充：10	
动力性	电机类型	永磁同步电机	
	电机总功率/kW	120	
	电机总扭矩/（N·m）	280	
	0～50km/h加速时间/s	4	
智能化	屏幕及尺寸（顶配）	液晶仪表：12.3in　中控屏：8in	
	驾驶辅助亮点（顶配）	定速巡航、倒车影像	
	智能网联亮点（顶配）	语音识别控制、CarLife、高德地图、4G、车联网、远程控制	
政策	整车质保政策	3年或12万千米	
	"三电"质保政策	核心"三电"系统8年或15万千米	
	网联流量政策	智能互联系统4G流量10年免费	
	其他关键词	标配6气囊、"MM理念"、手机无线充电、东风Honda link	

3.2 15万元级插电混动汽车（16款）

▶ 3.2.1 15万元级插电混动轿车（4款）

比亚迪秦PLUS DM-i（指导价：11.18万~16.58万元）✓

★一句话点评 油耗低，动力顺，零焦虑，热效率43.04%，比亚迪的流量密码。

比亚迪秦PLUS DM-i称得上是一款"现象级"的产品。在紧凑级轿车这片"红海"里，比亚迪秦PLUS DM-i是为数不多的能够引发网友们热议的中国品牌车型，这与它比较全面的产品力有直接的关系。

❶ 在外观方面，比亚迪秦PLUS DM-i大体延续了汉的Dragon Face设计风格，同样是俯冲式前脸配合辨识度极强的贯穿式镀铬饰条进行点缀，相较于以年轻化、个性化为主要卖点的比亚迪海洋系列的驱逐舰05，秦PLUS DM-i则更加偏向精致化、家用化。

❷ 内饰方面，秦PLUS DM-i的座舱布局设计亦是典型的比亚迪风格，可旋转的中控大屏依然没有缺席，这块大屏配备的DiLink 3.0系统，功能比较丰富，拥有清晰细腻的展示效果，值得点赞。但是，该车5in的液晶仪表尺寸确实偏小了一些。

　　"快、省、静、顺、绿"是秦PLUS DM-i的产品标签，由此不难发现，秦PLUS DM-i的核心亮点更加聚焦在动力方面。具体来看，秦PLUS DM-i车型全系均使用了骁云插混专用1.5L发动机，配合比亚迪自研EHS电混系统以及混动车型专用的功率型刀片电池，再结合EGR废气再循环系统和分体冷却系统等一系列新技术，秦PLUS DM-i 120km的版本在满油满电的情况下，综合续航里程能达到1245km，55km版本也能达到1180km，在最低电荷状态下百公里平均油耗为3.8L，加之30min 80%的快充水平，可以说，比亚迪秦PLUS DM-i就是一款完全"为省油而生"的产物，再加上与卡罗拉混动等合资车相比更亲民的价格，比亚迪秦PLUS DM-i获得了不低的市场销量。

基本信息（2021年款）	车型	55km 尊贵型	55km 旗舰型	55km 行政版	120km 尊贵型	120km 旗舰型
	定位	5座　插电混动　紧凑型车				
	指导价/万元	11.18	12.58	16.58	13.58	15.18
	尺寸/mm	长宽高4765×1837×1495　轴距2718				
电池性能	WLTC／NEDC 纯电续航里程/km	46/55			101/120	
	电池容量/（kW·h）	8.32			18.32	
	电池类型	磷酸铁锂电池				
动力性	电机类型	永磁同步电机				
	电机总功率/kW	132			145	
	电机总扭矩/（N·m）	316			325	
	0~100km/h 加速时间/s	7.9			7.3	
智能化	屏幕及尺寸（顶配）	液晶仪表：5in　中控屏：12.8in				
	驾驶辅助亮点（顶配）	并线辅助、车道偏离预警、车道保持辅助、道路交通标识识别、前/后方碰撞预警、主动刹车、360°全景影像、倒车车侧预警、全速自适应续航、遥控泊车				
	智能网联亮点（顶配）	语音识别控制、4G、车联网、OTA、Wi-Fi热点、远程控制、NFC/RFID钥匙				
政策	整车质保政策	6年或15万千米				
	"三电"质保政策	首任非营运车主"三电"系统终身质保				
	网联流量政策	车机流量2年免费/云服务2年免费				
其他关键词		标配6气囊、L2级智能辅助驾驶、对外放电、"中国心"十佳发动机及混动系统				

比亚迪驱逐舰05

（指导价：11.98万～15.58万元）✓

★一句话点评　搭载DiLink（5G）智能网联系统，更加年轻化的比亚迪秦PLUS。

　　驱逐舰05是比亚迪海洋军舰系列的首款车型，对比完全独立的海豚而言，驱逐舰05更像是和秦PLUS"并肩作战"的双子产品，相同的车身轴距，相同的A+级市场定位，相同的动力水平。不同的是，驱逐舰05对比秦PLUS要更符合年轻消费者的个性化需求，前脸点阵式无边界格栅和开眼角LED矩阵大灯，配合下包围犀利的导风槽，驱逐舰05整体相较秦PLUS确实会更具科技感。

　　为了与比亚迪王朝系列车型区分，驱逐舰05基于比亚迪海洋系列全新的设计语言——"海洋美学"设计理念而来，前脸处的大尺寸前格栅造型视觉冲击力较强，同时"星辉战舰大灯"与格栅很好地融合在一起，具有不错的辨识度。

　　驱逐舰05内饰的整体风格比较简洁，8.8in的全液晶仪表、三辐式多功能方向盘以及悬浮式多媒体触控屏营造出了不错的科技感，并且顶配车型中控屏为15.6in，其余版本车型则是12.8in中控屏。

① 在智能网联方面，驱逐舰05搭载了最新的DiLink（5G）智能网联系统，运行流畅度较高，菜单界面清爽且简约，具备集成度高、功能比较丰富、扩展能力比较强大以及简单易用等优点。而在智能辅助驾驶方面，驱逐舰05的高配版本也达到了L2级别。

② 动力方面，驱逐舰05全系配备了DM-i专用1.5L发动机、EHS电混系统以及前置单电机，根据电池容量的不同，8.3kW·h和18.3kW·h车型对应的NEDC纯电续航里程分别为55km和120km。其中，120km版本车型能支持快充和对外放电，两车最低荷电状态下百公里油耗均为4.6L，在燃油经济性方面确实有着相当不错的表现。

基本信息（2022年款）	车型	55km 舒适型	55km 豪华型	55km 尊贵版	120km 尊贵型	120km 旗舰型
	定位		5座　插电混动　紧凑型车			
	指导价/万元	11.98	12.98	13.58	14.18	15.58
	尺寸/mm		长宽高4780×1837×1495　轴距2718			
电池性能	NEDC / WLTC 纯电续航里程/km		55/46		120/101	
	电池容量/（kW·h）		8.3		18.3	
	电池类型		磷酸铁锂电池			
	充电速度/h		快充（30%~80%）：1.1　慢充：2.5/5.5			
动力性	电机类型		永磁同步电机			
	电机总功率/kW		132		145	
	电机总扭矩/（N·m）		180		197	
	0~100km/h 加速时间/s		7.9		7.3	
智能化	屏幕及尺寸（顶配）		液晶仪表：8.8in　中控屏：15.6in			
	驾驶辅助亮点（顶配）		并线辅助、车道偏离预警、车道保持辅助、主动刹车、 道路交通标识识别、前/后方碰撞预警、360°全景影像、 倒车车侧预警、全速自适应续航、遥控泊车			
	智能网联亮点（顶配）		高德地图、语音识别控制、4G、车联网、OTA、Wi-Fi热点、 远程控制、NFC/RFID钥匙			
政策	整车质保政策		6年或15万千米			
	"三电"质保政策		首任非营运车主"三电"系统终身质保			
	网联流量政策		基础流量服务免费、全系云服务2年免费、全系车机流量2年免费			
	其他关键词		旋转大屏、标配6气囊、L2级智能辅助驾驶、DiLink智能网联系统、刀片电池			

吉利帝豪L雷神Hi·P （指导价：12.98万～14.58万元）✓

★ 一句话点评 吉利"亲儿子"，雷神智擎Hi·P混动技术加持，兼顾性能和油耗。

基本信息（2022年款）		车型	Super净	Super迅	Super睿
		定位	5座　插电混动　紧凑型车		
		指导价/万元	12.98	13.58	14.58
		尺寸/mm	长宽高4735×1815×1495　轴距2700		
电池性能		NEDC 综合续航里程/km	1300		
		NEDC 纯电续航里程/km	100		
		电池容量/（kW·h）	15.5		
		电池类型	三元锂电池		
		充电速度/h	慢充：2.5		
动力性		电机类型	永磁同步电机		
		电机总功率/kW	100		
		电机总扭矩/（N·m）	320		
		0～100km/h 加速时间/s	6.9		
智能化		屏幕及尺寸（顶配）	液晶仪表：10.25in　中控屏：12.3in		
		驾驶辅助亮点（顶配）	前方碰撞预警、主动刹车、道路交通标识识别、车道保持辅助、车道偏离预警、车道居中保持、360°全景影像、透明底盘、全速自适应巡航		
		智能网联亮点（顶配）	高德地图、语音识别控制、HiCar、4G、车联网、Wi-Fi热点、OTA、远程控制		
政策		整车质保政策	6年或15万千米		
		"三电"质保政策	电池组质保首任车主不限年限/里程		
		其他关键词	L2级 智能辅助驾驶、"中国心"十佳发动机及混动系统		

　　如果要问哪个中国汽车品牌最愿意深耕家轿市场，那么答案非吉利莫属。毕竟，吉利旗下的帝豪是国内最先达到300万辆成就，并且是最早进入国内家轿销量榜单前十的国产车。可以说，在中国汽车发展史上，帝豪有着浓墨重彩一笔，这也很好地解释了为何帝豪能成为雷神混动的首款轿车。

❶ 具体来看，在外观设计层面，吉利帝豪L雷神Hi·P整体沿用了现款帝豪L的设计风格，无论是极具视觉冲击感的前脸造型还是偏向简约化的内饰布局，整车内的外设计都没有与燃油版车型产生太大的差异：大尺寸的前格栅，配合两侧进气口周边的彩色点阵式元素，搭配两侧凌厉狭长的大灯组合以及全新的数字流光车标，使得整车看起来颇具科技感；而10.25in全液晶仪表、12.3in悬浮式中控大屏以及雷神专属电子挡把则再次从内部强化了这种科技感。

❷ 在配置方面，吉利帝豪L雷神Hi·P也展现出了一定的诚意，除了常规的一些配置之外，这款插混轿车还配备了AQS空气质量管理系统、负离子净化器、车规级CN95空调滤芯、抗菌多功能方向盘等与健康息息相关的配置，可以净化车内空气，对于身心健康有一定的帮助。
与此同时，帝豪L雷神Hi·P也配备L2级辅助驾驶系统，其中的ELKA紧急车道保持辅助功能可以增加对于对向来车及马路边缘碰撞风险的识别能力，而AEB-P预碰撞安全系统则新增了两轮车场景识别功能，一定程度上可以提升驾乘安全性。

❸ 帝豪L雷神Hi·P最核心的部分集中在动力方面，对比星越L上搭载的雷神Hi·F混动系统而言，帝豪L雷神Hi·P搭载的是由吉利自主研发的3挡混动电驱DHT Pro变速器，要知道，对于一款混动车型而言，

电驱变速器的挡位越多，对车辆的调校难度就会越高。当然，如果能将多挡位电驱变速器进行合理的调校，使用感受必然会比使用单挡或双挡DHT的车型高出不少。

具体到帝豪L雷神Hi·P 3挡电驱变速器的优势来看，能够实现EV、发动机直驱、并联、串联四种驱动模式。简单来说就是：电动系统控制单元能够根据车辆状态，进行纯电、纯油、增程以及混动四种模式切换，这也很好地解释了为何帝豪L雷神Hi·P在最低电荷状态下百公里平均油耗能达到3.8L，也达成了其在满油满电情况下NEDC最大续航1300km的成绩。

显然，在大部分选购插混车型的消费者都以省油为核心目的的情况下，帝豪L雷神Hi·P确实表现出了同级车型之中较高的水准。

吉利博瑞PHEV

（指导价：15.58万～16.98万元）✓

★一句话点评 外观延续燃油版设计，动力采用P2混动架构，"廉颇老矣，尚能饭否"？

基本信息（2022年款）		车型	里程升级版豪华型	里程升级版尊贵型
		定位	5座　插电混动　中型车	
		指导价/万元	15.58	16.98
		尺寸/mm	长宽高4986×1861×1513　轴距2870	
性能	电池	NEDC纯电续航里程/km	84	
		电池容量/（kW·h）	15.5	
		电池类型	三元锂电池	
动力性		电机类型	永磁同步电机	
		电机总功率/kW	60	
		电机总扭矩/（N·m）	160	
		0～100km/h 加速时间/s	7.4	
智能化		屏幕及尺寸（顶配）	液晶仪表：12.3in　中控屏：12.3in	
		驾驶辅助亮点（顶配）	主动刹车、前方碰撞预警、全速自适应续航	
		智能网联亮点（顶配）	高德地图、语音识别控制、4G、车联网、OTA、Wi-Fi热点	
政策		整车质保政策	4年或10万千米	
		"三电"质保政策	电池组质保首任车主不限年限/里程	
		网联流量政策	首任车主基础流量终身免费	
		其他关键词	GKUI吉客智能生态系统、E01超级运算芯片、未来星舰座舱设计、E-CALL紧急救援	

提及吉利博瑞，年轻消费者对其认知度可能并不高，但必须承认，博瑞是以吉利为代表的中国车型冲击中高端市场开始。要知道，在2018年左右，一款定位B级车的中国品牌车型能够获得月销破万的成绩，可以说是相当优秀了。当然，由于我们讨论的是新

能源板块，因此对于博越还有另一个身份，那就是吉利在插电混动领域的先锋。

① 在外观设计层面，博瑞PHEV同样表现出了与燃油车相差不大的水平，直瀑式进气格栅彰显出了品质感，而流线车身则勾勒出蓄势待发的动感身姿。

② 内饰部分，博瑞PHEV采用未来星舰座舱设计，大量软性的搪塑工艺材质包裹住中控台，在一定程度上提升了座舱的质感，航机式排挡杆、时光隧道科幻氛围灯等配置则彰显了科技感。

③ 在智能网联层面，博瑞PHEV配备了GKUI吉客智能生态系统，支持高德导航系统、智能语音交互系统、车辆在线安全防护和E-CALL紧急救援等功能，实用性可圈可点。

④ 在舒适便利性配置方面，博瑞PHEV配备感应后备厢、无钥匙进入、前排全功能舒适座椅及双区独立自动恒温空调等配置，整体表现也比较不错。但稍显遗憾的是，博瑞PHEV的驾驶辅助配置表现一般，360°全景影像功能、车道偏离预警系统以及车道保持辅助系统等均未配备，对比同价位的其他插混轿车而言不占优势。

⑤ 在动力表现方面，其整套动力总成由1.5T+7DCT+前置单电机以及15.5kW·h三元锂电池组成，系统综合功率为190kW，峰值扭矩为415N·m，NEDC纯电续航里程为84km，最低电荷状态百公里油耗为5L。虽然说博瑞PHEV这样的动力水平放在当今只能算是中规中矩，但考虑到博瑞PHEV还是简单的内燃机+电池的组合，其综合油耗表现还是不错的。

▶ 3.2.2 15万元级插电混动SUV（10款）

比亚迪宋Pro DM-i（指导价：13.88万~16.38万元）√

★一句话点评 油耗低，同级对比空间大，舒适性不错，能满足家用需求。

比亚迪旗下的插混车型颇受欢迎，宋Pro DM-i也是其中一员。

① 从外观设计上来看，宋Pro DM-i拥有大尺寸的进气格栅，与两侧造型犀利的大灯组合搭配在一起，具有很强的视觉冲击力；同时，车辆的尾灯组采用了龙爪元素，与车头形成良好呼应。

② 内饰部分，如果选择的是顶配车型，那么配备的是15.6in自适应旋转悬浮Pad，再加上8.8in的液晶仪表，科技感还是比较强的。并且这套大屏内部搭载DiLink4.0（4G）网联系统，这套系统流畅度较高，内置的功能比较丰富，可以比较轻松地满足用户的智能网联用车需求。

③ 在智能辅助驾驶层面，宋Pro DM-i也展现出同级应有的水准，全系车型均搭载比亚迪DiPilot辅助驾驶系统，除了入门款之外，其余车型均达到了L2级别的智能辅助驾驶，为用车便利性和安全性提供

了比较全面的保障。

❹ 动力部分，宋Pro DM-i搭载了由骁云-插混专用1.5L发动机+电动机组成的DM-i插混动力系统，并配备磷酸铁锂刀片电池组。官方数据显示，这款插混SUV的0～100km/h加速时间是7.9s，拥有4.4L/100km的馈电油耗表现，综合续航里程达到了1090km，高配版本还支持快充功能，可以兼顾用户的日常出行代步和节假日长途出游的需求。

基本信息（2022年款）	车型	51km 豪华型	51km 尊贵型	51km 尊荣型	110km 旗舰型	110km 旗舰型Pro
	定位	5座　插电混动　紧凑型SUV				
	指导价/万元	13.88	14.58	15.28	15.58	16.38
	尺寸/mm	长宽高4650×1860×1700　轴距2712				
电池性能	综合续航里程/km	1090				
	NEDC纯电续航里程/km	51			110	
	电池容量/（kW·h）	8.3			18.3	
	电池类型	磷酸铁锂电池				
动力性	电机类型	永磁同步电机				
	电机总功率/kW	132			145	
	电机总扭矩/（N·m）	180			197	
	0～100km/h加速时间/s	8.5			7.9	
智能化	屏幕及尺寸（顶配）	液晶仪表：8.8in　中控屏：15.6in				
	驾驶辅助亮点（顶配）	并线辅助、车道偏离预警、车道保持辅助、道路交通标识识别、DOW开门预警、主动刹车、前/后方碰撞预警、360°全景影像、透明底盘/540°影像、遥控泊车、全速域自适应续航				
	智能网联亮点（顶配）	高德地图、道路救援呼叫、语音识别、4G、车联网、OTA、Wi-Fi热点、远程控制、NFC/RFID钥匙				
政策	整车质保政策	6年或15万千米				
	"三电"质保政策	非营运车辆首任车主"三电"系统终身保修				
	网联流量政策	基础流量服务终身免费、全系云服务2年免费、最高车机流量2年免费				
	其他关键词	L2级智能辅助驾驶、自适应旋转大屏、全息透明影像系统、对外放电、"CN95健康座舱5A级"证书				

捷途大圣i-DM

（指导价：14.99万~16.99万元）✓

★一句话点评　油耗低、续航里程长、动力性能较为不错，符合"旅行座驾"定位。

❶ 从造型上而言，采用机甲风格的捷途大圣还是挺具有吸引力的。前脸部分，新车的分体式大灯配合造型独特的前进气隔栅，营造出不错的未来感和科技感，与品牌旗下主打家用属性的产品有着比较明显的差异化风格，也让这款车颇有辨识度；车侧部分，在双腰线设计的加持下，新车的力量感得到了比较充分的展现，再配合多辐式运动轮圈设计，比较符合新车的年轻运动化定位；车辆尾部，新车的设计简约且有层次感，Y字形尾灯、后保险杠底部的扩散器设计再加上造型独特的高位刹车灯设计，加强了车尾的辨识度。

基本信息（2022年款）	车型	DHT闪电01	DHT闪电02
	定位	5座　插电混动　紧凑型SUV	
	厂商指导价/万元	14.99	16.99
	尺寸/mm	长宽高4590×190×1690　轴距2720	
电池性能	NEDC / WLTC 纯电续航里程/km	100/80	
	电池容量/（kW·h）	19.27	
	电池类型	三元锂电池	
动力性	电机类型	永磁同步电机	
	电机总功率/kW	125	
	电机总扭矩/（N·m）	315	
	系统综合功率/kW	240	
	系统综合扭矩/（N·m）	326	
智能化	屏幕及尺寸（顶配）	中控屏：15.6in	
	驾驶辅助亮点（顶配）	车道偏离预警系统、车道保持辅助系统、车道居中保持、道路交通标识识别、主动刹车、前方碰撞预警、360°全景影像、透明底盘/540°影像、全速自适应巡航、自动泊车入位、抬头显示	
	智能网联亮点（顶配）	高德/百度/腾讯地图、4G、语音识别、HiCar、面部识别、车联网、OTA、Wi-Fi热点、远程控制	
	其他关键词	标配6气囊、双电机3D HT变速箱、L2级智能辅助驾驶、对外放电（选装）	

❷ 车辆内部，捷途大圣走的是简洁风格，中控台线条平直，黑+白的配色可以营造出一定的档次感；8in液晶仪表、HUD抬头显示器以及15.6in无边框超薄中控大屏的组合，则营造了比较充分的科技氛围。另外，这款新车采用的是怀挡设计，中控台底部没有换挡杆，有利于增加此处的储物空间。

❸ 智能网联方面，捷途大圣的中控屏显示效果比较不错，滑动起来也比较流畅。同时这套系统提供了高德、百度和腾讯三大地图软件，定位准确度不错；语音识别的准确率较高，面部识别功能也加强了便利性。
另外，捷途大圣的智能辅助驾驶配置也比较丰富，除入门级车型外，其余车型均配备了360°全景影像功能。除此之外，次顶配和顶配车型则配备了车道偏离预警系统、车道保持辅助系统、车道居中保持以及主动刹车等诸多驾驶辅助功能，达到了L2级别的智能驾驶辅助水平，对于提升行车安全性、降低驾驶压力有一定的帮助。

❹ 动力方面，捷途大圣将提供1.6T+7CDT这套动力组合，最大输出功率为197马力（145kW），峰值扭矩为290N·m。单看账面数据，捷途大圣的动力性能表现，还是有一定优势的。

星途追风ET-i

（指导价：15.28万～16.28万元）✓

★ 一句话点评　创新采用"双轴驱动技术"，能在性能取向和节能取向中达到较好平衡。

作为奇瑞旗下的中高端品牌，星途汽车也推出自己的插混作品——星途追风ET-i。

这款SUV与燃油版车型保持高度一致，前脸处并列分布的4颗LED光源十分吸睛，辨识度较高；尺寸夸张的通风口，与两侧的导流槽形成了贯穿式设计，能够有效提升车辆的整体气场。

内饰部分，双12.3in贯穿式联屏带来了比较浓郁的科技感，空调控制面板也被集成在一块触控面板内。而且这款插混SUV配备了Lion雄狮智云4.0系统，支持FOTA远程升级，可以带给用户"常用常新"的智能用车感受，高配车型还提供AR实景导航、索尼品牌音响等配置。

与此同时，得益于"星核动力ET-i全擎超混"插电式混合动力技术，这款插混SUV具备"3擎3挡9模11速"的能力：3擎是指3项动力源组合，双电机+1.5T混动发动机；3挡指的是3个物理挡位；9模指的是包括单电机纯电动、双电机纯电动、发动机直驱等在内的9种驱动模式；11速则是指包括起步、中低速、高架、超车等在内的11种驾驶路况智能切换。

可以说，星途追风ET-i可以比较充分地适应复杂的路况。

但是，这款插混SUV的智能驾驶辅助配置不占优势，车道偏离预警系统、全速自适应续航以及主动刹车等功能均未配备。

▶ 扫二维码 ◀

看星途追风ET-i视频

基本信息	车型	105km御风行版	105km乘风起版
	定位	5座　插电混动　紧凑型SUV	
	指导价/万元	15.28	16.28
	尺寸/mm	长宽高4533×1848×1699　轴距2670	
性能 电池	NEDC纯电续航里程/km	105	
	电池容量/（kW·h）	19.27	
	电池类型	三元锂电池	
动力性	电机类型	永磁同步电机	
	电机总功率/kW	125	
	电机总扭矩/（N·m）	315	
	0～100km/h加速时间/s	6.8	
智能化	屏幕及尺寸（顶配）	液晶仪表：12.3in　中控屏：12.3in	
	驾驶辅助亮点（顶配）	360°全景影像、透明底盘、定速续航	
	智能网联亮点（顶配）	百度地图、语音识别、4G、车联网、OTA、远程控制、CarPlay、Wi-Fi热点	
政策	整车质保政策	非运营首任车主6年或15万千米	
	"三电"质保政策	非运营首任车主"三电"系统终身质保	
	网联流量政策	非运营首任车主基础流量终身免费	
	其他关键词	星核动力ET-i全擎超混、Lion雄狮智云4.0系统、AR实景导航、索尼音响、双电机驱动、3挡DHT变速箱	

荣威eRX5

（指导价：15.39万~16.59万元）✓

★一句话点评 基于"珠峰"超级架构打造，车内科技感较强，整体品质感值得肯定。

基本信息（2023年款）	车型	eRX5超混豪华版	eRX5超混旗舰版	eRX5超混好屏版
	定位	5座　插电式混合动力　紧凑型SUV		
	指导价/万元	15.39	15.99	16.59
	尺寸/mm	长宽高4655×1890×1664　轴距2765		
电池性能	NEDC综合续航里程/km	1050		
	NEDC / WLTC 纯电续航里程/km	61/50		
	电池容量/（kW·h）	12.3		
	电池类型	磷酸铁锂电池		
	充电速度	慢充：4		
动力性	电机类型	永磁同步电机		
	电机总功率/kW	180		
	电机总扭矩/（N·m）	270		
	系统综合扭矩/（N·m）	570		
	0~100km/h加速时间/s	6.9		
智能化	屏幕及尺寸（顶配）	液晶仪表：12.3in　中控屏：27in		
	驾驶辅助亮点（顶配）	车道偏离预警、车道保持辅助、主动刹车、道路交通标识识别、前方碰撞预警、360°全景影像、全速自适应续航		
	智能网联亮点（顶配）	卫星导航、导航路况信息显示、语音识别控制、远程控制、车联网、4G、OTA、Wi-Fi热点		
政策	整车质保政策	3年或10万千米，首任车主6年或15万千米		
	"三电"质保政策	电池组质保首任车主不限年限/里程		
	其他关键词	iMAX巨幕智能全景天窗、L2级智能辅助驾驶、79%高强度钢结构笼式车身、AR实景导航、滑移中控大屏、情感交互格栅灯		

最新款荣威eRX5（2023年款）基于"珠峰"超级架构打造而来，其采用了全新的"情感律动设计"，前脸处的大尺寸前格栅内部加入凤羽元素点缀，两边矩阵式LED大灯由贯穿式灯带相连，相当有气势。而且这款SUV的前脸大灯组还带有交互功能，可以与外界交换信息。

▶ 扫二维码 ◀

看荣威eRX5视频

❶ 车辆侧面，荣威eRX5的线条流畅舒展，车窗下沿和轮眉外侧的棱线处理加强了肌肉感，隐藏式门把手还可以降低行驶时的风阻。

❷ 座舱内部，这款SUV搭载了27in 4K全景智能交互滑移屏，拥有4K高清分辨率，画面清晰细腻，色彩还原度高，并且得益于高通骁龙8155旗舰级芯片，这套大屏运转得相当流畅，还支持双人同时操作和多指快捷交互等便捷操作模式。举个例子，当用户选择智驾模式后，大屏除了提供常规的导航视角外，还借助车道级AR实景增强功能、超视觉MR场景重构功能以及高精地图，为用户还原真实的道路环境，一定程度上能提升安全性。

❸ 空间尺寸方面，得益于2765mm的轴距，荣威eRX5的车内空间足够宽敞，车内座椅的支持性和包裹性都不错，后排座位的坐垫也可以对乘坐者腿部形成有效的支撑，再加上中间位置凸起不多，坐下3个成年人也不拥挤。根据官方数据，荣威eRX5的后备厢容积为340~1291L，在不收起遮物帘的情

况下，可以轻松收纳28in+24in+20in的三个行李箱；放倒第二排座椅后，则可以形成一个几乎纯平的后备厢空间。

④ 智能辅助驾驶方面，荣威eRX5配备了NGP智能导航辅助驾驶系统，这套系统利用遍布整车的感知硬件及高算力芯片，在高精地图所覆盖的高速公路和城市快速路，可以基于用户设定的导航路线，实现从A点到B点的智能导航辅助驾驶。除NGP智能导航辅助驾驶系统外，新车还搭载了全场景无忧自动泊车功能，支持垂直、斜列、侧方等多种类型车位泊车一键停车；并且用户还能通过语音、手机遥控开启自动泊车功能。

⑤ 动力方面，荣威eRX5在燃油版车型的基础上，加装了最大输出功率180kW的电动机以及电池组，组成了一套插电式混合动力系统，系统综合功率为318kW，综合扭矩可以达到570N·m，在超级电驱EDU G2 Plus的加持下，这款SUV的0～100km／h的加速时间为6.9s。

奇瑞瑞虎8PLUS鲲鹏e+ （指导价：15.58万～17.18万元）√

★ 一句话点评 ｜ 鲲鹏DHT超级混动技术加持，在低油耗的基础上，拥有空间大、舒适性好的优势。

基本信息（2022年款）	车型	1.5T都市e+	1.5T风范e+	1.5T舒享e+
	定位	5座（可选装7座） 插电混动 中型SUV		
	指导价/万元	15.58	16.88	17.18
	尺寸/mm	长宽高4722×1860×1747 轴距2710		
电池性能	NEDC纯电续航里程/km	100		
	电池容量/（kW·h）	19.27		
	电池类型	三元锂电池		
动力性	电机类型	永磁同步电机		
	系统综合功率/kW	240		
	系统综合扭矩/（N·m）	565		
	0～100km/h加速时间/s	7		
智能化	屏幕及尺寸（顶配）	液晶仪表：12.3in 中控屏：12.3in		
	驾驶辅助亮点（顶配）	360°全景影像、定速续航		
	智能网联亮点（顶配）	高德地图、4G、车联网、OTA、远程控制、CarPlay/CarLife、Wi-Fi热点		
政策	整车质保政策	6年或15万千米/发动机终身质保		
	"三电"质保政策	首任非营运车主终身质保		
	网联流量政策	基础流量终身免费/娱乐流量首年每月2G免费		
	其他关键词	索尼音响、双指飞屏、三屏交互、前置双电机、航空舒压头枕		

与自家兄弟车型星途追风ET-i一样，搭载了鲲鹏DHT超级混动技术的瑞虎8 PLUS鲲鹏e+，也拥有"3擎3挡9模11速"的技术优势。说得直白些，这款插混SUV也可以满足复杂路况下的出行需求。不过瑞虎8 PLUS鲲鹏e+在智能驾驶辅助配置上的表现也不算亮

眼，车道偏离预警系统、车道保持辅助系统等均未配备，好在配备的360º全景影像、定速巡航等功能，一定程度上可以满足用户的用车需求。

值得一提的是，这款插混SUV定位中型SUV，长×宽×高分别为4722mm×1860mm×1747mm，轴距为2710mm，车身尺寸算是比较有优势的。

内饰部分，这款插混SUV全系标配12.3in智慧双联屏、小奇智能车管家4.0，并内置了火山车娱生态系统，以及索尼豪华定制8音响，可以带来不错的娱乐体验。

这款插混SUV还搭载了C-PURE奇瑞净立方绿色座舱，通过CN95防病菌空调滤芯与负离子新风系统，一定程度上可以确保车内空气的清新健康。

另外，瑞虎8 PLUS鲲鹏e+全系标配了北斗+GPS双模导航，具有信号更强、精度更高的特性，即使去偏远山区也能实现精准定位。

► 扫二维码 ◄

看奇瑞瑞虎8PLUS
鲲鹏e+视频

长安欧尚Z6新能源 （指导价：15.58万～17.58万元）✓

★一句话点评 采用iDD混动，在高效率基础之上，高阶智能座舱和智驾系统亦是优点。

长安欧尚Z6 iDD采用了与欧尚旗下大多数产品"年轻化"导向的家族风味，前脸设计相对激进，棱角凸显，与长安旗下的多款产品有异曲同工的效果。侧面部分同样是以较强的线条感为主，搭配悬浮式车顶设计。尾部则是以隆起的中部凸显立体化，运动化味道比较明显，辨识度也有所体现。

1 座舱内部，欧尚Z6 iDD采用的是2+3的传统5座布局，考虑到其拥有2795mm的轴距，欧尚Z6 iDD的空间表现在紧凑级SUV中还是有一定优势的。

2 舒适性方面，欧尚Z6 iDD配备座椅通风加热以及自动调节等功能。另外，从细节功能角度出发，开发有"女王副驾专宠"模式、一键休息模式以及可调节的手扶箱冷热温控，在某些场景之下，确实有利于提升驾控舒适性。

3 智能网联方面，欧尚搭载的是Onstyle 5.0智能系统，支持4G互联、语音识别、面部识别以及手势控制等多种人机交互模式，搭配中控上的可相互切换的三块屏幕及HUD抬头显示，可玩性比较充分。另外，从趣味性上来说，欧尚Z6 iDD还搭载车载KTV欢唱功能以及欧尚健身等，也能带来体验上的新鲜。在此基础上，欧尚Z6 iDD首次采用的车外语音功能，支持包括语音泊车在内的20种功能，也是一种个性化服务的体现。

4 智能驾驶方面，欧尚Z6 iDD顶配版本支持L2全功能的辅助驾驶，包括全速域ACC巡航、车道保持、并线辅助、道路交通标识识别等功能。停车辅助上除了自动泊车之外，还有360°全景影像、180°透明底盘等配置，中低配版本则在此基础上进行删减。

⑤ 动力方面，欧尚Z6 iDD搭载的是以1.5T发动机和110kW永磁同步电机组成的混动系统，其中核心是长安自主开发的三离合混动变速箱，可以实现纯电、制动回收、燃油驱动等多种模式之间的切换，集成度和控制上的自由度还是比较高的。这套系统最终可以实现的效果是NEDC工况下纯电续航可以达到150km，基本可以覆盖基本日常通勤。如果在最低荷电状态下，欧尚Z6 iDD综合工况油耗为5.7L/100km，放在紧凑级SUV产品上有一定优势。

基本信息（2022年款）	车型	150km旗舰型	150km旗舰PLUS	150km旗舰PLUS 智慧泊车版
	定位	5座　插电混动　紧凑型SUV		
	指导价/万元	15.58	16.58	17.58
	尺寸/mm	长宽高4699×1890×1680　轴距2795		
电池性能	NEDC / WLTC 纯电续航里程/km	150/130		
	电池容量/（kW·h）	28.4		
	电池类型	磷酸铁锂电池		
	充电速度/h	快充（至80%）：0.5　慢充：4		
动力性	电机类型	永磁同步电机		
	电机总功率/kW	110		
	电机总扭矩/（N·m）	330		
	0~100km/h 加速时间/s	7.4		
智能化	屏幕及尺寸（顶配）	液晶仪表：10.3in　中控屏：12.3in		
	驾驶辅助亮点（顶配）	并线辅助、车道偏离预警、车道保持辅助、车道居中保持、道路交通标识识别、主动刹车/主动安全、开门预警、前方碰撞预警、360°全景影像、透明底盘、倒车车侧预警、全速自适应巡航、自动泊车入位、抬头显示（选装）		
	智能网联亮点（顶配）	高德地图、语音识别控制、车联网、手势控制、面部识别、4G、OTA、Wi-Fi热点、远程控制		
政策	整车质保政策	三年或12万千米		
	"三电"质保政策	首任车主不限年限/里程		
	其他关键词	L2级智能辅助驾驶、对外放电、哨兵模式、主动降噪、索尼音响		

领克06 PHEV

（指导价：15.78万～17.28万元）✓

★ 一句话点评 BMA evo基础模块架构打造而来，"身材小，能量大"，主打年轻人市场。

基于BMA evo基础模块架构打造而来的领克06新能源汽车，定位插电式混合动力小型SUV。

凭借着比较时尚的设计，领克06新能源汽车主打年轻人市场。具体来看，这款插混SUV采用了领克家族式前脸设计，加入了撞色元素，更能突显个性，而且银色饰条不仅让车头部分更具有层次感，还强调了车辆的运动感；车身侧面，这款插混SUV采用了Z字形腰线设计，与低矮的车顶线条及粗壮的轮眉搭配，让整车看起来更动感。

❶ 内饰部分，领克06 PHEV的中控台造型复杂，配合多材质的拼接，大幅度地提升了车内的整体氛围与质感。

（2022年款）	基本信息	车型	84km续航版 Lite	84km续航版 Pro	Shero粉色特别版
		定位	5座　插电混动　小型SUV		
		指导价/万元	15.78	16.78	17.28
		尺寸/mm	长宽高4340×1820×1625　轴距2640		
电池性能		NEDC / WLTC 纯电续航里程/km	84/62		
		电池容量/（kW·h）	15.5		
		电池类型	三元锂电池		
		充电速度/h	最快2.5（6.6kW充电桩）		
动力性		电机类型	永磁同步电机		
		系统综合功率/kW	190		
		系统综合扭矩/（N·m）	390		
智能化		屏幕及尺寸（顶配）	液晶仪表：10.25in　中控屏：10.25in		
		驾驶辅助亮点（顶配）	360°全景影像、定速续航、并线辅助（选装）、车道偏离预警（选装）、车道保持辅助（选装）、道路交通标识识别（选装）、主动刹车（选装）、开门预警（选装）、前/后碰撞预警（选装）		
		智能网联亮点（顶配）	高德地图、语音控制、4G、车联网、OTA、Wi-Fi、远程控制		
政策		整车质保政策	4年或10万千米		
		"三电"质保政策	电池组质保首任车主不限年限/里程		
		其他关键词	180°透明底盘系统、仪表盘地图投影、对外放电、抗菌方向盘		

值得一提的一个功能是，这款插混SUV的地图投影功能比较有意思：当用户设定好导航后，只需要三指在中控屏上向左一滑，便能将地图投影至仪表盘上，在部分智能汽车上，这一功能又被称作是"三指飞屏"。

可惜的是，领克06 PHEV的智能驾驶辅助配置不算丰富，只提供了定速巡航、360°全景影像等功能。

❷ 动力方面，领克06 PHEV搭载了由一台1.5T三缸发动机加西门子提供的电机组成的混动系统，匹配7速湿式双离合变速箱，NEDC纯电续航里程为84km。

哈弗H6 DHT-PHEV （指导价：15.98万~17.38万元）√

★一句话点评 新能源浪潮席卷之下的新品，让比亚迪有压力，能否再续H6的辉煌战绩？

　　作为用户口碑和市场销量双赢的"国民神车"的插电混动版，哈弗H6 DHT-PHEV一经上市便受到许多消费者的关注。

1 从外观上来看，哈弗H6 DHT-PHEV沿用了燃油版H6 Supreme+版本的外观设计，走的是年轻时尚且富有科技感的设计路线。具体来看，哈弗H6 DHT-PHEV的前脸为无边界设计，上下进气口都采用了点阵式格栅装饰，视觉感受上很有冲击力。同时，新车的LOGO还采用蓝色作为底色，这也彰显着它的新能源身份；车侧部分，车顶线条从B柱开始略微下倾，搭配车顶的"鲨鱼鳍"，带来了一定的运动气息。

2 车辆内部，采用了"未来美学"设计思路的哈弗H6 DHT-PHEV的内饰同样彰显出了一定的科技感。中控台布局通过横向展开的线条拉伸了车内的视觉宽度，10.25in液晶仪表和12.3in悬浮式中控屏，外加10in HUD抬头显示，不仅吸睛，而且能实现三屏联动。

3 智能网联方面，哈弗H6 DHT-PHEV搭载的是哈弗基于安卓系统打造而来的全新智能互联系统，操作流畅性可圈可点，UI界面设计得比较规整，学习成本较低，同时系统内置高德地图、爱奇艺视频、抖音等"本土化"应用，还支持FOTA升级。

4 智能辅助驾驶方面，哈弗H6 DHT-PHEV全系标配L2级驾驶辅助系统，支持全速自适应巡航、智能巡航辅助、智慧躲闪、紧急车道保持、刹车辅助系统等功能。
　　基于柠檬混动DHT技术平台打造而来的哈弗H6 DHT-PHEV，在动力方面搭载了荣获"中国心"十佳称号的1.5T四缸混动专用发动机，其采用了深度米勒循环与电控涡轮增压技术，发动机输出最大功率为113kW，最大扭矩为233N·m，而驱动电机的最大功率为130kW，最大扭矩为300N·m，可以让车辆实现7.8s的0~100km/h的加速。除动力性能比较强劲外，哈弗H6 DHT-PHEV还拥有EV、串联、并联、动力直驱、经济直驱等多种动力模式，并可智能切换。

5 在安全性方面，哈弗H6 DHT-PHEV整车采用了"护芯甲"整体式高强度安全框架、"护芯甲"特殊防高压喷水结构以及"护芯甲"动力电池防火安全铠甲，为用户的出行提供更为全面的保障。

基本信息（2023年款）	车型	55km悦行版	110km悦行版	110km畅行版
	定位	5座　插电混动　紧凑型SUV		
	指导价/万元	15.98	16.98	17.38
	尺寸/mm	长宽高4683×1886×1730　轴距2738		
电池性能	WLTC / NEDC 纯电续航里程/km	44/55		86/110
	电池容量/（kW·h）	9.4	19.94	19.27
	电池类型	三元锂电池		
	充电速度/h	慢充：1.5	慢充：2.6	快充：0.5　慢充：2.6
动力性	电机类型	永磁同步电机		
	电机总功率/kW	130		
	电机总扭矩/（N·m）	300		
	0～100km/h 加速时间/s	7.8		
智能化	屏幕及尺寸（顶配）	液晶仪表：10.25in　中控屏：12.3in		
	驾驶辅助亮点（顶配）	并线辅助、车道保持辅助、车道偏离预警、车道居中保持、道路交通识别识别、DOW开门预警、主动刹车、前/后方碰撞预警、360°全景影像、透明底盘/540°影像、全速自适应巡航		
	智能网联亮点（顶配）	语音识别控制、高德地图、4G、CarPlay/原厂互联/映射、车联网、OTA、Wi-Fi热点、远程控制		
政策	整车质保政策	6年或15万千米		
	"三电"质保政策	首任车主不限年限/里程		
	网联流量政策	基础流量及远程车控服务终身免费，娱乐及尊享服务3年免费		
	其他关键词	标配6气囊、标配L2级智能辅助驾驶、对外放电、HUD（选装）、"中国心"十佳发动机		

天际ME5增程式

（指导价：13.88万～16.99万元）✓

★一句话点评　虽然为增程式动力，但得益于发动机和电驱技术效率升级，实际表现较为不错。

　　天际ME5是一款紧凑型增程式电动SUV，前脸贯穿式灯带从点亮的LOGO掠过，在视觉上呈现出一定的张力，大灯模组被隐藏在保险杠下方，这是当下比较流行的一种设计；车身侧面，分段式腰线和双色拼接车身是最吸引人的地方，宽大的轮拱造型提升了侧身的肌肉感，轮毂的设计也令人眼前一亮；车辆尾部，贯穿式的尾灯带来了更为吸睛的效果，而尾标也从"ENOVATE"变成了"ENOREVE"，寓意着天际ME5和天际ME7的不同，下方熏黑处理的护板设计使尾部多了几分SUV的厚重感。

❶ 车辆内部，天际ME5搭载的10.25in的组合仪表采用了独立式设计，14.8in的中控屏则为座舱增加了一分科技感，是造车新势力的味道；座舱内布黑色与棕色相拼接的配色，在视觉上能够营造出较为强烈的质感。L2级的智能驾驶可以带来安心的出行体验，超2m²的超大穹顶天幕可以带来更进一步

的空间感。

❷ 动力方面，天际ME5搭载iMES智慧增程系统。其中，1.5L增程器的最大输出功率为72kW，电动机最大输出功率可达150kW，最大扭矩为310N·m，表现中规中矩。续航方面，新车的NEDC纯电续航里程可达155km，NEDC综合续航里程可达1012km。作为增程式电动车，天际ME5的驱动都是依靠电机完成的，可以带来全程平顺的质感；并且增程器的存在，也使得其可以有效避免纯电动车型续航里程的痛点。

基本信息（2021年/2022年款）	车型	2022年款周年限量版	2021年款1012	2021年款1012 PRO
	定位	5座　插电混动增程式　紧凑型SUV		
	厂商指导价/万元	13.88	15.99	16.99
	尺寸/mm	长宽高4580×1915×1635　轴距2750		
电池性能	NEDC综合续航里程/km	1012		
	NEDC / WLTC 纯电续航里程/km	155/116		
	电池容量/（kW·h）	30.6		
	电池类型	三元锂电池		
	充电速度/h	快充：0.57　慢充：6		
动力性	电机类型	永磁同步电机		
	电机总功率/kW	150		
	电机总扭矩/（N·m）	310		
	0～100km/h 加速时间/s	8.9		
智能化	屏幕及尺寸（顶配）	液晶仪表：10.25in　中控屏：14.8in		
	驾驶辅助亮点（顶配）	并线辅助、车道偏离预警系统、车道保持辅助系统、道路交通标识识别、主动刹车、DOW开门预警、前方碰撞预警、360°全景影像、倒车车侧预警、全速自适应巡航		
	智能网联亮点（顶配）	高德地图、面部识别、4G、车联网、OTA、Wi-Fi热点、远程控制		
政策	整车质保政策	4年/ 12万千米		
	"三电"质保政策	电池组质保首任车主不限年限/里程		
	其他关键词	L2级智能辅助驾驶、记忆泊车、远程召唤、对外放电		

MG领航PHEV

（指导价：16.38万～18.38万元）✓

| ★ 一句话点评 | 操控性有一定的欧系车的灵动感，比较适合喜欢运动的年轻人。 |

领航PHEV是MG在2021年年初推出的插混SUV，该车整体上对比燃油版领航并没有太大幅度的改变，主要通过在尾标增加PHEV和车侧增加充电口的方式进行标识。另外该车还新增了PHEV专属的哥本哈根蓝色，这点配合领航偏向个性、年轻化的造型，确实能够进一步满足年轻消费者的视觉需求。

	车型	混动豪华版	混动Trophy尊享版	混动Trophy旗舰版
基本信息（2021年款）	定位	5座 插电混动 紧凑型SUV		
	厂商指导价/万元	16.38	17.38	18.38
	尺寸/mm	长宽高4610×1876×1685 轴距2720		
电池性能	WLTC纯电续航里程/km	51		
	电池容量/（kW·h）	16.6		
	电池类型	三元锂电池		
	充电速度/h	慢充：5		
动力性	电机类型	永磁同步电机		
	电机总功率/kW	90		
	电机总扭矩/（N·m）	230		
智能化	屏幕及尺寸（顶配）	液晶仪表：12.3in 中控屏：10.1in		
	驾驶辅助亮点（顶配）	并线辅助、车道偏离预警系统、道路交通标识识别、主动刹车、DOW开门预警、前方碰撞预警、360°全景影像、倒车车侧预警、自适应巡航、自动泊车入位		
	智能网联亮点（顶配）	4G、车联网、OTA、Wi-Fi热点、远程控制		
政策	整车质保政策	3年/10万千米		
	"三电"质保政策	8年/15万千米		
	其他关键词	全新斑马Venus系统、博世音响		

❶ 空间和内饰方面，领航PHEV同样保留了和燃油版车型相同的布局方式。如果要问领航PHEV内饰最大的亮点在哪，笔者认为是MG那款经典的运动方向盘，这样的设计一直沿用至前段时间刚推出的MG7上。至于悬浮式偏小中控屏幕以及粗大的换挡手柄，这样的设计在2022年电气化快速推进的年代，确实略显保守了些。

❷ 动力方面，MG领航PHEV整套动力系统由1.5T发动机+AMT10速变速箱+第二代HCU智能混动管理单元以及前置单电机组成，系统综合最大功率为214kW，峰值扭矩为480N·m，配合16.6kW·h的三元锂电池包，纯电综合续航里程为75km。

❸ 从MG领航PHEV混动结构来看，该车更像是智能电混的过渡产品。一方面该车配备的HCU智能混动控制单元确实能够结合车辆能量状态进行用电用油策略的最优化；另一方面该车同样配备了传统燃油汽车配备的传统变速箱，尽管传统变速箱+HCU的组合同样能达到智能混动的效果，但随着重量的提升，MG领航PHEV亏电燃油经济性并没有达到智能插混SUV该有的水平。

如果要用一句话对MG领航PHEV混合结构进行概括，那就是在原本燃油系统的基础上加了一套电池、一台电机以及一个"智能"外挂。

▶ 3.2.3 15万元级插电混动MPV（2款）

比亚迪宋MAX DM-i （指导价：14.58万~17.28万元）✓

★一句话点评 油耗低、空间大、续航长，多口之家的"出行优选"。

2022年3月上市的比亚迪宋MAX PHEV是15万元级市场热度较高的一款插混MPV。

这款插混MPV的前脸采用了比亚迪标志性的"Dragon Face"设计语言，造型凌厉的头灯组内部采用了并列式光源布局，点亮后拥有较高的辨识度。另外，行政版车型采用了"升舱顶"设计，看起来颇具户外风格。

❶ 车身尺寸方面，宋MAX PHEV的长×宽×高分别为4710mm×1810mm×1690(1880)mm，轴距为2785mm，并有六座与七座空间布局可选。

❷ 内饰方面，宋MAX PHEV搭载了比亚迪经典的15.6in可旋转中控大屏，这套大屏搭载了DiLink 4.0智能网联系统，支持车载Wi-Fi、车载"K歌"娱乐系统、智能语音交互以及智能云服务等多项智能互联功能。

❸ 舒适便利配置方面，宋MAX PHEV高配版配备了PM2.5空气质量智能优化系统、智能电动尾门、副驾驶位座椅电动调节等功能，可以进一步提升驾乘舒适性。

❹ 安全配置方面，宋MAX PHEV全系标配自动驻车、胎压显示、全车6个安全气囊（包括前后贯穿式侧气帘）等配置；同时这款插混MPV还搭载了DiPilot智能驾驶辅助系统，可以支持ACC-S&G全速域自适应巡航、自动紧急制动、车道偏离预警、车道保持辅助等功能。

基本信息（2022年款）	车型	豪华型	尊贵型	尊荣型	旗舰型	行政版
	定位	6/7座 插电混动 紧凑型MPV				
	指导价/万元	14.58	15.28	15.58	16.28	17.28
	尺寸/mm	长宽高4710×1810×1690 轴距2785				
电池性能	综合续航里程/km	1090				
	WLTC / NEDC 纯电续航里程/km	43/51			85/105	
	电池容量/（kW·h）	8.3			18.3	
	电池类型	磷酸铁锂电池				
	充电速度/h	—			快充：0.5	
动力性	电机类型	永磁同步电机				
	电机总功率/kW	132			145	
	电机总扭矩/（N·m）	316			325	
	0～100km/h 加速时间/s	8.5			7.9	
智能化	屏幕及尺寸（顶配）	液晶仪表：8in　　中控屏：15.6in				
	驾驶辅助亮点（顶配）	车道保持辅助、车道偏离预警、道路交通标识识别、主动刹车、前方碰撞预警、360°全景影像、透明底盘/540°影像、全速自适应巡航、遥控泊车				
	智能网联亮点（顶配）	高德地图、语音识别控制、4G、车联网、OTA、Wi-Fi热点、远程控制、NFC/RFID钥匙				
政策	整车质保政策	6年或15万千米				
	"三电"质保政策	首任非营运车主"三电"系统质保不限年限/里程				
	网联流量政策	云服务2年免费，车机流量2年免费，基础流量服务终身免费				
	其他关键词	标配6气囊、L2级智能辅助驾驶、旋转大屏、对外放电、舒奢一体式升舱顶、1090km综合续航里程				

吉利嘉际PHEV

（指导价：15.18万～17.48万元）✓

★ 一句话点评　新能源版的吉利嘉际，空间实用、油耗低，适合多口家庭用户。

　　燃油版车型吉利嘉际L颇受消费者欢迎，作为新能源版的吉利嘉际PHEV市场热度也不低。

　　这款插混MPV采用了科技吉利4.0设计理念，前格栅换装吉利最新的"能量音弦"竖条直瀑式设计，车侧则是标准的MPV车身样式，侧面腰线延伸至尾部，配合车门下方的内凹式筋线、前后宽大的侧翼子板以及多辐式轮圈，整体看上去气场比较强大。车身尺寸方面，吉利嘉际PHEV的长×宽×高分别为4706mm×1909mm×1713mm，轴距为2805mm，全系标配6座。

　　❶ 内饰部分，吉利嘉际PHEV采用了全液晶仪表盘以及三辐式多功能方向盘，搭配中控上悬浮式设计

的多媒体触控屏以及中央过道区域的电子换挡机构，具有较强的科技感。

值得一提的是，嘉际PHEV比较注重安全性，全车配备了6安全气囊+2安全气帘，并按照C-NCAP五星安全标准打造，顶配车型还搭载了AEB城市预碰撞安全系统、AEB-P行人识别保护系统等。

❷ 动力方面，这款插混MPV搭载了1.5T涡轮增压发动机加电动机的插电式混动系统，匹配7速双离合变速箱，纯电续航里程达到82km，NEDC综合工况下续航里程达到了1100km，亏电状态下油耗仅为5.0L/100km，表现比较不错。

基本信息	车型	白金舒适型	白金豪华型	白金尊贵型
	定位	6座　插电混动　紧凑型MPV		
	指导价/万元	15.18	16.18	17.48
	尺寸/mm	长宽高4706×1909×1713　轴距2805		
电池性能	NEDC纯电续航里程/km	82		
	电池容量/（kW·h）	15.5		
	电池类型	三元锂电池		
动力性	电机类型	永磁同步电机		
	电机总功率/kW	60		
	电机总扭矩/（N·m）	160		
智能化	屏幕及尺寸（顶配）	液晶仪表：7in　中控屏：12.3in		
	驾驶辅助亮点（顶配）	车道保持辅助、车道偏离预警、道路交通标识识别、主动刹车、前方碰撞预警、360°全景影像、全速自适应巡航		
	智能网联亮点（顶配）	语音识别控制、高德地图、4G、车联网、OTA、Wi-Fi热点、远程控制		
政策	整车质保政策	4年或10万千米		
	"三电"质保政策	8年或15万千米		
	网联流量政策	车联网流量终身免费		
其他关键词		1100km综合续航里程、C-ECAP生态安全白金认证、婴儿级亲肤材质内饰、C-NCAP五星安全		

4 20万元级新能源汽车选购篇

4.1 20万元级纯电动汽车（28款）

4.1.1 20万元级纯电动轿车（11款）

吉利几何A

（指导价：13.98万～20.78万元）√

★一句话点评	走平价路线的一款紧凑级轿车，用车成本较低。

吉利几何A是一款续航能力出色、配置丰富以及价格亲民的车型，比较适合家用选择。从这款车的外观来看，能看到其相对立体方阵的前脸，看上去比较有绅士风度。还有车头部分的封闭式设计，加上凸起的车标，让这款车显得更有层次，整体"颜值"也比较时尚。

不仅如此，几何A还拥有4752mm的车身长度，同时拥有2700mm的轴距。这样营造出来的车内空间，能轻松满足用户的日常乘坐需求，也确实让人感觉用起来比较省心。这款车的内饰设计，整体采用双色设计风格，看上去比较柔和，能带来十分清爽的视觉体验。

车辆续航方面，几何A提供了两个续航版本，分别是430km以及600km。这样的续航表现满足日常的代步需求没有太大问题，也让吉利几何A成为同价位车型中续航最好的车型之一。

基本信息（2022年款）	车型	青苹果 PRO	青苹果 PLUS	青苹果 Halo	红苹果 Plus	红苹果 Halo	公务版
	定位	5座　纯电动　紧凑型轿车					
	指导价/万元	13.98	14.58	15.58	16.28	17.58	20.78
	尺寸/mm	长宽高4752×1804×1503　轴距2700					
电池性能	NEDC续航里程/km	430			600		
	电池容量/（kW·h）	53			70		
	电池类型	三元锂电池					
	充电速度/h	快充（至80%）：0.5/0.63　慢充：8.5/11					
动力性	电机类型	永磁同步电机					
	电机总功率/kW	150					
	电机总扭矩/（N·m）	310					
	0～100km/h 加速时间/s	6.9					
智能化	屏幕及尺寸（顶配）	液晶仪表：5in　中控屏：12.3in					
	驾驶辅助亮点（顶配）	540°全景影像、全速自适应巡航、车道偏离预警、车道保持辅助、道路交通标识识别、主动刹车、前方碰撞预警车、自动泊车、抬头显示					
	智能网联亮点（顶配）	卫星导航、蓝牙电话、语音识别控制、车联网、Wi-Fi热点、OTA升级					
政策	整车质保政策	4年或15万千米					
	"三电"质保政策	首任车主终身免费"三电"质保					
	网联流量政策	数据流量终身免费					
	其他关键词	L2级智能辅助驾驶、2020 C-NCAP五星、主动格栅、对外放电					

江淮大众思皓爱跑

（指导价：13.99万～19.99万元）✓

★ 一句话点评　华为智能驾驶系统加持，支持L2级辅助驾驶功能，品牌力稍逊一筹。

基本信息（2022年款）	车型	闲庭漫步460	风驰电掣460	风驰电掣602	一马当先460	一马当先602	出行版460
	定位	5座　纯电动　紧凑型车					
	指导价/万元	13.99	14.99	18.99	15.99	19.99	16.99
	尺寸/mm	长宽高4770×1820×1510　轴距2760					
电池性能	CLTC纯电续航里程/km	460/602					
	电池容量/（kW·h）	50.1/64.5					
	电池类型	磷酸铁锂电池/三元锂电池					
	充电速度/h	快充（至80%）：0.8/0.75　慢充：6.5/9					
动力性	电机类型	永磁同步电机					
	电机总功率/kW	142					
	电机总扭矩/（N·m）	193					
	0～100km/h加速时间/s	7.6					
智能化	屏幕及尺寸（顶配）	全液晶仪表盘：10.25in　中控屏：10.4in					
	驾驶辅助亮点（顶配）	并线辅助、车道偏离预警、车道保持辅助、道路交通标识识别、主动刹车/主动安全、开门预警、前/后方碰撞预警、360°全景影像、自适应续航					
	智能网联亮点（顶配）	卫星导航、导航路况信息显示、高德地图、语音识别控制、OTA升级、远程控制、4G、车联网					
政策	整车质保政策	3年或12万千米					
	"三电"质保政策	电池组质保8年或15万千米，首任非营运车主享"三电"终身质保					
	网联流量政策	首任非营运车主享车联网基础流量终身免费					
	其他关键词	热泵空调、L2级驾驶辅助、蜂窝电池、标配6气囊、对外放电、手机无线充电					

2022年7月28日，江汽集团思皓品牌旗下的纯电动紧凑型轿车思皓爱跑正式上市。

新车与思皓曜采用了非常相似的设计语言，不过看起来会更简洁、更科技感一些，同时，新车还采用了悬浮式车顶设计，双色轮圈也能够起到比较不错的点缀作用。

值得一提的是，新车还采用了掀背式尾门设计，看起来更具运动感，也方便用户装卸大件物品。

这款新车打造了具有一定科技感的内饰，10.4in的竖向中控屏内置华为智慧助手功能，除了能提供更加智能的语音系统之外，甚至可以让用户看电视。

在智能驾驶辅助方面，思皓爱跑搭载了华为智能驾驶系统，配备华为77GHz前置毫米波雷达，地平线征程车规级芯片，可以实现包括自适应巡航、自动紧急制动、前碰撞预警、车道偏离辅助等在内的L2级辅助驾驶功能。

华为的深度参与，让思皓爱跑具备了较强的科技实力，但是这款新车的品牌影响力目前是难点。

大众ID.3

（指导价：14.99万～18.23万元）√

★ 一句话点评 大众MEB平台出品，搭载Travel Assist 2.0驾驶辅助系统，主攻年轻人市场。

大众ID.3是基于大众MEB平台打造的第3款车型。整车看起来时尚年轻，同时前脸配备了IQ. Light矩阵式前大灯，具备自适应远近光、大灯高度自动调节、随动转向辅助等功能，可以精准控制大灯光型，为驾驶员提供更清晰的道路视野，是同价位车型中，功能最齐全的大灯之一。

▶ 扫二维码 ◀

看大众ID.3产品视频

❶ 内饰部分，大众ID.3采用了简洁明快的设计风格，整个座舱氛围比较年轻时尚，用色也大胆，5.3in液晶仪表盘+10in中控屏，再加上感官焕彩氛围灯，带来了不错的科技感；并且，这款电动车的椅垫和椅背选用了皮革及绗缝工艺的拼接方式，并有"ID"LOGO的刺绣，看起来款式新颖。
同时这款电动车搭载了智慧车联系统4.0，具有包括充电行程规划、充电统计、远程查看车辆状态、车辆行程统计等，更加方便纯电出行的功能。

❷ 舒适性配置方面，大众ID.3配备了自动空调、温度分区控制、车载空气净化器等配置，能在一定程度上提升驾乘舒适性。

❸ 智能驾驶辅助方面，大众ID.3搭载了Travel Assist 2.0驾驶辅助系统，支持并线辅助、车道偏离预警系统、车道保持辅助系统、主动安全/主动刹车系统、全速自适应续航等功能；与此同时，这款电动车还配备了AR-HUD、ID.Light光语系统等有趣且实用的科技配置。
值得一提的是，极智版可以选装智能泊车辅助系统，这套系统可在速度低于40 km/h（平行泊车）

和20 km/h（垂直泊车）时，自动检测合适的停车位，实现全自动泊车。

④ 续航方面，大众ID.3的450km的续航里程，不算很突出，但可以满足用户的日常出行需求。

基本信息（2022年款）	车型	Active Pure纯净智享版	Pro极智版
	定位	5座 纯电动 紧凑型车	
	指导价/万元	14.99	18.23
	尺寸/mm	长宽高4261×1778×1568 轴距2765	
电池性能	CLTC 纯电续航里程/km	450	
	电池容量/（kW·h）	57.3	
	电池类型	三元锂电池	
	充电速度/h	快充：0.67 慢充：8.5	
动力性	电机类型	永磁同步电机	
	电机总功率/kW	125	
	电机总扭矩/（N·m）	310	
智能化	屏幕及尺寸（顶配）	液晶仪表：5.3in 中控屏：10in	
	驾驶辅助亮点（顶配）	并线辅助、车道偏离预警、车道保持辅助、主动刹车、全速自适应续航、前方碰撞预警、倒车影像、倒车车侧预警、全速自适应巡航、自动变道辅助、自动泊车（选装）	
	智能网联亮点（顶配）	语音识别控制、4G、CarPlay/CarLife、车联网、Wi-Fi热点、远程控制	
政策	整车质保政策	3年或10万千米	
	"三电"质保政策	8年或16万千米	
	其他关键词	标配6气囊、标配L2级智能辅助驾驶、主动格栅、HUD（选装）、热泵空调（选装）、"中国心"十佳新能源汽车动力系统	

飞凡ER6

（指导价：15.98万～20.18万元）✓

★ 一句话点评　源自于荣威的纯电动车型，搭载AR实景导航，品牌差异化优势仍有提升空间。

基本信息（2021年款）	车型	新动版520km 智领版	新动版620km 智行版	新动版620km 智享版	新动版620km 智尊版
	定位	5座　纯电动　中型车			
	指导价/万元	15.98	17.18	18.48	20.18
	尺寸/mm	长宽高4724×1835×1493　轴距2715			
电池性能	NEDC纯电续航里程/km	520/620			
	电池容量/（kW·h）	61.1/69.9			
	电池类型	三元锂电池			
	充电速度/h	快充（至80%）：0.5　慢充：9.5/12			
动力性	电机类型	永磁同步电机			
	电机总功率/kW	135			
	电机总扭矩/（N·m）	280			
	0～100km/h 加速时间/s	8.3			
智能化	屏幕及尺寸（顶配）	全液晶仪表盘：12.3in　中控屏：14.3in			
	驾驶辅助亮点（顶配）	并线辅助、车道偏离预警、车道保持辅助、道路交通标识识别、主动刹车、360°全景影像、全速自适应续航、透明底盘			
	智能网联亮点（顶配）	语音识别控制、车联网、4G、OTA、Wi-Fi热点、远程控制			
政策	整车质保政策	3年或10万千米，首任车主不限年限、不限里程			
	"三电"质保政策	电池组质保首任车主不限年限/里程			
	其他关键词	L2级智能辅助驾驶、AR Driving车道级实景导航、主动格栅、AR增强实景导航			

飞凡ER6在整体外观上保留了荣威i6的设计语言，不过更加清新、简约，打造出不同于新狮标的风格。车身尺寸方面，这款电动车的长×宽×高分别为4724mm×1835mm×1493mm，轴距为2715mm，车身尺寸在紧凑型车级别属于较大的。值得一提的是，飞凡ER6还将电机、减速机构、逆变器整合在一起，缩小了电驱系统的空间占用，这也使得整个车辆有着更优秀的空间利用率。

内饰方面，飞凡ER6的浅色配色更加年轻化，大量软性材料的使用提升了内饰的质感，并且味道不大，值得好评；而且12.3in全液晶仪表画质清晰，显示内容比较丰富，搭载的AR实景导航功能，可以借助车头处的摄像头获取外部影像，能为驾驶员提供更好的导航体验；而14.3in 2.5D曲面屏采用了全贴合式玻璃面板，给人以柔和、轻盈的印象；中控屏还内置了斑马智行3.0系统，在流畅性和易用性方面有着不错的表现。

不过，这款电动车采用的是前麦弗逊式独立悬挂和后扭力梁式非独立悬挂，没有使用后独立悬挂让人感到有些遗憾，面对连续加速带或者路况较差路面的时候，滤震性表现比较一般。

威马E.5

（指导价：18.01万~19.01万元）✓

★一句话点评 定位纯电动中型车，设计和配置亮点不多，但"三电"可靠性较为不错。

威马E.5是一款以用户思维为导向开发的智能纯电家轿。

在18万级这个价位区间内，威马E.5的空间表现还是比较出色的，长×宽×高分别为4718mm×1838mm×1535mm，轴距为2810mm，再结合比较合理的车内空间规划，这款电动车可以提供比较宽敞的乘坐空间。

但实际上，这款纯电动汽车的科技配置水平不算高，以智能驾驶辅助配置为例，威马E.5无论是在驾驶辅助功能还是驾驶辅助硬件配置上，都要比小鹏P7等同级别的其他车型略逊一筹。虽然这款电动汽车配备了Living Pilot智行辅助系统，但能支持的功能并不多，无法满足高阶的智能驾驶辅助用车需求，好在基本的用车需求可以覆盖。

安全性方面，威马E.5花了不少心思，搭载的动力电池组符合IP68等级的最高防水、防尘标准，车身的高强度钢占比达到了62%，可以在危急时刻尽可能地给予驾乘者保护。

另外，智能座舱方面，威马E.5配备了双12.3in大屏和旋钮式电子换挡，支持主驾电动6向调节、前排座椅加热、前排阅读灯、后排出风口等功能，一定程度上可以提供比较便利舒适的用车体验。

	车型	Pro	智客行
基本信息（2022年款）	定位	5座　纯电动　中型车	
	指导价/万元	18.01	19.01
	尺寸/mm	长宽高4718×1838×1535　轴距2810	
电池性能	NEDC 纯电续航里程/km	505	
	电池类型	三元锂电池	
	充电速度/h	快充（30%~80%）：0.65　慢充（6.6kW）：9.5	
动力性	电机类型	永磁同步电机	
	电机总功率/kW	120	
	电机总扭矩/（N·m）	240	
	0~100km/h加速时间/s	8.9	
智能化	屏幕及尺寸（顶配）	全液晶仪表：12.3in　中控屏：12.3in	
	驾驶辅助亮点（顶配）	主动刹车、自适应巡航、自动紧急制动、前方碰撞预警	
	智能网联亮点（顶配）	语音识别控制、OTA、车联网、4G、远程控制	
政策	整车质保政策	4年或12万千米	
	"三电"质保政策	8年或15万千米	
其他关键词		1.91m² 全景天幕、动态LOGO、62%高强度钢	

广汽埃安AION S Plus （指导价：16.38万～19.16万元）√

★一句话点评	汽车媒体圈的"20万元级纯电动轿跑之王"。

基本信息（2022年款）		车型	70智领版	70智驾版	70行政版	80科技版	80智驾版	80行政版
		定位	5座　纯电动　紧凑型轿车					
		指导价/万元	16.38	17.58	18.49	17.58	18.98	19.16
		尺寸/mm	长宽高4810×1880×1515　轴距2750					
性能	电池	NEDC纯电续航里程/km	510			602		
		电池容量/（kW·h）	58.8/69.9					
		电池类型	三元锂电池					
		充电速度/h	快充（至80%）：0.7/0.75　慢充：10					
	动力性	电机类型	永磁同步电机					
		电机总功率/kW	150			165		
		电机总扭矩/（N·m）	350					
		0～100km/h加速时间/s	7.6			6.8		
智能化		屏幕及尺寸（顶配）	液晶仪表：10.25in　中控屏：14.6in					
		驾驶辅助亮点（顶配）	540°智能影像、全速自适应巡航、车道偏离预警、车道保持辅助、道路交通标识识别、主动刹车/主动安全、前方碰撞预警、自动泊车、遥控泊车					
		智能网联亮点（顶配）	语音识别控制、CarLife、车联网、高德地图、Wi-Fi热点、OTA、高精地图（选装）、远程控制、面部识别					
政策		整车质保政策	4年或15万千米					
		"三电"质保政策	首任车主不限年限/里程终身质保（每年里程不超过3万千米）					
		其他关键词	L2级智能辅助驾驶、0.211超低风阻系数、1.9 m² 超大天幕、弹匣电池、主动格栅					

作为埃安品牌的销量担当，埃安AION S Plus一直饱受用户喜爱，甚至放在整个新能源汽车市场，都是一款具有"明星气质"的车型，比如这款车的"高颜值"，就给不少用户留下了深刻印象。

具体来看，埃安AION S Plus采用了一体化造型风格，配合大量的折痕式线条，让这款车显得更有未来感。再加上封闭式车头以及自适应主动闭合式格栅，让这款车足够时尚大气，也特别耐看。

另外是这款车的科技配置，与同价位的车型相比，AION S Plus的科技配置可能更加丰富。比如这款车10.25in的液晶仪表盘以及14.6in的中控屏，大大提升了车内的科技感。此外还支持360º全景影像、全速自适应巡航以及面部识别与疲劳提醒功能，充分体现出这款车的配置丰富性。

还有大家十分关注的续航，AION S Plus给出了510km以及602km的续航表现，放在同级别车型中，属于中等偏上的水平。满足用户的日常代步需求没有太大问题，但如果想要长途驾驶，可能不是特别方便。

别克微蓝6纯电版 （指导价：17.79万～19.69万元）✓

★一句话点评 扎实可靠、稳定耐用，源自大厂的合资纯电动家用车。

❶ 在车身设计上，微蓝6纯电版修长的车身，兼顾了轿车的灵动、旅行车的优雅，搭配别克家族化的飞翼式设计，整体呈现出了更时尚、更潮流也更独特的美学设计风格。

❷ 在车辆内部，微蓝6电动汽车的前后排空间都比较宽敞；在储物空间方面，微蓝6纯电版有着媲美旅行车的实用性，宽大规整的后备厢空间，能轻轻松松放下全车乘员的行李物品；而掀背式尾门，则能带来更大的后备厢开口，放置大件物品时也更加方便。

❸ 在品质感方面，微蓝6纯电动车型还采用了别克QuietTuning™静音科技，通过全方位的静音材质，有效阻隔车外的轮胎噪声和风噪，为车内营造宁静的座舱氛围。

❹ 在智能层面，微蓝6纯电版配备了别克eConnect网联科技，除了Carplay/Carlife手机互联外，还配备有在线导航、在线音乐APP。

❺ 动力方面，微蓝6纯电版的电机拥有130kW最大功率、265kW峰值扭矩，其动力性能基本上与很多2.0T燃油汽车动力相当。另外，这款车还配备了OPD单踏板模式，只需要通过对单一踏板的控制，一

只脚一踩一抬，就能实现加速、减速、停车。在减少刹车系统使用频率的同时，还能与三挡动能回收功能搭配，提升能量回收的效率。在简化驾驶的同时，更能提升车辆的能耗效率表现。

基本信息（2022年款）	车型	互联时尚型 PLUS	互联智享型 PLUS	互联智慧型 PLUS	互联共享型 PLUS
	定位	\multicolumn5座　纯电动　紧凑型两厢车			
	指导价/万元	17.79	18.49	19.69	19.69
	尺寸/mm	长宽高4673×1817×1514　轴距2660			
电池性能	CLTC 纯电续航里程/km	518			
	电池容量/（kW·h）	61.1			
	电池类型	三元锂电池			
	充电速度/h	快充（至80%）：0.5　慢充：9.5			
动力性	电机类型	永磁同步电机			
	电机总功率/kW	130			
	电机总扭矩/（N·m）	265			
	0～50km/h加速时间/s	3.1			
智能化	屏幕及尺寸（顶配）	液晶仪表盘：8in　中控屏：10in			
	驾驶辅助亮点（顶配）	并线辅助、车道偏离预警、主动刹车/主动安全、疲劳驾驶提示、前方碰撞预警、自动泊车入位			
	智能网联亮点（顶配）	卫星导航、导航路况显示、高德地图、CarPlay/CarLife、语音识别控制、车联网、4G、OTA升级、Wi-Fi热点、远程控制、手机蓝牙钥匙			
政策	整车质保政策	3年或10万千米			
	"三电"质保政策	"三电"系统8年或16万千米			
	网联流量政策	每年100G "OnStar安吉星车联应用终身免费流量"服务			
	其他关键词	MAV多功能运动型车身设计、一体式全景天幕、"中国心"2019年新能源动力系统推荐车型、碰撞缓解系统、单踏板模式			

❻ 在续航、性能等参数层面，微蓝6的CLTC纯电行驶里程可达518km，在真实的用车环境中真实续航里程也可达到500km左右。除了满足日常城市通勤外，即便是面对偶尔的跨城出行，这辆车也能满足需求。值得一提的是，微蓝6纯电动车型的电池还经过了穿刺、碰撞、浸泡、火烧、过充、过放等13项极限安全检测，满足ASIL-D高等级安全标准。

小鹏P5

（指导价：19.59万～24.99万元）✓

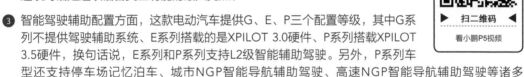

★一句话点评 搭载Xmart OS 3.0智能座舱，智能驾驶辅助硬件配置全面，整体性价比较高。

小鹏P7的成功，让小鹏汽车充满信心，关于这一点，从定位更低一些的小鹏P5便可见一斑。

❶ 从外观来看，小鹏P5整车体态和谐，车身曲面平滑，车顶线条比较流畅，整车风阻系数为0.223，这样的风阻系数在同级别车型里属于较好水准。

❷ 车辆内部，这款电动汽车的车厢氛围富有亲和力，给人以温馨和放松的印象。悬浮式设计的12.3in全液晶仪表盘+15.6in的中控大屏营造了不错的科技感。这块大屏配备有Xmart OS 3.0车载智能系统，可以提供丰富的生态资源，用户可以在应用商店里下载自己感兴趣的APP；而且，这套系统的语音交互系统达到了一个较高水准，自然语义理解和连续对话是这项语音交互功能的最大亮点。

▶ 扫二维码 ◀

看小鹏P5视频

❸ 智能驾驶辅助配置方面，这款电动汽车提供G、E、P三个配置等级，其中G系列不提供驾驶辅助系统、E系列搭载的是XPILOT 3.0硬件、P系列搭载XPILOT 3.5硬件，换句话说，E系列和P系列支持L2级智能辅助驾驶。另外，P系列车型还支持停车场记忆泊车、城市NGP智能导航辅助驾驶、高速NGP智能导航辅助驾驶等诸多功能。

基本信息（2022年款）	车型	460E	460E+	460P	510E	550E	550P	600P
	定位	5座　纯电动　紧凑型车						
	指导价/万元	19.59	19.79	20.99	20.69	21.19	22.59	24.99
	尺寸/mm	长宽高4808×1840×1520　轴距2768						
电池性能	NEDC纯电续航里程/km	450/460/510/550/600						
	电池容量/（kW·h）	55.9/55.5/61.3/66.2/71.4						
	电池类型	磷酸铁锂电池/三元锂电池						
	充电速度/h	快充（至80%）：0.5/0.58/0.63　慢充：—						
动力性	电机类型	永磁同步电机						
	电机总功率/kW	155						
	电机总扭矩/（N·m）	310						
	0~100km/h加速时间/s	7.5						
智能化	屏幕及尺寸（顶配）	全液晶仪表盘:12.3in　中控屏：15.6in						
	驾驶辅助亮点（顶配）	并线辅助、车道偏离预警、车道保持辅助、道路交通标识识别、主动刹车/主动安全、开门预警、前/后方碰撞预警、360°全景影像、透明底盘、倒车车侧预警、全速自适应巡航、自动泊车入位、自动变道辅助、城市NGP、高速NGP						
	智能网联亮点（顶配）	卫星导航、导航路况信息显示、高德地图、语音识别控制、车联网、4G、OTA升级、Wi-Fi热点、远程控制、手机钥匙						
政策	整车质保政策	4年或10万千米						
	"三电"质保政策	电池组质保8年或15万千米						
	其他关键词	Xmart OS 3.0车载智能系统、前排座椅全平放倒、热泵空调、激光雷达×2、标配6气囊、L2级辅助驾驶、高精地图（选装）、车载香氛、对外放电、智能睡眠空间、太阳能智能车顶、主动格栅						

长安深蓝SL03

（指导价：18.39万~21.59万元）√

★ 一句话点评　综合产品力符合主流表现，续航水平、性能实力也有不错的竞争优势。

出自长安深蓝全电数字平台的深蓝SL03，可以说是近期最热门的新能源新车之一。同时，这款新车推出了纯电版、增程版和氢电版，其中纯电版的最高续航里程为705km，不仅能覆盖用户的日常出行需求，远途出行问题也不大。

▶ 扫二维码 ◀

看长安深蓝SL03视频

❶ 外观上，深蓝SL03充分采用了空气动力学设计，如溜背式车身、运动套件、隐藏式门把手、封闭式空气动力轮毂等设计，使得整车风阻系数低至0.23，对于提升车辆的续航里程表现有一定帮助。

风阻系数表现出色的同时，深蓝SL03的车身尺寸也"给力"，长×宽×高分别为4820mm×1890mm×1480mm，轴距为2900mm，已经接近C级车的水准。

❷ 智能网联配置方面，这款新车搭载的14.6in的智能旋转向日葵屏，不仅可以向驾驶者一侧偏转15°，

也可以向副驾乘客一侧偏转15°；同时，在算力高达8TOPS的高通8155芯片，以及12GB运存、128GB内存的加持下，整套车机系统运行非常流畅。

深蓝SL03的智能驾辅的硬件配置也"给力"，全车搭载了6个超声波雷达，3个毫米波雷达，1个200万像素前置智能摄像头，4个100万像素全景摄像头和1个DMS摄像头，再结合优秀的软件算法，深蓝SL03可以实现基于高精地图的自动泊车和远程接驾，还能在城市封闭道路上实现自动换道、上下匝道等操作，既减轻了驾驶者的驾驶压力，还能提升行车安全性。

基本信息（2022年款）	车型	515纯电版	705纯电版
	定位	5座　纯电动　中型车	
	指导价/万元	18.39	21.59
	尺寸/mm	长宽高4820×1890×1480　轴距2900	
电池性能	综合续航里程/km	515	705
	CLTC 纯电续航里程/km	515	705
	电池容量/（kW·h）	58.1	79.97
	电池类型	三元锂电池	
	充电速度/h	快充：0.42	快充：0.58
动力性	电机类型	永磁同步电机	
	电机总功率/kW	190	160
	电机总扭矩/（N·m）	320	
	0～100km/h 加速时间/s	5.9	6.9
智能化	屏幕及尺寸（顶配）	液晶仪表：10.2in　中控屏：14.6in	
	驾驶辅助亮点（顶配）	并线辅助、车道偏离预警、车道保持辅助、道路交通标识识别、主动刹车、疲劳驾驶提示、360°全景影像、倒车车侧预警系统、全速自适应续航、前/后方碰撞预警、DOW开门预警、AR-HUD抬头显示	
	智能网联亮点（顶配）	高德地图、AR实景导航、语音识别控制、手势控制、面部识别、车联网、4G、OTA、Wi-Fi热点、NFC/RFID钥匙	
	其他关键词	标配6气囊、标配L2级智能辅助驾驶、无框门、旋转大屏、掀背式设计、高通8155芯片、对外放电、索尼音响、"中国心"十佳新能源汽车动力系统、第十届轩辕奖年度十佳汽车	

欧拉闪电猫

（指导价：18.98万～26.98万元）√

★一句话点评 "不走甜美风，改玩运动范"，欧拉第一台运动风格电动车。

欧拉闪电猫是长城汽车打造的一款全球化的新能源车型。作为一款四门纯电动轿跑，欧拉闪电猫给人的第一印象是比较动感时尚，并且，由于这款新车的设计师来自保时捷，所以在不少人眼里，闪电猫确实有一些帕拉梅拉的影子。

具体来看，前脸处，闪电猫采用了封闭式的格栅设计，配备两侧椭圆形的大灯组，具有较高的辨识度；车侧处，溜背式车身造型，配合隐藏式门把手以及双五辐式花瓣形轮圈，看着十分运动。此外，无框车门的设计也能直接击中年轻人的喜好；车辆尾部，自适应电动尾翼算是点睛之笔。

进入车内第一眼便会发现，欧拉闪电猫的中控台和门板几乎被软质材料覆盖，缝线排布细密，真皮触感柔软，高级感比较强；空调出风口采用半隐藏式设计，很好地融入内饰整体布局中。值得一提的一个细节是：三连炮筒式的全液晶仪表盘，看起来既古典又运动。

1 智能网联配置方面，欧拉闪电猫采用高通8155智能座舱芯片，12.3in中控大屏运行流畅，而且菜单逻辑设置比较合理，上手难度不高；还支持面部识别，并搭载高德地图、OTA升级以及5G网络等功能，对比同级别车型来看，功能还是很全面的。

2 空间方面，欧拉闪电猫的长×宽×高分别为4871mm×1862mm×1500mm，轴距为2870mm，从尺寸设定上还是比较不错的，从实际乘坐体验来看，前排座位头部余量充裕，肘部也没有局促感，但受造型影响，后排头部空间表现一般。

3 智能辅助驾驶方面，欧拉闪电猫配备28个智慧传感器，配合5G多卫星高精地图的融合方案，让其成为长城欧拉旗下首搭ORA-PILOT 3.0智能驾驶辅助系统的车型，可实现优于常规L2级智能辅助驾驶的功能，能做到主动避障提醒及制动功能和更为优秀的HWA+NOH高速领航辅助体验。

4 动力方面，欧拉闪电猫的最大输出功率为300kW，峰值扭矩达到了680N·m，可以带来4.3s的0～100km／h加速表现。值得一提的是，欧拉闪电猫还提供有多种驾驶模式，其中，为了照顾女性用户，这款新车提供了"女神模式"：当设定在"女神模式"后，整车设定会被调节至舒缓状态，车辆更好被驾驭。而如果设定在超级运动模式下，这款新车会发出模拟声浪，以增强驾驶氛围感。

基本信息（2022年款）	车型	555km 豪华版	555km 尊贵版	705km 长续航版	600km 四驱高性能版
	定位	5座　纯电动　中型车			
	指导价/万元	18.98	20.38	23.98	26.98
	尺寸/mm	长宽高4871×1862×1500　轴距2870			
电池性能	CLTC续航里程/km	555		705	600
	电池容量/（kW·h）	63.87		63.87	83.49
	电池类型	磷酸铁锂电池		三元锂电池	
	充电速度/h	快充（至80%）：0.5　慢充：—			
动力性	电机类型	永磁同步电机			
	电机总功率/kW	150			300
	电机总扭矩/（N·m）	340			680
	0～100km/h加速时间/s	—			4.3
智能化	屏幕及尺寸（顶配）	液晶仪表：10.25in　中控屏：12.3in			
	驾驶辅助亮点（顶配）	并线辅助、车道保持辅助、车道偏离预警、车道居中保持、道路交通标识识别、主动刹车、前/后方碰撞预警、DOW开门预警、360°全景影像、透明底盘/540°影像、倒车车侧预警、全速自适应巡航、自动泊车、遥控泊车、循迹倒车、抬头显示			
	智能网联亮点（顶配）	语音识别控制、高精地图、4G/5G、OTA、车联网、远程控制、Wi-Fi热点、面部识别			
政策	整车质保政策	5年或15万千米			
	"三电"质保政策	首任车主不限年限/里程			
	其他关键词	标配6气囊、L2级智能辅助驾驶、无框车门、风阻系数0.22、主动格栅、对外放电、自适应电动尾翼、单踏板模式、燕飞利仕（Infinity）音响、热泵空调、车载香氛、8155芯片			

欧拉芭蕾猫

（指导价：19.30万~22.30万元）✓

★一句话点评　女性专属优雅座驾，采用"优雅复新"弧线美学设计，尺寸不大，轴距不小。

欧拉芭蕾猫是一款专为女性设计的电动车，乍一看，其造型和大众甲壳虫有着不低的相似度，实际上，这也是20世纪30年代的主流设计风格之一，圆润的线条、低矮的前后部设计都是这款车给人的第一感受。此外，芭蕾猫在细节上也彰显出了一定的"复古范儿"，譬如前脸标志性的马蹄形头灯组；圆润的侧面轮廓造型，流线型芭蕾尾翼，满满的都是老爷车的味道。

❶ 车辆内部，欧拉芭蕾猫则带来完全不一

样的观感，撇开少女心十足的配色不说，钢琴按键中控功能拨杆彰显出一定的质感，"天鹅湖"中控扶手台则体现出一定的精致感，而圆弧形的双联屏在展现氛围感的同时也带来一定的科技感。

配置也是欧拉芭蕾猫的一大亮点，尤其是在智能驾驶辅助配置方面，L2级别的辅助驾驶全系标配，诸如并线辅助、车道保持辅助、车道居中保持、道路交通标识识别、主动刹车、开门预警、前/后方碰撞预警、360°全景影像、透明底盘、自动泊车、遥控泊车等均有搭载，可以在保障驾驶者驾乘便捷性的同时提升安全性。

❷ 动力方面，欧拉芭蕾猫搭载了一台最大功率为126kW、峰值扭矩为250N·m的驱动电机，对于一款针对女性用户的车型而言，这样的动力输出覆盖日常代步出行是绰绰有余，CLTC续航里程也分为401km和500km两个版本。值得一提的是，这款车还设计有儿童模式、女神模式、乘风破浪模式等。以儿童模式为例，在开车带孩子出门时，开启儿童模式，系统可自动为宝宝播放儿歌、通过车内摄像头拍摄后座宝宝的状况，按需将空调温度适当调高等，彰显出了一定的人文关怀理念。

对于理性的消费者而言，定位紧凑型车、起价19.3万元的欧拉芭蕾猫性价比不算很高，但从女性的角度来看，这款纯电动车外观复古可爱，内部也处处都有为女性着想的细节设计；也许，芭蕾猫就是部分女生心中的梦想之车。

基本信息（2022年款）	车型	401km 爱丽丝版	401km 胡桃夹子版	500km 睡美人版	500km 天鹅湖版
	定位	5座 纯电动 紧凑型掀背车			
	指导价/万元	19.3	20.3	21.3	22.3
	尺寸/mm	长宽高4401×1867×1633 轴距：2750			
电池性能	CLTC纯电续航里程/km	401		500	
	电池容量/（kW·h）	49.92		60.5	
	电池类型	磷酸铁锂电池			
	充电速度/h	快充（至80%）：0.75 慢充：9			
动力性	电机类型	永磁同步电机			
	电机总功率/kW	126			
	电机总扭矩/（N·m）	250			
智能化	屏幕及尺寸（顶配）	液晶仪表盘：10.25in 中控屏：12.3in			
	驾驶辅助亮点（顶配）	并线辅助、车道偏离预警、车道保持辅助、道路交通标识识别、主动刹车/主动安全、疲劳驾驶提示、开门预警、前/后方碰撞预警、360°全景影像、透明底盘、倒车车侧预警、全速自适应巡航、自动泊车、遥控泊车、循迹倒车			
	智能网联亮点（顶配）	卫星导航、导航路况显示、高德地图、道路救援呼叫、语音识别控制、面部识别、车联网、4G、OTA升级、Wi-Fi热点、远程控制			
政策	整车质保政策	4年或15万千米			
	"三电"质保政策	首任个人非营运车主"三电"终身质保			
	网联流量政策	基础流量终身免费/娱乐流量2年免费			
	其他关键词	标配6气囊、L2级驾驶辅助、ETC装置（选装）、车载香氛（选装）、智能语音泊车、天鹅湖中控扶手台、儿童模式			

▶ 4.1.2 20万元级纯电动SUV（17款）

马自达CX30-EV （指导价：15.98万~20.18万元）✓

★一句话点评 虽是"油改电"，但这是款能"ZOOM~ZOOM~"的电动马自达。

与丰田C-HR EV一样，马自达CX30 EV也是日系品牌早期面对新能源市场推出的产品。

❶ 从造型来看，前脸部分，依旧是家族式的盾形格栅和柳叶形的大灯组，下方四周有镀铬装饰条，全新的进气格栅采用封闭式设计。另外在前唇、侧裙的包围处做了新的样式，与燃油版有所不同，突出其EV的身份。车尾的圆形尾灯与前脸有呼应，点亮后辨识度不错。另外，车辆尾部也加入了"e-SKYACTIV"铭牌展现其新能源的身份。

❷ 空间方面，马自达CX30 EV 4410mm×1852mm×1655mm的车身尺寸（长×宽×高）以及2672mm的轴距反而比燃油版大了一圈，这点确实能够实打实地提升内部空间。

❸ 车辆内部，马自达CX30 EV大体仍保留燃油版的设计风格，前排采用7in指针式仪表盘和8.8in的悬浮式设计中控液晶屏，在屏幕尺寸"内卷"的时代显得尤为克制。而且，马自达CX30 EV还保留下来大量的物理按键，虽然科技感有所欠缺，但实用性上的优势不言而喻。另外，CX30 EV的高配车型上还配备了L2级别辅助驾驶系统。

❹ 动力方面，马自达CX-30 EV更多地强调实用性而非性能，全系车型均搭载一台前置单电机驱动，最大功率为160kW，峰值扭矩300N·m。续航里程方面，马自达CX-30 EV同样全系配备了宁德时代5系电芯，电池容量均为61.1kW，NEDC综合续航里程为450km，在快充模式下，充到80%的时间为55min。

❺ 从性能和续航两大方面来看，马自达CX-30 EV只能算是中规中矩，全系的e-SKYACTIV e-创驰蓝天技术并没有让该车继续走操控路线，而是定位在主流的家用车标签。

	车型	纯电驭享版	纯电劲享版	纯电尊享版
基本信息（2021年款）	定位	5座 纯电动 小型SUV		
	指导价/万元	15.98	18.08	20.18
	尺寸/mm	长宽高4410×1852×1655 轴距：2672		
电池性能	NEDC 纯电续航里程/km	450		
	电池容量/（kW·h）	61.1		
	电池类型	三元锂电池		
	充电速度/h	快充（至80%）：0.92 慢充：10		
动力性	电机类型	永磁同步电机		
	电机总功率/kW	160		
	电机总扭矩/（N·m）	300		
	0～100km/h 加速时间/s	9.12		
智能化	屏幕及尺寸（顶配）	液晶仪表：7in 中控屏：8.8in		
	驾驶辅助亮点（顶配）	并线辅助、车道偏离预警、车道保持辅助、车道居中保持、道路交通标识识别、主动刹车/主动安全、前方碰撞预警、360°全景影像、倒车车侧预警、全速自适应巡航、抬头显示		
	智能网联亮点（顶配）	卫星导航（选装）、导航路况显示（选装）、CarPiay/CarLife、语音识别控制、车联网、4G、远程控制		
政策	整车质保政策	3年或10万千米		
	"三电"质保政策	8年或12万千米		
	其他关键词	标配7气囊（含膝部气囊）、L2级智能辅助驾驶		

威马EX5-Z

（指导价：16.08万～17.98万元）✓

★ 一句话点评　"三电"素质与底盘素质中规中矩，智能化配置较高，面向年轻群体。

❶ 外观方面，威马EX5采用新能源汽车流行的简约设计风格。前脸用到全封闭式的设计，两侧的大灯组造型犀利，并用黑色的饰条与中间的车标相连，有一定的辨识度，值得一提的是，威马LOGO充电时可以显示电量，科技感"拉满"。

车身侧面设计比较克制，轮眉、B柱、C柱、侧裙和外后视镜都用到了黑色点缀，增加了运动感，长×宽×高为4585mm×1835mm×1672mm，轴距为2703mm，是比较标准的紧凑型SUV尺寸；车尾部分，依然是贯穿式尾灯加持，下方由大面积的黑色饰板覆盖，提高了整车的视觉观感。

❷ 内饰方面，威马EX5走的是极简风格，取消了大量的物理按键，配备了12.3in的全液晶仪表以及15.6in的竖状悬浮式中控屏幕，支持语音识别、地图导航、车联网等功能，科技感表现不错；用料方面，除了入门车型外，均采用真皮方向盘和仿皮包裹座椅，质感上符合车型定位，同时也配有全景天

窗，作为家用可以照顾到后排乘客的视野。

威马EX5配置还算丰富，除了入门款车型外，标配了电动感应后备厢、全车无钥匙进入、远程启动、前排电动调节座椅、面部识别等功能，既有舒适性方面的考虑，也有科技智能方面的体验。另外顶配车型还有并线辅助、ACC自适应续航、车道居中保持等智能辅助驾驶方面的配置。

❸ 动力方面，威马EX5搭载的是一台前置永磁同步电机，最大输出功率为160kW，峰值扭矩为225N·m。官方0～100km/h加速时间为8.3s，加速性能相对一般，适合燃油车车主用来过渡到电动车，学习成本较低。续航方面，威马EX5全系只有403km一个选择，应对城市日常通勤及城际的短途旅行基本上还是够用的。

基本信息（2022年款）	车型	400即客行版	NeX探索版400	NeX探索版460
	定位	5座　纯电动　紧凑型SUV		
	指导价/万元	16.08	16.98	17.98
	尺寸/mm	长宽高4585×1835×1672　轴距：2703		
电池性能	NEDC 纯电续航里程/km	403		—
	CLTC 纯电续航里程/km	—		460
	电池容量/（kW·h）	52.7		57.1
	电池类型	三元锂电池		
	充电速度/h	快充（至80%）：0.5～0.67　慢充：8.4～9.5		
动力性	电机类型	永磁同步电机		
	电机总功率/kW	160		
	电机总扭矩/（N·m）	225		
	0～100km/h 加速时间/s	8.3		
智能化	屏幕及尺寸（顶配）	液晶仪表：12.3in　中控屏：15.6in		
	驾驶辅助亮点（顶配）	倒车影像、定速巡航		
	智能网联亮点（顶配）	语音识别控制、面部识别、车联网、4G网络、OTA升级、远程控制		
政策	整车质保政策	4年或12万千米		
	"三电"质保政策	5年或50万千米，首任车主不限年限/里程		
	其他关键词	"CN95健康座舱5A级"证书		

小鹏G3i

（指导价：16.89万~20.19万元）√

★一句话点评　"三电"可靠性、耐久性均处于一线水准的新势力纯电动SUV。

❶ 外观方面，小鹏G3采用了家族化的设计语言。前脸部分有标志性的贯穿式日间行车灯，狭长的灯带造型放在今天仍有浓浓的科幻风，同时采用了分体式的大灯组，整个车头造型圆润饱满。

车身侧面是一个俯冲向前的姿态，富有动感，不过整体比例不太协调，长×宽×高为4495mm×1820mm×1610mm，轴距为2625mm，定位紧凑型SUV；车尾部分，依然用到的是改款前的尾灯样式，粗线条的贯穿式造型，观感一般。

❷ 内饰方面，小鹏G3配备了12.3in的全液晶仪表以及15.6in的竖状悬浮式中控屏幕，虽然与未来、理想的内饰氛围相比，会显得有点缺乏科技感，但在同级别车里还是相当不错的，实用性也没问题。车机体验流畅，分别支持语音识别、地图导航、OTA升级等功能。

❸ 用料方面，全系均采用真皮方向盘和仿皮包裹座椅，搭配上贯穿式的空调出风口，全黑的内饰配色，档次感上没有丢失，在20万元不到价位来说，表现不错。同时配有全景玻璃车顶，先不说实用性，起码科技感上在同级别车型里是绝无仅有的了。

❹ 智能配置是小鹏G3的"主场"。460N和520N车型均标配了L2级别的XPILOT驾驶辅助系统，支持主动泊车、遥控泊车、远程召唤、自动变道辅助等高阶功能，同时也兼顾了诸如主动刹车、车道偏离预警、车道居中保持等基础功能。这些配置对于同级别的传统车型来说，都是"降维"打击，在新能源车的赛道上，小鹏也是行业领先者。

❺ 动力方面，小鹏G3i搭载的是永磁同步单电机，最大输出功率197马力（145kW），峰值扭矩300N·m，官方0~100km/h加速时间为8.6s。续航方面，NEDC工况下，有460km和520km两个版本可选，并支持快充，补能至80%电量用时为0.58h。总体来说，是一款适合家用的纯电SUV。

基本信息（2022年款）	车型	460N	460G+	520G+	520N+
	定位	5座　纯电动　紧凑型SUV			
	指导价/万元	18.89	16.89	18.19	20.19
	尺寸/mm	长宽高4495×1820×1610　轴距：2625			
电池性能	NEDC纯电续航里程/km	460		520	
	电池容量/（kW·h）	57.5	55.9	66.2	
	电池类型	三元锂电池	磷酸铁锂电池	三元锂电池	
	充电速度/h	快充（至80%）：0.58　慢充：4.3～5.5			
动力性	电机类型	永磁同步电机			
	电机总功率/kW	145			
	电机总扭矩/（N·m）	300			
	0～100km/h加速时间/s	8.6			
智能化	屏幕及尺寸（顶配）	液晶仪表：12.3in　中控屏：15.6in			
	驾驶辅助亮点（顶配）	并线辅助、车道偏离预警、车道保持辅助、车道居中保持、道路交通标识识别、主动刹车、开门预警、前/后方碰撞预警、360°全景影像、透明底盘、倒车车侧预警、全速自适应巡航、自动泊车、遥控泊车、自动变道辅助、抬头显示			
	智能网联亮点（顶配）	高德地图、语音识别控制、车联网、4G、OTA、Wi-Fi热点、V2×、远程控制			
政策	整车质保政策	4年或10万千米			
	"三电"质保政策	8年或15万千米			
	其他关键词	L2级智能辅助驾驶、对外放电、远程召唤			

本田e:NS1

（指导价：17.50万～21.80万元）✓

★一句话点评　"买电机送车"？本田首款纯电动车型，设计和配置处于合资品牌主流区间。

　　e:NS1是东风本田旗下第一款挂本田车标的纯电动车型，定位小型纯电动SUV。

❶ 外观方面，本田e:NS1采用封闭式的进气格栅，配以两侧狭长的大灯组，中间的本田车标可以点亮，盖板底下是充电接口。前脸整体设计偏简约，时尚而有动感。
　　该车的长×宽×高为4390mm×1790mm×1560mm，轴距为2610mm。侧面有几分本田XRV的即视感。虽然整体尺寸不大，不过得益于本田"空间魔术师"的布局设计，车内乘坐空间表现可以与不少紧凑型SUV相媲美。

❷ 内饰方面，本田e:NS1一反本田的传统，配备了10.25in全液晶仪表和15.2in的竖置中大控屏，所有功能都集成到了中控大屏上，搭载本田CONNECT 3.0智导互联系统，提供语音交互、车家互联、OTA升级等功能，科技感较本田燃油车时代提升明显。值得一提的是，新车还配备了流媒体内后视镜。

❸ 动力方面，e:NS1采用前置电机布局，提供两种动力选择，其中e动版和e境版电机最大功率为150kW，峰值扭矩310N·m，新车在CLTC工况下续航里程为510km。e型版和e驰版电机最大功率134kW，新车在CLTC工况下续航里程为420km。

总体来说，本田e:NS1动力数值在电动汽车阵营中并不突出，不过本田燃油车驾控的优势很好地延续到了EV上，整体非常好上手，不像造车新势力那么激进地追求"推背感"，就算是传统燃油车驾驶者对e:NS1的驾驶也不会有不适感。

基本信息（2022年款）	车型	e型版	e驰版	e动版	e境版
	定位	5座　纯电动　小型SUV			
	指导价/万元	17.5	18.9	20.7	21.8
	尺寸/mm	长宽高4390×1790×1560　轴距：2610			
电池性能	CLTC 纯电续航里程/km	420		510	
	电池容量/（kW·h）	53.6		68.8	
	电池类型	三元锂电池			
	充电速度/h	快充（至80%）：0.67		慢充：9~9.5	
动力性	电机类型	永磁同步电机			
	电机总功率/kW	134		150	
	电机总扭矩/（N·m）	310			
智能化	屏幕及尺寸（顶配）	液晶仪表：10.25in　中控屏：15.1in			
	驾驶辅助亮点（顶配）	并线辅助、车道偏离预警、车道保持辅助、车道居中保持、道路交通标识识别、主动刹车/主动安全、疲劳驾驶提示、前方碰撞预警、360°全景影像、倒车车侧预警、全速自适应巡航、自动泊车			
	智能网联亮点（顶配）	AR实景导航、CarLife、语音识别控制、面部识别、车联网、5G、OTA、Wi-Fi热点、远程控制			
政策	整车质保政策	3年或12万千米			
	"三电"质保政策	8年或15万千米			
	其他关键词	L2级智能辅助驾驶、对外放电、主动降噪、流媒体内后视镜			

本田e:NP1极湃1

（指导价：17.50万～21.80万元）✓

★ 一句话点评　虽然设计、配置亮点不多，但驾控体验容易带来好感。

在纯电动汽车市场，本田有些"姗姗来迟"：2022年6月，本田e:NP1极湃1正式上市。

❶ 从外观来看，脱胎于本田e:Prototype原型车的本田e:NP1极湃1，前脸采用封闭式进气格栅，搭配狭长的大灯组，颇具电动汽车气质，中央的本田车标还可以进行点亮操作。在此提一点，本田e:NP1极湃1的快充口和慢充口都设计在车头车标位置，对于大部分国内消费者充电场景而言不是很便利。

❷ 车身侧面，本田e:NP1极湃1的造型虽然看起来比较保守，但是车身线条刻画得比较到位，让整车具有一定的修长感。车尾部分延续了前脸简洁干练的风格，线条设计不拖泥带水，看起来比较清爽。

❸ 车辆内部，10.25in的全液晶仪表盘画面简约干净，看着虽不酷炫，但用着还是比较舒服的，而且各种信息显示得比较齐全；15.2in的触控大屏带来的科技感也比较强烈，同时这块大屏搭载了本田CONNECT 3.0系统，集合了AI语音助理、车家互联、OTA在线升级等多项功能，用车需求基本都可以被满足。此外，在智能辅助驾驶配置方面，除了最低配之外，其余车型均达到了L2级别的辅助驾驶等级，配备有并线辅助、车道偏离预警、车道保持辅助、主动刹车等使用频率比较高的配置，彰显出了一定的诚意。

❹ 动力方面，本田e:NP1极湃1有2个配置，电机功率分别为134kW和150kW，总扭矩均为310N·m；CLTC纯电续航里程亦分为420km和510km两个版本，在同级车型里算是中规中矩，对比部分中国品牌纯电动汽车而言存在一定的劣势。从实际驾驶感受来看，本田e:NP1极湃1的悬架调校软硬适中，滤振表现也不错，细碎的振动处理得很比较到位，面对较大的坑洼，车内也能感受到一定的厚重感，没有松散的味道，在过弯的时候，还可以给予一定的支撑感。

基本信息 (2022年款)		车型	420km见极版	420km进极版	510km览极版	510km绽极版
		定位	5座　纯电动　小型SUV			
		指导价/万元	17.5	18.9	20.5	21.8
		尺寸/mm	长宽高4388×1790×1560　轴距：2610			
电池性能		CLTC 纯电续航里程/km	420		510	
		电池容量/（kW·h）	53.6		68.8	
		电池类型	三元锂电池			
		充电速度/h	快充（至80%）：0.67　慢充：9/9.5			
动力性		电机类型	永磁同步电机			
		电机总功率/kW	134		150	
		电机总扭矩/（N·m）	310		310	
		0~100km/h 加速时间/s	3.7			
智能化		屏幕及尺寸（顶配）	液晶仪表：10.25in　中控屏：15.1in			
		驾驶辅助亮点 （顶配）	并线辅助、车道偏离预警、车道保持辅助、车道居中保持、道路交通标识识别、主动刹车/主动安全、疲劳驾驶提示、前方碰撞预警、360°全景影像、倒车车侧预警、全速自适应巡航、自动泊车			
		智能网联亮点 （顶配）	卫星导航、导航路况显示、道路救援呼叫、语音识别控制、CarLife、面部识别、车联网、4G、OTA升级、Wi-Fi热点、远程控制			
政策		整车质保政策	3年或12万千米			
		"三电"质保政策	"三电"质保8年或15万千米			
		网联流量政策	娱乐流量3年免费、基础流量5年免费			
		其他关键词	标配6气囊、L2级辅助驾驶、对外放电、ETC装置、主动降噪、后排座椅加热、AR实景导航、博世音响、"中国心"十佳新能源汽车动力系统			

零跑C11

（指导价：17.98万~23.98万元）√

★ 一句话点评　2930mm越级超长轴距，AI智能座舱加持，设计亮点较多。

　　零跑C11是基于零跑汽车C架构打造的一款中型SUV。从外观上来看，零跑C11采用的是"数字曲面"的设计风格，当下流行的贯穿式头/尾灯、隐藏式车门把手、封闭式中网及无框车门等设计，都能在零跑C11身上找到。另外，纯电平台的加持也使得其虽然车长只有4750mm，但轴距高达2930mm。

　　座舱内部强烈的科技感是零跑C11的一大特点，10.25in的仪表屏、12.8in的中控车机屏、10.25in的副驾娱乐屏组成的超高清三联屏十分吸睛。此外，零跑C11还支持三维立体人脸识别、主/副驾独立蓝牙接入与双音区语音交互。日常使用时主驾驶席再连接蓝牙后，可使用其相关功能，而坐在副驾驶席的乘客也可单独连接副驾蓝牙。

在配置上，零跑C11也做到了"入门即高配"，由28个高精度感知硬件加持的Leapmotor Pilot包含多样化的功能，车道保持辅助+全速自适应巡航可以在高速路况下实现自动跟车，彻底

解放右脚；360°全景影像+车侧盲区，展示车辆四周影像，堪称窄路会车、倒车调头"神器"；其他的诸如主动刹车/主动安全、倒车车侧预警、开门预警、前/后方碰撞预警、自动泊车、自动变道辅助等亦是标配。

动力方面，零跑C11常规版的是单电机后驱模式，最大功率200kW，最大扭矩360N·m；性能版采用的是前后双电机四轮驱动模式，最大功率400kW，最大扭矩720N·m，可达成4.5s的0~100km／h加速性；电池也分为2个版本，CLTC纯电续航里程分别为610km和510km。

基本信息（2021年款）	车型	豪华版	尊享版	性能版	行政版510	行政版610	智行版
	定位	5座　纯电动　中型SUV					
	指导价/万元	17.98	20.98	22.98	19.88	22.88	23.98
	尺寸/mm	长宽高4750×1905×1675　轴距：2930					
性能 电池	CLTC纯电续航里程/km	510	610	550	510	610	510
	电池容量/（kW·h）	78.54	89.55	89.97	78.54	89.97	78.54
	电池类型	磷酸铁锂电池	三元锂电池	磷酸铁锂电池	三元锂电池	磷酸铁锂电池	
	充电速度/h	快充（至80%）：0.67　慢充：6.5~7.5					
动力性	电机类型	永磁同步电机					
	电机总功率/kW	200		400		200	
	电机总扭矩/（N·m）	360		720		360	
	0~100km/h加速时间/s	7.9		4.5		7.9	—
智能化	屏幕及尺寸（顶配）	液晶仪表：10.25in　中控屏：12.8in					
	驾驶辅助亮点（顶配）	并线辅助、车道偏离预警、车道保持辅助、车道居中保持、道路交通标识识别、主动刹车/主动安全、疲劳驾驶提示、开门预警、前/后方碰撞预警、360°全景影像、倒车车侧预警、全速自适应巡航、自动泊车、自动变道辅助					
	智能网联亮点（顶配）	高德地图、AR导航、语音识别控制、面部识别、车联网、4G、OTA、Wi-Fi热点、远程控制					
政策	整车质保政策	4年或12万千米					
	"三电"质保政策	8年或15万千米					
	其他关键词	标配L2级辅助驾驶、10.25in副驾娱乐屏、主动格栅、对外放电、2021中国十佳车身最佳结构奖					

爱驰U5

（指导价：17.99万~19.99万元）✓

★ 一句话点评 设计偏欧系、智能化配置不低的纯电动中型SUV，能适应追求智能的用户需求。

① 外观方面，爱驰U5并没有用到贯穿式的前大灯，而是采用一条熏黑的饰条将两侧不规则的灯组相连，再加上全封闭式的进气格栅设计，整个前脸给人非常独特个性的感觉，辨识度相当高。车身侧面，隐藏式门把手和悬浮式车顶都没有缺席，整车长×宽×高是4680mm×1865mm×1700mm，轴距达到了2800mm。车尾部分，贯穿式尾灯两侧的造型比较特别，与前脸形成呼应。

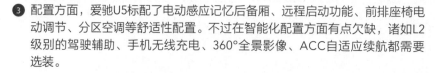

② 内饰方面，爱驰U5配备了独特的三折液晶仪表盘，由两块4.2in和一块7in屏幕组成，中控屏幕的尺寸为12.3in，支持地图导航、OTA升级、语音交互等功能。另外还能选装面部识别功能，科技感相当不错。另外，爱驰U5的方向盘和座椅的包裹分别用到了真皮及仿皮，触感柔软，有相当的档次感。搭配上全系标配的可开启全景天窗，满载情况下仍能保证不错的车舱通透性。

扫二维码

看爱驰U5视频

③ 配置方面，爱驰U5标配了电动感应记忆后备厢、远程启动功能、前排座椅电动调节、分区空调等舒适性配置。不过在智能化配置方面有点欠缺，诸如L2级别的驾驶辅助、手机无线充电、360°全景影像、ACC自适应续航都需要选装。

④ 动力方面，爱驰U5搭载的是一台204马力（150kW）的前置永磁同步电动机，峰值扭矩310N·m，官方0~100km/h加速时间为7.6s，相比同价位的燃油汽车，性能优势明显。续航方面，有NEDC工况下标准续航405km和长续航503km两个版本可选，且支持快充，半小时可充满80%，对于城市代步通勤来说，一周充一次电绰绰有余。

基本信息（2021年款）		车型	标准续航PURE智净版	长续航PURE智净版
		定位	5座　纯电动　中型SUV	
		指导价/万元	17.99	19.99
		尺寸/mm	长宽高4680×1865×1700　轴距：2800	
电池性能		NEDC 纯电续航里程/km	405	503
		电池容量/（kW·h）	53	63
		电池类型	三元锂电池	
		充电速度/h	快充（至80%）：0.5　慢充：8.5~11	
动力性		电机类型	永磁同步电机	
		电机总功率/kW	150	
		电机总扭矩/（N·m）	310	
		0~100km/h 加速时间/s	7.6	
智能化		屏幕及尺寸（顶配）	液晶仪表盘：7in/双4.2in　中控屏：12.3in	
		驾驶辅助亮点（顶配）	并线辅助(选配)、车道偏离预警(选配)、车道保持辅助(选配)、道路交通标识识别(选配)、主动刹车/主动安全(选配)、疲劳驾驶提示(选配)、前方碰撞预警(选配)、360°全景影像(选配)、全速自适应巡航(选配)、自动泊车(选配)	
		智能网联亮点（顶配）	语音识别控制、面部识别(选配)、车联网、4G、OTA、Wi-Fi热点、远程控制	
政策		整车质保政策	4年或15万千米	
		"三电"质保政策	8年或15万千米	
		其他关键词	主动进气格栅、生物监测系统(选配)	

比亚迪宋PLUS EV（指导价：18.08万~19.78万元）✓

★一句话点评　续航水平达标，丰富的智能配置能让用车更便利、更有乐趣感。

比亚迪宋PLUS EV采用与比亚迪汉相似的前脸设计，这也是比亚迪车系中回头率最高的设计——"Dragon Face"，龙须造型的贯穿是镀铬设计，让整个前脸看上去时尚简洁。

❶ 车辆内部，比亚迪宋PLUS EV同样也是家族风格，完全对称的中控设计符合中国传统审美，大尺寸的中控屏幕则是撑起科技感的关键，12.3in的全液晶仪表盘和12.8in的中控液晶屏，进一步提升了汽车的科技感。与此同时，比亚迪宋PLUS EV车内的做工用料也是一应俱

全，中控台下、车门上都大面积地采用软性材料进行包裹。另外值得一提的还有其搭载的一体式龙脊座椅，无论是包裹感还是舒适度都可圈可点，主副驾都支持电动、加热和通风的设定，也进一步增加了用车舒适性。

❷ 动力部分，比亚迪宋PLUS EV搭载的是一台135kW的前置电机，NEDC续航里程能够达到505km，表现中规中矩。在驾驶模式上，比亚迪宋PLUS EV支持ECO、NORMAL、SPORT三种驾驶模式，其中，ECO、NORMAL模式以节电为主，因此动态响应会略有下降；SPORT模式则以动态呈现城市路况更为积极，超车或加速更加轻松，同时方向盘的设定也会有一些变化。

❸ 在智能辅助驾驶方面，高配版本的比亚迪宋PLUS EV能够达到L2级别辅助驾驶，遥控泊车则做到了全系标配。综合考虑，想要更全面地体验，还是要考验一点"钞能力"的。

基本信息（2021年款）	车型	尊贵型	旗舰型
	定位	5座　纯电动　紧凑型SUV	
	指导价/万元	18.08	19.78
	尺寸/mm	长宽高4705×1890×1680　轴距：2765	
电池性能	NEDC 纯电续航里程/km	505	
	电池容量/（kW·h）	71.7	
	电池类型	磷酸铁锂电池	
	充电速度/h	快充（至80%）：0.5　慢充：—	
动力性	电机类型	永磁同步电机	
	电机总功率/kW	135	
	电机总扭矩/（N·m）	280	
智能化	屏幕及尺寸（顶配）	液晶仪表：12.3in　中控屏：12.8in	
	驾驶辅助亮点（顶配）	并线辅助、车道偏离预警、车道保持辅助、道路交通标识识别、主动刹车/主动安全、开门预警、前/后方碰撞预警、360°全景影像、透明底盘、倒车车侧预警、全速自适应巡航(选配)、遥控泊车	
	智能网联亮点（顶配）	高德地图、语音识别控制、车联网、4G、OTA、Wi-Fi热点、远程控制	
政策	整车质保政策	6年或15万千米	
	"三电"质保政策	首任非营运车主"三电"系统质保不限年限/里程	
	网联流量政策	云服务2年免费、车机流量2年免费	
	其他关键词	L2级辅助驾驶、对外放电、旋转大屏、遥控驾驶	

Smart精灵#1

（指导价：19.42万～24.50万元）✓

★一句话点评 奔驰负责设计，吉利负责制造，整车质感在线。

Smart品牌最开始是奔驰和世界手表业巨头SWATCH合作的产物，凭借着经济省油、小巧易停等优势，一度受到很多年轻人的追捧，在国内市场上也有较多"粉丝"，现由梅赛德斯-奔驰和吉利汽车集团共同持股。2022年，Smart精灵#1正式上市：这款新车瞄准了女性消费者，话题热度相当高。

▶ **扫二维码** ◀

看Smart精灵#1视频

Smart精灵#1的外观是由奔驰"亲自操刀"设计的。新车前脸线条以圆润为主，前包围设计一个由镀铬装饰条勾勒的格栅，内部中网则采用矩形排列设计，两侧配有倒三角形的通风开口装饰，再配合三角形大灯，辨识比较高；车身侧面，Smart精灵#1采用双色的车顶设计，营造出悬浮式的视觉效果，再加上隐藏式门把手和无框车门，紧跟当下潮流；车辆尾部，Smart精灵#1的设计与车头相呼应，尾灯造型也几乎和车头如出一辙。

❶ 车辆内部，Smart精灵#1内饰风格追求简约，其采用了9.2in的全液晶仪表盘和12.8in的中控多媒体触控屏，一定程度上营造了科技氛围；深浅颜色的搭配加上64色氛围灯对于车内时尚感的营造还是比较到位的，整个内饰的做工也保持了较高的水准。

❷ 车身尺寸来看，虽然Smart精灵#1的长×宽×高为4270mm×1822mm×1636mm，但轴距却达到了2750mm。显然，吉利已经不想再做"微型"Smart了。

❸ 配置方面，Smart精灵#1的中高配车型包含自适应巡航、车道保持辅助、自动泊车辅助、自适应远近光灯等Smart Pilot智能辅助驾驶功能；同时还能享受感应后备厢、HUD抬头数字显示以及手机无线充电功能带来的便利性，如果是入门款，配置就会打上不低的折扣，甚至连倒车影像都未配备。

❹ 动力方面，Smart精灵#1的两驱版搭载的是最大功率200kW、最大扭矩343N·m的永磁同步电机，可实现6.7s的0～100km/h加速时间，双电机四驱版车型则可输出315kW的最大功率，CLTC纯电续航分别为535km和560km。值得一提的是，四驱版有望采用定制模拟声浪、更激进的电子控制系统及漂移模式。

	车型	Pure+版	Pro+版	Premium版	四驱版
基本信息	定位	5座　纯电动　小型SUV			
	指导价/万元	19.42	20.92	24.5	—
	尺寸/mm	长宽高4270×1822×1636　轴距：2750			
电池性能	CLTC纯电续航里程/km	535		560	—
	电池容量/（kW·h）	97			
	电池类型	三元锂电池			
	充电速度/h	快充（至80%）：0.5　慢充：7.5			
动力性	电机类型	永磁同步电机			
	电机总功率/kW	200			315
	电机总扭矩/（N·m）	343			
	0~100km/h 加速时间/s	6.7			—
智能化	屏幕及尺寸（顶配）	液晶仪表盘：9.2in　　中控屏：12.8in			
	驾驶辅助亮点（顶配）	并线辅助、车道偏离预警、车道保持辅助、道路交通标识识别、主动刹车/主动安全、疲劳驾驶提示、开门预警、前方碰撞预警、360°全景影像、倒车车侧预警、全速自适应巡航、自动泊车、遥控泊车、自动变道辅助、抬头显示			
	智能网联亮点（顶配）	卫星导航、导航路况显示、道路救援呼叫、语音识别控制、车联网、4G、OTA升级、Wi-Fi热点、远程控制			
政策	整车质保政策	4年或15万千米			
	"三电"质保政策	电池组质保8年或15万千米			
	其他关键词	标配6气囊、L2级驾驶辅助、主动格栅、对外放电、热泵空调、智能香氛、Beats音响、可滑动式后排座椅、灯光秀、第十届轩辕奖年度十佳汽车			

奇瑞大蚂蚁

（指导价：18.38万元）✓

★ 一句话点评　全新设计语言很有特色，核心"三电"品质不俗；智能表现拖后腿。

奇瑞大蚂蚁基于正向研发的@LIFE纯电平台打造而来。它的外观设计由宾尼法利纳公司"操刀"，采用了"自然美学"设计理念，前脸样式新潮且个性。与之前风格迥异的设计足以让人改变对奇瑞这个"钢铁直男"的刻板印象，同时也能加深不少产品的"颜值"辨识度。

❶ 座舱内部，设计师为大蚂蚁配备了双联屏，这也是视觉的核心，其余部分沿用奇瑞在SUV上的原本设计格调，这部分的惊喜并不算多。空间方面，虽然这款车的车长仅为4630mm，但其轴距却达到了2830mm，妥妥的中型SUV的定位，这也为其内部的乘坐空间定下基础。

❷ 动力上，奇瑞大蚂蚁仅提供150kW单电机一款车型，续航里程为510km。或许是由于电驱动占用了太多成本，奇瑞大蚂蚁的辅助驾驶配置并不算出众，仅有定速巡航和倒车影像，这一点，不得不说是大蚂蚁让年轻消费者不得不介意的点。

值得一提的一个细节是，奇瑞大蚂蚁这款车的车名采用的是网络征名的形式，最终，"蚂蚁"这个名字脱颖而出。

基本信息（2022年款）	车型	驭享舱
	定位	5座　纯电动　中型SUV
	尺寸/mm	长宽高4630×1910×1655　轴距：2830
电池性能	NEDC 纯电续航里程/km	510
	电池容量/（kW·h）	70.1
	电池类型	三元锂电池
	充电速度/h	快充（至80%）：0.5　慢充：13
动力性	电机类型	永磁同步电机
	电机总功率/kW	150
	电机总扭矩/（N·m）	295
智能化	屏幕及尺寸（顶配）	液晶仪表：12.3in　中控屏：12.3in
	驾驶辅助亮点（顶配）	倒车影像、定速巡航
	智能网联亮点（顶配）	高德地图、语音识别控制、车联网、4G、远程控制
政策	整车质保政策	4年或15万千米
	"三电"质保政策	4年或15万千米
其他关键词		6气囊、索尼音响

大众ID.4 CROZZ （指导价：18.73万～28.73万元）✓

★一句话点评　大众ID.4 X的"姊妹"车型，造型设计相似度极高，产品力也很接近。

作为大众ID.4X的"姊妹"车型，ID.4 CROZZ在保留了大众ID家族设计的同时，也进行了一定程度的创新设计。具体来看，这款电动SUV的前脸采用了简洁而富有力量感的线条设计，打造了符合空气动力学的流线型车身；车头处的IQ. Light智能LED大灯，不仅点亮后的照明效果璀璨夺目，而且可以依据车速及转向角度，自动调节灯光高度及宽度。

❶ 车辆内部，12in高清中控屏是视觉的重心，30色内饰氛围灯一定程度上提升了座舱的氛围感。值得一提的是，这款电动SUV采用了大众集团最新的MOS 4.0系统，操作逻辑类似智能手机，支持无线Carplay和CarLife、智能家居连接等功能。

基本信息 (2022年款)		车型	纯享限量版	标准续航PURE版	长续航PURE+版	长续航Lite PRO版	长续航PRO版	高性能PRIME版
		定位	5座　纯电动　紧凑型SUV					
		指导价/万元	18.73	21.13	23.13	24.88	25.13	28.73
		尺寸/mm	长宽高4592×1852×1629　轴距2765					
电池性能		CLTC纯电续航里程/km	425		600			554
		电池容量/（kW·h）	55.7		84.8			
		电池类型	三元锂电池					
		充电速度/h	快充（至80%）：0.5　慢充：—					
动力性		电机类型	永磁同步电机					
		电机总功率/kW	125		150			230
		电机总扭矩/（N·m）	310					460
		0~50km/h加速时间/s	3.1/3.2/2.6					
智能化		屏幕及尺寸（顶配）	液晶仪表：5.3in　中控屏：12in					
		驾驶辅助亮点（顶配）	并线辅助、车道保持辅助、车道偏离预警、道路交通标识识别、主动刹车、前方碰撞预警、DOW开门预警、360°全景影像、倒车车侧预警、全速自适应巡航、自动泊车、AR HUD增强现实平视显示					
		智能网联亮点（顶配）	语音识别控制、CarPlay/CarLife、4G、车联网、远程控制、Wi-Fi热点、OTA					
政策		整车质保政策	3年或10万千米（可选6年或19万千米）					
		"三电"质保政策	8年或16万千米					
		网联流量政策	首任车主终身免流量					
		其他关键词	标配6气囊、标配L2级智能辅助驾驶、MEB纯电平台、哈曼卡顿音响、悬架软硬调节、主动格栅、热泵空调（选装）					

❷ 智能辅助驾驶配置方面，ID.4 CROZZ搭载了IQ. Drive L2+级驾驶辅助系统，支持Travel Assist全速域驾驶辅助系统、Front Assist前部防碰撞主动刹车系统以及Lane Assist车道保持系统等功能，在提升驾乘便利性的同时也增加了安全性；在此基础上，ID.4 CROZZ高配车型配备AR HUD增强现实平视显示系统，可以直观地显示车辆基础信息与辅助驾驶功能。

③ 车身尺寸方面，ID.4 CROZZ的长×宽×高分别为4592mm×1852mm×1629mm，轴距为2765mm，比较"给力"。不过这款电动SUV的后排相对较高，坐垫也比较短，后排长时间的乘坐舒适性有一定的折扣。

④ 驾乘感受方面，ID.4 CROZZ采用运动性底盘调校，并配备智能电子四驱系统、DCC智能动态控制系统以及五连杆后轴系统，在实际驾驶过程中，路面信息反馈比较多，经过减速带的时候，这款电动SUV的悬架系统韧劲还是比较足的。

⑤ 续航方面，ID.4 CROZZ的最高续航里程为600km，对比同价位的其他车型不算突出，但可以满足用户的日常出行和远途出行需求。

广汽埃安AION V

（指导价：18.98万~26.98万元）√

★**一句话点评** 空间大、续航长、补能快，可以有效解决纯电动SUV的家用"痛点"。

广汽埃安AION V是广汽新能源针对年轻化市场而打造的纯电动紧凑型SUV。

① 外观方面，AION V的"机甲"设计风格给人留下年轻运动的印象，分体式大灯组合让前脸的线条更显明显。由于是纯电动车型，格栅区域开口面积相比传统燃油汽车明显小了很多，这样不仅看上去整洁干净，还能优化风阻对车辆续航的影响，侧面造型设计也延续着车头简约的造型风格。

② 内饰方面，新车内部取消了大量的传统物理按键，取而代之的是一块15.6in的中控大屏。另外，车内大部分区域都采用软性材料包覆，质感上还是不错的。整体来说，广汽埃安AION V的座舱科技感和品质感在同级别当中可圈可点。

❸ 智能化方面，2023年款广汽埃安AION V Plus升级了双屏双芯，让ADiGO SPACE智能座舱性能翻番。而ADiGO PILOT智能驾驶也进行了算法优化、车道居中保持及系统稳定性大幅提升，AVP记忆泊车新增了斜列泊车，一键泊入鱼骨车位；还优化了OTA主动避障、窄道通行等体验。美中不足的是，这些辅助功能不是全系标配，部分功能只有在智享科技版上才能享用到。

❹ 动力方面，广汽埃安AION V Plus提供两种选择，但均为前置单电机驱动，电机功率分别是165kW和200kW。根据电池容量的不同，广汽埃安AION V Plus提供三个不同续航版本，NEDC续航里程分别是500km、600km以及702km。

基本信息（2023年款）	车型	Plus 70 智领版（三元锂/磷酸铁锂）	Plus 70 行政版（三元锂/磷酸铁锂）	Plus 70 七座商务版	Plus 70 智享科技版（三元锂/磷酸铁锂）	Plus 70 智享七座版	Plus 70 超级快充版	Plus 80 智领科技版	Plus 80 智享科技版	Plus 80 智享七座版	Plus 80 行政版	Plus 80 领航智驾版	Plus 80 领航版	Plus 90 超长续航版	Plus 70 极速快充版
	定位	5座/7座　纯电动　紧凑型SUV													
	指导价/万元	18.98	19.36	19.68	19.98	20.68	20.96	20.48	21.68	22.38	22.96	23.68	26.59	24.96	26.98
	尺寸/mm	长宽高4650×1920×1720　轴距：2830													
电池性能	CLTC纯电续航里程/km	500						600						702	500
	电池容量/(kW·h)	71.8/69.9	71.8/69.9	69.9	71.8/69.9	69.9	69.9	72.1	80					95.8	71.8
	电池类型	三元锂电池/磷酸铁锂电池						三元锂电池							
	电机类型	永磁同步电机													
动力性	电机总功率/kW	165												200	
	电机总扭矩/(N·m)	350												320	350
	0~100km/h加速时间/s	7.9												6.9	7.9
智能化	屏幕及尺寸/（顶配）	液晶仪表：10.25in　中控屏：12.8in													
	驾驶辅助亮点/（顶配）	并线辅助、车道偏离预警、车道保持辅助、车道居中保持、道路交通标识识别、主动刹车、前方碰撞预警、360°全景影像、透明底盘、全速自适应巡航、自动泊车、自动变道辅助、远程召唤													
	智能网联亮点/（顶配）	高德地图、AR实景导航、高精地图、语音识别控制、车联网、4G、OTA、Wi-Fi热点、远程控制													
政策	整车质保政策	4年或15万千米、首任车主不限年限/里程													
	"三电"质保政策	首任车主不限年限/里程													
其他关键词		L2级辅助驾驶、对外放电、15.6in副驾娱乐屏、车载香氛、高精地图自主泊车、超长距离记录泊车、C-NCAP五星													

大众ID.4X

（指导价：18.93万～28.63万元）✓

★ 一句话点评　上汽大众首款源自MEB平台的电动SUV，"三电"系统安全性较为不错。

基本信息（2022年款）	车型	纯净智享版	纯净长续航版	智享长续航版	极智长续航版	劲能四驱版
	定位	5座　纯电动　紧凑型SUV				
	指导价/万元	18.93	23.53	24.88	25.13	28.63
	尺寸/mm	长宽高4612×1852×1640　轴距：2765				
电池性能	CLTC纯电续航里程/km	425	607			555
	电池容量/（kW·h）	57.3	83.4			
	电池类型	三元锂电池				
	充电速度/h	快充（至80%）：0.67　慢充：8.5～12.5				
动力性	电机类型	永磁同步电机				
	电机总功率/kW	125	150			230
	电机总扭矩/（N·m）	310				472
智能化	屏幕及尺寸（顶配）	液晶仪表盘：5.3in　中控屏：12in				
	驾驶辅助亮点（顶配）	并线辅助、车道偏离预警、车道保持辅助、车道居中保持、道路交通标识识别、主动刹车/主动安全、疲劳驾驶提示、开门预警、前方碰撞预警、360°全景影像、倒车车侧预警、全速自适应巡航、自动泊车、抬头显示				
	智能网联亮点（顶配）	语音识别控制、CarPiay/CarLife、车联网、4G、OTA、Wi-Fi热点、远程控制				
政策	整车质保政策	3年或10万千米				
	"三电"质保政策	8年或16万千米				
	其他关键词	全系标配L2级辅助驾驶、主动格栅、热泵空调				

　　对于基于MEB平台打造的ID.家族，大众集团可谓是下了不少心思和精力的，上汽大众首款基于MEB平台的电动SUV车型ID.4 X便是典型代表作。

　　总体来说，大众ID.4X的辨识度还是比较明显的，圆润的曲面、家族式的封闭格栅以及LED灯条等都强调了其纯电动身份和科技氛围；侧面部分同样如此，强调曲面上的完整感，门把手是半隐藏设计，有效降低风阻的同时也在实用性上比全封闭的要优秀一点，搭配同样接近封闭的轮毂，还是比较讨好年轻人的审美的；车辆尾部，ID.4X一定程度上做到了与正面交相呼应，熏黑的灯组同样是贯穿设计，由于没有排气管，下方的后包围直接整个采取全封闭方案。

　　考虑到新能源与车端智能科技几乎是伴生关系，搭载ID.4X内饰部分相当简洁，色彩上也尽可能地通过撞色处理和清新色调的加持做很好的突出，搭配12in的中控屏幕和5.3in的仪表，科技感

还是到位的。

ID.4X的三维尺寸长×宽×高为4612mm×1852mm×1640mm，轴距为2765mm，加上纯电动总布置比较灵活，后排地板也不用有凸起，总体表现还是要比同级别的燃油汽车优秀一些的。

❶ 智能辅助驾驶方面，大众ID.4X同样提供L2级智能辅助驾驶系统，支持360°全景影像、全速自适应巡航、并线辅助、DOW开门预警、疲劳驾驶提示等配置。

❷ 安全性是大众ID.4X的优点，"三电"的安全性更值得一提。抛开其电池包防水、耐腐蚀试验远高于国家标准不说，单是其远超国标的338项电池安全标准就足以证明，更何况在每一项指标的要求上，ID.4X的执行标准也比国标要高，安全性和稳定性自然也更有保障。

❸ 动力方面，大众ID.4X提供两驱和四驱可选。其中，后置单电机的两驱版本又分为两种，电机功率分别为125kW和150kW，总扭矩均为310N·m，提供425km和607km两种CLTC续航里程；四驱版本搭载前后双电机，综合功率为230kW，总扭矩为472N·m，CLTC续航里程为555km。

威马W6

（指导价：19.38万～25.98万元）✓

★一句话点评 威马汽车的智能化先锋军，搭载国内首套AVP无人自主泊车系统。

（2021年款）基本信息	车型	NEX探索版	PRO全能版	ACE极智版	ACE极智版
	定位	纯电动　5座　中型SUV			
	指导价/万元	19.38	21.38	23.38	25.98
	尺寸/mm	长宽高4620×1847×1730　轴距2715			
电池性能	NEDC续航里程/km	520		620（CLTC工况）	
	电池容量/（kW·h）	66.231		82.712	
	电池类型	三元锂电池			
	充电速度/h	快充：0.67　慢充：9.5		快充：0.67　慢充：11.9	
动力性	电机类型	永磁同步电机			
	电机总功率/kW	160			
	电机总扭矩/（N·m）	225			
	0～100km/h加速时间/s	7.9		8.8	
智能化	屏幕及尺寸（顶配）	中控屏：12.3in　液晶仪表盘：12.3in			
	驾驶辅助亮点（顶配）	并线辅助、车道保持辅助、车道偏离预警、道路交通识别识别、主动刹车、前/后方碰撞预警、DOW开门预警、360°全景影像、倒车车侧预警、全速自适应巡航、自动泊车入位、遥控泊车			
	智能网联亮点（顶配）	面部识别、4G网络、车联网、人脸识别、手机APP远程控制、Wi-Fi热点、OTA升级			
政策	整车质保政策	4年或12万千米			
	"三电"质保政策	首任车主不限年限/里程			
	其他关键词	三屏互联系统、移动"唱吧"			

定位中型SUV的威马W6是威马SUV产品矩阵中的销售主力，整体实力还是比较到位的。

① 从外观来看，威马W6的整车造型以饱满圆润为主，前脸和大部分纯电SUV一样均采用了全封闭式结构。值得一提的是，前后贯穿式的设计加上极简的整体设计，科技感还是比较明显的，当然也符合年轻人的审美偏好。

② 内饰方面，威马W6采用了双12.3in联屏设计，加之换挡机构前方8in车控屏的使用，如果放在2020年以前，确实能够表现出不错的科技感，也能较好地吸引消费者的目光，不过从现阶段市场眼光来看，威马W6少了几分造车新势力该有的高级感和豪华感。

智能化是威马W6的主要亮点，"百度Apollo平台、高通8155、L4无人驾驶"这些字眼本就拥有相当"唬人"的效果，在拥有常规同级车型的绝大多数智能辅助驾驶功能的基础上，威马还将大量的精力放在如何解决"无人自动泊车"问题上，这对于消费者的日常使用而言，确实能解决巨大的痛点。配置上，源自新势力的厂商定位让其除了入门产品之外把L2辅助驾驶做到了大面积覆盖，自动泊车也在两款高配车型上有体现，还是具备一定诚意的。

③ 动力方面，威马W6全系均采用前置单电机驱动形式，最大功率均为160kW，不同车型之间主要差异在于电池容量的不同，搭载66.231kW·h三元锂电池组的车型，NEDC综合续航里程为520km，搭载82.712kW·h三元锂电池组的顶配车型，CLTC综合续航里程为620km。

别克微蓝7

（指导价：19.78万～21.78万元）✓

★一句话点评　小型纯电动SUV界的"精致BOY"。

采用先锋美学设计的别克微蓝7，将跨界车型的时尚元素融入别克经典的雕塑美学中，前脸处的展翼式LED日间行车灯形成了贯穿式的视觉效果，较好地提升了前脸宽度；侧面来看，这款电动SUV的线条简洁流畅，配合17in五辐双色铝合金轮毂，看起来比较动感。

① 内饰部分，别克微蓝7采用360°环抱一体式座舱，以驾驶员为中心，并拥有比较高档的材料和细腻的做工。而且这款电动SUV配备了10in中控屏，搭载了eConnect智能互联科技，深度整合了百度人工智能车联网，支持无线Apple Carplay功能。另外值得一提的是，别克官方还推出了每年100G的OnStar安吉星车联应用终身免费流量服务，让网联系统不再"鸡肋"。

❷ 在智能辅助驾驶方面，别克微蓝7标配了并线辅助、车道保持辅助、车道偏离预警、主动刹车以及前方碰撞预警等功能，在合资阵营中还是比较"良心的"。

基本信息（2022年款）		车型	互联智享型	互联智慧型
		定位	5座　纯电动　小型SUV	
		指导价/万元	19.78	21.78
		尺寸/mm	长宽高4264×1767×1618　轴距2675	
电池性能		NEDC续航里程/km	500	
		电池容量/（kW·h）	55.6	
		电池类型	三元锂电池	
		充电速度/h	快充（至80%）：0.65　慢充：9.5	
动力性		电机类型	永磁同步电机	
		电机总功率/kW	130	
		电机总扭矩/（N·m）	360	
		0~50km/h加速时间/s	3.5	
智能化		屏幕及尺寸（顶配）	液晶仪表：8in　中控屏：10in	
		驾驶辅助亮点（顶配）	并线辅助、车道保持辅助、车道偏离预警、主动刹车、前方碰撞预警、360°全景影像、倒车车侧预警、全速自适应巡航、自动泊车	
		智能网联亮点（顶配）	百度地图、语音识别控制、4G、车联网、远程控制、Wi-Fi热点、OTA	
政策		整车质保政策	3年或10万千米	
		"三电"质保政策	"三电"系统8年或16万千米	
		网联流量政策	每年100G的OnStar安吉星车联应用终身免费流量服务	
		其他关键词	全车8气囊、标配L2级智能辅助驾驶、流媒体内后视镜、博世音响、OPD单踏板模式、中国心2019年度新能源动力系统技术领先奖	

❸ 在安全性方面，别克微蓝7基于C-NCAP 5星标准开发而来，高强度钢材应用比例高达78%，同时满足国标四项电气安全评估要求，再加上全车8个安全气囊，安全性有一定的保障。

❹ 续航里程方面，别克微蓝7搭载的三元锂电池，NEDC续航里程为500km，可以满足用户的日常出行需求；在电池的安全性上，这款SUV搭载了电芯级智能温度管理系统，可以精确控制每一颗电芯时刻工作在舒适区间，有效延长电池使用寿命。

三菱阿图柯AIRTREK

（指导价：19.98万~22.98万元）√

★ **一句话点评**　采用广汽埃安核心"三电"平台，虽缺少三菱的精髓，但硬派设计很讨喜。

　　如果说，丰田C-HR EV偏向保守，本田e:NS1仍有提升空间，那么广汽三菱阿图柯AIRTREK则完全从"老师"变成了"学生"。

　　作为早年间大部分中国汽车品牌的"老师"，三菱发动机可以说撑起早年中国汽车品牌的发展之路。而现如今，三菱在中国市场的首款电动SUV却与广汽埃安AION V拥有了明显的"血缘"关系，没错，三菱阿图柯AIRTREK便是基于广汽埃安AION V打造而来。

❶ 从设计上来看，三菱阿图柯AIRTREK外观采用家族"硬派美学"设计，前脸标志性分体式大灯配合巨大的封闭式格栅，在大量银色镀铬面板的装饰下，确实让三菱阿图柯AIRTREK看起来拥有几分硬派SUV的味道，整体车身线条也以犀利平直为主。

❷ 在座舱内部，三菱阿图柯AIRTREK无论是内饰布局还是空间设定，基本上都沿用了广汽埃安AION V产品特性，同样是2830mm的车身轴距，同样是悬浮式中控屏幕，甚至中控屏尺寸还从15.6in缩减到了12.3in。另外，在智能驾驶层面，三菱阿图柯AIRTREK即便是顶配车型也不能达到L2级别的智能辅助驾驶。

❸ 动力方面，三菱阿图柯AIRTREK全系均采用了前置单电机驱动形式，最大功率为165kW，峰值扭矩为350N·m。根据电池能量的不同，配备71.8kW·h电池的车型CLTC续航里程为500km，搭载69.9kW·h电池的车型CLTC续航里程则为520km，至于为什么电池大的车型续航里程反而低了20km，主要在于车辆重量和电池容量之间的不平衡。

　　综合来看，阿图柯AIRTREK这样的产品表现还是比较难去吸引住要求越发增加的中国消费者，尤其是年轻群体。

	车型	先锋版	硬核版
基本信息（2022年款）	定位	5座　纯电动　紧凑型SUV	
	指导价/万元	19.98	22.98
	尺寸/mm	长宽高4630×1920×1728　轴距：2830	
电池性能	CLTC续航里程/km	500	520
	电池容量/（kW·h）	71.8	69.9
	电池类型	磷酸铁锂电池	三元锂电池
	充电速度/h	快充（至80%）：0.53～0.72　慢充：—	
动力性	电机类型	永磁同步电机	
	电机总功率/kW	165	
	电机总扭矩/（N·m）	350	
智能化	屏幕及尺寸（顶配）	液晶仪表：12.3in　中控屏：12.3in	
	驾驶辅助亮点（顶配）	车道偏离预警、车道保持辅助、车道居中保持、主动刹车/主动安全、前方碰撞预警、360°全景影像、自适应巡航	
	智能网联亮点（顶配）	语音识别控制、高德地图、AR实景导航、CarLife、车联网、4G、OTA、Wi-Fi热点、远程控制	
政策	整车质保政策	5年或15万千米，首任车主不限年限/里程	
	"三电"质保政策	首任车主不限年限/里程	
	其他关键词	L2级智能辅助驾驶	

爱驰U6

（指导价：21.99万～23.79万元）✓

★一句话点评　上钢下铝车身，"三明治"电池包，安全性较高的跨界SUV。

作为一款主要面向年轻群体的纯电SUV，爱驰U6的撞色车身涂装、三段式运动腰线设计、夸张的运动套件以及大溜背式的车身造型，确实营造出了运动且年轻的视觉效果。从细节来看，这款电动SUV的车头采用了"X"形鲨鱼鼻设计，配合熏黑的蜂窝状进气口和经过仿碳纤维处理的风刀运动包围，让整个车头看起来充满战斗气息。

▶ 扫二维码 ◀

看爱驰U6视频

打开车门坐上主驾时会发现，爱驰U6的内饰设计比较简洁，中控区域没有多余的物理按键，大量软性材料则提升了整车的高级感，星际巡航换挡手柄的设计看起来比较精致；14.6in中央悬浮式中控屏也比较"吸睛"，窄边框的设计彰显出了一定的品质感。这套大屏的系统支持交互界面自定义、智能语音交互以及AI-Store智能应用生态等，其中AI-Store智能应用生态包含了多种应用，可以根据用户的需求补充系统功能。

值得一提的是，爱驰U6还搭载车载KTV功能，在海量正版KTV曲库的基础上，如果选购了麦克风，就可以和副驾乘客在车内唱歌，而且这款电动SUV拥有高保真密力声学系统，整个座舱声效不错。

另外，这款电动SUV配备的穹顶式全景天幕，面积达到了$2.1m^2$，使得整个车内空间比较开阔，同时这套天幕含有特殊Low-e隔热涂层，据悉可以隔绝99.9%的紫外线和78%的外界热量。

❶ 智能辅助驾驶方面，爱驰U6配备了包含4颗360°环视摄像头在内的共计22颗传感器，可以实现SCC超级巡航功能，CLC转向灯变道辅助等共计22项驾驶辅助功能，基本能满足用户的日常出行需求。

❷ 动力方面，爱驰U6是爱驰旗下首款搭载自家AI-PT电驱系统的车型，电机最大输出功率为160kW，峰值扭矩为315N·m，0～100km/h加速时间为6.9s。

❸ 底盘悬挂系统方面，爱驰U6采用的是目前比较常见的前麦弗逊式+后多连杆式独立悬挂的悬挂组合，并采用了上钢下铝的轻量化车身结构。这套悬架系统具有一定的高级感，在车辆过弯的时候可以拉住车身，一定程度上抑制住过弯时的侧倾。

❹ 续航方面，爱驰U6分别搭载了63kW·h和72kW·h的电池包，CLTC续航里程分别为505km和590km，虽然没有达到600km以上，但能满足用户的日常出行需求，以及偶尔的远途出行需求。

基本信息（2023年款）	车型	63kW·h	72kW·h	好声音特别版 63kW·h
	定位	5座　纯电动　中型SUV		
	指导价/万元	21.99	23.79	21.99
	尺寸/mm	长宽高4805×1880×1641 轴距2800		
电池性能	CLTC续航里程/km	505	590	505
	电池容量/（kW·h）	63	72	63
	电池类型	三元锂电池		
	充电速度/h	快充：0.5 慢充：11	快充：0.67 慢充：12	快充：0.5 慢充：11
动力性	电机类型	永磁同步电机		
	电机总功率/kW	160		
	电机总扭矩/（N·m）	315		
	0～100km/h 加速时间/s	6.9	7.2	6.9
智能化	屏幕及尺寸（顶配）	液晶仪表：8.2in　中控屏：14.6in		
	驾驶辅助亮点（顶配）	并线辅助、车道保持辅助、车道偏离预警、车道居中保持、道路交通标识识别、主动刹车、前方碰撞预警、DOW开门预警、360°全景影像、倒车车侧预警、全速自适应巡航、自动泊车入位、遥控泊车、自动变道辅助		
	智能网联亮点（顶配）	语音识别控制、4G、车联网、远程控制、CarPlay/HiCar、Wi-Fi热点、OTA、车载KTV、面部识别（选装）		
政策	"三电"质保政策	首任车主不限年限/里程		
	其他关键词	标配6气囊、标配L2级智能辅助驾驶、上钢下铝车身结构、0.248超低风阻系数、Coupe跨界设计、单踏板模式、主动格栅、对外放电		

4.2 20万元级插电混动汽车（10款）

▶ 4.2.1 20万元级插电混动轿车（3款）

别克微蓝6插电混动版（指导价：16.16万～18.66万元）✓

★ 一句话点评　别克eMotion智能电驱科技加持，既不像轿车，也不像旅行车，也不像MPV的电动车。

❶ 从整体造型来看，微蓝6 PHEV既不像轿车，也不像旅行车，也不像MPV，而是一种多功能运动型车身设计，官方称为MAV（Multi Activity Vehicle）。

❷ 从前脸来看，微蓝6 PHEV的别克飞翼式格栅设计看起来还是比较有气势的，主灯下侧的黑色装饰如同泪痕一般，具有比较高的辨识度。车侧处，线条流畅舒展。

❸ 微蓝6 PHEV车内，映入眼帘的是环抱式中控台，蓝色软性搪塑、白色皮革以及灰色织物等元素的搭配，为内饰展现了一定的层次感。与此同时10in悬浮式中控屏（低配车型为8in）和8in的全液晶仪表盘，一定程度上也提升了整个车厢的科技氛围。

❹ 微蓝6 PHEV的长×宽×高为4648mm×1817mm×1491mm，轴距为2660mm，尺寸表现中规中矩，实际体验上来看，空间感也与同级车型相近。值得一提的一个细节是，微蓝6 PHEV的后排地板设计平整，后排中间座位的乘员亦能有不错的舒适性。

❺ 在智能网联方面，微蓝6 PHEV搭载了别克eConnect智能互联科技，支持Super ID个人账号，可以实现微信、高德导航、网易云音乐及考拉FM等APP一键关联、联合登录。如此一来，手机就与车辆无缝衔接，手机里收藏的歌曲、常去的目的地等，都可以展现在大屏上。与此同时，在手机蓝牙钥匙功能的加持之下，用户能通过安吉星/iBuick APP一键授权，分享车辆启动权限到手机，这样出门不用带钥匙，方便了许多；并且，微蓝6 PHEV还具有远程共享蓝牙钥匙的功能，借车的朋友也不用特意跑一趟拿钥匙了。

基本信息（2022年款）	车型	互联共享型	互联时尚型	互联智享型	互联智慧型
	定位	5座　插电混动　紧凑型两厢车			
	指导价/万元	16.16	16.66	17.66	18.66
	尺寸/mm	长宽高5020×1945×1775　轴距 2820			
电池性能	WLTC 综合续航里程/km	700			
	WLTC 纯电续航里程/km	50			
	电池容量/（kW·h）	9.5			
	电池类型	三元锂电池			
	充电速度/h	慢充：2.6			
动力性	电机类型	永磁同步电机			
	电机总功率/kW	131			
	电机总扭矩/（N·m）	405			
	系统总功率/kW	135			
	系统总扭矩/（N·m）	380			
	0～100km/h 加速时间/s	8.6			
智能化	屏幕及尺寸（顶配）	液晶仪表：8in　中控屏：8in			
	驾驶辅助亮点（顶配）	并线辅助、车道偏离预警、主动刹车/主动安全、疲劳驾驶提示、前方碰撞预警、自动泊车入位			
	智能网联亮点（顶配）	卫星导航、导航路况信息显示、高德地图、CarPlay/CarLife、语音识别控制、车联网、4G、OTA升级、Wi-Fi热点、手机蓝牙钥匙			
政策	整车质保政策	3年或10万千米			
	"三电"质保政策	"三电"系统8年或16万千米			
	网联流量政策	每年100G "OnStar" 安吉星车联应用终身免费流量			
	其他关键词	MAV多功能运动型车身设计、一体式全景天幕、"中国心" 2020年度十佳新能源汽车动力系统、"中国心" 2020年新能源推荐车型、6气囊（标配）、碰撞缓解系统			

❻ 在智能辅助驾驶方面，微蓝6 PHEV的顶配车型搭载并线辅助、车道偏离预警、主动刹车、前方碰撞预警装置，相对于其智能网联功能而言就没那么亮眼了。

❼ 动力方面，微蓝6 PHEV搭载了由1.5L DVVT四缸发动机、电池组和E-CVT智能电控无级变速箱组成的插电式混动系统，最大功率达到了135kW，峰值扭矩为380N·m，纯电续航里程为50km。从实际体验来看，微蓝6 PHEV给驾驶者的第一感觉就是平顺，踩下油门踏板时便会发现，微蓝6 PHEV起步比较轻快，高速公路上超车变道也比较轻松。

长安深蓝SL03增程版

（指导价：16.89万元）✓

★一句话点评 没有续航焦虑的深蓝SL03，足以应对长途出行之需。

在2022年的中国车市中，深蓝SL03增程版无疑是热门车型之一。

深蓝SL03增程版的前脸造型比较激进，犀利的大灯配合运动前包围，具有一定的"战斗感"；同时大灯下方的区域还增加了支持互动灯语的矩阵式灯组；车身侧面，深蓝SL03采用了流畅舒展的线条设计，车头的姿态比较低伏，再配上溜背式的车尾，营造出蓄势待发之势；而且新车还采用无边框车门设计，具有一定新意。在溜背式车身、运动套件、隐藏式门把手、封闭式空气动力轮毂等设计的加持下，其风阻系数低至0.23，达到了行业领先水准。

❶ 车身尺寸方面，深蓝SL03增程版长×宽×高为4820mm×1890mm×1480mm，轴距为2900mm，车身尺寸甚至比特斯拉Model 3还更大一些，轴距几乎达到了C级车水准。

（2022年款）	基本信息	车型	1.5L 1200增程版
		定位	5座　插电混动（增程式）　中型车
		尺寸/mm	长宽高4820×1890×1480　轴距2900
电池性能		WLTC / CLTC 纯电续航里程/km	165/200
		综合续航里程/km	1200
		电池容量/（kW·h）	28.39
		电池类型	磷酸铁锂电池
		充电速度/h	快充（至80%）：0.5　慢充：—
动力性		电机类型	永磁同步电机
		电机总功率/kW	160
		电机总扭矩/（N·m）	320
		0~100km/h 加速时间/s	7.5
智能化		屏幕及尺寸（顶配）	液晶仪表：10.2in　中控屏：14.6in
		驾驶辅助亮点（顶配）	并线辅助、车道偏离预警、车道保持辅助、道路交通标识识别、主动刹车、开门预警、前/后方碰撞预警、360°全景影像、全速自适应巡航、倒车车侧预警、HUD（选装）
		智能网联亮点（顶配）	高德地图、AR实景导航（选装）、语音识别控制、手势控制、面部识别、车联网、4G、OTA、NFC/RFID钥匙、Wi-Fi热点、远程控制
政策		整车质保政策	3年或12万千米
		"三电"质保政策	10年或30万千米
		其他关键词	L2级智能辅助驾驶、旋转大屏、掀背式尾门、高通8155芯片、无框门、对外放电、风阻0.23、1.9m2全景天幕、电动隐藏式出风口

❷ 走进车内，深蓝SL03的14.6in随驾智能转向向日葵屏，可以立刻"抓住用户的眼睛"，之所以被称为向日葵屏，是因为这块屏幕可以像向日葵一样左右旋转，最大15°。在车辆的座舱模式上，深蓝SL03还提供吸烟模式、隐私模式以及露营模式等在内的多种情景模式，以满足用户的个性化用车需

求。比如打开吸烟模式后，车辆会开启车窗，让烟味排出车内。

❸ 续航方面，在CLTC工况下，深蓝SL03增程版的纯电续航里程为200km，可以满足市内代步出行需求；同时，在1.5L四缸增程器的加持之下，深蓝SL03增程版可以实现最大1200km的综合续航里程，可实现远途出行需求，用户无需沿途寻找充电站，加油即走。

值得一提的是，由于发动机与发电机采用了直连结构，减少了能量传递路径，再加上高压缩比深度阿特金森循环等技术创新的加持，在CLTC工况下，深蓝SL03可以实现1L油发电约3.3kW·h，在馈电状态下，油耗依然低至4.5L/100km，能为用户节省不少的油钱。

哪吒S增程版

（指导价：19.98万～23.98万元）√

★一句话点评 标配NETA Pilot3.0智能辅助驾驶系统，用车便利度高，驾控性能可圈可点。

哪吒S增程版也是2022年上市的增城式车型中的一款中大型车。

❶ 从造型的角度来看，哪吒S增程版线条流畅，同级最高的宽高比1.36使得这款车具有跑车姿态，多样化的空气动力学设计也使得这款车风阻系数低至0.216，对比同级别的其他车型有一定的优势。

❷ 车辆内部，哪吒S增程版采用了17.6in中控屏、12.3in副驾驶娱乐屏、AR HUD以及全液晶仪表组成的"四屏联动"方案。在其内部是高通骁龙8155芯片的加持，再加上QNX实时操作系统和Hypervisor虚拟化技术，在一定程度上可以带来沉浸式的驾乘体验。值得一提的是，哪吒S配备的全景天幕，最大透光面积为1.9m²，能够隔绝85%的热量和99.9%的紫外线。此外，在哪吒S增程版的车内还配备由12个主扬声器、1个重低音、4个顶棚扬声器、4个头枕扬声器组成的21扬声器声场系统，功放最大输出1216W，其中头枕扬声器支持独立音源播放，可以为主副驾驶员营造互不干扰的独立影音环境。

基本信息（2022年款）		车型	1160km后驱小版	1160km后驱中版	1160km后驱大版
		定位	5座　增程式（插电混动）　中大型车		
		指导价/万元	19.98	21.58	23.98
		尺寸/mm	长宽高4980×1980×1450　轴距：2980		
	电池性能	WLTC综合续航里程/km	1160		
		CLTC纯电续航里程/km	310		
		电池容量/（kW·h）	43.5		
		电池类型	三元锂电池		
		充电速度/h	快充（至80%）：0.58		
	动力性	电机类型	永磁同步电机		
		电机总功率/kW	170		
		电机总扭矩/（N·m）	310		
		0~100km/h加速时间/s	6.9		
	智能化	屏幕及尺寸（顶配）	液晶仪表：13.3in　中控屏：17.6in		
		驾驶辅助亮点（顶配）	并线辅助、车道偏离预警、车道保持辅助、车道居中保持、主动刹车、DOW开门预警、前/后方碰撞预警、360°全景影像、透明底盘、自动泊车入位、遥控泊车、循迹倒车、远程召唤、AR HUD		
		智能网联亮点（顶配）	高德地图、高精地图、道路救援呼叫、语音识别控制、手势控制、面部识别、4G/5G、车联网、远程控制、OTA、Wi-Fi热点		
	政策	整车质保政策	4年或12万千米		
		"三电"质保政策	首任个人非营运车主终身免费"三电"质保		
		网联流量政策	基础流量终身免费、娱乐流量赠送5年（5G/月）		
		其他关键词	标配L2级智能辅助驾驶、标配6气囊、风阻系数0.216、四屏联动、高通骁龙8155芯片、21个扬声器、对外放电、哨兵模式、车内生物监测		

❸ 智能辅助驾驶方面，哪吒S增程版全系标配NETA Pilot3.0智能辅助驾驶系统，入门级的车型便已经达到L2级，对于这个价位的车型而言还是很有性价比的。

❹ 动力方面，哪吒S增程版搭载的是一款1.5L四缸增程器和一个170kW、310N·m的后置单驱动电机，可实现6.9s的0~100km/h加速。在续航方面，哪吒S增程版搭载了一款43.88kW·h的电池包，CLTC纯电续航里程310km，WLTC综合续航里程为1160km。得益于HOZON EPT4.0电池恒温管理系统，车辆还会对电池提前进行加热，使得冬季充电速度提升20%。

▶ 扫二维码 ◀

看哪吒S增程版视频

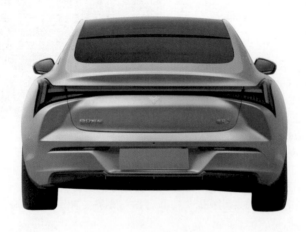

▶ 4.2.2 20万元级插电混动SUV（7款）

比亚迪宋Plus DM-i（指导价：15.28万～21.68万元）✓

★一句话点评 设计新颖，配置不低，动力高效，综合产品力对得起市场表现。

比亚迪旗下拥有许多表现可圈可点的插混车型，宋PLUS DM-i就是其中一款。

这款插混SUV采用了比亚迪家族式的"Dragon Face"设计，看起来比较帅气。同时，宋PLUS DM-i虽然定位紧凑级SUV，但是这款插混SUV的轴距达到了2765mm，基本迈入了中型SUV的行列。

❶ 内饰方面，比亚迪宋PLUS DM-i采用的是日蚀蓝+苍穹灰的专属内饰配色，更加清新、简洁、纯净，也更具新能源属性。同时，这款插混SUV配备的15.6in自适应旋转悬浮中控屏，显示效果细腻，UI设计合理，全新的智能语音系统提升了"小迪"的反应速度、识别准确率，降低了误唤醒率，同时优化了童声识别，并增加音区锁定功能。

❷ 动力部分，比亚迪宋PLUS DM-i搭载了热效率达40.12%的骁云-插混专用1.5Ti发动机和EHS电混系统，并配备了安全性较高的刀片电池组。而且四驱版车型为用户提供了沙地/雪地/泥地三种地形模式，并能通过前、后轴间以及左、右轮间动力的智能控制，可实现交叉轴脱困、单轮打滑脱困。

（2021年款）基本信息	车型	51km尊贵型	51km尊荣型	110km旗舰型	110km旗舰PLUS	110km旗舰PLUS 5G版	100km四驱旗舰PLUS	100km四驱旗舰PLUS 5G版
	定位	5座　插电混动　紧凑型SUV						
	指导价/万元	15.28	16.28	16.58	17.58	18.58	20.58	21.68
	尺寸/mm	长宽高4705×1890×1680 轴距2765						
电池性能	NEDC纯电续航里程/km	51		110			100	
	电池容量/（kW·h）	8.3		8.3			18.3	
	电池类型	磷酸铁锂电池						
动力性	电机类型	永磁同步电机						
	电机总功率/kW	132		145			265	
	电机总扭矩/（N·m）	316		325			596	
	0～100km/h 加速时间/s	8.5		7.9			5.9	
智能化	屏幕及尺寸（顶配）	液晶仪表：12.3in　中控屏：15.6in						
	驾驶辅助亮点（顶配）	并线辅助、车道保持辅助、车道偏离预警、道路交通标识识别、主动刹车、前/后方碰撞预警、DOW开门预警、360°全景影像、透明底盘/540°影像、倒车车侧预警、全速自适应巡航、自动泊车、遥控泊车						
	智能网联亮点（顶配）	高德地图、语音识别控制、5G、车联网、OTA、Wi-Fi热点、远程控制、NFC/RFID钥匙						
政策	整车质保政策	6年或15万千米						
	"三电"质保政策	首任非营运车主"三电"系统质保不限年限/里程						
	网联流量政策	云服务2年免费、车机流量2年免费						
	其他关键词	旋转大屏、标配6气囊、L2级智能辅助驾驶、对外放电、EHS电混系统、刀片电池、DiLink车载智能系统、Infinity音响						

值得一提的是，比亚迪宋PLUS DM-i的亏电油耗为4.5L/100km，满油满电的情况下，综合续航里程可达1200km，能轻松满足用户的出行需求。

传祺GS4 PHEV　（指导价：16.38万～19.38万元）✓

★一句话点评　推出时间较早，但科技感却依然不低，在省油这件事上亦是行之有效。

相对荣威eRX5和玛奇朵DHT-PHEV而言，传祺GS4 PHEV算是"前辈"。

❶ 从设计上来看，传祺GS4 PHEV在燃油版车型的基础上，加入了电力矩阵式蓝色格栅设计，再配合锐利有神的大灯组，看起来比较时尚。

❷ 内饰方面，传祺GS4 PHEV搭载了双12.3in科技大屏，科技感较强，同时这套大屏支持高德/腾讯地图、语音识别控制系统、手机APP远程控制等功能，但可惜的是，这套系统不具备OTA升级功能，对比其他SUV不占优势。如果是入门车型，则只配备了8in中控屏，语音控制功能、车载智能系统

等，均未提供。

与此同时，传祺GS4 PHEV还配备了赛车风格运动座椅，能提供不错的支撑性和包裹性，再加上360°全方位静音工程，整车舒适性表现还是不错的。

❸ 智能辅助驾驶方面，传祺GS4 PHEV配备了ADiGO智能驾辅系统，支持AEB主动制动辅助系统、FCW前碰撞预警系统、LKA车道保持辅助系统、HMA智能远近光灯切换系统等功能，但是未配备全速自适应续航功能，也不支持自动泊车。

❹ 动力方面，传祺GS4 PHEV搭载一套由1.5T米勒循环三缸发动机和G-MC机电耦合系统组成的混动系统，并具备纯电、增程、混动三种驱动模式。

（2020年款）基本信息	车型	1.5T智享版	1.5T尊享版	1.5T至尊版
	定位	5座　插电混动　紧凑型SUV		
	指导价/万元	16.38	17.88	19.38
	尺寸/mm	长宽高4545×1856×1700　轴距2680		
电池性能	NEDC综合续航里程/km	—		
	NEDC纯电续航里程/km	61		
	电池容量/（kW·h）	13		
	电池类型	三元锂电池		
动力性	电机类型	永磁同步电机		
	电机总功率/kW	130		
	电机总扭矩/（N·m）	300		
智能化	屏幕及尺寸（顶配）	液晶仪表：12.3in　中控屏：12.3in		
	驾驶辅助亮点（顶配）	车道偏离预警、车道保持辅助、车道居中保持、主动刹车、前方碰撞预警、360°全景影像、自适应续航		
	智能网联亮点（顶配）	卫星导航、导航路况信息显示、道路救援呼叫、高德/腾讯地图、CarLife、车联网、4G、语音识别控制、远程控制		
政策	整车质保政策	3年或10万千米		
	"三电"质保政策	电池组质保8年或15万千米		
	其他关键词	L2级智能辅助驾驶		

魏牌玛奇朵DHT-PHEV

（指导价：17.88万～18.98万元）√

★ 一句话点评　搭载新一代智能DHT系统，延续魏牌家族"高颜值"的同时，也带来了经济的用车表现。

　　玛奇朵DHT-PHEV是魏牌在混动领域的首款车型，它的外观造型与燃油版车型基本一致，走的也是年轻时尚的路线，为了体现插混身份，尾部铭牌多了一个PHEV的标志。

扫二维码
看魏牌玛奇朵
DHT-PHEV视频

❶ 空间方面，这款SUV的轴距达到了2710mm，车内的环抱式人体工程学座椅，还可以给予乘员恰到好处的环抱感，整车的驾乘舒适性表现可圈可点。
这款SUV的科技配置表现也相当不错，配备的W-HUD抬头显示、AI智能面部识别等智能功能，既能通过光学反射技术在驾驶员视线前方形成虚像显示车速、导航、报警等行车信息，给驾驶员更直观的驾驶指引，也能自动对驾驶员进行人脸识别，直接登录对应的车机账号。

❷ 智能驾辅配置方面，魏牌玛奇朵DHT-PHEV标配L2级智能辅助驾驶系统，除了配备前/后方碰撞预警、DOW开门预警、360°全景影像、透明底盘/540°影像等功能外，还支持自动泊车入位、遥控泊车、循迹倒车等功能，可以减轻驾驶者的泊车压力。

　　长城自主研发"智能DHT"混动系统，其实很大程度上与丰田THS有着相似之处，不同的是长城这套柠檬智能DHT能够进行两挡电驱变速调节，综合最大功率为197kW，峰值扭矩为410N·m，其中电驱变速箱可以根据车辆速度和车况进行直驱、串并联策略。另外，这套系统通过多合一高度集成化设计，实现了更小的体积、更轻的重量，这也是为何玛奇朵DHT-PHEV在馈电下综合油耗比宋PLUS还要低0.1L/100km（宋PLUS PHEV的亏电下综合油耗为4.5L/100km）。

　　值得一提的是，玛奇朵DHT-PHEV支持EV行驶、混联驱动、串联驱动、能量回收、怠速停机等各种工作模式，可以适应不同的路况。

基本信息（2021年款）	车型	特调版	大师版
	定位	5座　插电混动　紧凑型SUV	
	指导价/万元	17.88	18.98
	尺寸/mm	长宽高 4520×1855×1665　轴距 2710	
电池性能	NEDC 纯电续航里程/km	110	
	电池容量/（kW·h）	19.94	
	电池类型	三元锂电池	
动力性	电机类型	永磁同步电机	
	电机总功率/kW	115	
	电机总扭矩/（N·m）	250	
	系统综合功率/kW	197	
	系统综合扭矩/（N·m）	410	
	0~100km/h 加速时间/s	7.2	
智能化	屏幕及尺寸（顶配）	液晶仪表：9.2in　中控屏：14.6in	
	驾驶辅助亮点（顶配）	并线辅助、车道偏离预警、车道保持辅助、车道居中保持、道路交通标识识别、主动刹车/主动安全、开门预警、前/后方碰撞预警、360°全景影像、透明底盘、倒车车侧预警、自适应巡航、自动泊车入位、遥控泊车、循迹倒车、抬头显示（选装）	
	智能网联亮点（顶配）	高德地图、语音识别控制、车联网、面部识别、4G、OTA、Wi-Fi热点、远程控制	
政策	整车质保政策	5年或15万千米	
	"三电"质保政策	首任车主不限年限/里程	
	其他关键词	标配6气囊、标配L2级辅助驾驶、主动进气格栅	

领克01 PHEV

（指导价：19.97万~22.67万元）√

★一句话点评 传统P2架构，技术已逐步被自家EM-P混动技术替代。

领克01 PHEV采用了领克家族式设计，分层式的前脸搭配分体式大灯组使得这款SUV有别具一格的前脸风格。

领克01 PHEV内饰部分的造型也与燃油版车型保持了高度一致，采用了偏向驾驶者一侧的设计，做工和用料都保持了较高水准。中控台部分，这款SUV配备了12.7in的中控大屏，支持高德地图、语音识别控制系统等功能。但可惜的是，这款SUV不具备OTA升级功能，无法带给驾驶者"常用常新"的使用感受。

❶ 座舱方面，值得一提的是，这款SUV的副驾驶配上了"老板键"，后备厢搭载了可伸缩的储物架，便利性和灵活性都得以提高。

❷ 动力方面，这款SUV采用了CMA架构下的一套插电式混合动力总成，由一台1.5T三缸涡轮增压发动机和电动机组成，综合最大功率达到193kW，账面参数还是不错的。不过，这款SUV的51km的纯电续航里程表现，只能满足用户的日常上下班需求。

❸ 在驾驶模式上，这款SUV设置了4种行驶模式+1个电量保持模式，其中4种驾驶模式分别为纯电模式、混动模式、动力模式以及节能模式，可以满足用户的个性化驾驶需求。

基本信息（2021年/2022年款）		车型	2022年款1.5TD PHEV Plus	2021年款1.5TD PHEV Halo
基本信息	定位		5座　插电混动　紧凑型SUV	
	指导价/万元		19.97	22.67
	尺寸/mm		长宽高4549×1860×1689　轴距2734	
电池性能	NEDC纯电续航里程/km		81	
	电池容量/（kW·h）		17.7	
	电池类型		三元锂电池	
动力性	电机类型		永磁同步电机	
	电机总功率/kW		60	
	电机总扭矩/（N·m）		160	
	系统综合功率/kW		193	
智能化	屏幕及尺寸（顶配）		液晶仪表：12.3in　中控屏：12.7in	
	驾驶辅助亮点（顶配）		并线辅助、车道偏离预警、车道保持辅助、交通标识识别、主动刹车、前/后方碰撞预警、360°全景影像、倒车车侧预警、自动泊车、全速自适应巡航	
	智能网联亮点（顶配）		卫星导航系统、导航路况信息显示、高德地图、道路救援呼叫、高德/腾讯地图、语音识别控制、4G、远程控制、Wi-Fi热点	
政策	整车质保政策		4年或10万千米	
	"三电"质保政策		电池组质保首任车主不限年限/里程	
	其他关键词		标配6气囊、L2级智能辅助驾驶、HUD（选装）、燕飞利仕音响	

领克01 EM-P

（指导价：19.98万~22.78万元）✓

★ 一句话点评 采用Lynk E-Motive智能电混技术，带来优于P2结构的性能表现

于2022年8月正式上市的领克01 EM-P，称得上是领克真正意义上的首款新能源插混SUV。

新车采用了领克家族式设计，分体式头灯组的造型想必许多朋友都很熟悉了。同时，大量黑色设计元素融入车身的细节处，比如黑色门把手、黑色外后视镜、黑色侧裙护板等，带来了比较强的视觉冲击力。

基本信息（2023年款）	车型	1.5TD AM	1.5TD PM	1.5TD晨曦版
	定位	5座　插电混动　紧凑型SUV		
	指导价/万元	19.98	21.58	22.78
	尺寸/mm	长宽高4549×1860×1689　轴距2734		
电池性能	WLTC纯电续航里程/km	70		
	电池容量/（kW·h）	17.7		
	电池类型	三元锂电池		
动力性	电机类型	永磁同步电机		
	电机总功率/kW	100		
	电机总扭矩/（N·m）	320		
智能化	屏幕及尺寸（顶配）	液晶仪表：12.3in　中控屏：12.8in		
	驾驶辅助亮点（顶配）	并线辅助、车道保持辅助、车道偏离预警、车道居中保持、道路交通标识识别、主动刹车、前/后方碰撞预警、DOW开门预警、360°全景影像、透明底盘、车侧盲区影像、倒车车侧预警、全速自适应巡航、自动泊车、遥控泊车、自动变道辅助、HUD抬头显示		
	智能网联亮点（顶配）	高德地图、语音识别控制、面部识别、4G、车联网、OTA、Wi-Fi热点、远程控制		
政策	整车质保政策	4年或10万千米		
	"三电"质保政策	电池组首任车主不限年限/里程		
	其他关键词	标配6气囊、前排中间气囊（选装）、标配L2级智能辅助驾驶、8155芯片、DHE15 1.5TD的混动专用发动机、3挡DHT混合动力专用变速箱、对外放电、车内生物监测系统、燕飞利仕音响、车载香氛		

座舱部分，领克01 EM-P采用上深下浅的配色方案，搭配三辐式多功能方向盘、内嵌式大尺寸中控屏以及贯穿式空调出风口，整体视觉效果比较突出。

值得一提的是，在高通骁龙8155芯片的加持下，领克01 EM-P的车机系统运行流畅。同时得益于领克全新一代电子电气架构，这款新车可以实现智驾域、底盘域、座舱域以及车身域这四大领域的OTA升级，让用户在一定程度上体会"常用常新"的用车感受。

领克01 EM-P最大的亮点，便是它是首款搭载Lynk E-Motive领克智能电混技术的车型。这一技术源于雷神智能混动技术平台，整套电混系统由热效率达43.32%的1.5T混动专用发动机+3挡混动电驱变速器DHT Pro+17.7kW·h动力电池以及前置单电机组成，系统综合功率为180kW、峰值扭矩为545N·m，纯电续航里程为70km，满油满电情况下综合续航里程为850km，馈电百公里油耗为5.1L。

福特锐际PHEV

（指导价：21.00万元）✓

★一句话点评 出自福特第四代混动平台，采用较为传统的P2架构。

锐际PHEV是福特于2022年在重庆车展上亮相的新车，这款插混SUV出自福特第四代混动平台，延续了燃油版车型的设计，前脸处点阵式的多边形中网、保险杠两侧的银色饰条具有不错的时尚感，并且在尾部增加了"PLUG in"专属标识。

① 内饰部分，福特锐际PHEV也延续了燃油版车型的设计，可惜的是，新车没有采用燃油版高配车型的全液晶仪表盘，而是机械指针+液晶屏的组合；同时中控大屏尺寸为12.3in，搭载了SYNC+智行信息娱乐系统，这套系统内置了百度地图、爱奇艺、美团外卖等应用，可以在一定程度上满足用户的智能用车需求。

但需要指出的是，福特锐际PHEV在智能驾辅配置方面的表现不算突出，车道偏离预警系统、车道保持辅助系统以及360°全景影像等功能均未配备，只配备了定速巡航功能，对比同级别其他合资插混SUV而言有一定差距。

② 动力方面，福特锐际PHEV搭载了1.5T三缸发动机和电动机组成的插电式混合动力系统，支持4种EV模式。此外，这款插混SUV的综合续航里程可以达到995km，用户的远途出行需求能够得到一定程度的满足。

基本信息（2021年款）	车型	PHEV
	定位	5座 插电混动 紧凑型SUV
	尺寸/mm	长宽高4626×1882×1688 轴距2710
电池性能	NEDC 纯电续航里程/km	77
	电池容量/（kW·h）	15.1
	电池类型	三元锂电池
性能 动力	电机总功率/kW	96
	电机总扭矩/（N·m）	235
智能化	屏幕及尺寸（顶配）	液晶仪表：6.5in 中控屏：12.3in
	驾驶辅助亮点（顶配）	定速巡航、倒车影像
	智能网联亮点（顶配）	百度地图、语音识别控制、4G、车联网、OTA
政策	整车质保政策	3年或10万千米
	"三电"质保政策	电池组质保8年或16万千米
	其他关键词	标配7气囊、SYNC+车载智能系统、1.5T三缸发动机

领克05 PHEV

（指导价：23.17万元）√

★ 一句话点评 Drive-E系列动力加持，能上绿牌且实用性不错。

作为一款基于传统燃油汽车开发而来的车型，领克05 PHEV的外观设计与燃油版车型保持了高度一致，标准的家族式前脸，让人一眼就能在路上认出这是一台领克；同时，极具个性化的分体式灯组配上横向贯穿左右的亮黑色格栅，缔造了这款SUV独特的前脸造型；此外，车顶侧面的轮廓装饰条、后扩散器装饰条，甚至是玻璃颜色等均可以选装。

领克05 PHEV的内饰设计也与燃油版保持一致，使用了Alcantara材质与蓝色缝线相搭配的组合；而且，12.3in全液晶仪表+12.7in中控触摸屏的双大屏组合也为车内增加了一定的科技感。两块大屏组合的界面风格走的是简约风，所有功能都能比较直观地表现出来，左右滑动顺滑，内部各级菜单逻辑也简单易上手。

❶ 智能辅助驾驶功能方面，领克05 PHEV集成了全速自适应巡航、AEB主动式紧急刹车、LKA车道保持、BSD盲点监测等21项驾驶辅助功能，达到了L2级水准，既能减轻驾驶者的驾驶压力，还可以提升行车安全性。

❷ 动力方面，领克05 PHEV搭载了1.5T涡轮增压三缸发动机与电动机相结合的动力总成系统，系统综合功率为262马力（192kW），系统综合扭矩为390N·m，NEDC工况下纯电续航里程为81km，综合续航里程达800km。在电池安全方面，得益于CMA基础模块架构的中置电池包解决方案，领克05 PHEV的动力电池组布置合理，既能节省后备厢空间，一定程度上还保证了碰撞中电池包的安全性和可靠性。

值得一提的是，领克05 PHEV还搭载了Drive-E"双引擎"科技，提供电动模式、混动模式、动力模式、经济模式、电量保持模式共4+1种驾驶模式，以满足不同路况下的驾驶需求。

基本信息 （2021年款）	车型	PHEV HALO
	定位	5座　插电混动　紧凑型SUV
	尺寸/mm	长宽高4592×1879×1628　轴距2734
电池性能	NEDC 综合续航里程/km	800
	NEDC 纯电续航里程/km	81
	电池容量/（kW·h）	17.7
	电池类型	三元锂电池
	充电速度/h	快充：3
动力性	电机总功率/kW	60
	电机总扭矩/（N·m）	160
智能化	屏幕及尺寸（顶配）	液晶仪表：12.3in　中控屏：12.7in
	驾驶辅助亮点 （顶配）	并线辅助、车道偏离预警系统、车道保持辅助系统、道路交通标识识别、主动刹车、DOW开门预警、前/后方碰撞预警、360°全景影像、倒车车侧预警、全速自适应巡航、自动泊车入位、抬头显示
	智能网联亮点 （顶配）	高德地图、语音识别控制、4G、车联网、Wi-Fi热点、远程控制
政策	整车质保政策	4年或10万千米，首任车主不限年限/里程
	"三电"质保政策	电池组质保首任车主不限年限/里程
	其他关键词	L2级智能辅助驾驶系统、主动降噪、燕飞利仕音响

5 25万元级新能源汽车选购篇

5.1 25万元级纯电动汽车（6款）

5.1.1 25万元级纯电动轿车（2款）

零跑C01

（指导价：19.38万~28.68万元）√

 ★一句话点评 主打性能驾控，零跑汽车踏出品牌向上的一大步。

与"蔚来、小鹏、理想"（简称"蔚小理"）相比，零跑汽车的定位相对较低。2022年9月，零跑品牌首款中大型轿车零跑C01正式上市。

❶ 从外观造型来看，零跑C01采用了家族式设计语言，车头部分与此前的零跑C11有着较高的相似度，都采用贯穿式的大灯设计，日间行车灯一直从中央延伸到两侧的车灯，拉长了整车的视觉宽度。车侧部分，零跑C01采用了溜背式造型，并使用了无框车门和隐藏式门把手，整车风阻系数低至0.226，属于较好水准。

❷ 座舱内部，零跑C01最吸引眼球的就是智能三屏设计，科技感确实很强，副驾屏内置视频播放内容，包含电视剧、电影、动漫、综艺等，也可以切换音乐、导航等功能。同时整个内饰的做工和用料水准都不错，全皮包裹的车门内板加上大面积的麂皮和绒顶棚等，均可以带来较好的触感与观感。

❸ 智能网联方面，零跑C01搭载了Leapmotor OS智能座舱，从实际使用体验来说，在高通SA 8155P数字座舱芯片的支持下，这套车机系统的运转流畅度确实可圈可点。另外，这套系统搭载的人脸识别功能，最多支持8组ID记忆，一旦识别成功，可以主动调节匹配包括导航、音乐、空调、驾驶模式等在内的驾驶习惯，在一定程度上提升了使用便捷性。

❹ 智能驾驶辅助方面，零跑C01配备28个高精度感知硬件，再结合软件算法，零跑C01可以支持Leapmotor Pilot智能驾驶功能。在全系标配L2级智能辅助驾驶的基础上，能覆盖日常城市出行、高速长途驾驶、停车场泊入泊出等出行场景。

❺ 零跑C01的另一大卖点是动力性能。目前，零跑C01 630Pro+高性能版的最大输出功率为400kW，峰值扭矩达到了720N·m，这也使得其0～100km/h加速时间仅需要3.66s。续航方面，零跑C01的最高续航里程为717km，这样的续航成绩放在同级别车型中属于中上水准。值得一提的是，零跑C01采用了CTC电池底盘一体化技术，将电池骨架和底盘车身结构合二为一，对于车身刚度、整车轻量化都具有积极意义。

扫二维码 ◀

看零跑C01视频

基本信息（2022年款）		车型	500 标准续航版	606 长续航版	717 超长续航版	630Pro 性能版	630Pro+ 高性能版
基本信息（2022年款）		定位	5座　纯电动　中大型轿车				
基本信息（2022年款）		指导价/万元	19.38		—		28.68
基本信息（2022年款）		尺寸/mm	长宽高5050×1902×1509　轴距2930				
性能	电池	CLTC续航里程/km	500	606	717	630	
性能	电池	电池容量/（kW·h）	—	78.54		90	
性能	电池	电池类型	磷酸铁锂电池			三元锂电池	
性能	动力性	电机类型	永磁同步电机				
性能	动力性	电机总功率/kW	200			400	
性能	动力性	电机总扭矩/（N·m）	360			720	
性能	动力性	0~100km/h 加速时间/s	7.61	7.46	7.18	4.2	3.66
智能化		屏幕及尺寸（顶配）	液晶仪表：10.25in		中控屏：10.25in+12.8in		
智能化		驾驶辅助亮点 （顶配）	并线辅助、车道保持辅助、车道偏离预警、道路交通标识识别、主动刹车、前/后方碰撞预警、DOW开门预警、360°全景影像、车侧盲区影像、倒车车侧预警、自动泊车入位、自动变道辅助、全速自适应续航				
智能化		智能网联亮点 （顶配）	语音控制、4G、面部识别、车联网、Wi-Fi热点、OTA升级、远程控制				
政策		整车质保政策	4年或12万千米				
政策		"三电"质保政策	电池组质保首任车主不限年限/里程				
其他关键词			标配6气囊、标配L2级辅助驾驶、主动格栅、风阻系数0.226、8155芯片、CTC电池底盘一体化、无框门、按键式内开门、"中国心"十佳新能源汽车动力系统				

比亚迪海豹

（指导价：20.98万~28.68万元）√

★ 一句话点评　e平台3.0出品，整车效率、主被动安全、"三电"性能、智能水平等都领先同级车型。

　　海豹是比亚迪海洋生物系列的第二款车，也是比亚迪旗下首款搭载CTB技术的e平台3.0的轿跑车型。从外观设计上可以看出，比亚迪并不想在海洋动物系列车型上设计家族化前脸。比亚迪海豹与此前上市的海豚就有明显区别，但年轻化却是一脉相承，大气不失精致。值得一提的是，这款车在灯光系统上下了不少功夫，大灯像是一个飞镖，下方的波纹灯也比较抢眼。侧面来看，比亚迪海豹采用了溜背式车身，看上去动感十足；车辆尾部，采用熏黑的后包围，甚至还设计了赛车级的扩散器和导风口，海天一线水滴尾灯的造型也是之前的比亚迪车型上不曾出现的，整个尾部设计彰显出了一定的运动感。

　❶ 在内饰设计方面，比亚迪海豹采用家族化的"海洋美学"设计理念，与强调气势、档次感的"王

"朝"系列车型不同，比亚迪海豹更加强调优雅、舒展。整个内饰中最引人注目的，当然是15.6in可旋转中控屏，这已经是比亚迪最经典的设计元素之一。除此之外，比亚迪海豹的内饰线条纤细，做工精致，在空调出风口和车门内侧装饰等处还体现出"海洋主题"，并且比亚迪海豹的座椅坐垫和椅背都采用菱形图案进行装饰，视觉效果方面没有让用户失望。

❷ 配置方面，比亚迪海豹入门款车型即搭载膝部气囊，并拥有被动行人保护、并线辅助、车道偏离预警、车道保持辅助、道路交通标识识别、主动刹车、360°全景影像、倒车车侧预警系统、全速自适应巡航等各种安全驾驶辅助功能，同时还拥有行车记录仪、前排手机无线充电、矩阵式大灯、前排隔声玻璃、负离子发生器等各种内部配置，整体配置水平还是比较高的。高配车型则搭载丹拿音响、抬头显示、疲劳驾驶提醒、悬架软硬调节等，带来更佳的出行体验。

基本信息（2022年款）		车型	550km 标准续航 后驱版精英型	550km 标准续航 后驱版尊贵型	700km长续航 后驱版	650km四驱 性能版
		定位	5座 纯电动 中型轿车			
		指导价/万元	20.98	22.28	25.98	28.68
		尺寸/mm	长宽高4800×1875×1460 轴距2920			
电池性能		CLTC 纯电续航里程/km	550		700	650
		电池容量/（kW·h）	61.4		82.5	
		电池类型	磷酸铁锂电池			
		充电速度/h	快充：0.5 慢充（7kW充电桩的实测数据）：9～12			
动力性		电机类型	永磁同步电机			前永磁同步电机 后交流异步电机
		电机总功率/kW	150		230	390
		电机总扭矩/（N·m）	310		360	670
		0～100km/h 加速时间/s	7.5		5.9	3.8
智能化		屏幕及尺寸（顶配）	全液晶仪表盘：10.25in 中控屏：15.6in			
		智能硬件配置（顶配）	摄像头×5、超声波雷达×6、毫米波雷达×5			
		驾驶辅助亮点（顶配）	360°全景影像、全速自适应续航、遥控泊车、透明底盘/540°影像、倒车车侧预警系统、车道偏离预警系统、车道保持辅助系统、前方碰撞预警、后方碰撞预警、主动刹车、并线辅助、DOW开门预警、抬头显示			
		智能网联亮点（顶配）	卫星导航系统、导航路况信息显示、高德地图、道路救援呼叫、语音识别控制系统、OTA升级、手机APP远程控制、5G速联			
政策		整车质保政策	6年或15万千米			
		"三电"质保政策	首任非营运车主"三电"系统质保不限年限/里程			
		网联流量政策	全系车机流量2年免费/云服务免费/E-Call、I-Call免费/智能语音交互免费			
		其他关键词	DiLink智能网联系统、悬架软硬调节、前双叉臂后五连杆底盘悬挂、0～100km/h加速时间3.8s、风阻系数0.219、光感天幕、HiFi级定制丹拿音响、CTB技术			

比亚迪海豹提供三个动力版本，550km续航版搭载后置单电机，电机总功率为150kW，总扭矩为310N·m；700km续航版搭载后置单电机，但总功率为230kW，总扭矩也提升至360N·m；650km续航版搭载前后双电机，总功率为390kW，总扭矩为670N·m，0～100km／h加速时间仅为3.8s。

值得一提的是，比亚迪海豹采用了CTB电池车身一体化技术，将刀片电池融入车身底盘，电池本身既是能量体，又是结构件，车身刚性大幅提升。与此同时，CTB技术让整车质心更低，车身更稳，响应速度也明显变快，再加上前双叉臂+后五连杆底盘悬架的加持，可以带来同级别车型中不多见的操控体验。

此外，比亚迪最新发布的iTAC智能扭矩分配系统也应用在海豹上，该系统能够提前50ms以上预测行驶过程中车轮的轮速变化趋势，利用电机响应速度快的特点，提前调整抓地力，保持车身稳定，安全性和操控性能都得到了大幅提升。

▶ 5.1.2 25万元级纯电动SUV（4款）

广汽丰田bZ4X

（指导价：19.98万～28.78万元）√

★一句话点评　丰田首款正向研发的智能纯电动车，"三电"、智能、设计都有一定水准。

丰田bZ4X是丰田e-TNGA架构下打造的首款纯电动汽车。

看到这辆车的第一眼便会发现，"Activity Hub"全新设计理念赋予丰田bZ4X比较强的力量感。前大灯由多个透镜组成，上方的LED日间行车灯与前格栅的镀铬贯穿相连，彰显出了不错的视觉效果；视线转到车侧处，新车的车侧采用多线条勾勒，营造出硬朗的感觉，轮眉采用黑色饰板进行点缀。尺寸方面，丰田bZ4X的长×宽×高分别为4690mm×1860mm×1650mm，轴距为2850mm，其中轴距表现与汉兰达一致。

扫二维码

看广汽丰田bZ4X视频

丰田bZ4X的内饰设计采用以驾驶者为中心的布局，内饰的设计在彰显科技感的同时也展现出了丰田的造车底蕴。比如7in机舱层叠式仪表盘造型比较酷炫，与此同时，通过12°低俯角设计和850mm视点的设计，在一定程度上能减少驾驶者的视线移动，再配合12.3in中控大屏、手机无线充电、流媒体后视镜等配置，科技感确实不错。在用料上，丰田bZ4X依旧延续了丰田一贯的设计理念，没有太多豪华的用料，一切以实用为主，并且座椅填充物比较柔软，再加上后排地板是纯平设计，舒适性还算不错。

❶ 智能互联方面，丰田bZ4X配备了智享座舱数字车载生态系统，并且这套系统内置了百度地图、在线影音、丰云悦享等功能，并支持语音控制、控制家电等，而其配备的数字钥匙功能则可以让用户通过智能手机可以实现远程上锁、落锁、启动发动机等。

❷ 智能驾辅配置方面，丰田bZ4X配备TSS 3.0智行安全辅助套装，拥有车道偏离警示系统（LDA）、预碰撞安全系统（PCS）、车道循迹辅助系统（LTA）、道路标识识别辅助系统（RSA）等主动安全智能驾驶辅助功能，全系标配的L2级智能辅助驾驶也展现出了这辆车的诚意。另外，这款新车拥有带有记忆功能的多场景智能泊车助手，即使是开放式车位也可通过自定义模式停车；在狭窄路况下，可通过智能手机APP实现遥控泊车。

❸ 续航里程方面，丰田bZ4X的CLTC最大续航里程为615km，基本上可以覆盖用户的日常出行以及一定的远途出行需求。值得一提的是，丰田bZ4X四驱版车型搭载了X-MODE四驱越野辅助模式，具备SNOW/DIRT（雪地/土地）与D.SNOW/MUD（深雪地/泥地）两种模式，并优化了驱动力特性和制动控制，可以提升恶劣路况下车辆的通过性。

值得一提的是，丰田bZ4X还提供了一项非常有特色的选装配置，即太阳能充电穹顶：这项配置能够利用太阳能车顶进行发电，并向驱动电池和12V电池系统供电。

基本信息（2022年款）		车型	Elite	长续航版 Elite	长续航版 Pro	X-MODE 四驱Pro	X-MODE 四驱Ultra
		定位	5座　纯电动　中型轿车				
		指导价/万元	19.98	22.98	24.98	26.88	28.78
		尺寸/mm	长宽高4690×1860×1650　轴距2850				
性能	电池	CLTC续航里程/km	400	615		560	500
		电池容量/（kW·h）	50.3	66.7			
		电池类型	三元锂电池				
		充电速度/h	快充：0.5 慢充：4.9			快充：0.83 慢充：7	
动力性		电机类型	永磁同步电机				
		电机总功率/kW	150			160	
		电机总扭矩/（N·m）	266.3			337	
智能化		屏幕及尺寸（顶配）	液晶仪表：7in　中控屏：12.3in				
		驾驶辅助亮点（顶配）	并线辅助、车道保持辅助、车道偏离预警、车道居中保持、道路交通标识识别、主动刹车、前方碰撞预警、DOW开门预警、360°全景影像、倒车车侧预警、全速自适应巡航、自动泊车入位				
		智能网联亮点（顶配）	百度地图、面部识别、4G、车联网、远程控制、Wi-Fi热点、OTA				
政策		"三电"质保政策	电池组质保10年或20万千米				
		网联流量政策	车联网服务5年免费				
其他关键词			标配8气囊、标配L2级智能辅助驾驶、对外放电、e-TNGA架构、Grip-Control智能蠕行模式、JBL音响、高效太阳能充电穹顶（选装）				

飞凡MARVEL R

（指导价：22.98万~26.98万元）✓

★ 一句话点评　配备纯电动车型中不多见的两挡变速箱，能带来更高效率和不错的驾驶体验。

高端化是近年来中国主流汽车品牌主要前进方向，目前中国品牌对于高端化的建设早已深入新能源市场，例如长安深蓝、长城沙龙、吉利极氪等。尽管上汽集团面向高端市场同样和阿里巴巴联手打造了智己汽车，然而从品牌所有权来看，上汽集团高端品牌更准确来说是飞凡汽车，飞凡汽车前身即为上汽R汽车。

MARVEL R是飞凡汽车首款车型，该车定位为中型SUV，从外观来看MARVEL R确实做到了不同于荣威现阶段任何一款车型，封闭式的前脸设计配合巨大的回旋式前包围，加之异形灯带的使用，整体表现出相当不错的独创性和辨识度。至于尾部，除了明显的"提臀"线条外，贯穿式尾灯基本上成为主流车型该有的设计。

内饰方面，飞凡MARVEL R最具看点的莫过于那块全系标配的19.4in中央触控屏，在集成车内大部分功能的情况下，该车针对的消费群体显然是对电子化接受度更高的年轻消费者。值得一提的是，飞凡MARVEL R液晶仪表盘在集合MR混合虚拟实景和AR实景导航两种功能下，使用体验确实要比单纯的AR-HUD抬头显示高出不少。

至于上汽集团自研的R Pilot智能驾驶系统，则以选装包的形式为消费者提供选择。在额外加入5G处理器、前视摄像头、4个周视摄像头以及2个感知雷达的配置下，能够实现遥控移车、智能变道辅助以及城市领航辅助驾驶系统。从智能化配置堆料来看，飞凡MARVEL R确实有着较高的面板数据。

动力方面，飞凡MARVEL R共拥有后驱和四驱两种动力布局。由于全系车型使用的都是69.9kW·h三元锂电池组，因此飞凡MARVEL R两种动力布局主要区别在于性能的强调，后驱版车型在功率更低的条件下，综合续航里程为505km，四驱版综合续航里程则为460km。必须承认，飞凡MARVEL R在个性化、智能化方面确实有着不错的表现，但若论及车辆续航里程，对比现阶段热门纯电SUV只能算是勉强合格的水平。

基本信息（2021年款）	车型	后驱标准版	后驱PRO版	四驱PRO
	定位	5座　纯电动　中型SUV		
	指导价/万元	22.98	24.98	26.98
	尺寸/mm	长宽高4674×1919×1618　轴距：2800		
电池性能	NEDC 纯电续航里程/km	505		460
	电池容量/（kW·h）	69.9		
	电池类型	三元锂电池		
	充电速度/h	快充（至80%）：0.5　慢充：12		
动力性	电机类型	永磁同步电机		
	电机总功率/kW	137		222
	电机总扭矩/（N·m）	410		665
	0～100km/h 加速时间/s	7.9		4.8
智能化	屏幕及尺寸（顶配）	液晶仪表：12.3in　　中控屏：19.4in		
	驾驶辅助亮点（顶配）	并线辅助、车道偏离预警、车道保持辅助、道路交通标识识别、夜视系统、主动刹车/主动安全、疲劳驾驶提示、开门预警、前方碰撞预警、360°全景影像、倒车车侧预警、全速自适应巡航、自动泊车		
	智能网联亮点（顶配）	语音识别控制、AR实景导航、手势控制、面部识别、车联网、4G、OTA、Wi-Fi热点、远程控制		
政策	整车质保政策	3年或10万千米，首任车主不限年限/里程		
	"三电"质保政策	首任车主不限年限/里程		
	其他关键词	L2级辅助驾驶、主动格栅		

奥迪Q2L e-tron

（指导价：24.38万元）√

★一句话点评	奥迪在中国新能源市场的试水产品，设计时尚，符合年轻用户都市代步的需求。

基本信息 （2022年款）	车型	纯电智享型
	定位	5座　纯电动　小型SUV
	尺寸/mm	长宽高4268×1785×1545　轴距：2628
电池性能	CLTC 纯电续航里程/km	325
	电池容量/（kW·h）	44.1
	电池类型	三元锂电池
	充电速度/h	快充（至80%）：0.62　慢充：17
动力性	电机类型	永磁同步电机
	电机总功率/kW	100
	电机总扭矩/（N·m）	290
智能化	屏幕及尺寸（顶配）	液晶仪表：12.3in　中控屏：8.3in
	驾驶辅助亮点 （顶配）	并线辅助（选装）、车道偏离预警（选装）、车道保持辅助（选装）、主动刹车/主动安全、前方碰撞预警、后方碰撞预警（选装）、倒车车侧预警（选装）、全速自适应巡航（选装）、倒车影像、自动泊车（选装）
	智能网联亮点 （顶配）	语音识别控制、CarPlay、车联网、4G、Wi-Fi热点、远程控制
政策	整车质保政策	3年或10万千米，首任车主不限年限/里程
	"三电"质保政策	电池组质保8年或12万千米
其他关键词		标配6气囊、L2级智能辅助驾驶（选装）

奥迪Q2L e-tron是奥迪在豪华品牌小型纯电动SUV领域的一款入门级车型。

❶ 在外观方面，奥迪Q2L e-tron对比燃油版Q2L确实拥有更具科技感的表现，前脸进气格栅由竖向镀铬饰条变成了整块蜂窝镀铬面板，加之封闭式进气结构以及下方回旋式雾灯布局，虽然整体设计变化不大，但在保留原本设计风格不变的同时，又能给人明显的电动化。

❷ 相较之下，奥迪Q2L e-tron内饰则完全沿用燃油版Q2L的布局形式，虽然说MMI旋钮、12.3in中央触控屏一定程度能够满足年轻消费者的科技感需求，但那复古的机械挡把，在如今电气化时代确实显得扎眼。至于后排空间，由于Q2L e-tron并没有基于纯电平台打造，因此后排中部地板仍有明显的凸起。

❸ 动力方面，目前2022年款奥迪Q2L e-tron在售仅为一款车型，在44.1kW·h三元锂电池以及前置永磁同步单电机的使用下，最大功率为100kW，峰值扭矩290N·m，但续航里程仅为325km，显然，这样的续航里程，对于一款纯电小型SUV而言确实很难吸引消费者的关注了。

如果要问奥迪Q2L e-tron到底适合哪些消费者的话，结合该车品牌知名度、产品实力、市场口碑三大维度来看，奥迪Q2L e-tron主要满足家里已有一辆或多辆燃油车，想要再买一辆拥有社交属性且好开的电动车的用户。

飞凡R7

（指导价：30.25万～36.95万元）✓

★ 一句话点评 奠定飞凡汽车新基调的首款作品，在智驾、座舱、"三电"方面拥有较为亮眼的设定。

		车型	标准高阶版	长续航高阶版	性能高阶版	旗舰高阶版
基本信息（2022年款）		定位	5座　纯电动　中大型SUV			
		指导价/万元	30.25	32.25	33.95	36.95
		尺寸/mm	长宽高4900×1925×1655　轴距：2950			
电池性能		CLTC 纯电续航里程/km	551	642		606
		电池容量/（kW·h）	77	90		
		电池类型	三元锂电池			
		充电速度/h	快充（至80%）：0.5　慢充：10.5～12.5			
动力性		电机类型	永磁同步电机			
		电机总功率/kW	250		400	
		电机总扭矩/（N·m）	450		700	
		0～100km/h 加速时间/s	5.8		3.8	
智能化		屏幕及尺寸（顶配）	液晶仪表：10.25in　中控屏：15.05in			
		智能硬件配置（顶配）	摄像头×5、超声波雷达×6、毫米波雷达×5			
		驾驶辅助亮点（顶配）	并线辅助、车道偏离预警、车道保持辅助、车道居中保持、道路交通标识识别、主动刹车、开门预警、前/后方碰撞预警、360°全景影像、倒车车侧预警、全速自适应巡航、自动泊车（选装）、抬头显示、自动变道辅助			
		智能网联亮点（顶配）	百度地图、高精地图、AR实景导航、语音识别控制、NFC/RFID钥匙、面部识别、车联网、4G/5G、OTA、Wi-Fi热点、V2X、远程控制			
政策		整车质保政策	3年或10万千米 首任车主不限年限/不限里程			
		"三电"质保政策	电池组质保首任车主不限年限/不限里程			
	其他关键词		标配6气囊、标配L2级智能辅助驾驶、主动进气格栅、12.3in副驾屏、对外放电、热泵空调、激光雷达（选装）、4D成像雷达、远程召唤（选装）、模拟声浪、电吸门、无框门、BOSE音响、流媒体内后视镜、第十届轩辕奖年度十佳汽车			

飞凡R7是飞凡汽车独立运营之后的首款车型。

1 从外观来看，飞凡R7的外观造型还是比较科幻的，前脸处的贯穿式LED环形日间行车灯，配合两侧犀利的大灯组以及车头中央的发光"R"标，科技感满满；侧面来看，飞凡R7采用了溜背式设计，前后翼子板宽出车身，再加上五辐式大尺寸轮圈，运动感较强，而无框感应式电动车门也是紧跟潮流。值得一提的是，虽然定位为中大型SUV，但飞凡R7的风阻系数仅为0.238，在同级别车型中属于较高水准。

2 内饰方面，飞凡R7搭载了43in宽幅真彩三联屏组成的RISINGMAX飞凡3+1巨幕，相当吸引人的眼球，而且得益于高通8155芯片，这套大屏组合运行流畅。在大屏内部搭载的是RISING OS交互系统，具备AR实景高清地图、5G联网娱乐和OTA在线升级等功能，能够满足用户的智能用车需求。值得一提的是，飞凡R7搭载了华为视觉增强AR-HUD平视系统，这项配置拥有1920×730的分辨率、13°×5°大视角、12000nits的高亮度和1200∶1的高对比度，整个画面相当清晰。而且这项配置可以通过与实景地图POI的结合，在行驶过程中将停车场、餐厅、购物、娱乐、加油站等立体资讯实时显示。

3 在舒适性配置方面，飞凡R7配备有NAPPA质感真皮座椅，支撑性和包裹性可圈可点，同时前排座椅支持加热、通风和按摩功能，副驾具有电动腿托+加热脚垫，舒适性更进一步。此外，这款新车搭载了BOSE剧院级环绕14扬声器，可以带来声临其境般的视听感受。

4 在智能辅助驾驶层面，飞凡R7也有着比较不错的实力，其配备33个顶级高阶感知硬件，其中包含有Premium4D成像雷达、800万像素高清摄像头及LUMINAR 1550nm高规激光雷达，由此，飞凡R7不仅具备L2级智能辅助驾驶，其在匝道全域增强识别、超灵敏静态路障感知、雨雪雾天超视距识别等智能驾驶场景识别方面也更具优势。举个例子，在进出匝道时候，RISING PILOT驾驶辅助系统通过更远距离和更精准的综合感知，提前识别匝道三角区域，从而有更充裕的时间提前进行变道准备。

5 动力方面，飞凡R7的最大输出功率为400kW，峰值扭矩达到了700N·m，0～100km／h加速时间仅需要4.4s，再加上ULTRA WAVE高峰值持续加速技术，加速表现着实出众。续航方面，飞凡R7的CLTC纯电续航里程为606km，同时，飞凡R7采用了QUICK CLICK加固电池快换技术，换电时间最快仅需要2.5min。

5.2 25万元级插电混动汽车（13款）

▶ 5.2.1 25万元级插电混动轿车（4款）

比亚迪汉PHEV

（指导价：21.58万～31.98万元）✓

★ 一句话点评　豪华度不俗的一款比亚迪车型，可根据低油耗、高性能等不同需求选择不同车型。

基本信息（2022年款）	车型	121km 尊贵型	121km 尊荣型	121km 尊享型	242km 旗舰型	202km 四驱旗舰型
	定位	5座　插电混动　中大型车				
	指导价/万元	21.58	22.58	23.58	28.98	31.98
	尺寸/mm	长宽高4975×1910×1495　轴距2920				
电池性能	NEDC 纯电续航里程/km	121			242	202
	WLTC 纯电续航里程/km	101			206	176
	电池容量/（kW·h）	18.3			37.5	
	电池类型	磷酸铁锂电池				
动力性	电机类型	永磁同步电机				
	电机总功率/kW	145			160	360
	电机总扭矩/（N·m）	316			325	675
	0～100km/h 加速时间/s	7.9				3.7
智能化	屏幕及尺寸（顶配）	液晶仪表：12.3in　中控屏：15.6in				
	驾驶辅助亮点（顶配）	并线辅助、车道偏离预警、车道保持辅助、车道居中保持、道路交通标识识别、主动刹车、开门预警、前/后方碰撞预警、360°全景影像、透明底盘、倒车车侧预警、全速自适应巡航、自动泊车、遥控泊车、自动变道辅助、抬头显示				
	智能网联亮点（顶配）	语音识别控制、HiCar、车联网、NFC/RFID钥匙、5G、OTA、Wif-Fi热点、远程控制				
政策	整车质保政策	6年或15万千米				
	"三电"质保政策	首任非营运车主"三电"系统质保不限年限/里程				
	网联流量政策	车机流量2年免费、E-call、I-call 2年免费				
	其他关键词	标配10气囊、标配L2级智能辅助驾驶、悬架软硬调节、对外放电、旋转大屏、热泵空调、车载香氛、Brembo赛车级卡钳、丹拿音响				

　　中大型轿车曾经是国产品牌的禁区，现在借助新能源的东风，比亚迪汉DM-i插电混动版成功突破了这一市场。比亚迪汉DM-i插电混动版是目前销量最高的中大型插电混动轿车，有着很强的市场影响力，短期内很难有竞争对手与之抗衡。

　　比亚迪汉DM-i插电混动版的车身轮廓基本与纯电车型保持一致，但是在中网造型上有明显区别。这种点阵式的中网填充结构看上去的确有着更高的辨识度，不过在精致程度上却不及采用封闭式前脸的纯电车型。

❶ 车辆内部，比亚迪汉DM-i插电混动版采用家族化内饰设计语言，大尺寸可旋转中控屏已经成为比亚迪的家族式设计元素，同时搭载比亚迪DiLink 4.0（5G）智能网联系统，搭配云服务智能管家功能，拥有不亚于高端智能手机的丰富功能和顺滑体验。

与此同时，比亚迪汉DM-i插电混动版搭载DiPilot智能驾驶辅助系统，全车搭载12个超声波雷达和5个高精度毫米波雷达，实现了L2级别智能辅助驾驶功能。事实上，比亚迪并不怎么宣传智能驾驶功能，不过它在这方面的表现仍在平均水准之上。

❷ 动力方面，比亚迪汉DM-i搭载1.5T发动机和前置单电机，最大功率可达160kW；比亚迪汉DM-P则搭载1.5T发动机和前后双电机，最大功率提升至360kW，0～100km／h加速时间仅为3.7s。在经济性方面，比亚迪汉的插混系统可以为用户带来的是更低的出行成本和更长的续航。这款车的百公里综合油耗最低可达4.2L，满油满电的情况下综合续航里程超过1300km，纯电续航里程最长可达242km，在市区内完全可以当作纯电动车型来用。

大众帕萨特PHEV （指导价：23.32万～24.22万元）✓

★ 一句话点评 依然保留了帕萨特大气、稳重的格局，主攻一二线城市的商务市场。

帕萨特是国内B级车市场上的主力车型，它的燃油版本有着较强的市场影响力，在切入新能源市场时，帕萨特也选择了插电混动路线。

帕萨特插混版在外观上基本与燃油版车型保持一致，这也是很多插混车型的共同特征。它采用家族化前脸，中网内部结构则通过密集的横向镀铬条进行填充，看上去年轻化了不少。对大众来说，能有这样的变化是相当不容易的。

❶ 车辆内部，帕萨特插混版依旧是浓浓的大众风格，大尺寸嵌入式中控屏和横向空调出风口都有比较明显的年轻化色彩。这款车搭载大众MOS智慧车联系统，同时还搭载了哈曼卡顿高级音响和包裹式航空睡眠头枕，舒适度达到了较高的水平。

帕萨特插混版定位于B级车，不过它的车身长度达到了4948mm，轴距则达到了2871mm，属于B级车中的"大块儿头"，在内部空间方面的表现相当不错。国内帕萨特的用户有不少都是商务人士，大尺寸、大空间带来的"排场"，是很有吸引力的。

除此之外，帕萨特插混版还搭载了L2级智能辅助驾驶系统，为用户提供车道保持、自适应巡航、泊车辅助等功能，常用的基本功能都有。

❷ 动力方面，帕萨特插混版搭载了1.4T涡轮增压发动机和前置单电机，最大功率为155kW，纯电续航里程为63km。与燃油版帕萨特相比，帕萨特插混版的用车成本降低了不少。

基本信息 （2023年款）	车型	430PHEV混动精英版	430PHEV混动豪华版
	定位	5座　插电混动　中型车	
	指导价/万元	23.3	24.22
	尺寸/mm	长宽高4948×1836×1469　轴距2871	
电池性能	NEDC纯电续航里程/km	63	
	WLTC纯电续航里程/km	52	
	电池容量/（kW·h）	13	
	电池类型	三元锂电池	
动力性	电机类型	永磁同步电机	
	电机总功率/kW	85	
	电机总扭矩/（N·m）	330	
	系统综合功率/kW	155	
	系统综合扭矩/（N·m）	400	
	0~100km/h加速时间/s	7.7	
智能化	屏幕及尺寸（顶配）	液晶仪表：10.3in　中控屏：9.2in	
	驾驶辅助亮点 （顶配）	并线辅助（选装）、车道偏离预警、车道保持辅助、主动刹车/主动安全、前方碰撞预警、倒车影像、倒车车侧预警（选装）、全速自适应巡航、自动泊车、抬头显示	
	智能网联亮点 （顶配）	语音识别控制、CarPlay/CarLife、车联网、4G、Wif-Fi热点、远程控制	
政策	"三电"质保政策	8年或12万千米	
	其他关键词	L2级智能辅助驾驶	

赛力斯SF5

（指导价：23.68万～26.68万元）✓

★ 一句话点评　采用华为智能生态，配置体验不错，续航不再焦虑。

基本信息（2021年款）		车型	华为智选两驱版	华为智选四驱版
		定位	5座　增程式（插电混动）　中型SUV	
		指导价/万元	23.68	26.68
		尺寸/mm	长宽高4700×1930×1625　轴距2875	
性能	电池	NEDC纯电续航里程/km	180	
		电池容量/（kW·h）	35	
		电池类型	三元锂电池	
		充电速度/h	快充（至80%）：0.72　慢充：3.6	
	动力性	电机类型	交流异步电机	前交流异步电机/后永磁同步电机
		电机总功率/kW	255	405
		电机总扭矩/（N·m）	520	820
		0～100km/h加速时间/s	6.8	4.68
智能化		屏幕及尺寸（顶配）	液晶仪表：12.3in　中控屏：17in	
		驾驶辅助亮点（顶配）	并线辅助、车道偏离预警、车道保持辅助、道路交通标识识别、主动刹车、前方碰撞预警、360°全景影像、倒车车侧预警、全速自适应巡航、抬头显示（选装）	
		智能网联亮点（顶配）	语音识别控制、高德地图、HiCar、车联网、4G、OTA、远程控制	
政策		整车质保政策	4年不限公里	
		"三电"质保政策	8年或16万里程	
		其他关键词	标配6气囊、标配L2级智能辅助驾驶、对外放电	

赛力斯SF5定位于高性能轿跑SUV。

▶ 扫二维码 ◀

看赛力斯SF5视频

❶ 在外观设计方面，从姿态来看，SF5与很多常规的轿跑SUV不同，车身整体都呈现出一种低趴、流畅的姿态，这样带来的运动感气息很强；在细节处，赛力斯SF5则简化了设计思路，通过闪电"Σ"形LED日间行车灯、海豚跃动式双腰线等造型语言，不仅营造出层次感，更将动感气息展现了出来。

❷ 除了外观层面的运动、激情之外，在内饰设计上，赛力斯SF5也采用了不一般的设计，内饰风格简单、自然，17in中控屏内搭载华为HiCar全场景智能互联系统，并且搭配SERES智慧云智能操作系统，可以带来了不错的智能化体验，不仅可以便捷地使用各种网联APP功能，还可以有多样化的场景融合。例如，当车辆没电或者没油的时候，只要轻声一说，就可以智能导航到加油站或者充电站；想吃饭的时候，系统也会智能推荐附近的高评价美食。

❸ 在智能驾驶辅助方面，由1个高感知摄像头、3个毫米波雷达、4个环视摄像头和8个超声波雷达加持而来的SERES Pilot安全驾驶智能辅助系统，简化了驾驶操作。在开启这辆车的智能驾驶辅助系统后，自动跟车、车道保持、变道辅助等功能协同配合，使得这辆车开起来更为轻松一些。

❹ 动力方面，赛力斯SF5搭载的是由1.5T四缸发动机和电机组成的增程式系统，发动机只用来发电，不参与驱动。其中，单电机后驱版的最大功率为255kW，最大扭矩为520N·m；双电机四驱版的最大功率为405kW，最大扭矩为820N·m，0～100km／h的加速时间为4.68s，其驱动系统最大的亮

点，便是搭载了华为的DriveONE电驱动系统。这套系统集成了MCU（微控制单元）、电机、减速器、DC/DC（直流/变换器）、OBC（车载充电机）、PDU（电源分配单元）、BCU（电池控制单元）七大部件，实现了机械部件和功率部件的深度融合。得益于这套电驱动系统，赛力斯SF5在满油满电的情况下可提供1000km以上的NEDC续航里程，最大3.3kW的对外放电功率也增加了这款车的用车场景，而V2V救援补电模式还可以在需要的时候为同行者补电。

大众迈腾GTE

（指导价：23.79万～25.29万元）√

★ 一句话点评　设计比帕萨特PHEV更年轻、更运动，能为家庭带来高效的用车体验。

基本信息（2022年款）	车型	豪华型	尊贵型
	定位	5座　插电混动　中型车	
	指导价/万元	23.79	25.29
	尺寸/mm	长宽高4865×1832×1469　轴距2871	
性能 电池	NEDC纯电续航里程/km	63	
	电池容量/（kW·h）	13	
	电池类型	三元锂电池	
动力性	电机总功率/kW	85	
	电机总扭矩/（N·m）	330	
	系统综合功率/kW	155	
	系统综合扭矩/（N·m）	400	
	0～100km/h加速时间/s	7.7	
智能化	屏幕及尺寸（顶配）	液晶仪表：10.3in　中控屏：9.2in	
	驾驶辅助亮点（顶配）	主动刹车前方碰撞预警、360°全景影像、全速自适应巡航、自动泊车	
	智能网联亮点（顶配）	语音识别控制、CarPlay/CarLife、车联网、4G、Wi-Fi热点、远程控制	
政策	整车质保政策	3年或10万千米	
	"三电"质保政策	电池组质保8年或12万千米	
	其他关键词	标配8气囊（含膝部气囊）	

　　迈腾GTE是迈腾的插电混动版，与帕萨特插电混动版有着比较接近的产品设计思路，潜在用户也高度重叠。

　　与帕萨特插电混动版相比，迈腾GTE看上去更加偏成熟稳重一些，它采用的是大众汽车传统的前脸设计风格，横向镀铬条中网已经沿用多年，在年轻化方面稍显不足。

　　迈腾GTE同样定位于B级轿车，车身长度为4865mm，轴距达到2871mm，在内部空间方面与帕萨特比较接近，都属于同级别车型的中上水平。

❶ 内饰方面，迈腾GTE与帕萨特插电混动版稍有不同，它的空调出风口更长，中控台更简洁，不过仍然属于典型的大众风格。在内部配置方面，这款车的表现还算不错，提供了360°全景影像、全速自

适应巡航、前排手机无线充电等各种高端配置，比帕萨特插电混动版更有竞争力。

② 动力方面，迈腾GTE搭载1.4T涡轮增压发动机以及前置单电机，系统总功率为155kW，纯电续航里程为63km。很明显，迈腾GTE与帕萨特插电混动版车型采用的是同一套动力系统，与燃油版车型相比它是一种进步，不过仍然需要继续努力。

▶ 5.2.2 25万元级插电混动SUV（9款）

比亚迪护卫舰07

（指导价：20.28万～28.98万元）√

★ 一句话点评　20万元级混动SUV界的"深水炸弹"。

比亚迪是新能源时代最先吃到市场红利的汽车品牌，从比亚迪汉、元PLUS再到海豚以及海豹，无论是"王朝系"还是"海洋系"，都拥有极高的市场关注度。

定位为中型大5座SUV的护卫舰07，大致可以将新车看作是海洋系列的"唐"，这一点，从护卫舰07整体造型同样能够得到很好的展现。新车采用的军舰系列家族化"海洋美学"设计语言看上去开阔、大气，除了前脸和尾部沿用"X-Dream"概念车设计思路外，车身侧面和线条均与唐有着相似之处。

① 空间方面，尽管护卫舰07"三围尺寸"对比唐略微小了一圈，但由于两车轴距均为2820mm，因此在内部使用空间上并不会出现太大的差距。

基本信息（2023年款）	车型	100km 豪华型	100km 尊贵型	100km 旗舰型	205km 尊贵型	205km 旗舰型	175km 四驱 旗舰型
	定位	5座　插电混动　中型SUV					
	指导价/万元	20.28	21.58	22.88	24.58	25.98	28.98
	尺寸/mm	长宽高4820×1920×1750　轴距2820					
电池性能	NEDC / WLTC纯电续航里程/km	100/82			205/170		175/150
	电池容量/（kW·h）	18.3			36.8		36.8
	电池类型	磷酸铁锂电池					
	充电速度/h	快充（至80%）：0.33～0.37　慢充：—					
动力性	电机类型	永磁同步电机					
	电机总功率/kW	145					295
	电机总扭矩/（N·m）	316					656
	0～100km/h加速时间/s	8.5					4.7
智能化	屏幕及尺寸（顶配）	液晶仪表：8.8in　中控屏：15.6in					
	驾驶辅助亮点（顶配）	并线辅助、车道偏离预警、车道保持辅助、道路交通标识识别、主动刹车、开门预警、前/后方碰撞预警、360°全景影像、全速自适应巡航、自动泊车、遥控泊车、自动变道辅助、抬头显示					
	智能网联亮点（顶配）	高德地图、语音识别控制、车联网、5G、OTA、Wi-Fi热点、车载KTV、NFC/RFID钥匙、远程控制					
政策	整车质保政策	6年或15万千米					
	"三电"质保政策	非营运车辆首任车主不限年限/里程					
	网联流量政策	车机流量2年免费、云服务2年免费、E-call紧急救援/I-Call智慧客服2年免费					
	其他关键词	标配6气囊、L2级智能辅助驾驶、对外放电、哨兵模式、旋转大屏、丹拿音响、热泵空调					

在比亚迪护卫舰07的座舱，依然是基于比亚迪"海洋美学"设计理念打造，多样化的海洋元素也为车辆带来别样的观感。10.25in的全液晶仪表、15.6in的自适应旋转悬浮Pad、W-HUD抬头显示都已经是许多人熟悉的设定了，在大屏内部搭载DiLink智能网联系统，操作流畅、功能全面、拓展性强。值得一提的是，护卫舰07是比亚迪首款支持苹果NFC数字钥匙的车型，这也是中国品牌的首次应用。

❷ 在智能网联方面，DiPilot也没有落下，除了智能领航、车道辅助、预测性紧急制动、自动紧急制动之外，包括比亚迪APP的智能遥控驾驶等功能也有搭载。

❸ 动力方面，比亚迪护卫舰07作为比亚迪"海洋系列"首款插电混动SUV，亦提供DM-i和DM-p两种动力架构。相同点是：它们都搭载了骁云-插混专用1.5Ti高效发动机、EHS电混系统以及专用功率型刀片电池。不同之处则在于：DM-i版采用前置单电机的布局，电机的最大功率是145kW、最大扭矩是316N·m；而DM-p版采用"前置+后置"的双电机布局，驱动方式是前置四驱，前后双电机的系统总功率和总扭矩分别是295kW、656N·m。在这套动力系统的驱动下，它的0～100km/h加速时间仅需4.7s，而百公里亏电油耗则只需6.4L。

❹ 电池方面，比亚迪护卫舰07 DM-i搭载的是18.3kW·h和36.8kW·h两种规格的电池，对应的WLTC纯电续航里程为82/170km；比亚迪护卫舰07 DM-p则仅搭载36.8kW·h的电池，WLTC纯电续航里程为150km。

拿铁DHT-PHEV （指导价：22.90万～26.30万元）✓

★ 一句话点评 智能DHT串并联技术赋能，空间大，油耗低，全场景出行几乎无焦虑。

采用魏派品牌家族式设计的拿铁DHT-PHEV，前脸处锁子甲风格的六边形进气格栅，具有较强的辨识度；日间行车灯和转向灯由三道横向排列的竖线组成，其间穿插两颗矩阵式LED光源，可以带来出色的照明效果；车侧处，新车的车侧线条设计得简洁大方，轮毂造型新颖，看起来比较动感；车尾部分，一条镀铬装饰贯穿整个尾部，尾灯采用熏黑处理，凸显了运动感。

❶ 内饰部分，拿铁DHT-PHEV采用简约的设计风格，没有繁杂的线条装饰，并采用了大量的菱形皮革包裹，家族式的双辐式方向盘看着还有一种熟悉感。值得一提的是，新车在用料上采用了婴幼儿级的环保材质，闻着几乎没有什么异味；再加上AQS空调内外循环切换系统、CN95车规级空调滤芯以及负离子空气净化系统等配置，整个座舱的空气环境可以用清新自然来形容。座椅方面，新车配备了环抱式航天舒适座椅，舒适性确实不错。

	车型	两驱大杯	两驱超大杯	四驱超大杯
基本信息（2022年款）	定位	5座　插电混动　紧凑型SUV		
	指导价/万元	22.9	24.3	26.3
	尺寸/mm	长宽高4668×1890×1730　轴距2745		
电池性能	WLTC综合续航里程/km	1000以上		
	WLTC纯电续航里程/km	184		155
	电池容量/（kW·h）	34		
	电池类型	三元锂电池		
	充电速度/h	快充（30%～80%）：0.48　慢充：5		
动力性	电机类型	永磁同步电机		
	电机总功率/kW	130		265
	电机总扭矩/（N·m）	300		532
	系统综合功率/kW	240		321
	系统综合扭矩/（N·m）	530		762
智能化	屏幕及尺寸（顶配）	液晶仪表盘：9.2in　中控屏：14.6in		
	智能硬件配置（顶配）	毫米波雷达×6、超声波雷达×12、摄像头×5（含车内摄像头1个）		
	驾驶辅助亮点（顶配）	并线辅助、车道偏离预警、车道居中保持、道路交通标识识别、主动刹车/主动安全、疲劳驾驶提示、开门预警、前/后方碰撞预警、360°全景影像、透明底盘、倒车车侧预警、全速自适应巡航、自动泊车、遥控泊车、抬头显示		
	智能网联亮点（顶配）	卫星导航、导航路况显示、高德地图、道路救援呼叫、面部识别、车联网、4G、OTA升级、Wi-Fi热点、语音识别控制、远程控制		
政策	整车质保政策	5年或15万千米，首任车主不限年限/不限里程		
	"三电"质保政策	首任车主不限年限/不限里程		
	其他关键词	后排生命体征监测系统、电子儿童锁、环保内饰材质、主动降噪、电控主动悬架、2挡混合动力专用变速箱（DHT）、对外放电、循迹倒车、主动降噪、ETC装置、燕飞利仕音响		

❷ 在智能网联方面，配备了高通8155座舱芯片的拿铁DHT-PHEV，无论是功能的丰富度还是操作的流畅度，都属于上乘水准。而且这套系统支持AI智能面部识别，可以主动对驾驶者进行人脸识别，并做出专属的个性化调整。另外，这套系统还具有儿童模式，将多媒体、音量和空调风量都集成在一起，一键开启后，可以为孩子播放儿歌、调整空调到适宜温度等，比较适合有小孩的用户。

值得一提的是，这款新车还配备了后排生命体征监测功能，万一车主把孩子滞留在车内，系统会及时提醒，以避免意外发生。关于这项功能，也得到了网友的好评。

❸ 在驾辅配置方面，拿铁DHT-PHEV全系标配L2级智能辅助驾驶，拥有巡航控制、拨杆变道、自动变道、车道居中保持、盲区监测、循迹倒车以及遥控倒车等功能。针对停车难题，用户可以通过手机根据不同场景选择智能泊车辅助、循迹倒车、遥控泊车等功能。拿铁DHT-PHEV的智能泊车功能可以满足水平、垂直、斜列、单双实线等多种车位的泊车入位。

❹ 动力方面，拿铁DHT-PHEV搭载的是1.5T发动机+2挡DHT混合动力专用变速箱组成的系统，系统综合最大扭矩达到了762N·m，0～100km／h加速时间为5.2s。续航方面，拿铁DHT-PHEV的WLTC纯电续航里程是184km，综合续航里程可以达到1000km以上。换言之，在城市内开车，采用纯电模式即可；如果要远途出行，开拿铁DHT-PHEV去，也是没问题的。

天逸C5 AIRCROSS新能源

（指导价：23.17万元）√

★一句话点评 雪铁龙SUV家族终于有了四驱系统。

天逸C5 AIRCROSS新能源（又称为"天逸BEYOND PHEV"）在整体轮廓上与燃油版并没有明显区别，只是在细节上进行了调整。

❶ 整体来看，天逸BEYOND PHEV的设计风格与美系、日系、德系车都有明显区别，这也是法系车的卖点之一。前脸变化较为明显，整体上与海外版车型没有什么区别，贯穿式中网和前保险杠都经过了重新设计，看上去更加精致；新车的大灯造型也别出心裁，辨识度明显提升，与现款车型相比显得更加简洁、大气。在设计方面，雪铁龙这样的法系车一向都很有心得，也比较容易得到年轻消费者的认可。

相比于现款天逸的内饰而言，天逸BEYOND PHEV取消了中控台上的4个空调出风口和嵌入式中控屏，代之以10in悬浮式中控屏，同时取消了大部分的物理按键，整个中控台都清爽了不少。

❷ 在内部配置方面，天逸BEYOND PHEV提供自动空调、后座出风口、温度分区控制等配置，舒适性有一定的保障。在智能网联层面，天逸BEYOND PHEV搭载了C-CONNECT 3.0 BEYOND交互式智能网联系统，拥有AI虚拟人智能语音交互功能；在智能辅助驾驶层面，定速巡航、驾驶模式切换、无钥匙启动、无钥匙进入、语音识别系统、OTA升级等常用功能也都没有缺席，当然，它依然不能支持L2级智能辅助驾驶。

基本信息 （2022年款）	车型	BEYOND 1.6T PHEV版
	定位	5座　插电混动　紧凑型SUV
	尺寸/mm	长宽高4510×1860×1705　轴距2730
电池性能	NEDC 纯电续航里程/km	58
	WLTC纯电续航里程/km	49
	电池容量/（kW·h）	12.96
	电池类型	三元锂电池
动力性	电机类型	永磁同步电机
	电机总功率/kW	164.2
	电机总扭矩/（N·m）	486
	系统综合功率/kW	221
	系统综合扭矩/（N·m）	520
	0～100km/h加速时间/s	7
智能化	屏幕及尺寸（顶配）	液晶仪表：12.3in　中控屏：10in
	驾驶辅助亮点 （顶配）	并线辅助（选装）、车道偏离预警（选装）、车道保持辅助（选装）、道路交通标识识别（选装）、主动刹车（选装）、前方碰撞预警（选装）、倒车影像、全速自适应巡航（选装）、自动泊车（选装）
	智能网联亮点 （顶配）	语音识别控制、CarPlay/CarLife、车联网、4G、OTA、Wi-Fi热点、远程控制
	其他关键词	标配6气囊、L2级智能辅助驾驶（选装）

❸ 动力方面，天逸BEYOND PHEV搭载1.6T发动机以及前后双电机，最大功率为221kW，最大扭矩为520N·m，这样的表现显然超出了燃油版车型。续航方面，天逸BEYOND PHEV在NEDC工况下纯电续航里程为58km，属于合资PHEV车型的常规水平。

吉利星越L增程电动版 （指导价：23.97万～25.37万元）√

★一句话点评　吉利品牌电气化发展全新力作。

　　星越L增程电动版是吉利汽车2022年11月推出的一款插电混动SUV。

　　见到吉利星越L增程电动版的第一眼你会发现，这款SUV基本延续了燃油版车型的设计风格，但同时融入一些新能源化的设计元素。比如这款新车的前脸采用封闭式前格栅，内部辅以点阵式元素进行装点，再搭配可点亮的品牌LOGO，科技感比较强；车身侧面，得益于丰富的线条设计，这款SUV看起来比较"魁梧"；车尾部分，贯穿式尾灯的加入丰富了尾部的视觉层次感。

❶ 座舱内部，吉利星越L增程电动版的整体内饰布局与燃油版基本一致，焦糖橙色的真皮材质覆盖了座椅中控台等区域，一定程度上带来了高级感。贯穿式多媒体触摸屏比较引人注目，再加上全液晶显示屏、游艇式电子换挡杆等设计，科技感到位。除此之外，这款SUV搭载的真皮座椅触感不错，

做工也比较细腻，填充物挺充足，整体舒适感可圈可点。

❷ 空间方面，虽然吉利星越L增程电动版定位是紧凑型SUV，但长×宽×高达到了4770mm×1895mm×1689mm，轴距有2845mm，已经接近部分中型SUV的水平。

❸ 智能网联方面，得益于高通骁龙8155芯片的加持，这款SUV的车机系统的运转流畅，语音唤醒效率高，而且系统内置功能丰富、导航、娱乐、OTA升级等，一应俱全。而25.6in AR-HUD不仅视觉效果出众，行车信息也是一应俱全。

❹ 智能辅助驾驶方面，吉利星越L增程电动版标配L2级智能辅助驾驶，支持车道偏离预警、车道保持辅助、车道居中保持、道路交通标识识别以及APA自动泊车等诸多驾驶辅助功能。

基本信息（2022年款）	车型	1.5T DHT至臻版	1.5T DHT旗舰版
	定位	5座 增程式（插电混动） 紧凑型SUV	
	厂商指导价/万元	23.97	25.37
	尺寸/mm	长宽高4770×1895×1689 轴距2845	
电池性能	WLTC综合续航里程/km	1300	
	CLTC纯电续航里程/km	245	
	电池容量/（kW·h）	41.2	
	电池类型	三元锂电池	
	充电速度/h	快充（至80%）：0.45 慢充：—	
动力性	电机类型	永磁同步电机	
	电机总功率/kW	107	
	电机总扭矩/（N·m）	338	
智能化	屏幕及尺寸（顶配）	液晶仪表：12.3in 中控屏：12.3in	
	驾驶辅助亮点（顶配）	并线辅助、车道偏离预警、车道保持辅助、车道居中保持、道路交通标识识别、主动刹车、前/后方碰撞预警、DOW开门预警、360°全景影像、透明底盘/540°影像、倒车车侧预警、全速自适应巡航、自动泊车、自动变道辅助、AR-HUD抬头显示全景影像、透明底盘、倒车车侧预警、全速自适应巡航、自动泊车、遥控泊车、抬头显示	
	智能网联亮点（顶配）	语音识别控制、高德地图、HiCar、5G、车联网、OTA、Wi-Fi热点、远程控制	
政策	整车质保政策	5年或15万千米	
	"三电"质保政策	首任车主不限年限/里程、增程器终身质保	
	网联流量政策	5年不限流量、基础流量终身免费	
	其他关键词	标配6气囊、标配L2级智能辅助驾驶、标配12.3in副驾屏、主动进气格栅、3挡混合动力专用变速箱、8155芯片、燕飞利仕音响、车载香氛	

▶ 扫二维码 ◀
看吉利星越L增程
电动版视频

⑤ 动力方面，吉利星越L增程电动版搭载的是代号为DHE15的1.5T三缸发动机，这套发动机可以说是专门为混动而生，压缩比达到了13∶1，采用了350bar（1bar=10^{5}Pa）高压燃油喷射系统，再通过对进气道、气门及活塞的优化，整套发动机的热效率达到了43.32%，在同级车型中，属于领先水准。

⑥ 在驾驶方面，吉利星越L增程电动版支持3种驾驶模式，分别是纯电模式、增程模式和电混模式，再加上对外放电功能的加持，这款车具备"城市纯电、长途增程、快速充电、露营外放电"四大属性，这也算是这款新车的最大卖点之一。

为提高整车的续航里程表现，吉利星越L增程电动版还配备了高/中/低/自动4挡能量回收功能，车辆在滑行或制动时，动能便可以转化为电能。此外，这款新车支持至高85kW的直流快充，在快速充电桩上30%～80%的充电时间不到半小时。

⑦ 续航方面，吉利星越L增程电动版CLTC纯电续航为245km，WLTC综合续航达到了1300km，混动的身份使得其能充分满足用户的远途出行需求。

丰田RAV4荣放双擎E+ （指导价：24.88万～29.68万元）✓

★一句话点评 兼顾动力性和经济性，家用SUV绕不开的必选项之一。

　　RAV4荣放双擎E+是一汽丰田深化混动战略的证明，也是一汽丰田电气化转型下的重磅产品之一。

❶ 外观方面，丰田RAV4荣放双擎E+保持原有硬朗动感的设计风格，整体造型延续了新款燃油版的造型，只是细节方面有所不同。新车前包围采用了全新设计，视觉上更显年轻运动。与此同时，蓝色的丰田牛头标也突显其混动车型身份。

❷ 车辆内部，丰田RAV4荣放双擎E+依然以"简洁大气"为核心，车辆的大部分功能都集中在液晶仪表与10.1in悬浮式中控屏幕内，仅保留了空调控制区域的少量按键。

❸ 配置方面，丰田RAV4荣放双擎E+将原有电动折叠外后视镜，全部升级为自动折叠外后视镜，而豪华四驱Pro版车型还新增了全景天窗、车顶行李架以及12.3in全液晶仪表等实用性配置。

　　RAV4荣放双擎E+最大的卖点是省油：由2.5L阿特金森循环发动机和电动机组成的插电式混动系统，其中，两驱版本最大功率为194kW，0～100km/h加速时间约9.1s；四驱版本最大功率306马力，0～100km/h的加速时间约7.4s。NEDC工况下百公里综合油耗仅为1.1L，可以为车主省下不少用车成本。

　　值得一提的是，RAV4荣放双擎E+还搭载电子四驱系统，可以实现前后扭矩比在（100∶0）～（20∶80）之间切换，让驾驶者在雪地等易滑路面可以更稳定地起步。同时，如果驾驶者驾驶车辆的时候车轮受困，还可以启动TRAIL模式，实现一键脱困。

　　综合来看，RAV4荣放双擎E+的产品力比较均衡，但是价格稍高，最高售价接近30

万元，要比同级别的其他车型更贵一些。

基本信息（2022年款）	车型	两驱都市Pro	两驱精英Pro	四驱豪华Pro	四驱旗舰Pro
	定位	5座　插电混动　紧凑型SUV			
	指导价/万元	24.88	25.68	28.28	29.68
	尺寸/mm	长宽高4600×1855×1685　轴距2690			
电池性能	NEDC / WLTC 纯电续航里程/km	95/78		87/73	
	电池容量/（kW·h）	15.984			
	电池类型	三元锂电池			
	充电速度/h	慢充：9.5			
动力性	电机类型	永磁同步电机			
	电机总功率/kW	134		174	
	电机总扭矩/（N·m）	270		391	
	系统综合功率/kW	194		225	
	0~100km/h 加速时间/s	9.1		7.4	
智能化	屏幕及尺寸（顶配）	液晶仪表：12.3in　中控屏：10.1in			
	驾驶辅助亮点（顶配）	车道偏离预警、车道保持辅助、车道居中保持、主动刹车、前方碰撞预警、360°全景影像、全速自适应续航、抬头显示			
	智能网联亮点（顶配）	语音识别控制、CarPlay/CarLife/Hicar、车联网、远程控制			
政策	整车质保政策	3年或10万千米			
	"三电"质保政策	电池组质保8年或20万千米			
其他关键词		标配7气囊（含膝部气囊）、标配L2级智能辅助驾驶、电子四驱、对外放电			

标致4008 PHEV

（指导价：24.97万~25.97万元）✓

★ **一句话点评** 法系设计风格吸引力较强，驱动电池降低了质心，让本就扎实的底盘更有质感。

标致是法系车主力，在国内汽车市场上一度有很不错的表现，现在销量甚微，但新能源的"风口"也不能错过，标致4008新能源就是标致汽车在新能源领域的一次重要尝试。

作为标致4008的插混版车型，标致4008 PHEV在外观、内饰等方面基本没有什么变化，如果比较喜欢法系车独特的设计风格，同时也不在乎什么品牌，那么这款车倒是值得一看。

标致4008 PHEV的车身长度为4510mm，轴距为2730mm，空间方面比丰田威兰达更有优势。但花25万元左右买一款车长不到4.6m的SUV，不少中国消费者还是要掂量掂量的。

❶ 内饰方面，标致4008 PHEV搭载了10in悬浮式中控屏，与燃油版车型保持一致，但是加上电池信息显示等新能源车型专属功能，4G网络、语音交互、车联网等配置也没有缺席。应该说，在基础功能方面，标致4008 PHEV的表现还是不错的。

❷ 动力方面，标致4008 PHEV搭载1.6T涡轮增压发动机和前后双电机，系统总功率为221kW，总扭矩则达到了520N·m，纯电续航里程59km，百公里综合油耗仅为1.7L，与另外几款车差别不大。不过59km的纯电续航里程，已经落后于目前主流水平了。

基本信息（2021年款）	车型	1.6T PHEV三擎版	1.6T PHEV三擎豪华版
	定位	5座　插电混动　紧凑型SUV	
	指导价/万元	24.97	25.97
	尺寸/mm	长宽高4510×1850×1628　轴距2730	
电池性能	NEDC纯电续航里程/km	59	
	电池容量/（kW·h）	13	
	电池类型	三元锂电池	
动力性	电机类型	永磁同步电机	
	电机总功率/kW	164.2	
	电机总扭矩/（N·m）	486	
	系统综合功率/kW	221	
	系统综合扭矩/（N·m）	520	
	0~100km/h加速时间/s	7.1	
智能化	屏幕及尺寸（顶配）	液晶仪表：12.3in　中控屏：10in	
	驾驶辅助亮点（顶配）	车道偏离预警、车道保持辅助、道路交通标识识别、主动刹车/主动安全、疲劳驾驶提示、前方碰撞预警、倒车影像、全速自适应巡航	
	智能网联亮点（顶配）	语音识别控制、CarPlay/CarLife、车联网、4G、Wi-Fi热点、远程控制	
政策	整车质保政策	3年或10万千米	
	其他关键词	标配6气囊、L2级智能辅助驾驶	

大众探岳GTE

（指导价：24.98万~25.98万元）✓

★一句话点评　高性能"GT"与新能源"E"的结合体。

　　虽然大众探岳GTE的定位是插电式混合动力中型SUV，但是这款SUV的车身尺寸并未到达中型SUV水平，比拿铁DHT-PHEV还要小一些，内部空间的整体宽敞度也略逊一等。

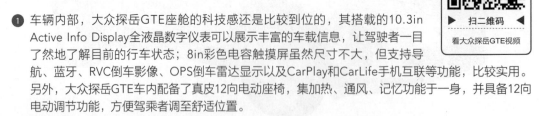

▶ 扫二维码 ◀

看大众探岳GTE视频

❶ 车辆内部，大众探岳GTE座舱的科技感还是比较到位的，其搭载的10.3in Active Info Display全液晶数字仪表可以展示丰富的车载信息，让驾驶者一目了然地了解目前的行车状态；8in彩色电容触摸屏虽然尺寸不大，但支持导航、蓝牙、RVC倒车影像、OPS倒车雷达显示以及CarPlay和CarLife手机互联等功能，比较实用。另外，大众探岳GTE车内配备了真皮12向电动座椅，集加热、通风、记忆功能于一身，并具备12向电动调节功能，方便驾乘者调至舒适位置。

❷ 智能方面，大众探岳GTE支持Lane Assist车道保持系统，可以自动识别车道线，如果车辆偏离车道，方向盘将抖动提醒驾驶者，系统还可自动进行反向修正，从而确保行驶稳定性，尽可能降低事故发生的概率。

不过这款SUV的加速性能表现一般，0～100km／h加速时间需要8.2s，对比同级别的其他车型，这个加速成绩只能是合格水平。

基本信息（2022年款）		车型	1.4T豪华型	1.4T尊贵型
		定位	5座　插电混动　中型SUV	
		指导价/万元	24.98	25.98
		尺寸/mm	长宽高4603×1860×1658　轴距2730	
性能	电池	NEDC纯电续航里程/km	56	
		电池容量/（kW·h）	13	
		电池类型	三元锂电池	
动力性		电机类型	永磁同步电机	
		电机总功率/kW	85	
		电机总扭矩/（N·m）	330	
		系统综合功率/kW	155	
		系统综合扭矩/（N·m）	400	
		0～100km/h加速时间/s	8.2	
智能化		屏幕及尺寸（顶配）	液晶仪表：10.3in　中控屏：9.2in	
		驾驶辅助亮点（顶配）	并线辅助、车道保持辅助、主动刹车/主动安全、倒车影像、倒车车侧预警、全速自适应续航、自动泊车	
		智能网联亮点（顶配）	语音识别控制、CarPlay/CarLife、远程控制、4G、车联网	
政策		整车质保政策	3年或10万千米	
		"三电"质保政策	电池组质保8年或12万千米	
		其他关键词	标配7气囊（含膝部气囊）、L2级智能辅助驾驶	

丰田威兰达新能源

（指导价：25.88万～29.98万元）√

★一句话点评 核心表现与荣放双擎E+持平，能吸引不少从传统燃油汽车转型而来的老客户。

与大众汽车相反，丰田可以说是在电动化方向上转型最不积极的大型厂商之一，它长期以来都执着于不插电的混动车型和氢燃料车型，但受趋势影响，丰田近年来也推出一些插混车型，威兰达新能源便是其中之一。

丰田威兰达新能源在外观上与燃油版威兰达基本上一致，依旧是丰田的家族化风格。辨识度不低，而且便于老客户从传统燃油汽车向新能源车过渡。值得一提的是，在车身颜色上，2021年款威兰达新能源共有11种可选，其中还有4种是双色设计，可以满足大多数消费者的需求。

▶ **扫二维码** ◀

看丰田威兰达新能源视频

❶ 车辆内部，威兰达新能源也沿用了丰田的家族式风格，平直的线条与外观形成了呼应，显眼的悬浮式中控屏内置功能也很丰富，缺点是屏占比小，显示效果一般。

❷ 尺寸方面，威兰达新能源定位是紧凑型SUV，车身长度为4665mm，轴距达到了2690mm，空间方面中规中矩，能够满足日常需求。

❸ 动力方面，威兰达新能源搭载了两套动力系统，单电机版本是2.5L L4发动机+前置永磁同步电动机，发动机最大功率180马力（132kW），峰值扭矩224N·m，电动机总功率182马力（134kW），电动机总扭矩270N·m，工信部综合油耗1.1L/100km，NEDC纯电续航里程95km；双电机版本则是2.5L L4发动机+前后永磁同步电动机，发动机最大功率180马力（132kW），峰值扭矩224N·m，电动机总功率238马力（174kW），电动机总扭矩391N·m，工信部综合油耗1.2L/100km，NEDC纯电续航里程87km。

基本信息（2021年款）	车型	两驱劲擎版	四驱劲擎版	四驱激擎版
	定位	5座　插电混动　紧凑型SUV		
	指导价/万元	25.88	28.28	29.98
	尺寸/mm	长宽高4665×1855×1690　轴距2690		
电池性能	NEDC 纯电续航里程/km	95	87	
	WLTC 纯电续航里程/km	78	73	
	电池容量/（kW·h）	15.984		
	电池类型	三元锂电池		
	充电速度/h	快充（至80%）：—　慢充：9.5		
动力性	电机类型	永磁同步电机		
	电机总功率/kW	134	174	
	电机总扭矩/（N·m）	270	391	
	系统综合功率/kW	194	225	
	0~100km/h 加速时间/s	8.2		
智能化	屏幕及尺寸（顶配）	液晶仪表：7in　中控屏：10.1in		
	驾驶辅助亮点 （顶配）	并线辅助、车道偏离预警、车道保持辅助、车道居中保持、主动刹车/主动安全、疲劳驾驶提示、前方碰撞预警、360°全景影像、倒车车侧预警、全速自适应巡航、抬头显示		
	智能网联亮点 （顶配）	高德/腾讯地图、语音识别控制、车联网、4G、OTA、Wi-Fi热点、远程控制		
政策	整车质保政策	3年或10万千米		
	"三电"质保政策	电池组质保八年或20万千米		
	其他关键词	标配7气囊、标配L2级智能辅助驾驶、主动格栅、对外放电		

大众途观L PHEV

（指导价：26.10万～27.20万元）✓

★ **一句话点评** 续航长、油耗低，品牌力强，综合产品力较为均衡。

　　大众汽车在向新能源转型方面的表现十分积极，旗下新能源车型众多，除了人们熟悉的ID.系列车型之外，多款传统燃油汽车的新能源版本也有着不错的竞争力，大众途观L新能源就是其中之一。

　　大众途观L PHEV的外观基本上与燃油版车型保持一致，采用了大众家族化的设计风格。这样的做法，让它在消费者中间的接受度更高。

　　大众途观L PHEV定位于中型SUV，车身长度为4733mm，轴距则达到了2791mm，属于典型的大五座设计，比较适合家庭用户。

❶ 内饰方面，大众途观L PHEV采用家族的运动数字座舱设计，12in悬浮式中控屏看上去有比较强的科技感，在配色方面，途观L PHEV采用黑灰色的简洁配色，并没有从内饰去增加运动感，大量皮质材料的装饰在一定程度上增添了一分豪华感。除此之外，这款车还提供了全旅程智能驾驶辅助系统，覆盖0～160km/h的全速域工况，同时还支持自适应巡航、主动刹车、智能泊车辅助等各种高端功能。

❷ 动力方面，大众途观L PHEV新能源搭载1.4T涡轮增压发动机和前置单电机，匹配6挡双离合变速箱，最大功率达到155kW，最大扭矩为400N·m。大众汽车官方表示这款车的百公里综合油耗仅为1.8L，实际用车过程中肯定没有这么低，但它的用车成本远远低于燃油版途观L。

基本信息（2023年款）	车型	2023款尊贵版	2023款旗舰版
	定位	5座　插电混动　中型SUV	
	指导价/万元	26.10	27.20
	尺寸/mm	长宽高4733×1859×1673　轴距2791	
电池性能	NEDC纯电续航里程/km	55	
	电池容量/（kW·h）	13	
	电池类型	三元锂电池	
动力性	电机类型	永磁同步电机	
	电机总功率/kW	85	
	电机总扭矩/（N·m）	330	
	系统综合功率/kW	155	
	系统综合扭矩/（N·m）	400	
	0～100km/h加速时间/s	8.2	
智能化	屏幕及尺寸（顶配）	液晶仪表：10.3in　中控屏：12in	
	驾驶辅助亮点（顶配）	并线辅助、车道偏离预警、车道保持辅助、车道居中保持、主动刹车、前方碰撞预警、360°全景影像、倒车车侧预警、全速自适应巡航、自动泊车	
	智能网联亮点（顶配）	语音识别控制、CarPlay/CarLife、车联网、4G、Wi-Fi热点	
政策	"三电"质保政策	8年或12万千米	
	其他关键词	标配6气囊、标配L2级智能辅助驾驶	

6 30万元级新能源汽车选购篇

6.1 30万元级纯电动汽车（15款）

6.1.1 30万元级纯电动轿车（5款）

小鹏P7

（指导价：23.99万~28.59万元）√

| ★一句话点评 | 各方面都比较均衡的新势力中型纯电轿车。 |

作为"蔚小理"之一的小鹏汽车的旗舰车型，小鹏P7的市场表现和口碑反响都比较不错，原因之一便是这款车的外观设计有一定吸引力：低趴的车身比例为这款车构筑起了年轻运动的主基调，多曲面设计让前脸看起来更为简约一些，也营造出比较强烈的未来感。此外，采用超闪绿配色及搭载自动剪刀门的小鹏P7鹏翼版上市至今也是赚足了眼球。

▶ 扫二维码 ◀

看小鹏P7视频

❶ 座舱内部，小鹏P7也采用了极简的设计风格，10.25in的全液晶仪表盘和14.96in的中控屏幕采用了联屏设计，支持语音交互功能，在其背后是来自骁龙820A和Xmart OS系统的加持，可以带来流畅而又不失节奏的操控质感；物理按键数量被大幅度减少，下沉式的中控台设计在一定程度上提升了空间感，丰富的车联网功能和沉浸式音响表现能营造出更进一步的驾乘体验。

❷ 智能辅助驾驶方面，小鹏P7搭载源自中国路况的全新的XPILOT 3.0智能辅助驾驶系统，全速域ACC巡航、ATC自适应弯道巡航、LCC车道保持及ALC自动变道辅助功能都不在话下，还包括"高速NGP智能导航辅助驾驶"和"停车场记忆泊车"功能。值得一提的是，这套辅助驾驶系统在多场景应用中保持了较高的识别精度。

基本信息（2022年款）	车型	480G/480G+	480N+/480E	480E+	586G	625E
	定位	5座　纯电动　中型车				
	指导价/万元	23.99	25.99	26.29	25.99	28.59
	尺寸/mm	长宽高4880×1896×1450　轴距：2998				
电池性能	NEDC纯电续航里程/km	460			586	—
	CLTC纯电续航里程/km	—				625
	电池容量/（kW·h）	60.2			70.8	77.9
	电池类型	磷酸铁锂电池			三元锂电池	
	充电速度/h	快充（至80%）：0.42~0.55　慢充：5~5.7				
动力性	电机类型	永磁同步电机				
	电机总功率/kW	196				
	电机总扭矩/（N·m）	390				
	0~100km/h加速时间/s	6.7				—
智能化	屏幕及尺寸（顶配）	液晶仪表：10.25in　中控屏：14.96in				
	驾驶辅助亮点（顶配）	并线辅助、车道偏离预警、车道保持辅助、车道居中保持、道路交通标识识别、主动刹车、开门预警、前/后方碰撞预警、360°全景影像、透明底盘、倒车车侧预警、全速自适应巡航、自动泊车、自动变道辅助				
	智能网联亮点（顶配）	高德地图、语音识别控制、面部识别、车联网、4G、OTA、NFC/RFID钥匙、Wi-Fi热点、远程控制				
政策	整车质保政策	5年或12万千米				
	"三电"质保政策	8年或15万千米				
	其他关键词	标配6气囊、L2级智能辅助驾驶、主动格栅、热泵空调、Brembo卡钳、哨兵模式、无框门、丹拿音响（选装）、C-NCAP五星、2021年J.D. Power中国新能源汽车产品魅力指数研究（NEV-APEAL）排名第一、中国汽研i-VISTA智能汽车指数行业首个五星车型				

❸ 动力方面，小鹏P7搭载的是新一代高功率、大扭矩永磁同步电机，双电机四驱版最大功率为

316kW，最大扭矩为655N·m，得益于此，小鹏P7 2022年款562E性能版的0~100km／h加速时间仅需4.3s。续航里程也是小鹏P7的一个亮点，小鹏P7的2022年款车型中，NEDC续航最高达到了670km。全部在售车型中，最长可达NEDC续航706km（2020年款706G版本），而在快充模式下，0.55h（或0.6h）即可充电至80%。值得一提的是，新款小鹏P7可能会基于800V超高压SiC平台打造，支持超高压快充，未来有望实现充电5min，补能超过200km。

从综合市场表现来看，小鹏P7是能撑得起30万元级别这样的定价的。

哪吒S纯电版

（指导价：24.58万~33.88万元）✓

★ 一句话点评　科技配置以及性能表现都较为均衡的"B+级纯电轿跑"。

哪吒汽车是中国造车新势力的头部厂商，大部分车型都定位于中低端市场，但2022年7月上市的哪吒S是个例外。没错，这款中大型轿车是瞄着中高端市场去的。

从造型来看，哪吒S纯电版采用封闭式前脸以及分体式大灯，同时还保留了大嘴式格栅。如果追根溯源，这种设计风格是从特斯拉开始的，不过在造车新势力手中，这种风格显然精进了不少，哪吒S纯电版的前脸，看上去就比Model 3要更顺眼。

哪吒S纯电版的车身长度为4980mm，轴距则达到了2980mm，与特斯拉Model 3和小鹏P7相比，哪吒S是三款车中空间表现最优秀的。这款车同样采用溜背式车身，但由于车身更长，它看上去更加舒展，档次感也更强一些。

哪吒S纯电版的内饰也比较简洁，与特斯拉Model 3和小鹏P7是一个流派。除了在17.6in竖置中控屏之外，还搭载了12.3in副驾娱乐屏，科技感和娱乐性都更强。

哪吒S纯电版的内部配置同样以智能化为主要卖点，它搭载了哪吒AI语音助手，能够实现极速响应，并且提供了手势、语音、触控等多种交互方式。驾驶过程中，车载大屏可以将车辆周边路况实时呈现，大大降低了驾驶强度。除此之外，哪吒S纯电版还安装了各种常用APP和小程序，流畅度和可玩性都不亚于主流智能手机。用户日常驾车出行轻松方便，车内乘客也能随时观影、"刷剧"。

▶ 扫二维码 ◀

看哪吒S纯电版视频

基本信息（2022年款）	车型	715km 后驱中版	715km 后驱大版	650km 四驱大版	715km后驱 激光雷达版	650km 四驱耀世版
	定位	5座　纯电动　中大型车				
	指导价/万元	24.58	26.98	27.98	31.98	33.88
	尺寸/mm	长宽高4980×1980×1450　轴距：2980				
电池性能	CLTC 纯电续航里程/km	715		650	715	650
	电池容量/（kW·h）	84.5	85.11	91	85.11	91
	电池类型	三元锂电池				
	充电速度/h	快充（至80%）：0.58　慢充：17				
动力性	电机类型	永磁同步				
	电机总功率/kW	170		340	170	340
	电机总扭矩/（N·m）	310		620	310	620
	0～100km/h 加速时间/s	6.9		3.9	6.9	3.9
智能化	屏幕及尺寸（顶配）	液晶仪表：13.3in　中控屏：17.6in				
	驾驶辅助亮点 （顶配）	并线辅助、车道偏离预警、车道保持辅助、车道居中保持、道路交通标识识别、主动刹车、开门预警、前/后碰撞预警、360°全景影像、透明底盘、倒车车侧预警、全速自适应巡航、自动泊车、遥控泊车、自动变道辅助、抬头显示				
	智能网联亮点 （顶配）	高德地图、高精地图、语音识别控制、手势控制、面部识别、车联网、5G、OTA、Wi-Fi热点、远程控制				
政策	整车质保政策	4年或12万千米				
	"三电"质保政策	电池组质保8年或15万千米				
	其他关键词	标配6气囊、标配L2级智能辅助驾驶、主动格栅、电吸门、对外放电、热泵空调、车内生物监测、自动开门、剪刀门、无框门、激光雷达、哨兵模式、远程召唤、循迹倒车				

动力方面，哪吒S纯电版低功率版本搭载后置单电机，最大功率为170kW，最大扭矩为310N·m，续航里程达到715km；高功率版本搭载前后双电机，最大功率为340kW，最大扭矩则达到了620N·m，续航里程则为650km。以中国大多数消费者的日常用车里程来算，这样的续航已经足以满足日常需求。700多千米的续航里程会让你发现，传说中的续航焦虑其实也未必"如虎般"恐怖。

极星Polestar 2

（指导价：25.78万～33.80万元）√

★一句话点评 动力强、驾控性能出色，属于成年人的"大玩具"。

▶ 扫二维码 ◀
看极星Polestar 2
视频

"极简"是极星Polestar 2给人的第一印象，这款纯电动车整车线条流畅简洁，没有繁杂的设计，就连外后视镜也采用了无边框设计，与当下年轻人追求的极简风格不谋而合。

Polestar 2的内饰设计也没追求豪华感，整体布局规整，还采用了Weave Tech高科技环保材质，触感细腻，防水，且易于清洗；车内带有Polestar星标的中空式挡杆、3D雕刻和黑槐木质感的点缀，也为这辆车增添了多一分的质感。

当然，极星Polestar 2也配备了年轻人喜欢的11.5in中控大屏和12.3in液晶仪表，同时这套大屏的人机交互设计亦是化繁为简，降低了学习成本，也增加了驾驶中交互的安全性。

在安全性方面，极星Polestar 2一丝不苟，全系标配8个气囊（其中包括发生碰撞时用于分隔驾驶员和副驾乘客的前排中间气囊）；此外，在Pilot Assist驾驶辅助系统的加持下，极星Polestar 2拥有主动刹车/主动安全系统、前方碰撞提醒、道路交通表示识别、车道保持辅助系统等诸多驾驶辅助安全功能。

作为性能车，2011年款极星Polestar 2最大可输出300kW、660N·m的动力，0～100km／h的加速时间为4.7s，2022年款BST edition 270版本最大可输出350kW、680N·m的动力，加速性更进一步；并且，新车配备了意大利制造商Brembo提供的制动器，这套4活塞Brembo前制动卡钳制动系统可实现34m的制动距离，响应迅捷灵敏，且不受温度变化影响。对注重驾驶感受的年轻人来说，极星Polestar 2是个值得关注的对象。

基本信息（2021年/2022年款）	车型	2021年款单电机标准续航	2021年款单电机长续航	2021年款双电机长续航	2022年款BST edition 270
	定位	5座　纯电动　紧凑型车（掀背车）			
	指导价/万元	25.78	28.78	33.8	—
	尺寸/mm	长宽高4606×1859×1479　轴距：2735			
电池性能	NEDC纯电续航里程/km	485	565	512	—
	电池容量/（kW·h）	64		78	
	电池类型	三元锂电池			
	充电速度/h	快充（至80%）：0.55　慢充：6~8（信息来源于网络）			
动力性	电机类型	永磁同步电机			
	电机总功率/kW	165	170	300	350
	电机总扭矩/（N·m）	330		660	680
	0~100km/h加速时间/s	7.4		4.7	—
智能化	屏幕及尺寸（顶配）	液晶仪表：12.3in　中控屏：11.5in			
	驾驶辅助亮点（顶配）	并线辅助（选装）、车道偏离预警、车道保持辅助、道路交通标识识别、主动刹车、前方碰撞预警、后方碰撞预警（选装）、360°全景影像（选装）、倒车车侧预警（选装）、全速自适应巡航（选装）			
	智能网联亮点（顶配）	语音识别控制、高德地图、OTA、CarPlay、4G、车联网、远程控制			
政策	整车质保政策	3年不限里程，首任车主不限年限、不限里程			
	"三电"质保政策	电池组质保8年或16万里程			
	其他关键词	标配8气囊（含前排中间气囊）、L2级智能辅助驾驶（选装）、无框外后视镜、悬架软硬调节、哈曼卡顿音响（选装）、热泵空调（选装）、2021年E-NCAP五星、2021年红点最佳设计大奖、2021年沃德十佳驱动系统大奖、2020年德国年度豪华车			

比亚迪汉EV

（指导价：26.98万~32.98万元）✓

★一句话点评　处处都是中国元素的高热度国产纯电动轿跑。

比亚迪汉EV的前身是2016年比亚迪内部代号为E9的电动汽车，它之所以能够热销，"颜值"当记首功。

比亚迪汉EV延续了此前的"Dragon Face"设计语言，但在细节上发生了不小的变化。最明显的变化出现在前包围上，两侧进气口的轮廓从斜线变成了双C造型，看上去更加自然，同时也拉宽了车头的视觉效果。车身尺寸方面，车身侧面，多线条的刻画使得车身看上去更加修长；车辆尾部，汉EV仍然采用了贯穿式中国结LED尾灯，不过灯腔内部结构从柱状变成了类似中国结的扁平状，两侧后雾灯则采用了与前包围一样的双C形设计，辨识度更高。

扫二维码

看比亚迪汉EV视频

❶ 座舱内部，汉EV采用的是环抱式"品格"设计语言，DiLink 15.6in超高清自适应旋转中控屏是视觉的中心，12.3in全液晶仪表盘也依然是比亚迪的经典设计手法，抬头显示功能也在这辆车上得以搭载。在细节上，天然真木或碳纤维内饰彰显出了内饰用料的考究程度，新车还在门板、音响等处加入了"品"字形设计元素。值得一提的是，汉EV车内涂装采用了的水性环保阻尼材料，达到了欧标3.0级水平。

❷ 在配置上，标配DiPilot智能驾驶辅助系统的汉EV全系都搭载车道偏离预警、车道保持辅助、道路交通标识识别、主动刹车/主动安全、前方碰撞预警、360°全景影像、透明底盘、遥控泊车等一系列驾驶辅助功能，支持HiCar、车联网、5G、OTA升级等智能网联功能，同时还拥有抬头显示、行车记录仪、前排手机无线充电、前排座椅加热通风、丹拿音响等较为高端的配置。对于中高配车型而言，并线辅助、开门预警、自动泊车、悬架软硬调节、二排座椅加热通风也均有配备，更能提升出行安全性和舒适度。

基本信息（2022年款）		车型	创世版715km 前驱尊荣型	创世版715km 前驱旗舰型	创世版610km 四驱尊享型	EV 610km四驱 千山翠限量版
		定位	5座　纯电动　中大型轿车			
		指导价/万元	26.98	28.75	28.86	32.98
		尺寸/mm	长宽高4995×1910×1495　轴距2920			
电池性能		CLTC续航里程/km	715		610	
		电池容量/（kW·h）	85.4			
		电池类型	磷酸铁锂电池			
		充电速度/h	快充（30%~80%）：0.5　慢充：—			
动力性		电机类型	永磁同步电机			
		电机总功率/kW	180		380	
		电机总扭矩/（N·m）	350		700	
		0~100km/h加速时间/s	7.9		3.9	
智能化		屏幕及尺寸（顶配）	液晶仪表：12.3in　中控屏：15.6in			
		驾驶辅助亮点（顶配）	并线辅助、车道偏离预警、车道保持辅助、车道居中保持、道路交通标识识别、主动刹车、DOW开门预警、前/后方碰撞预警、透明底盘、360°全景影像、倒车车侧预警、全速自适应巡航、自动泊车、遥控泊车、自动变道辅助、抬头显示			
		智能网联亮点（顶配）	语音识别控制、NFC/RFID钥匙、HiCar、车联网、Wi-Fi热点、OTA、5G、远程控制			
政策		整车质保政策	6年或15万千米			
		"三电"质保政策	首任非营运车主"三电"系统终身保修			
		网联流量政策	车机流量2年免费、E-call、I-call 2年免费			
		其他关键词	标配10安全气囊（含膝部气囊）、标配L2级智能辅助驾驶、悬架软硬调节、主动格栅、对外放电、丹拿音响、刀片电池、旋转大屏、热泵空调、车载香氛			

③ 在动力方面，汉EV两驱版本搭载前置单电机，最大功率为180kW，最大扭矩为350N·m，CLTC续航里程达到715km，0～100km／h加速时间为7.9s；四驱版本则搭载前后双电机，最大功率为380kW，最大扭矩为700N·m，不过CLTC续航里程缩水为610km，0～100km／h加速时间3.9s。

④ 在"三电"方面，汉EV搭载了比亚迪的心血之作：超安全磷酸铁锂刀片电池。这是因为，这套电池组的电极极板层数较少，遭到外界损坏后，短路导致的发热量也较少；电池组的扁平化设计还有利于散热，一定程度上可以降低温度骤升和冒烟起火的可能性，这也使得其具备穿刺以及碰撞不起火、不冒烟等特性，安全性较高。

⑤ 在充电速度方面，汉EV也有比较出色的表现：得益于120kW安全升压直流快充技术，这款车从30%充到80%只需要半小时，效率还是比较高的。值得一提的是，汉EV还搭载VTOL移动电站功能，可实现最大6kW的对外放电功率，可以带来更多的户外用车场景。

特斯拉Model 3

（指导价：29.10万～36.79万元）✓

★一句话点评 特斯拉的绝对主力，一款全球范围内具有划时代意义的纯电动车。

提及中高端纯电动轿车，必然绕不开特斯拉旗下的特斯拉Model 3，目前，Model 3堪称是特斯拉销量最好的产品，在国内也有一大批忠实的用户。

① 从设计的角度，特斯拉Model 3的外观造型确实比较耐看，前脸造型依然是家族式风格，光源采用全LED的大灯组，造型比较犀利，还集成了日间行车灯、转向灯、近光灯以及远光灯等功能。

② 车辆内部，Model 3是一如既往的简洁，15in中控屏是整车的视觉中心，车内没有多余按键、没有花哨的线条、没有夸张的饰板，通过大屏和方向盘即可完成车辆的全部控制，这很"特斯拉"。如果你喜欢豪华感，显然，Model 3"不是你的菜"。此外，全景玻璃车顶的整块玻璃从前舱盖根部一直延伸至车顶，使前后排乘客都拥有开阔的视野，没有遮阳帘的设计可以有效降低车辆高度，提升车辆的设计感，但玻璃车顶的遮光效果建议还是实际体验一下为宜。

基本信息（2022年款）		车型	后轮驱动版	Performance高性能全轮驱动版
		定位	5座　纯电动　中型车	
		指导价/万元	29.10	36.79
		尺寸/mm	长宽高4694×1850×1443　轴距：2875	
电池性能		CLTC 纯电续航里程/km	556	675
		电池容量/（kW·h）	60	78.4
		电池类型	磷酸铁锂	三元锂电池
		充电速度/h	快充（至80%）：1　慢充：10	
动力性		电机类型	永磁同步电机	前感应异步/后永磁同步
		电机总功率/kW	194	357
		电机总扭矩/（N·m）	340	659
		0～100km/h 加速时间/s	6.1	3.3
智能化		屏幕及尺寸（顶配）	液晶仪表：无　中控屏：15in	
		驾驶辅助亮点 （顶配）	并线辅助（选装）、车道偏离预警、车道保持辅助、车道居中保持、道路交通标识识别（选装）、主动刹车、前方碰撞预警、倒车影像、全速自适应巡航（选装）、自动泊车（选装）、遥控泊车（选装）	
		智能网联亮点 （顶配）	语音识别控制、车联网、4G、OTA、NFC/RFID钥匙、远程控制	
政策		整车质保政策	4年或8万千米	
		"三电"质保政策	8年或16万千米	
		其他关键词	标配6气囊、标配L2级智能辅助驾驶、热泵空调、哨兵模式、智能召唤（选装）、无框门、智能召唤（选装）、NHTSA五星安全	

智能辅助驾驶是特斯拉的王牌，在Model 3上亦不例外，这辆车搭载了特斯拉的Autopilot自动辅助驾驶，探测范围360°，探测距离可达250m，基础版功能便包含车道内自动辅助转向、自动辅助加速和自动辅助制动等在内的安全功能与便利功能，可以有效减少繁杂的操作环节；而完全自动驾驶能力套件还可以提供有自动辅助导航驾驶功能（可自动驶入和驶出高速公路匝道或立交桥岔路口）、召唤功能（自动驶入驶出车位，听候"召唤"）、自动辅助变道（在高速公路上自动辅助变换车道）等。当然，这些功能虽然号称是"全自动驾驶能力"，但考虑到安全性，建议车主在使用上述功能之时依然保留多一分注意力。

▶ 扫二维码 ◀

看特斯拉Model 3视频

❸ 在动力方面，Model 3有2个配置，高配的2022年款Performance高性能全轮驱动版在前后双电机的加持之下可以输出357kW、659N·m的最大动力，带来0～100km／h加速时间为3.3s的加速体验。

❹ 在续航里程方面，虽然Model 3续航里程比不上比亚迪汉EV（CLTC最大续航里程715km），但其CLTC最大续航里程也达到了675km，这个距离，相当于从广州到厦门的路程。

❺ 关于充电，除了常规的慢充和快充之外，特斯拉车主还可以去特斯拉建的超级充电站，充电速度会更快一些，理论上充电15min最多可以补充279km的续航里程。

　　整体来看，特斯拉Model 3的产品力不算特别突出，但品牌影响力是同级别车型中最强的，适合那些比较信赖特斯拉品质的用户。

▶ 6.1.2 30万元级纯电动SUV（9款）

大众ID.6 CROZZ （指导价：25.23万～33.69万元）✓

★一句话点评	大众ID.系列定位最高的SUV，"三电"系统可靠性强，核心品质不输同级。

基本信息（2022年款）		车型	标准续航 PURE版	长续航 PURE+ 版	长续航 Lite PRO版	长续航 PRO版	高性能 PRIME版
基本信息（2022年款）		定位	6座/7座　纯电动　中大型SUV				
基本信息（2022年款）		指导价/万元	25.23	27.63	28.23	28.73	33.69
基本信息（2022年款）		尺寸/mm	长宽高4891×1848×1679　轴距：2965				
性能	电池	CLTC纯电续航里程/km	460	601			550
性能	电池	电池容量/（kW·h）	62.6	84.8			
性能	电池	电池类型	三元锂电池				
性能	电池	充电速度/h	快充：0.67　慢充：9.5/12.5				
动力性		电机类型	永磁同步电机				前交流异步电机 后永磁同步电机
动力性		电机总功率/kW	132	150			230
动力性		电机总扭矩/（N·m）	310				472
动力性		0～50km/h加速时间/s	3.4	3.5			2.6
智能化		屏幕及尺寸（顶配）	液晶仪表：5.3in　中控屏：12in				
智能化		驾驶辅助亮点（顶配）	并线辅助、车道偏离预警、车道保持辅助、车道居中保持、道路交通标识识别、主动刹车/主动安全、疲劳驾驶提示、开门预警、360°全景影像、倒车车侧预警、全速自适应巡航、自动泊车、抬头显示				
智能化		智能网联亮点（顶配）	语音识别控制、CarPlay/CarLife、车联网、4G、OTA、Wi-Fi热点、远程控制				
政策		整车质保政策	3年或10万千米（可选：6年或19万千米）				
政策		"三电"质保政策	8年或16万千米（可选：首任车主不限年限/里程）				
其他关键词			标配6气囊、标配L2级智能辅助驾驶、悬架软硬调节、主动格栅、车载香氛、热泵空调（选装）、哈曼卡顿音响（选装）				

❶ 在新能源方面，大众是动作最激进的巨型车企，ID.6 CROZZ则是其代表性车型，作为一款中大型SUV，这款车在各方面的表现还是可圈可点的。

ID.6 CROZZ的前脸风格比较圆润，与大众燃油车颇有不同，不过，满天星式的前包围还是比较有辨识度的。假以时日，这种全新的风格或许也能为普通消费者所接受。

ID.6 CROZZ定位于中大型SUV，车身长度为4891mm，轴距则达到了2965mm。这款车采用6座和7座两种座椅布局，采用大面积软质包裹，同时还搭载2.5μm级负离子发生器以及大众独特的底盘电机降噪技术，带家人或朋友一起出行时，这款车的宽敞空间和舒适体验，会让你的出行更加惬意。

车辆内部，ID.6 CROZZ搭载了大众独特的智能座舱，采用全触控化设计，共拥有30处触控区和40种功能设定，语音交互系统也相当精准。除此之外，车内还搭载了哈曼卡顿音箱和30色氛围灯，整个驾驶舱都成了用户的"移动会客厅"。

❷ 智能科技方面，ID.6 CROZZ搭载MOS智慧车联系统，支持AR HUD增强显示抬头显示功能，同时还实现了L2+级别的驾驶辅助功能，通过40多项主动安全技术，为用户提供全方位的安全保障。

❸ 动力方面，ID.6 CROZZ搭载来自宁德时代的三元锂电池，最大续航里程可达601km，百公里耗电量则在15kW·h左右，用车成本明显低于同级别的大众传统燃油汽车。如果你对电动车不是特别排斥，ID.6 CROZZ其实是个很不错的选择。

极狐阿尔法T(ARCFOX αT)

（指导价：21.88万~33.13万元）√

★ 一句话点评 北汽和麦格纳联手打造，车辆做工品质较高，智能化水平也不输同级。

在纯电动中型SUV市场上，极狐阿尔法T的市场呼声不算很高，但作为北汽极狐的首款量产车型，这款电动SUV可谓是北汽极狐的技术集大成者。

❶ 外观来看，极狐阿尔法T采用了无界美学设计语言，车头中央放射出的四条特征线呈"X"状向外扩展，看起来简洁有力；同时，车头两侧的全LED矩阵式大灯采用了海拉24像素矩阵式LED远光灯模组，再结合雨量光传感器和前视摄像头的感知技术，可以实现远、近光自动开启与关闭。

② 内饰部分，阿尔法T采用环抱式驾驶舱设计，中控台处拥有大面积的软质材料，再辅以金属拉丝和烤漆材质，整个内饰具有不俗的档次感。并且，这款电动SUV配备了20.3in中控屏，10.1in触控屏，12.3in液晶仪表和8in HUD，还能实现四屏互联，科技感"拉满"。此外，极狐阿尔法T车内还配备了NAPPA真皮材质零重力座椅，这套座椅采用高档打孔NAPPA真皮配以Ultrasuede麂皮绒包覆材质，触感和观感都很不错；座椅还支持12向电动调节、10组人脸识别座舱位置记忆与座椅大屏智能操控功能，比较全面。

③ 智能辅助驾驶方面，极狐阿尔法T搭载了α-Pilot 2.5级自动辅助驾驶系统，入门款车型即标配L2级智能辅助驾驶，可以实现自动跟车、车道保持、换道避险、220m内向前向后紧急避撞等功能，并拥有前/后向横穿预警功能。

④ 在动力方面，极狐阿尔法T表现不错，最大输出功率达到了320kW，峰值扭矩可达720N·m，0~100km/h的加速时间为4.6s。除此之外，这款电动SUV还配备自适应全地形四驱系统，具有雪地、泥地、沙地3种驾驶模式，还通过对车辆状态的实时监控和控制参数的在线优化，提升车辆在特殊地形下的起步加速爬坡脱困能力。

基本信息（2022年款）	车型	480S 175kW	480S+ 160kW	480S+ 175kW	653S 160kW	653S 175kW	653S+ 160kW	653S+小 王子联名定版	653S+ 175kW	600H	600H 小王子联名限定版
基本信息	定位	5座 纯电动 中型SUV									
	指导价/万元	21.88	24.88		26.23		28.23	28.83	28.23	32.53	33.13
	尺寸/mm	长宽高4788×1940×1683 轴距2915									
性能电池	CLTC续航里程/km										
	NEDC续航里程/km	480	480		653	653	653	653		600	—
	电池容量/(kW·h)	65.6	67.3	65.6	93.6	94.5	93.6	94.5	93.6	93.6	
	电池类型	三元锂电池									
	充电速度/h	快充:0.5 慢充:11.5			快充:0.6 慢充:15.5						
动力性	电机类型	永磁同步电机									
	电机总功率/kW	175	160	175	160	175	160	160	175	175	320
	电机总扭矩/(N·m)	360								720	
	0~100km/h加速时间/s	7.8				8.4					4.6
智能化	屏幕及尺寸（顶配）	液晶仪表：12.3in 中控屏：20.3in									
	驾驶辅助亮点（顶配）	并线辅助、车道保持辅助、车道偏离预警、道路交通标识识别、主动刹车、前/后方碰撞预警、DOW开门预警、360°全景影像、透明底盘/540°影像、倒车侧预警、全速自适应巡航、自动泊车、遥控泊车、自动变道辅助、抬头显示									
	智能网联亮点（顶配）	百度地图、语音识别控制、4G、车联网、面部识别、语音识别、手势控制、远程控制、Wi-Fi热点、OTA									
政策	整车质保政策	5年或20万千米 电池组质保首任车主不限年限/里程									
	"三电"质保政策										
其他关键词	其他关键词	标配6气囊、标配L2级智能辅助驾驶、10.1in控制屏、360°全景AR障碍显示、钢结构车身、燕飞利仕音响、主动格栅、对外放电、热泵空调（选装）、"中国心"十佳新能源汽车动力系统									

大众ID.6X

（指导价：25.33万～33.89万元）✓

★ 一句话点评　大空间是基础，可靠"三电"品质是保障。

与"自家兄弟"车型ID.4 X一样，大众ID.6 X的外观也与传统大众传统燃油汽车有一定的区别。具体来看，IQ. Light LED矩阵式智能大灯算是点睛之笔一般的设计，这套大灯组合采用全新的矩阵式排列造型，并与IQ. Light LED贯穿式平行流光尾灯互相呼应，具有很强的辨识度。同时，整车线条设计比较简洁，还保留了德系车的沉稳和大气感。

▶ 扫二维码 ◀

看大众ID.6X视频

❶ 座舱内部，ID.6 X延续了简洁的设计风格，12in的悬浮式中控屏幕和5.3in仪表盘用以烘托科技感，同时支撑智能功能。

基本信息（2022年款）	车型	纯净版	智享纯净长续航版	纯净长续航版	智享长续航版	极智长续航版	劲能四驱版
基本信息	定位	6座/7座　纯电动　中大型SUV					
基本信息	指导价/万元	25.33	27.68	27.93	28.48	28.73	33.89
基本信息	尺寸/mm	长宽高4876×1848×1680　轴距2965					
电池性能	CLTC续航里程/km	460	617				540
电池性能	电池容量/（kW·h）	63.2	83.4				
电池性能	电池类型	三元锂电池					
电池性能	充电速度/h	快充（至80%）：0.67　慢充：9.5/12.5					
动力性	电机类型	永磁同步电机					
动力性	电机总功率/kW	132	150				230
动力性	电机总扭矩/（N·m）	310					472
动力性	0～50km/h加速时间/s	3.4/3.5/2.6					
智能化	屏幕及尺寸（顶配）	液晶仪表：5.3in　中控屏：12in					
智能化	驾驶辅助亮点（顶配）	并线辅助、车道保持辅助、车道偏离预警、道路交通标识识别、主动刹车、DOW开门预警、360°全景影像、倒车车侧预警、全速自适应巡航、自动泊车入位、HUD抬头显示					
智能化	智能网联亮点（顶配）	语音识别控制、CarPlay/CarLife、4G、车联网、Wi-Fi热点、OTA、远程控制					
政策	整车质保政策	3年或10万千米					
政策	"三电"质保政策	8年或16万千米					
	其他关键词	标配6气囊、标配L2级智能辅助驾驶、主动进气格栅、热泵空调、悬架软硬调节、哈曼卡顿音响					

得益于MEB平台的功力，ID.6 X这款车长不到4.9m的中大型SUV拥有接近3m的轴距，再结合合理的空间布局，可以说，这款电动SUV的前后三排的乘坐空间都足够宽敞，即便是通常被定义为"应急"的第三排，也有不错的腿部空间。同时，ID.6 X的空间布局比较灵活，用户可以自由地选择6座或7座模式，还能将后排座椅放倒，装下自行车、露营工具等大件行李。

❷ 智能驾辅配置方面，ID.6 X配备了IQ.Drive智驾管家，提供了包括了前部安全辅助、ACC自适应巡航、交通标志识别、疲劳监测等功能。其中的IQ.泊车管家还可以主动识别附近车位并自动换挡、控速、刹车、停车，可以较好地减轻驾驶者的驾驶压力。

❸ 动力方面，2022年款ID.6 X搭载了3套纯电动动力系统，分别是：电动机总功率180马力（132kW）、电动机总扭矩310N·m、工信部纯电续航里程460km的后置单电机版本；电动机总功率204马力（150kW）、电动机总扭矩310N·m、工信部纯电续航里程617km的后置单电机版本；电动机总功率313马力（230kW）、电动机总扭矩472N·m、工信部纯电续航里程540km的前后双电机版本。

　　作为一款家用定位的电动SUV，ID.6 X开起来不算运动，给人的感觉是标准的舒适风格。同时，不同于其他电动汽车的动能回收逻辑，这款电动SUV在D挡模式下有着更接近传统燃油汽车的驾驶体验，比较不容易让乘客晕车。

沃尔沃XC40纯电版（指导价：27.99万～31.90万元）√

> ★ 一句话点评　主打"性价比"的豪华纯电SUV。

在新能源领域，沃尔沃是表现最激进的豪华品牌之一，光是停售传统燃油汽车的目标就公布了好几次，能不能实现暂且不论，但至少，它是真地想转型，沃尔沃XC40纯电版便是其新能源家族的绝对主力。

从名字即可看出，XC40纯电版是燃油版XC40的"油改电"版本，车身轮廓与XC40燃油版保持一致，封闭式前脸稍显违和，但也不是不能接受，"颜值"方面还是不错的。

XC40纯电版定位于紧凑型SUV，车身长度为4440mm，轴距则达到了2702mm，在同级别豪华车中还是不错的。值得一提的是，这款车全部采用双色车身，对年轻消费者来说，开着这款优雅、时尚的小车出街，还是挺有面子的。

	车型	长续航版	长续航PRO	四驱高性能版
基本信息（2023年款）	定位	5座　纯电动　紧凑型SUV		
	指导价/万元	27.99	29.99	31.9
	尺寸/mm	长宽高4440×1863×1651　轴距：2702		
电池性能	CLTC纯电续航里程/km	529		500
	电池容量/（kW·h）	69		78
	电池类型	三元锂电池		
	充电速度/h	快充（至80%）：0.67　慢充：10		
动力性	电机类型	永磁同步电机		
	电机总功率/kW	170		300
	电机总扭矩/（N·m）	330		660
	0～100km/h加速时间/s	7.4		4.9
智能化	屏幕及尺寸（顶配）	液晶仪表：12.3in　中控屏：9in		
	驾驶辅助亮点（顶配）	并线辅助、车道偏离预警、车道保持辅助、道路交通标识识别、主动刹车、前/后方碰撞预警、360°全景影像、倒车车侧预警、自适应巡航		
	智能网联亮点（顶配）	语音识别控制、高德地图、CarPlay、车联网、4G、OTA、Wi-Fi热点、远程控制		
政策	整车质保政策	3年不限里程		
	"三电"质保政策	电池组质保8年或16万千米		
	其他关键词	标配9气囊（包括膝部气囊）、标配L2级智能辅助驾驶、热泵空调、哈曼卡顿音响		

沃尔沃的北欧极简风内饰一直都有不少的"粉丝"，XC40纯电版也继承了这种风格，9in的竖置中控屏不算大，但显示效果清晰、操作方便，整个内饰还是比较吸引人的。更重要的是，沃尔沃坚持使用各种环保材料，车内异味儿可以说是豪华车中最小的，这也是XC40纯电版的核心竞争力之一。

❶ 配置方面，XC40纯电版最大的优势就是拥有全套的安全驾驶辅助功能，即便是在售价26.70万元的入门车型上，也搭载了并线辅助、车道偏离预警、车道保持、主动刹车、前后碰撞预警、倒车车侧预警等配置。

❷ 动力方面，XC40纯电版最大续航里程为529km，同时在售价仅为30.90万元的顶配车型上就提供了双电机四驱系统，比一些普通品牌还实在。

如果你讨厌车内异味儿，同时又非常在意安全性能，那么XC40纯电版的确是个不错的选择。

沃尔沃C40纯电版 （指导价：26.70万~32.80万元）✓

★一句话点评 一款设计、安全、配置、性能都没有明显短板的"水桶轿跑SUV"。

延续了沃尔沃家族设计理念的沃尔沃C40，不是一款第一眼就觉得惊艳的纯电动SUV，但确实一款比较耐看的SUV。前脸"雷神之锤"大灯颇具气势，溜背式车身造型带来了跨界感，平直的腰线再搭配前后微凸的侧翼子板设计，辅以五辐刀锋式低风阻轮圈，让整车看起来颇为干练，比较符合当下年轻人的审美。

❶ 进入车内，映入眼帘的是基于沃尔沃"100%-Leather Free理念"CLEANZONE北欧清洁驾驶舱，车内的方向盘、挡杆和其他内饰件均未采用动物制皮，而是各种可持续环保内饰；车内的阿比斯库极光背饰版，配合一体式全景天幕，营造出独特的感官体验；而且这款SUV配备有哈曼卡顿音响系统，可以带来更豪华的听觉体验。

❷ 座舱内部，沃尔沃C40配备的是12.3in液晶仪表和9in触控液晶屏，支持高德地图、导航路况信息显示、道路救援呼叫以及语音识别控制系统等功能。另外，得益于OTA系统升级，未来用户可以通过在线升级软件，提升车机功能及稳定性，可以较好地满足年轻人的智能用车需求。

基本信息（2022年款）		车型	长续航版	长续航版PRO	四驱高性能版PRO
		定位	5座　纯电动　紧凑型SUV　跨界车		
		指导价/万元	26.7	28.6	32.8
		尺寸/mm	长宽高4440×1873×1591　轴距：2702		
电池性能		CLTC 纯电续航里程/km	550		530
		电池容量/（kW·h）	69		78
		电池类型	三元锂电池（宁德时代）		
		充电速度/h	150kW快充（10%~80%）：0.5　慢充（11kW家用充电桩）：7/10		
动力性		电机类型	永磁同步电机		
		电机总功率/kW	170		300
		电机总扭矩/（N·m）	330		660
		0~100km/h 加速时间/s	7.2		4.7
智能化		屏幕及尺寸（顶配）	液晶仪表：12.3in　中控屏：9in		
		智能硬件配置 （顶配）	摄像头×5、超声波雷达×8、毫米波雷达×3		
		驾驶辅助亮点 （顶配）	车道保持辅助系统、车道偏离预警系统、前方碰撞提醒、后方碰撞提醒、主动刹车/主动安全系统、自适应续航、360°全景影像		
		智能网联亮点 （顶配）	高德地图、导航路况信息显示、道路救援呼叫、OTA升级、语音识别控制系统		
政策		整车质保政策	3年或12万千米		
		"三电"质保政策	8年或16万千米		
其他关键词			E-NCAP五星、环保内饰、一体式全景天幕、CLEANZONE北欧清洁驾驶舱、哈曼卡顿音响、手机无线充电、标配8个气囊		

❸ 空间方面，沃尔沃C40的后备厢标准容积为413L，后排座椅放倒后可以拓展至1205L，并且这款车还提供一个尺寸不小的前备厢，为储物提供更多可能。

▶ 扫二维码 ◀

看沃尔沃C40纯电版视频

　　值得一提的是，在拥有较长续航里程（长续航版CLTC续航里程550km，四驱版530km）的基础之上，沃尔沃C40的加速表现可圈可点，四驱高性能版PRO的0~100km/h的加速时间仅需4.7s，相当强劲，让年轻人偶尔可以"放肆"一把。

日产Ariya艾睿雅

（指导价：27.28万～34.28万元）✓

★ **一句话点评** 设计新颖，通过东方含蓄美学，打破了传统科技感的表达方式。

基本信息（2022年款）	车型	两驱长续航版	两驱长续航顶配版	四驱高性能版	四驱高性能顶配版
	定位	5座　纯电动　紧凑型SUV			
	指导价/万元	27.28	28.48	32.78	34.28
	尺寸/mm	长宽高4603×1900×1658　轴距2775			
电池性能	CLTC续航里程/km	623		559	533
	电池容量/（kW·h）	90			
	电池类型	三元锂电池			
	充电速度/h	快充：0.67　慢充：14			
动力性	电机类型	永磁同步电机			
	电机总功率/kW	178		320	
	电机总扭矩/（N·m）	242		600	
智能化	屏幕及尺寸（顶配）	液晶仪表：12.3in　中控屏：12.3in			
	驾驶辅助亮点（顶配）	并线辅助、车道偏离预警、车道保持辅助、车道居中保持、主动刹车、DOW开门预警、前/后方碰撞预警、360°全景影像、倒车车侧预警、全速自适应续航、自动泊车入位、HUD抬头显示			
	智能网联亮点（顶配）	语音识别控制、高德地图、人脸识别、4G、车联网、OTA、Wi-Fi热点、远程控制			
政策	整车质保政策	5年12万千米整车质保			
	"三电"质保政策	8年16万千米"三电"质保			
	网联流量政策	车机流量终身免费（6G/月）			
	其他关键词	标配6气囊、L2级智能辅助驾驶、零重力座椅、博世音响、流媒体后视镜、热泵空调、电控中央扶手箱、云图专业纯电平台			

东风日产全新纯电动车Ariya艾睿雅是日产电气化转型道路上的一款力作，也被东风日产寄予厚望。

① 从造型来看，日产Ariya艾睿雅的外观延续了日产品牌的"V-Motion"设计理念，中网采用"盾式"设计，黑色亮面材质辅以巨大的V形设计，十分醒目。前脸另一个吸引目光的设计当属流光飞翼LED灯，它从大灯边沿进一步延伸，强化了车辆的科技感；车身侧面，日产Ariya并没有太多线条的勾勒，仅一条腰线贯穿前后灯组。

② 内饰部分，日产Ariya艾睿雅的主副驾驶室之间是打通的，中央扶手能够电动操控且前后平移滑动，算是比较巧妙的设计。同时，车内的中控屏达到12.3in，并搭载了日产Connect超智联系统，可以支持远程控制车辆、语音控制车辆、车载在线服务、远程实时监测、在线导航、影音娱乐等功能。

③ 空间尺寸上，日产Ariya艾睿雅定位紧凑型纯电SUV，其长×宽×高分别为4603mm×1900mm×1658mm，轴距为2775mm，整个身材与奇骏比较接近。值得一提的是，这款新车传承了日产品牌一贯的舒适性，搭载了零重力的人体工程学真皮座椅，座椅宽大且舒适，超大尺寸的全景天窗还增加了车内乘坐的通透感。

④ 智能辅助驾驶层面，日产Ariya艾睿雅配备ProPILOT 2.0驾驶辅助系统，加入了高精地图、360°实时信息感应等功能，能够在高速公路上实现单车道导航线路自动驾驶，在有条件的情况下还可以自动更换车道。

⑤ 在电池安全方面，日产Ariya艾睿雅采用的电池恒温系统可以使电池的性能在不同的地方、不同的气候条件之下保持稳定性。而且这套电池组还使用了九重防护架构，以便减少对电池的冲击力，防止电池短路/起火/爆炸等情况的出现；并且得益于日产最新电池管理系统，电池组会智能调整工作状态，进一步提升安全性。

⑥ 动力和续航方面，Ariya艾睿雅长续航版和长续航顶配版最大总功率为178kW，CLTC续航里程达到623km；高性能四驱版和高性能四驱顶配版最大总功率为320kW，CLTC续航里程分别为559km和533km。值得一提的是，日产Ariya搭载了e-4ORCE雪狐电四驱系统，这套系统能实现1/10000s超高精度控制，会对动力输出、制动和底盘控制系统进行优化处理，减少行车过程中的俯仰与俯冲感，提升整车的驾乘舒适性。

比亚迪唐EV

（指导价：28.28万～34.28万元）✓

★ **一句话点评**　比亚迪的绝对主力，销量就是最好的证明。

基本信息（2022年款）	车型	600km尊享型	730km尊享型	635km四驱旗舰型
	定位	7座　纯电动　中型SUV		
	指导价/万元	28.28	31.28	34.28
	尺寸/mm	长宽高5200×2062×1618　轴距：3150		
电池性能	CLTC纯电续航里程/km	600	730	635
	电池容量/（kW·h）	90.3	108.8	
	电池类型	三元锂电池		
	充电速度/h	快充（至80%）：0.75　慢充：9		
动力性	电机类型	永磁同步电机		
	电机总功率/kW	168	180	380
	电机总扭矩/（N·m）	350	350	700
	0～100km/h加速时间/s	—		4.4
智能化	屏幕及尺寸（顶配）	液晶仪表：12.3in　中控屏：15.6in		
	驾驶辅助亮点（顶配）	并线辅助、车道偏离预警、车道保持辅助、道路交通标识识别、主动刹车/主动安全、疲劳驾驶提示、开门预警、前/后方碰撞预警、360°全景影像、透明底盘、倒车车侧预警、全速自适应巡航、自动泊车、遥控泊车、自动变道辅助、抬头显示		
	智能网联亮点（顶配）	卫星导航、导航路况显示、语音识别控制、道路救援呼叫、车联网、5G、OTA升级、Wi-Fi热点、远程控制、NFC/RFID钥匙		
政策	整车质保政策	6年或15万千米		
	"三电"质保政策	首任非营运车主"三电"系统质保不限年限/里程		
	网联流量政策	智能语音在线终身免费、车机流量2年免费、E-call/i-call 2年免费		
	其他关键词	旋转大屏、标配6气囊、刀片电池、智能电控主动悬架、L2级驾驶辅助、主动格栅、对外放电、标配丹拿音响、热泵空调、智能香氛、遥控驾驶、21in轮毂		

比亚迪唐EV定位于中型SUV，是比亚迪"王朝家族"的核心中坚力量。目前，比亚迪唐家族已经稳居月销万辆俱乐部之内。

① 前脸部分，在不需要考虑兼容燃油版本之后，立体化更强的"Dragon face"前脸代替了原本点阵式的传统格栅，与比亚迪王朝家族其他车型如汉EV、元PLUS等步调一致；车身侧面，悬浮式车顶和封闭式轮毂造型给略显"修长"的侧身加上了更多看点；车辆尾部，贯穿式的后尾灯仍然是整个尾部的视觉核心。

② 车辆内部，新款唐EV与旧款车型变化不大，12.3in的组合仪表和15.6in的可旋转中控屏依然是重点，在大屏内部搭载支持5G车联网的智能DiLink 4.0系统，功能拓展性到位。另外，对于唐EV车型而言，抬头显示亦是标配。在舒适性方面，唐EV的前排座椅搭载10点SPA按摩，长途出行体验加分；HiFi丹拿音响也能带来更高阶的听觉体验。此外，在"2-3-2"标配布局基础上，用户可选装"2-2-2"的六座布局，对商用需求也更为契合。

③ 辅助驾驶方面，新款唐EV从原本的L2级辅助驾驶拔高到L2.5级别，除了基础的并线辅助、车道保持辅助、主动刹车等功能之外，ACC-S&G走停式自适应巡航和ICC智能领航系统也是两大升级的关键，自动泊车以及全景透明影像则是锦上添花。

④ 动力方面，唐EV在动力总成上根据价格层级分成了168kW、180kW前置单电机和380kW前后双电机三个版本，最大扭矩分别为350N·m、350N·m和700N·m，性能最强的四驱版本0～100km／h的加速时间为4.4s，考虑到这是一辆重量达2.5t的30万元级别的SUV而言，还是很不容易的。值得一提的是，虽然不是为赛道而生，但唐EV还是装备了Brembo六活塞卡钳和DiSus-C电控悬架，对激烈驾驶工况和非铺装路面等都能带来更优的驾驶体验。

⑤ 续航方面，入门版唐EV搭载的是90.3kW·h刀片电池，中高配车型则把容量提升到了108.8kW·h，可实现最高730km的续航，超过特斯拉Model Y，这在当下的中型SUV圈子里是"天花板"级别。与此同时，唐EV支持170kW的直流快充，0.5h可充电至80%。

值得一提的是，比亚迪唐的欧洲版价格达到了7.2万欧元（接近人民币54万元），甚至超过了豪华中大型SUV奥迪Q7在当地的售价。

福特Mustang Mach-e

（指导价：27.59万~38.99万元）√

★ 一句话点评 福特野马以"Mustang"之名，肩负"速度"和"肌肉"两大标签的电动化第一枪。

Mustang Mach-e是福特野马的第一台电动汽车，无论是大嘴造型的前脸、流畅的车身线条、鸟巢型的20in轮圈，还是高亮黑包围，亦或是类似扩散器的造型，都透露着浓浓的运动味道，可以说是充分迎合了年轻人的审美。

外观体现运动感的同时，这款纯电动SUV的内饰科技感也比较强，10.2in液晶仪表盘加上15.5in的触控大屏可以立刻吸引驾驶者的目光，而且这块大屏搭载了SYNC+ 2.0智行互联系统，支持导航路况信息显示、道路救援呼叫、OTA升级、语音识别控制系统等诸多实用的功能。

值得一提的是，Mustang Mach-e搭载的带Low-E高效隔热涂层的全景玻璃天幕在提升座舱通透感的同时，紫外线有效阻隔率还达到了99.9%；此外，Mustang Mach-e还配备了B&O Full Dash音响系统，这套音响系统能为年轻人带来更好的音效体验。

智能驾驶辅助方面，Mustang Mach-e搭载了福特Co-Pilot360智行驾驶辅助系统，支持ACC全速域自适应巡航、TJA拥堵辅助驾驶、ICA高速辅助驾驶、主动刹车/主动安全系统、前方碰撞提醒等在内的多项驾驶辅助功能，在减轻驾驶者驾驶压力的同时能一定程度上提升安全性。

作为福特野马旗下车型，Mustang Mach-e的性能也比较突出，无疆后驱长续航版CLTC续航里程619km，0~100km/h的加速时间为6.5s，而GT版0~100km/h的加速时间仅为3.65s，再配上运动化调校的底盘悬挂系统，这款电动SUV可以带来较为畅爽的驾驶体验。

	车型	跃世后驱版 (标准续航)	无疆后驱豪华版 (长续航)	追风全驱豪华版 (长续航)	2021年款GT
基本信息	定位	5座　纯电动　中型SUV			
	指导价/万元	27.59	31.69	36.99	38.99
	尺寸/mm	长宽高4730×1886×1621　轴距：2984			
电池性能	CLTC 纯电续航里程/km	513	619	554	492
	电池容量/（kW·h）	61.5		80.3	
	电池类型	三元锂电池			
	充电速度/h	快充（至80%）：0.45　慢充：3.9			
动力性	电机类型	永磁同步电机			
	电机总功率/kW	201	224	260	359
	电机总扭矩/（N·m）	430		730	860
	0～100km/h 加速时间/s	6.2	6.5	4.6	3.65
智能化	屏幕及尺寸（顶配）	液晶仪表：10.2in　中控屏：15.5in			
	驾驶辅助亮点 （顶配）	并线辅助、车道偏离预警、车道保持辅助、车道居中保持、道路交通标识识别、主动刹车、DOW开门预警、前/后方碰撞预警、360°全景影像（选装）、倒车车侧预警、全速自适应巡航、自动泊车（选装）			
	智能网联亮点 （顶配）	语音识别控制、车联网、4G、OTA、远程控制			
政策	整车质保政策	整车质保4年或10万千米；首任车主8年或16万千米 （详见官方售后保修手册）			
	"三电"质保政策	8年或16万千米（详见官方售后保修手册）			
	网联流量政策	首任车主：终身畅享基础流量，8年内每月获赠最多5GB影音娱乐流量 （详见官方网站）			
	其他关键词	标配7气囊（含膝部气囊）、标配L2级智能辅助驾驶、主动格栅、B&O音响、2022年美国IIHS最佳安全奖			

问界M5 EV

（指导价：28.86万～31.98万元）✓

★ 一句话点评　华为智能生态加持，面向智能需求高的年轻用户。

　　采用了都市生态美学设计理念的问界M5 EV，外观看起来相当简约且干净，同时前脸部分采用了鲨鱼鼻跑车化车头设计，配合醒狮大灯，可以给人留下了不错的第一观感；来到车侧，这款新车的车侧造型流畅，平直的上腰线搭配上扬的下腰线，在时尚感和动感上有着不错的平衡。另外，高配车型还将提供20in轮圈，并采用大面积封闭式设计，进一步降低车辆的风阻系数；车辆尾部，问界M5 EV采用当下流行的贯穿式尾灯组，圆润饱满的后保险杠让车辆尾部造型看上去更显厚重。

▶ 扫二维码 ◀

看问界M5 EV视频

① 走进车内坐上主驾就会发现，问界M5 EV内饰的做工和用料都达到了较高水准，中控台延伸出的木纹配饰源自Nissha的模外艺术，并使用大面积的皮革材质进行覆盖，再加上采用50面极致切削的晶钻握挡，整个内饰的档次感确实可圈可点。与此同时，新车搭载的10.4in曲面全液晶仪表盘与15.6in半悬浮式中控屏的组合，提升了车内的科技化程度。另外，问界M5 EV还配备了采用了Nappa纹真皮的高级头等舱式座椅，面料柔软，填充物软硬适中，乘坐感受可圈可点。并且这款新车的前排座椅提供座椅按摩和通风加热，进一步提升了乘客的乘坐舒适感。

众所周知，华为深度参与了问界旗下车型的共创，问界M5 EV也不例外：这款新车搭载了全新的Harmony OS 3智能座舱，同时也是新车的最大卖点之一。这套系统支持Harmony OS手机终端应用无缝上车、实现车机界面平行视界横屏窗口布局显示，还支持手机车机硬件相互调用，如果你的手机也采用Harmony OS系统，就可以更方便地使用车机系统。此外，这套系统还支持与计算机进行多屏协同和键鼠共享，方便办公。而且，这套系统的小艺智能语音交互系统支持除普通话外的粤语和四川话两种方言，免唤醒直接说，无需重复唤醒，并且整车拥有四音区语音识别，能够准确识别对应位置的语音指令。

② 在智能辅助驾驶方面，问界M5 EV对比同级亦不落下风，在标配L2级智能辅助驾驶的基础上，新车还配备了业界首个HUD自适应调节功能，这项配置能够通过人眼位置定位算法和人眼位置，自动调节HUD高度，保证驾驶人始终可以看见HUD的全部显示内容。

为了带来更佳的沉浸式视听音效体验，问界M5 EV采用了静谧驱动电机、四面双层隔声玻璃、低噪静音轮胎等静谧性较好的配置，并通过车密封性静谧防护、多层底盘隔振系统、一体式冲压车门机构等进一步强化了车辆的NVH表现。这款新车还配备了拥有19单元专业级音响的华为SOUND豪华音响系统，可以支撑1000W功放的输出，7.1声道沉浸声场的确让人们觉得声临其境，主驾头枕音响让整个音效变得更加突出。

③ 动力方面，问界M5 EV后驱标准版搭载了永磁同步电机，最大输出功率为200kW，0～100km／h的加速时间为7.1s；四驱新版则搭载了前交流异步电机+后永磁同步电机组成的动力组合，最大输出功率为365kW，峰值扭矩为675N·m，0～100km／h的加速时间仅需要4.5s。

④ 续航方面，问界M5 EV分别提供了602km和534km两个续航版本（CLTC工况），可以比较充分地覆盖用户的日常出行需求。而且这款纯电SUV还提供了智慧充电功能，这项功能可以比较形象化地显示当前电量可达的行驶范围、沿途充电站的规划，并提供行程中的站点查询、低电量预警智能提醒、超级省电模式和即插即充无感支付等功能。

⑤ 底盘悬挂方面，问界M5 EV采用了百万豪车上常见的全铝合金底盘，以及前双叉臂+后H臂多连杆独立悬架系统，整车侧倾梯度小，可以较好地提升车辆的操控稳定性。而且这套悬架系统的滤振性较好，面对连续起伏路面的处理能力较强，还可以带来不错的驾乘舒适性。

	车型	后驱标准版	四驱性能版
基本信息（2022年款）	定位	5座　纯电动　中型SUV	
	指导价/万元	28.86	31.98
	尺寸/mm	长宽高4785×1930×1620　轴距2880	
电池性能	CLTC续航里程/km	602	534
	电池容量/（kW·h）	80	
	电池类型	磷酸铁锂电池	
	充电速度/h	快充（至80%）：0.5　慢充：10.5	
动力性	电机类型	永磁同步电机　前交流异步/后永磁同步电机	
	电机总功率/kW	200	365
	电机总扭矩/（N·m）	—	675
	0～100km/h 加速时间/s	7.1	4.5
智能化	屏幕及尺寸（顶配）	液晶仪表：10.25in　中控屏：15.6in	
	驾驶辅助亮点（顶配）	并线辅助、车道偏离预警、车道保持辅助、车道居中保持、道路交通标识识别、主动刹车、前方碰撞预警、DOW开门预警、360°全景影像、透明底盘/540°影像、倒车车侧预警、全速自适应巡航、自动泊车、HUD	
	智能网联亮点（顶配）	高德地图、原厂互联/映射、语音识别控制、面部识别、4G、车联网、OTA、远程控制、NFC/RFID钥匙	
政策	整车质保政策	4年或10万千米	
	"三电"质保政策	电池组质保8年或16万千米	
	其他关键词	L2+级智能辅助驾驶、标配6气囊、双40W手机无线快充、华为SOUND 19扬声器、全新Harmony OS 3智能座舱、四音区语音识别、对外放电、热泵空调、"中国心"十佳新能源汽车动力系统、CN95健康座舱（5A级）认证	

▶ 6.1.3 30万元级纯电动MPV（1款）

荣威iMAX8 EV

（指导价：25.98万~35.98万元）✓

★一句话点评 上汽荣威旗下首款纯电MPV，助推品牌向上的最新力作。

荣威iMAX8燃油版车型的外观设计足够大气，给人们留下了深刻的印象，荣威iMAX8 EV也延续了燃油版车型的设计风格，看起来也是气场十足。

❶ 前脸处，荣威iMAX8 EV采用龙麟黑钻格栅设计，呈现出参数化排布的效果，再结合钻石切割工艺，看起来比较精致，同时，格栅与LED大灯组合、贯穿式日间行车灯很好地融合在了一起，整个前脸有着很强的整体感；与燃油版相比，新车车侧部分的造型没有明显变化，依然使用了比较突出的腰线设计，D柱的镀铬饰条还带有纹理装饰，颇具东方韵味；车辆尾部，新车右侧尾灯下方有iMAX8 EV字样来和燃油版车型区分，立体的尾灯使用了LED光源，再加上贯穿式镀铬饰条，看起来比较时尚。

基本信息（2022年款）	车型	白银版	黄金版	头等舱铂金版	头等舱钛金板	头等舱钻石版
	定位	7座 纯电动 中大型MPV				
	预售价/万元	25.98	28.98	30.98	33.98	35.98
	尺寸/mm	长宽高5016×1909×1796 轴距3000				
电池性能	CLTC纯电续航里程/km	570	550			
	电池容量/（kW·h）	90				
	电池类型	三元锂电池				
	充电速度/h	快充（至80%）：0.5 慢充：—				
动力性	电机类型	永磁同步电机				
	电机总功率/kW	180				
	电机总扭矩/（N·m）	350				
智能化	屏幕及尺寸（顶配）	液晶仪表：12.3in 中控屏：12.3in				
	驾驶辅助亮点（顶配）	并线辅助、车道偏离预警、车道保持辅助、车道居中保持、主动刹车、前方碰撞预警、开门预警、360°全景影像、倒车车侧预警、全速自适应续航、自动泊车				
	智能网联亮点（顶配）	语音识别控制、车联网、4G、OTA、远程控制				
政策	整车质保政策	3年或10万千米				
	"三电"质保政策	电池组质保首任车主不限年限/里程				
	其他关键词	标配6气囊、L2级智能辅助驾驶、全球独创"魔吧"、太空舱舒压航空座椅、车载冰箱、对外放电、博世音响、AR实景导航等				

❷ 内饰方面，荣威iMAX8 EV同样采用展翼式设计，也许会让少部分消费者觉得缺乏新意。不过，这款新车的中控台的配色和用料有变化，中控台上部为棕褐色，下部为白色，中间的饰板从燃油版的拉丝金属质感改为褐色木纹风格，商务气息变得更浓郁了。另外，三辐式平底方向盘也是车内变化比较明显的地方，方向盘的表面包裹了细腻的皮质材料，并采用打孔处理，透气性有所增加。

❸ 科技配置方面，荣威iMAX8 EV搭载了12.3in全液晶仪表盘+10.25in悬浮式中控屏，科技感较强。这套中控屏内置了维纳斯智能系统，这套系统装配可以控制智能家具的天猫精灵，还配有华为的

HiCar以及苹果CarPlay，导航、语音控制系统、OTA升级等功能自然也没有落下。值得一提的一个细节是，12.3in全液晶仪表盘除了可以显示基本数据信息外，还能与中控屏进行联动，并支持AR实景导航，可以带来更直观的视觉效果。

作为一款中高端MPV，空间尺寸是荣威iMAX8 EV最重要的产品参数之一：这款新车

的长×宽×高分别为5016mm×1909mm×1796mm，轴距为3000mm，放在同级别车型中，还是比较有优势的。座椅方面，荣威iMAX8 EV采用了"2+2+3"的7座设计布局，三排座椅皆可前后滑动，并且第三排座椅支持前后超长滑动和翻折功能，空间表现更灵活。

值得一提的是，荣威iMAX8 EV全系搭载S-Nappa真皮座椅，第二排还配备了顶级太空舱舒压航空座椅，拥有69°电动调节靠背、64°电动调节腿托、通风加热及八点式按摩系统等功能，入座就有一种享受理疗的感觉，一定程度上可以缓解出行的疲惫感。座椅的功能方面，前排座椅的配置表现不错，主驾电动座椅支持8向调节(含腰托)、副驾电动座椅支持4向调节功能，比较齐全。

荣威iMAX8 EV搭载了全球独创的"魔吧"，车内乘员可以通过语音或者按键"呼唤"它前后移动，"魔吧"里配备的3～55℃的冷暖箱，可以随时给家人提供冷热饮，就像是个移动吧台。

安全始终都是一辆车上无法避开的话题，在这一方面，荣威iMAX8 EV也投入了不少的精力。首先，这款新车采用了高强度钢笼式车身结构，车身多处关键部位均采用了高强度钢；其次，这款新车还采用了独有的"躺"式电芯方案，这种在电池排布结构上的创新，既可以提升空间利用率，也能消除多个电芯间"多米诺"式热失控的可能。此外，同时，7×24h远程监控体系可提前监测热失控，让用户出行更无忧。

❹ 动力方面，荣威iMAX8 EV的最大输出功率为180kW，峰值扭矩达到了350N·m，虽然比不上部分以性能著称的新能源汽车，但是作为一款舒适取向的中大型纯电动MPV，荣威iMAX8 EV的动力性能还是可以比较充分地满足用车需求的。续航方面，荣威iMAX8 EV全系搭载的是90kW·h的电池包，电池能量密度达195W·h/kg，CLTC续航里程最高达到了570km，称不上很出色，但无论是城市通勤还是偶尔的长途出游，基本都可以覆盖。

6.2 30万元级插电混动SUV（5款）

本田CR-V锐·混动e+

（指导价：27.38万～29.98万元）√

★ **一句话点评** | 在省油的同时，也可以纯电驱动，让城区内的通勤成本更低。

本田CR-V PHEV可以视作是RAV4荣放双擎e+最直接的竞争对手，这两款SUV无论是定位还是定价，都相当接近。

❶ 外观方面，本田CR-V PHEV基本沿用了燃油版车型的主体设计风格，仅是在细节方面进行了调整。具体来看，其在前格栅部分采用更多的镀铬饰条，让整车看起来更加时尚。

❷ 座舱内部，本田CR-V PHEV搭载第二代本田CONNECT智导互联系统，其对中国市场进行了本土化的优化，例如导航功能强化了实时路况信息、用户可以根据语音进行系统控制、能通过支付宝完成在线支付等。不过作为一款新能源车型，本田CR-V PHEV的7in中控大屏和液晶仪表盘，在观感上不占优势，科技感会略逊一筹。

❸ 动力方面，本田CR-V PHEV搭载了由2.0L发动机和电机组成的插电式混合动力系统。其中，发动机最大功率可达145马力（106kW）；电动机额定功率为67.5kW，峰值功率可达135kW。对比RAV4荣放双擎E+来看，本田CR-V PHEV的0～100km/h的加速时间达到了10.3s，加速性能确实不强，但是其搭载的2.0L自然吸气阿特金森循环发动机热效率达到了40.6%，属于较高水准。

基本信息（2021年款）	车型	睿智版	睿驰版	睿雅版
	定位	5座　插电混动　紧凑型SUV		
	指导价/万元	27.38	28.98	29.98
	尺寸/mm	长宽高4694×1861×1679　轴距2660		
电池性能	NEDC/WLTC纯电续航里程/km	84/65		
	电池容量/（kW·h）	16		
	电池类型	锂离子电池		
动力性	电机类型	永磁同步电机		
	电机总功率/kW	135		
	电机总扭矩/（N·m）	315		
	系统综合功率/kW	158		
	0~100km/h加速时间/s	10.3		
智能化	屏幕及尺寸（顶配）	液晶仪表：7in　中控屏：7in		
	驾驶辅助亮点（顶配）	车道偏离预警、车道保持辅助、道路交通标识识别、主动刹车/主动安全、前方碰撞预警、360°全景影像、全速自适应续航、自动泊车、抬头显示		
	智能网联亮点（顶配）	语音识别控制、原厂互联/映射、车联网、远程控制		
政策	整车质保政策	3年或10万千米		
	"三电"质保政策	电池组质保8年或15万千米		
	其他关键词	标配6气囊、标配L2级智能辅助驾驶、主动降噪		

比亚迪唐PHEV

（指导价：27.28万~32.98万元）√

★ 一句话点评　DM-i和DM-p两种动力可选，适用于对动力性能有不同需求的用户。

比亚迪是我国进入新能源市场的先驱品牌，也成为新能源领域的头部企业。旗下唐朝系列中的唐DM-i和DM-p都属于PHEV车型。

❶ 外观方面，唐PHEV采用了"Dragon face"设计语言，大开口进气格栅加狭长LED大灯组合看上去非常有气势，新车尾部采用贯穿式车灯设计，颇具时尚气息。唐PHEV的车身尺寸（长/宽/高）为4870mm/1950mm/1725mm，轴距为2820mm，作为一辆7座中型SUV，车内的乘坐舒适性得到了保证，在同级别车型中，比亚迪唐DM-i确实具有很强的竞争力。

❷ 车辆内部，唐PHEV配备了12.3in全液晶仪表，同时还有一块可旋转的15.6in触控液晶大屏，新车除了OTA升级、卫星导航、车联网等基础功能之外，还支持5G网络以及DiLnk车载智能系统，这点在30万元价位车型中是极为罕见的，可以大大提升用户的网络速度和车机体验。在品质感方面，金属、软皮、钢琴烤漆、亚光银的饰条和搪塑，这些材质使用得恰到好处，在唐PHEV的车内不仅呈现出了层次感，同时在一定程度上营造出豪华的气息。

❸ 动力方面，唐DM-i配备了1.5T发动机+单电机的混合动力组合，发动机最大功率为102kW，扭矩为231kW，电动机最大功率为160kW，最大扭矩为325N·m；而偏向动力性能的唐DM-p采用的则是双

电机，电机最大功率为360kW，最大扭矩为675N·m，传动系统配备的是E-CVT无级变速箱。在加速性方面，唐DM-i与DM-p的0～100km/h的加速时间为分别为8.5s和4.3s，后者的动力性能已经接近当下许多高性能纯电SUV。

新车另一个亮点在于，虽然没有搭载刀片以及三元锂电池，但是NEDC纯电续航里程最高可以达到252km，仅依靠电机输出便可以满足市内行驶续航需求。

基本信息（2022年款）	车型	DM-i 252km尊享型	DM-p 215km 四驱尊贵型	DM-p 215km 四驱尊享型	DM-p 215km 四驱旗舰型
	定位	7座　插电混动　中型SUV			
	指导价/万元	27.98	28.98	30.98	32.98
	尺寸/mm	长宽高　4870×1950×1725　轴距2820			
电池性能	NEDC综合续航里程/km	1200	1020		
	NEDC纯电续航里程/km	252	215		
	WLTC纯电续航里程/km	—	189		
	电池容量/（kW·h）	45.8			
	电池类型	磷酸铁锂			
	充电速度/h	快充（至80%）：0.33　慢充：—			
动力性	电机类型	永磁同步电机			
	电机总功率/kW	160	360		
	电机总扭矩/（N·m）	325	675		
	系统综合功率/kW	—	452		
	0～100km/h加速时间/s	8.5	4.3		
智能化	屏幕及尺寸（顶配）	液晶仪表：12.3in　中控屏：15.6in			
	驾驶辅助亮点（顶配）	并线辅助、车道偏离预警、车道保持辅助、车道居中保持、道路交通标识识别、主动刹车、开门预警、前/后方碰撞预警、360°全景影像、透明底盘、倒车车侧预警、全速自适应巡航、自动泊车、遥控泊车、自动变道辅助、抬头显示			
	智能网联亮点（顶配）	语音识别控制、高德地图、车联网、5G、OTA、NFC/RFID钥匙、Wi-Fi热点、远程控制			
政策	整车质保政策	6年或15万千米			
	"三电"质保政策	首任非营运车主"三电"系统质保不限年限/里程			
	网联流量政策	车机流量2年免费、E-call、I-call 2年免费			
	其他关键词	标配6气囊、标配L2级智能辅助驾驶、悬架软硬调节、对外放电、热泵空调、车载香氛、Brembo卡钳、丹拿音响、刀片电池、旋转大屏、遥控驾驶			

魏牌摩卡DHT-PHEV

（指导价：29.50万～31.50万元）√

长城推出的魏牌摩卡DHT-PHEV的外观沿用了魏牌的家族式设计风格，点阵式六边形的进气格栅非常大气，搭配熏黑、镀铬等元素，在一定程度上呈现出了这台豪华SUV的细腻精致感；侧面来看，这款车采用了凸显优雅气质的修长身段，并且通过比较流畅的线条将豪华感进行了深入融合。单论"颜值"而言，魏牌在国产品牌中丝毫不输比亚迪的"Dragon face"设计语言。

❶ 座舱内部，摩卡DHT-PHEV的设计，也是以呈现高端大气的风格为主。例如，设计师通过多组线条，营造出清晰的层次感，并且在用料方面也不吝啬，车内采用比较大面积的软性材质包裹，具有较好的触感，营造出一定的豪华感。在科技配置方面，摩卡DHT-PHEV采用三屏设计，包括9.2in全液晶仪表、14.6in中控屏和一块9in的全液晶触控屏。

❷ 智能配置方面，摩卡DHT-PHEV支持高德GPS、语音识别、面部识别、车联网、4G、OTA升级、Wi-Fi热点，辅助操控支持360°全景影像、透明底盘、倒车车侧预警、全速自适应巡航等功能，可以带来更全面的智能体验。

❸ 动力方面，摩卡DHT-PHEV采用在长城柠檬混动DHT当中使用的米勒循环，其中还配备了长城自主研发的VGT可变截面涡轮，其优势在于：1.5T发动机可以提供115kW最大功率以及235N·m最大扭矩。此外在总功率265kW、总扭矩532N·m的双电机加持下，0～100km/h的加速时间仅需要4.8s，而且燃油效率大幅度提升，百公里油耗仅需0.73L。此外，新车搭载的三元锂电池容量为39.67kW·h，纯电续航可达到175km，纯电模式便可以满足上下班代步需求。

值得一提的是，摩卡DHT-PHEV支持5种驾驶模式，是30万元级别车型中的优选之一。

基本信息（2022年款）	车型	1.5TO焦虑智享版	1.5TO焦虑性能版
	定位	5座　插电混动　中型SUV	
	指导价/万元	29.5	31.5
	尺寸/mm	长宽高4875×1960×1690　轴距2915	
电池性能	WLTC纯电续航里程/km	204	175
	电池容量/（kW·h）	39.67	
	电池类型	三元锂电池	
	充电速度/h	快充（至80%）：0.58　慢充：5.27	
动力性	电机类型	永磁同步电机	
	电机总功率/kW	130	265
	电机总扭矩/（N·m）	300	532
	系统综合功率/kW	291	355
	系统综合扭矩/（N·m）	570	726
	0～100km/h加速时间/s	7.4	4.8
智能化	屏幕及尺寸（顶配）	液晶仪表：9.2in　中控屏：14.6in	
	驾驶辅助亮点（顶配）	并线辅助、车道偏离预警、车道保持辅助、车道居中保持、道路交通标识识别、主动刹车、开门预警、前/后方碰撞预警、360°全景影像、透明底盘、倒车车侧预警、全速自适应巡航、自动泊车、遥控泊车、自动变道辅助、循迹倒车、抬头显示	
	智能网联亮点（顶配）	语音识别控制、高德地图、高精地图、面部识别、车联网、4G、OTA、Wi-Fi热点、远程控制	
政策	整车质保政策	5年或15万千米	
	"三电"质保政策	电池组质保首任车主不限年限/里程	
	其他关键词	标配7气囊（含膝部气囊）、标配L2级智能辅助驾驶、悬架软硬调节（选装）、主动进气格栅、对外放电、主动降噪、车内生物监测、燕飞利仕音响、车载香氛	

林肯冒险家PHEV （指导价：30.98万～34.58万元）✓

★一句话点评 车内豪华感优于同级，混技术提升行驶品质，让豪华更进一步。

　　冒险家是长安林肯旗下的第一款国产车型，对于长安林肯而言，冒险家一直都是其销量的主力车型。为了能够进一步扩展冒险家在国内的市场份额，长安推出了长安林肯旗下唯一一款新能源车型，冒险家PHEV。

❶ 从整体设计上看，冒险家PHEV与燃油版车型的外观设计保持高度相似，细节方面略有不同。前脸依旧饱满圆润，中网格栅采用的是点阵式星辉状设计，LED大灯采用分体式排布，整体看上去非常大气。

❷ 车辆内部，冒险家PHEV配备了12.3in全液晶仪表盘+12.8in触控液晶屏。车内支持卫星导航系统、

蓝牙车载系统、语音识别控制系统、SYNC+车载智能系统、车联网、4G网络，在车载娱乐方面，能够给大家日常出行带来不错的体验。此外，冒险家低配车型未提供全速自适应巡航、车道偏离预警、车道保持辅助、主动刹车等功能，不过顶配车型基本涵盖了必备的所有功能。

❸ 动力方面，冒险家PHEV采用的是发动机+双电机配置。发动机参数为1.5T三缸发动机，最大功率为123kW，最大扭矩为210N·m，电机总功率为146kW，总扭矩为386N·m，NEDC综合油耗测试1.5L/100km。

❹ 电池方面，冒险家PHEV使用的是三元锂电池，纯电续航为64km。虽然冒险家PHEV配备的是三缸发动机，但是却能够支持五种驾驶模式，以及悬架软硬调节功能，在合资PHEV混动车型中实属少见，日常的驾驶操控体验感会提升不少。

	车型	四驱e享版	四驱e雅版
基本信息（2021年款）	定位	5座　插电混动　紧凑型SUV	
	指导价/万元	30.98	34.58
	尺寸/mm	长宽高　4615×1887×1630　轴距　2711	
电池性能	NEDC纯电续航里程/km	64	
	电池容量/（kW·h）	15.12	
	电池类型	三元锂电池	
动力性	电机类型	永磁同步电机	
	电机总功率/kW	146	
	电机总扭矩/（N·m）	386	
	系统综合功率/kW	203	
智能化	屏幕及尺寸（顶配）	液晶仪表：12.3in　中控屏：12.8in	
	驾驶辅助亮点（顶配）	并线辅助、车道偏离预警、车道保持辅助、车道居中保持、道路交通标识识别、主动刹车、前方碰撞预警、倒车影像、倒车车侧预警、全速自适应巡航	
	智能网联亮点（顶配）	百度地图、语音识别控制、车联网、4G、OTA、远程控制	
政策	整车质保政策	5年或14万千米	
	"三电"质保政策	电池组质保8年或16万千米	
	其他关键词	标配7气囊（含膝部气囊）、主动降噪、悬架软硬调节、主动进气格栅、车载香氛、锐威音响	

岚图FREE增程版　（指导价：31.36万～37.99万元）✓

★一句话点评　三联屏可升降，续航零焦虑，行驶质感有亮点。

岚图FREE增程版拥有鲲鹏展翅造型的前脸，贯穿式灯带让整车视觉上更显宽大，竖向格栅设计比较精致，彰显出一定的高级感；车身侧面来看，这款增程式SUV采用灵感源自于豪华游艇的造型线条设计，整车的风阻达到了0.28，算是一个比较不错的水准。车身尺寸方面，岚图FREE增程版的长×宽×高分别为4905mm×1950mm×1660mm，轴距为2960mm，为整车空间打下坚实的基础。

基本信息（2021年/2022年款）		车型	2021年款四驱增程版	2022年款DNA联名增程版	2021年款四驱增程版专属豪华套装
		定位	5座　增程式插电混动　中大型SUV		
		厂商指导价/万元	31.36	37.99	33.36
		尺寸/mm	长宽高4905×1950×1660　轴距2960		
电池性能		NEDC综合续航里程/km	860		
		NEDC / WLTC 纯电续航里程/km	140/123		
		电池容量/（kW·h）	33		
		电池类型	三元锂电池		
		充电速度/h	快充（至80%）：0.75　慢充：3.75		
动力性		电机类型	交流异步电机		
		电机总功率/kW	510		
		电机总扭矩/（N·m）	1040		
		系统综合功率/kW	510		
		系统综合扭矩/（N·m）	1040		
		0~100km/h加速时间/s	4.5		
智能化		屏幕及尺寸（顶配）	液晶仪表：12.3in　中控屏：双12.3in		
		驾驶辅助亮点（顶配）	并线辅助、车道偏离预警、车道保持辅助、车道居中保持、道路交通标识识别、夜视系统、主动刹车、前/后方碰撞预警、DOW开门预警、360°全景影像、透明底盘/540°影像、倒车车侧预警、全速自适应巡航、自动泊车		
		智能网联亮点（顶配）	AR实景导航、HiCar、5G、手势控制、面部识别、车联网、OTA、Wi-Fi热点、远程控制		
政策		整车质保政策	5年或10万千米		
		"三电"质保政策	8年或12万千米		
		其他关键词	标配6气囊、一体式可升降三联屏、标配L2级智能辅助驾驶、智能可调光全景天幕、空气悬架、对外放电、哨兵模式、主动降噪、8155芯片、丹拿音响、车载香氛		

❶ 车辆内部，岚图FREE增程版采用了游艇环抱式设计，三个12.3in的屏幕组成的一体式可升降三联屏相当吸睛，同时，全色域律动氛围灯色调柔和，使得座舱看起来舒适且优雅。座椅方面，岚图FREE增程版搭载了头等舱级舒享座椅，座椅采用的是OKEO-TEX婴儿级亲肤面料，还具有12向电动调节/通风/加热/按摩等功能。

❷ 智能驾驶方面，岚图FREE增程版全车配备了24个智能传感器，可以实现包括FCW前方碰撞预警系统、RCW后碰撞预警、RCTA倒车预警系统以及TJA交通拥堵辅助等在内的20项智能驾驶辅助功能。特别值得一提的是，这款增程式SUV还配备拥有150m监测距离的NVS智能主动夜视系统，可以让用户在灯光昏暗的路面上更清晰地看清前方行人或是其他车辆，对于提升行车安全性有一定的帮助。

❸ 动力方面，岚图FREE增程版搭载的是1.5T四缸涡轮增压发动机+电动机组成的增程式混合动力总成系统，最大输出功率694匹，峰值扭矩达到了1040N·m，0~100km/h的加速时间仅需要4.5s，NEDC综合续航里程则是达到了860km。

　　得益于100mm高低可调的空气悬架配置，在平路行驶时候，这款增程式SUV的减振器上下行程居中，余量更大，舒适性更好；而在路况不好的时候，底盘高度可以升高，以增加通过性。

7 50万元级新能源汽车选购篇

7.1 50万元级纯电动汽车（24款）

7.1.1 50万元级纯电动轿车（7款）

极狐阿尔法S

（指导价：22.38万~42.99万元）√

| ★一句话点评 | 北汽与麦格纳联手打造，钢铝混合车身，轻量化和安全性有亮点，NCA智驾辅助有加分。 |

阿尔法S是ARCFOX极狐品牌旗下定位中大型轿车的新一代智能豪华纯电动轿车。在2022年5月，这款车发布了全新2022年款华为HI进阶版。

与许多造车新势力一样，极狐阿尔法S也采用家族式设计语言：前脸机舱盖上的轮廓线搭配保险杠下方的镀铬装饰，带来了一定的肌肉感；车侧处的悬浮车顶一直延续到车尾，打造出了一个溜背的造型，看起来也比较动感。

▶ 扫二维码 ◀

看极狐
阿尔法S及全新HI版视频

❶ 车辆内部，阿尔法S最大的看点就是几乎横贯左右的21.69in 4K高清大屏，而中控台的造型设计更多的是为这款屏幕做出妥协；同时，这款车采用大量皮质和麂皮进行包裹，触感和视觉效果都比较出众；新车型还在门板、空调出风口和座椅缝线等处加入红色元素进行装饰，一定程度上也提升了座舱的运动氛围感。

❷ 在智能科技方面，首次进入高端市场的极狐品牌还是很愿意下本的，全套的L2+级别ADAS功能让出行变得更为简单，自动泊车、遥控泊车等则更是锦上添花。阿尔法S全新HI版更有3个激光雷达和高精地图的加持，在RPA遥控泊车、ICA城区-智能巡航辅助两大高阶驾驶辅助功能以及HUD显示升级、夜间自动升级、前视摄像头智能除雾等功能的基础之上，2022年12月底，极狐阿尔法S全新HI版城区NCA（即城区智驾导航辅助，以下简称"城区NCA"）已经开启交付，能在城区实现自主巡航、无保护路口通行、近距离加塞处理、主动高效的超车变道/并道分道、隧道通行、盲区蠕行等操作，可以胜任城区复杂环境的"点到点"智驾融入更多用户的生活中。

❸ 在智能网联方面，极狐阿尔法S全新HI版是全球首款搭载华为harmony OS智能座舱的豪华纯电量产轿车，并且支持5G通信。

❹ 动力方面，极狐阿尔法S有4种动力配置，最大功率/最大扭矩分别为：160kW/360N·m、175kW/360N·m、320kW/720N·m、473kW/655N·m，最高配的HI版可达成0～100km／h的加速时间为3.5s的加速体验。续航方面，极狐阿尔法S也有500km/525km/603km/708km可选，可以比较轻松地满足不同人群的出行需求。

值得一提的是，作为出自国内首个800V高压量产车平台的量产车型，阿尔法S全新HI版可支持800V、250A的超级快充，充电功率最高可达187kW，充电10min即可补充近200km的续航里程，电量从30%充到80%仅需15min。

基本信息（2022年款）	车型	525S 160kW	525S 175kW	525S+ 160kW	525S+ 175kW	708S 160kW	708S 175kW	708S+ 160kW	708S+ 175kW	708S+ 175kW 小王子联名款	603H	603H 王子联名款	H版 进阶版	H版 高阶版
	定位	5座 纯电动 中大型车												
	指导价/万元	22.38	25.38			26.73		28.73	28.73	29.33	35.03	35.63	39.79	42.99
	尺寸/mm	长宽高4980×1960×1599　轴距：2915												
电池性能	NEDC纯电续航里程/km	525				708					603			500
	CLTC纯电续航里程/km	—			—	708	708	—	708	—				
	电池容量/(kW·h)	67.3	66	66	67.3	93.6	94.5	93.6	94.5	93.6				74.5
	电池类型	三元锂电池												
	充电速度/h	快充（至80%）：0.25~0.6　慢充：11.5~15.5												
动力性	电机类型	永磁同步										前交流异步电机/后永磁同步电机		
	电机总功率/kW	160	175	160	175	160	175	160	175	175	320		473	
	电机总扭矩/(N·m)	360									720		655	
	0~100km/h加速时间/s	7.7				8.3		8.3	8.3	—	4.2		3.5	
智能化	屏幕及尺寸（顶配）	液晶仪表盘：12.3in　中控屏：21.7in												
	驾驶辅助亮点（顶配）	并线辅助、车道偏离预警、车道保持辅助、车道居中保持、道路交通标识识别、主动刹车、开门预警、前/后方碰撞预警、360°全景影像、透明底盘、倒车侧预警、全速自适应巡航、自动泊车、遥控泊车、手势控制、抬头显示												
	智能网联亮点（顶配）	百度地图、高精地图、CarPlay/CarLife、语音识别控制、远程控制、面部识别、车联网、5G、OTA、Wi-Fi热点、V2X、												
政策	整车质保政策	首任车主不限年限/里程												
	"三电"质保政策	5年或20万千米												
	其他关键词	全系L2级辅助驾驶、主动格栅、热泵空调、对外放电、激光雷达、"笼式"钢铝混合车身、2021年中国十佳车身和最佳智材料奖、第十届轩辕奖最佳智驾奖												

极氪001

（指导价：29.90万～38.60万元）✓

★ **一句话点评** 猎装车设计很有视觉冲击力，动力性能可媲美更昂贵的豪华品牌纯电动车。

极氪和领克都是吉利集团旗下的品牌，而极氪001更源自先前的领克ZERO-CONCEPT，这也让极氪001拥有浓厚的运动风格，猎装轿跑的定位则让这一质感再度提升。所以，仅从造型设计来说，极氪001与大多数主打高端家用的产品是有明显区别的，除了前脸部分继承了"历史遗留"的领克家族造型外，极氪001的整体设计相对激进，包括整体性较强的侧

面、隐藏式B柱以及瓦罐质感浓厚的尾部等，这种设计也凸显出比较强烈的运动质感。

❶ 座舱内部，极氪001采用的是与大多数新能源车型类似的极简+科技的设计方案，无论是有丰富层次感的中控还是造型独特的液晶仪表，都在现代简约理念上融入设计的魅力，四种可选的内饰颜色也照顾到不同审美体系消费者的偏好。

❷ 空间方面，纯电动中大型轿车的定位让极氪001在车长近5m的情况下将轴距拉长了不少，车宽也做到了接近2m，这也使得内部空间成为极氪001的优势。特别是更大的后备厢容积，可以满足更多出行场景下对载物空间的需求。但相应地，在停车方面可能稍考验驾驶员的技术。

❸ 智能网联是极氪001口碑转折的重点。早先，极氪001的15.4in大屏本就已经支持5G互联以及AI-Mate语音助理等功能，在升级8155芯片组之后，体验上比旧版的极氪001肯定要更进一步。另外，在其他配置上，极氪001还有手机远程控制、面部识别以及新增的智能钥匙等功能，在一定程度上也提升了用车便利性。

基本信息（2022年款）		车型	超长续航单电机WE版	长续航双电机WE版	超长续航双电机ME版	超长续航双电机YOU版
		定位	5座　纯电动　中大型车			
		指导价/万元	29.9	29.9	34.9	38.6
		尺寸/mm	长宽高4970×1999×1560　轴距3005			
性能	电池	CLTC续航里程/km	732	536	616	650
		电池容量/（kW·h）	100	86	100	100
		电池类型	三元锂电池			
动力性		电机类型	永磁同步电机			
		电机总功率/kW	200	400	400	400
		电机总扭矩/（N·m）	384	768	768	768
		0～100km/h加速时间/s	6.9	3.8	3.8	3.8
智能化		屏幕及尺寸（顶配）	液晶仪表：8.8in　中控屏：15.4in			
		驾驶辅助亮点（顶配）	并线辅助、车道偏离预警、车道保持辅助、车道居中保持、道具交通标识识别（选装）、主动刹车、DOW开门预警、前/后方碰撞预警、360°全景影像、透明底盘、倒车车侧预警、全速自适应巡航、自动泊车（选装）、遥控泊车、自动变道辅助、抬头显示			
		智能网联亮点（顶配）	语音识别控制、高精地图、面部识别、5G、车联网、OTA、Wi-Fi热点、NFC/RFID钥匙			
政策		整车质保政策	待查，首任车主不限年限/里程			
		"三电"质保政策	电池组质保首任车主不限年限/里程			
		其他关键词	标配6气囊、标配L2级智能辅助驾驶、8155芯片、EC光感天幕、星空天窗（选装）、自动开合门、无框门、全场景OTA、雅马哈音响、空气悬架、主动格栅、对外放电、热泵空调、车载香氛、"中国心"十佳新能源汽车动力系统、第十届轩辕奖年度十佳汽车			

❹ 智能驾驶方面，极氪001搭载的是来自Mobileye的解决方案，在EyeQ5H芯片和一系列传感器的支撑下可以达到L2级别辅助驾驶，基础功能不在话下。但是，芯片的算力距离英伟达Orin以及Xavier还有一定距离。另外，极氪001还支持选装ZAD-Advance以及ZAD-Ultimate辅助驾驶系统，辅助驾驶功能可以进一步提高，但这两个选装包都需要考验一下"钞能力"，怎么选就要看个人需求了。

❺ 动力方面，除了单电机入门版之外，极氪001的其余3款车型均搭载前后各200kW的永磁同步电机，单台电机峰值扭矩为384N·m，0～100km/h的加速时间为3.8s。电池部分，极氪001搭载的是CATL的三元锂电池，最大容量为100kW·h，其中超长续航版可以达到732km的CLTC续航里程。

▶ 扫二维码 ◀

看极氪001视频

蔚来ET5

（指导价：32.80万～38.60万元）✓

★ **一句话点评** 性能、智能均处于一线水准，"BBA"同级车型的有力竞争者。

蔚来走的一直是"自上而下"的路线，旗舰车型ET7之后推出ET5便是这一路线的产物。

▶ **扫二维码** ◀

看蔚来ET5视频

❶ 外观方面，蔚来ET5采用最新的家族式设计语言。前脸部分采用名为X-bar的设计，整体相当简洁。细节来看，全封闭的进气格栅、分体式大灯组、细长犀利的日间行车灯，这些新能源车常见的元素一应俱全，当然还有车顶处标志性的激光雷达"犄角"，好不好看，只能说是见仁见智了；车身侧面，车顶采用了溜背式的设计，线条流畅自然，并配有全景天幕和隐藏式门把手，风阻系数做到了0.24；车尾部分设计同样简洁，采用贯穿式的尾灯设计。

❷ 内饰方面，ET5配备了10.2in的全液晶仪表盘和12.8in的中控大屏，车机支持在线影音、语音交互、地图导航、OTA升级等功能。整个车舱采用简约现代的设计风格，方向盘和座椅包裹分别用到了真皮和仿皮，整体触感舒适而有高级感。

❸ 配置一直是造车新势力的优势领域，蔚来ET5全系标配了L2级别的NAD驾驶辅助系统，并具备L3级别的硬件水平。另外，这款车还支持全速自适应巡航，540°全景影像，自动泊车，远程启动，前排手机无线充电，主副驾驶电动座椅，23喇叭的音响系统，256色车内氛围灯等功能。

	车型	75kW·h	100kW·h	150kW·h
基本信息	定位	5座　纯电动　中型车		
	指导价/万元	32.8	38.6	—
	尺寸/mm	长宽高4790×1960×1499　轴距：2888		
电池性能	CLTC纯电续航里程/km	560	710	1000
	电池容量/（kW·h）	75	100	150
	电池类型	三元锂电池+磷酸铁锂	三元锂电池	固态电池
动力性	电机类型	前感应异步电机/后永磁同步电机		
	电机总功率/kW	360		
	电机总扭矩/（N·m）	700		
	0～100km/h加速时间/s	4		
智能化	屏幕及尺寸（顶配）	液晶仪表：10.2in　中控屏：12.8in		
	驾驶辅助亮点（顶配）	并线辅助、车道偏离预警、车道保持辅助、车道居中保持、道路交通标识识别、主动刹车/主动安全、疲劳驾驶提示、开门预警、前方碰撞预警、360°全景影像、透明底盘、倒车车侧预警、全速自适应巡航、自动泊车、远程召唤（选配）、自动变道辅助、抬头显示		
	智能网联亮点（顶配）	高精地图、语音识别控制、车联网、5G、OTA、V2X通信、Wi-Fi热点		
政策	整车质保政策	3年或12万千米，首任车主10年不限里程		
	"三电"质保政策	首任车主不限年限/里程		
	其他关键词	标配L2级辅助驾驶、NOMI智能助手、主动格栅、负离子发生器/车载香氛（选配）、热泵空调、无框电吸门、激光雷达、守卫模式、第十届轩辕奖年度十佳汽车、第十届轩辕奖"最佳内饰奖"		

❹ 动力方面，蔚来ET5全系标配前感应异步+后永磁同步双电机组合，最大总输出功率为490匹（360kW），峰值扭矩为700N·m，官方0～100km/h的加速时间仅为4.3s，在续航方面有75kW·h和100kW·h两个电池容量版本可选，CLTC工况下纯电续航里程分别是560km和710km，并支持快充。

宝马i3

（指导价：34.99万~41.39万元）✓

★ **一句话点评** 宝马柔性生产线CLAR平台出品，以3系之名"进化而来"的纯电动汽车。

作为一款面向新能源时代的纯电豪华轿车，宝马i3无疑带来了一些新的气息。诸如封闭式点阵格栅、LOGO外的蓝色线条，这些细节为宝马i3的外观构建起了一定的科技感，符合这个时代纯电豪华轿车的特征。不过，这款"电动3系"依然没有忘记宝马运动型轿车的精髓。于是，经典的后驱运动轿车姿态、双肾式进气格栅、后窗的霍氏转角以及天使眼大灯这样的经典元素，依然存在着，为"Bimmer"们带来宝马特立独行的审美设计。

除了外观，宝马i3的内饰也是如此。除了通过悬浮式双联屏构建科技感之外，这辆车依然注重经典与豪华。经典的侧向驾驶者的中控台设计，再加上新的环保皮革，i3构建起豪华氛围的基础。

并且，考虑到都市用户在纯电动出行中的真实场景，i3搭载了宝马IDrive操作系统8.0。在实际的操作过程中，这套系统也是融入本土化的一些需求，其座舱生态都与腾讯深度合作并且融入对于场景的优化。举个例子，基于腾讯的网联生态，宝马i3不仅可以通过在线音乐、在线导航等网联APP提升驾驶的便利度；同时，车家互联等小程序，也实现了在车辆上对于智能家居的控制功能，可以让生活更加轻松便利。

① 在智能驾驶辅助系统方面，宝马i3的思路是以更细化的选装方式，让用户来自己做出选择。比如，针对追求驾驶便利性的用户，大家可以选装自动驾驶辅助系统Pro。譬如，基于这套系统，在时速70km以上的时候，除了自适应巡航等功能外，还支持拨杆变道，能够较为有效地降低驾驶者的操作难度，提升驾驶的便利性。而针对空间感不是很强的新手司机或者是女性驾驶者，宝马i3还提供了自动泊车系统的选项。这套系统除了提供自动泊车外，还提供50m循迹倒车功能，在驶入狭窄小巷或者在狭窄车位进出的时候，有了这套功能也比较方便。

② 在动力性的表现上，i3采用了第五代宝马eDrive电驱技术。在2022年款eDrive 35L车型上，后置单电机可以提供210kW最大功率、400N·m峰值扭矩的动力输出。在续航方面，宝马i3采用70kW·h高镍电池，最大续航可以达到526km，快充80%电量的时间在半个小时左右。

	车型	eDrive 35 L	eDrive 40 L
基本信息（2022年款）	定位	5座　纯电动　中型车	
	指导价/万元	34.99	41.39
	尺寸/mm	长宽高4872×1864×1481　轴距：2966	
电池性能	CLTC纯电续航里程/km	526	592
	电池容量/（kW·h）	70	79.05
	电池类型	三元锂电池	
	充电速度/h	快充（至80%）：0.58　慢充：6.75	
动力性	电机类型	他励同步电机	
	电机总功率/kW	210	250
	电机总扭矩/（N·m）	400	410
	0～100km/h加速时间/s	6.2	—
智能化	屏幕及尺寸（顶配）	液晶仪表：12.3in　中控屏：14.9in	
	驾驶辅助亮点（顶配）	并线辅助（选装）、车道偏离预警、车道保持辅助（选装）、车道居中保持（选装）、道路交通标识识别（选装）、主动刹车/主动安全、前方碰撞预警、360°全景影像、全速自适应巡航（选装）、自动泊车（选装）、自动变道辅助（选装）、循迹倒车（选装）、抬头显示（选装）	
	智能网联亮点（顶配）	语音识别控制、CarPlay/CarLife、车联网、OTA	
政策	整车质保政策	3年或10万千米	
	"三电"质保政策	电池组质保8年或16万千米	
	其他关键词	L2级辅助驾驶（选装）、悬架软硬/高低调节、空气悬架、主动格栅、热泵空调、电池预加热、哈曼卡顿音响（选装）	

智己L7

（指导价：36.88万～57.88万元）✓

★ **一句话点评**　主打操控和性能的中大型智能纯电动轿车。

　　智己是有上汽集团背景的一个中国新能源汽车品牌，旗下L7定位纯电动中大型轿车。

▶ 扫二维码 ◀

看智己L7视频

❶ 外观方面，智己L7是时下流行的纯电动车设计，包括犀利的日间行车灯造型、分体式前大灯、全封闭式的进气格栅、流线型圆润的车身线条、悬浮式的溜背车顶、贯穿式的尾灯等特征，都给人留下比较难忘的第一印象。车身尺寸部分，智己L7长×宽×高为5098mm×1960mm×1485mm，轴距达到了3100mm，可以晋身5m车长、3m轴距的"大车俱乐部"。

❷ 内饰方面，智己L7采用极简风格，整个中控区域堆满了屏幕，视觉冲击力极强，仅仅是中控台上方的悬浮式屏幕的尺寸，就达到了39in，机车支持地图导航、在线影音娱乐、语音交互等功能。而且在下方控制区域，也采用了触屏的方式对车辆空调等设备进行控制。除此之外，在细节处，它更采

用一些比较巧妙的设计。例如，它的39in中控屏可以进行升降，当需要查看更多信息、需要体验大量娱乐功能时，屏幕升起，以展现更大的画面；而在专注驾驶等场景下，屏幕下降，前向视野变得开阔起来，一定程度上也可以降低干扰。

在内饰设计中，智己L7已达到40万元价位，所以车内的材质自然也不会太差。除了软性包裹之外，它的中控台、门板等位置还有产自意大利的实木材料，软性材质与实木搭配，使得智己L7和其他同级车型一样，具备了一定的氛围感。另外，配置方面，智己L7可以说是诚意满满，全系标配电吸门，前排座椅加热通风，电动记忆座椅，后排座椅加热，22喇叭的音响系统，256色氛围灯等功能，同价位罕见。

④ 在智能硬件层面，智己L7搭载12个超声波雷达、11个高清感知摄像头、5个毫米波雷达以及2个高精度定位单元，再搭配智驾域控制器高算力Orin芯片，这放在大部分车型中，都是比较高的水平。

举个很简单的例子，在人们日常使用智能驾驶辅助系统的时候，难免会遇到高速公路上有锥桶路障、有异型车的状况。在以前，遇到这些问题的时候，要么是辅助驾驶直接断开，让驾驶者接管，要么是识别不出，从而造成事故。但是在智己L7这款车上，通过算法的优化解决了这些场景的痛点问题。例如，在遇到高速加塞的时候很多智能驾驶系统都会"来一脚急刹"，但是智己L7却不会，它不仅可以轻柔地点刹车，甚至还能在安全的基础上小幅度横向移动来避让；而在遇到异型车的场景中，一些智能驾驶系统可能无法识别而造成危险，但智己L7可以通过数据库一亿量级的异型车数据进行较快的识别，一定程度上确保安全性……针对这些智能驾驶场景的痛点问题，智己L7的智驾算法基本上都将其解决，提升了智能驾驶系统的安全性。

⑤ 在大家比较关注的电池方面，智己L7采用性能较为稳定的"523"配方三元锂电芯，这类电芯由于理化性质的问题，其能量密度不及811的表现，但是，智己汽车通过"卧式"布局，将能量密度做到了195W·h/kg，在CLTC工况下，智己L7的续航里程达到了615km，基本上达到了同级主流水准，一定程度上能满足电动汽车用户日常的用车需求。

⑥ 驱动层面，得益于425kW、725N·m的电机动力储备，智己L7能在3.87秒内完成0～100km/h的加速。从数据来看，这也符合其四十万元级的定位。

智己L7特殊的地方，其实更在于它的底盘，因为它的底盘调校，来自威廉姆斯前瞻工程团队。在威廉姆斯工程团队的手中，智己L7的底盘调校策略比较偏运动风格。整体来说，它的底盘会给人一种偏硬的感觉，但是在"硬"中又包含一定的韧性，一定程度上可以满足激烈驾驶和日常出行两种不同的风格需求。当然，这样的操控手感也离不开硬件系统的支持。四轮主动转向技术，就是它的核心。通过12°的后轮转向角度，这款尺寸不小的纯电轿车能在低速状态下，拥有类似小车的灵活驾驭质感；而在高速并道的时候，后轮转角与前轮保持一致，提供了比较稳健、比较舒适的感受。正是这样的底盘调校策略和硬件，搭配智能可变阻尼、Brembo高性能刹车卡钳等配置，智己L7也以1分12秒94圈速成绩，打破了上海天马赛车场纯电动量产车的记录，并且，其在圈速总榜中的排名也仅次于保时捷911 GT3和Carrera S。

基本信息（2022年/2023年款）		车型	2022年款 Dynamic	2022年款 Pro	2023年款Snake Performance Lite	2023年款 Snake Performance
		定位	5座 纯电动 中大型车			
		指导价/万元	36.88	40.88	47.88	57.88
		尺寸/mm	长宽高5098×1960×1485 轴距：3100			
性能	电池	CLTC纯电续航里程/km	615		—	
		电池容量/（kW·h）	93		—	
		电池类型	三元锂电池			
	动力性	电机类型	永磁同步电机			
		电机总功率/kW	425		445	
		电机总扭矩/（N·m）	725		730	
		0~100km/h 加速时间/s	3.87		—	
智能化		屏幕及尺寸（顶配）	中控屏：26.3in（含组合仪表）			
		驾驶辅助亮点（顶配）	并线辅助、车道偏离预警、车道保持辅助、车道居中保持、道路交通标识识别、主动刹车/主动安全、开门预警、前方碰撞预警、360°全景影像、透明底盘、倒车车侧预警、全速自适应巡航、自动泊车、遥控泊车、远程召唤（选装）、自动变道辅助、抬头显示			
		智能网联亮点（顶配）	高德地图、高精地图、语音识别控制、面部识别、车联网、5G、OTA、Wi-Fi热点			
政策		整车质保政策	8年或24万千米			
		"三电"质保政策	首任车主不限年限/里程			
其他关键词			全系L2级辅助驾驶、悬架软硬调节、后桥限滑差速器（顶配）、电吸门、主动格栅、车载香氛、热泵空调、电吸门、激光雷达、Brembo卡钳、可编程智能大灯、整车无线充电、12.3in副驾屏、12.8in控制屏、第十届轩辕奖"最佳操控奖""中汽研CN95清新空气座舱测试"唯一满分成绩			

宝马i4

（指导价：44.99万~53.99万元）√

★一句话点评 宝马品牌首款纯电动四门轿车，酷似宝马4系的"油改电"之作。

不同于宝马i3（i01）和iX（i20）等宝马电动专属的车系，i4基于4系Gran Coupe打造，两者共享底盘编号"G26"，是一辆四门运动轿跑。

❶ 从前脸看去，宝马i4的视觉中心就是巨大的双肾进气格栅，以此为散发点向两端扩张，中间位置使用了主动式进气格栅可主动开闭，用以降低行驶中的风阻，前包围两侧的格栅装饰采用了高光饰板，两侧通风口不仅优化了设计，还可让车辆在高速行驶时调整前轮两侧的气流。当然，虽然宝马历来都采用"鼻孔"的设计，但宝马i4这种大鼻孔设计还是会让部分消费者接受不了。

② 细节上来看，宝马i4的大灯样式与燃油版4系保持一致，满足启动条件时，激光大灯的远光照射距离可达500m。

③ 车身侧面，宝马i4的三维尺寸与燃油版基本相近，或许是因为底部平铺的电池包的缘故，i4的车高相比较4系而言增加了59mm。同时，由于宝马i4是纯电动汽车，所以并没有排气管，但它的后包围两侧仍然留有类似排气的绕流装置，以此满足"保守派"的宝马用户人群。

④ 进入车内，宝马i4的车厢内饰依旧是熟悉的"宝马味儿"，升级后的巨型双联屏汇集了液晶仪表盘与多媒体显示屏，辅助以iDrive 8操作系统，支持全屏的无线Apple CarPlay以及无线连接的Android Auto。值得一提的是，搭载了宝马iX同款的12.3in虚拟仪表盘菜单功能并不复杂，除了可切换显示主题与显示信息外，没有太冗余的二级菜单。此外，宝马i4的车门可通过iPhone进行配对，通过宝马数字钥匙解锁车门来开锁，完全代替了车钥匙的功能。

基本信息（2022年款）	车型	eDrive40	M50
	定位	5座　纯电动　中型车（掀背车）	
	指导价/万元	44.99	53.99
	尺寸/mm	长宽高4785×1852×1455　轴距：2856	
电池性能	CLTC 纯电续航里程/km	625	560
	电池容量/（kW·h）	83.9	
	电池类型	三元锂电池	
	充电速度/h	快充（至80%）：0.77　慢充：8.25	
动力性	电机总功率/kW	250	400
	电机总扭矩/（N·m）	430	795
	0~100km/h加速时间/s	5.7	3.9
智能化	屏幕及尺寸（顶配）	液晶仪表盘：12.3in　中控屏：14.9in	
	驾驶辅助亮点（顶配）	并线辅助(选装)、车道偏离预警、车道保持辅助、道路交通标识识别（选装）、主动刹车/主动安全、前方碰撞预警、360°全景影像、倒车车侧预警（选装）、全速自适应巡航（选装）、自动泊车、自动变道辅助（选装）、抬头显示	
	智能网联亮点（顶配）	卫星导航、导航路况显示、道路救援呼叫、CarPlay、语音识别控制、车联网、OTA升级、远程控制	
政策	整车质保政策	3年或10万千米	
	"三电"质保政策	电池组质保8年或12万千米	
	其他关键词	悬架软硬调节、L2级辅助驾驶、ETC装置（选装）、哈曼卡顿音响、激光大灯、热泵空调、循迹倒车、E-NCAP四星	

为了能够给消费者提供一场听觉盛宴，宝马i4采用16扬声器哈曼卡顿音响作为选配，配合IconicSounds声浪模拟系统弥补了电动汽车所缺失的声浪。开启Comfort模式后，整车会发出电动汽车工作时的高频音效，而切换到Sport模式后更偏向模拟V8的低频咆哮。

与大多数电动汽车一样，因为底盘布局带有电池包，所以i4的地板高度比4系要高一些。由于宝马i4沿用了传统燃油汽车的车身，并没有取消后排中部凸起的中央通道，因而后排中部的舒适性有一定的牺牲，好在工程师在里面多布置了几组电池用来增加续航能力，也算是物尽其用。另外，掀背式的设计使得宝马i4可以拥有470~1290L的储物空间。

⑤ 动力方面，宝马i4 eDrive40搭载的后电机最大功率为250kW，0~100km/h的加速时间为5.7s，CLTC纯电续航里程为625km；宝马i4 M50搭载的双电机总功率400kW，可以达成0~100km/h加速时间为3.9s的体验。开启舒适模式后，动力输出就会显得十分顺滑；而当启动自适应模式后，宝马i4 eDrive40的最高回收功率高达195kW，就算是在激烈驾驶模式下，能耗表现也比较正常。

虽然入场晚，但整体来看，宝马i4依旧散发着它作为一款运动化电动汽车的光芒，比起特斯拉Model 3或者是那些处于一线造车新势力的高端车型而言，它更大的优势是在一定的豪华与智能的水准基础之上还兼顾到较为不错的性能。

蔚来ET7

（指导价：45.80万～53.60万元）√

★ 一句话点评　想象中的"黑科技"，这个"第二起居室"都有覆盖。

虽说ET7是蔚来汽车的首款轿车产品，但光滑饱满的设计还是为ET7增添了不少未来气息。同时，灯组设计也一如既往地弱化视觉占比，前风挡上方的鼓包设计虽略显突兀，但内部的激光雷达却是实力的体现；侧面来看，性感溜背在C柱之后才凸显出来，为第二排头部空间打下了基础；车辆尾部，立体通透的贯穿式尾灯也增添了一分未来感。

▶ 扫二维码 ◀

看蔚来ET7视频

基本信息（2022年款）	车型	75kW·h	100kW·h	100kW·h 首发版	150kW·h	150kW·h 首发版
	定位	5座　纯电动　中大型车				
	指导价/万元	45.8	51.6	53.6	—	
	尺寸/mm	长宽高5101×1987×1509　轴距：3060				
电池性能	NEDC纯电续航里程/km	500	700		1000	
	CLTC纯电续航里程/km	530	675		—	
	电池容量/（kW·h）	75	100		150	
	电池类型	三元锂电池+磷酸铁锂	三元锂电池		固态	
动力性	电机类型	前永磁同步电机/后交流异步电机				
	电机总功率/kW	480				
	电机总扭矩/（N·m）	850				
	0～100km/h加速时间/s	3.8				
智能化	屏幕及尺寸（顶配）	液晶仪表盘：10.2in　中控屏：12.8in				
	驾驶辅助亮点（顶配）	并线辅助、车道偏离预警、车道保持辅助、车道居中保持、道路交通标识识别、主动刹车/主动安全、疲劳驾驶提示、开门预警、前方碰撞预警、360°全景影像、透明底盘、倒车车侧预警、全速自适应巡航、自动泊车、遥控泊车（选装）、远程召唤（选装）、自动变道辅助、抬头显示				
	智能网联亮点（顶配）	高精地图、语音识别控制、车联网、V2X、5G、OTA、Wi-Fi热点				
政策	整车质保政策	3年或12万千米，首任车主不限年限/里程				
	"三电"质保政策	首任车主不限年限/里程				
	其他关键词	标配L2级辅助驾驶、NOMI 2.0智能助手、悬架软硬/高低调节、空气悬架、主动格栅、车载香氛、热泵空调、碳纤维轮毂（选装）、无框电吸门、激光雷达、Brembo四活塞卡钳、守卫模式、0.208风阻系数、2022年德国"金方向盘"奖				

① 座舱内部，蔚来ET7承袭的还是极简风格，除了方向盘、10.2in组合仪表和12.8in中控屏之外之外没有多余的设计，所主打的显然是与"颜值"设计相呼应的简单的氛围。另外，这款纯电动中大型车在用料上确实花了不少心思：Microfiber超纤绒顶棚和Nappa座椅都是比较细腻亲肤的，而可再生藤木材质则进一步提升了蔚来ET7内饰的档次感。单就内饰氛围而言，与特斯拉比起来，显然喜欢蔚来的人会更多。

② 在空间方面，定位中大型车的蔚来ET7没有任何妥协，纯电动的定位让其不再纠结于地板的造型设计，良好的腿部空间和脚步空间也足以得到保证，再加上座椅按摩、加热、通风全都加上，配个大天窗，舒适度立刻提升。

③ 在智能网联方面，蔚来ET7搭载的是第三代高通骁龙汽车数字座舱平台，拥有包括5G、V2X、蓝牙5.2、Wi-Fi6、UWB、NFC等多样化的车载移动互联与通信能力，并且ET7还支持接入蔚来与合作伙伴联合开发的高性能AR和VR设备，实现车内AR/VR全景沉浸体验。

④ 在配置方面，蔚来ET7也舍得下本，HUD增强平视显示系统、主动进气格栅、电动感应尾门、电吸门都是标配。另外，并线辅助、主动刹车、倒车车侧预警等驾驶辅助功能等一个不少，基于包括激光雷达在内的33个传感器组成的超感系统的应用，能让其在智能驾驶及主动安全上有不错的实力。值得一提的是，全系标配的空气悬架还有软硬调节，车身高度可实现 - 10mm、0mm、40mm的智能高度调节，进一步提升行驶时候的质感。

⑤ 动力方面，蔚来ET7全系都是前后双电机四驱，总功率480kW，总扭矩850N·m，3.8s的0～100km／h加速性也是全系都可以达成的，如此设定的车型并不多，显然，蔚来ET7不是奔着销量去的。提及蔚来ET7的亮点之处，100kW·h的三元锂电池显然是最能吸引目光的，带来的NEDC 700km的纯电续航亦是行业领先。另外，150kW·h的固态电池和1000km续航或许也能让你彻底解决里程焦虑。

▶ 7.1.2 50万元级纯电动SUV（14款）

广汽埃安AION LX （指导价：28.66万～46.96万元）√

★一句话点评 最高续航1080km，性能比肩超跑，智能亦不输同级。

AION LX是广汽埃安家族的旗舰SUV，第一眼就能让人认出这是一款广汽埃安旗下的车型。

具体来看，锐利的LED大灯看起来炯炯有神，下方熏黑的进气格栅与两段银色镀铬饰条相互配合，增添了一分"凶狠"，而封闭式的前脸则彰显着自己纯电动的身份。尺寸方面，AION LX的长×宽×高分别为4835mm×1935mm×1685mm，轴距为2920mm，整个车身尺寸表现相当有优势。

① 车辆内部，AION LX搭载了一块独立的15.6in大尺寸中控屏，并配有ADiGO 4.0智能物联系统，座舱系统采用高通8155芯片。值得一提的是，这套系统的语音识别控制系统可以操控驾驶模式、能量

回收以及车辆控制等功能，便捷度不错。

此外，这款SUV的车内配备了2.1m²的全景天幕，还有Nappa真皮座椅、拥有10个扬声器的阿尔派大师音响等配置，可以提升驾乘舒适性，带来不错的用品品质。

❷ 智能辅助驾驶方面，除了Plus千里版之外，其余车型均标配L2级智能辅助驾驶，并且Plus 80 Dmax版还搭载3个第二代智能可变焦激光雷达，配有城市NDA智能领航辅助系统，可以支持高速互通上下闸道、礼让大货车、主动保持30cm以上距离、结合高精地图实行智能领航超车变道等功能。

值得一提的是，AION LX配备了海绵硅负极片电池，支持第四代智能温控系统及电池预加热，同时拥有弹匣电池系统安全技术，最高续航里程达到1080km，不仅可以充分覆盖用户的市区出行需求，即便是远途出行需求也无需太过焦虑。

基本信息（2022年款）	车型	Plus 80智尊版	Plus 80D 旗舰版	Plus 80D Max版	Plus千里版
	定位		5座　纯电动　中型SUV		
	指导价/万元	28.66	33.96	41.96	46.96
	尺寸/mm		长宽高4835×1935×1685　轴距：2920		
电池性能	NEDC 纯电续航里程/km	650	600		1080
	电池容量/（kW·h）		93.3		144.4
	电池类型		三元锂电池		
动力性	电机类型		永磁同步电机		
	电机总功率/kW	180	360		180
	电机总扭矩/（N·m）	245	490		245
	0~100km/h 加速时间/s	7.8	3.9		7.9
智能化	屏幕及尺寸（顶配）		液晶仪表：12.3in　中控屏：15.6in		
	驾驶辅助亮点 （顶配）		并线辅助、车道偏离预警、车道保持辅助、车道居中保持、主动刹车、道路交通标识识别、后方碰撞预警、360°全景影像、透明底盘、倒车车侧预警、全速自适应续航、自动泊车入位、遥控泊车、自动变道辅助		
	智能网联亮点 （顶配）		卫星导航系统、导航路况信息显示、道路救援呼叫、百度地图、高精地图、AR实景导航、语音识别控制系统、面部识别、远程控制、4G/5G、OTA、Wi-Fi热点		
政策	整车质保政策		4年或15万千米，首任车主不限年限/里程		
	"三电"质保政策		电池包质保首任车主不限年限/里程		
	其他关键词		1008km超长续航、海绵硅负极片/弹闸电池、激光雷达×3、循迹倒车、L2辅助驾驶、对外放电、车内生物监测、V2X通信、热泵空调、车载香氛		

奥迪Q4 e-tron

（指导价：29.99万~37.71万元）√

★ 一句话点评　一汽-大众奥迪家族首款MEB平台紧凑型SUV，"三电"品质扎实可靠。

基本信息（2022年款）	车型	40 e-tron 创行版	40 e-tron 创境版	50 e-tron quattro创境版	50 e-tron quattro创享版
	定位	5座　纯电动　紧凑型SUV			
	指导价/万元	29.99	32.71	34.27	37.71
	尺寸/mm	长宽高4588×1865×1626　轴距2765			
电池性能	CLTC 纯电续航里程/km	605		543	
	电池容量/（kW·h）	84.8			
	电池类型	三元锂电池			
	充电速度/h	快充：0.68　慢充：12			
动力性	电机类型	永磁同步			
	电机总功率/kW	150		230	
	电机总扭矩/（N·m）	310		472	
	0~100km/h 加速时间/s	8.8		6.8	
智能化	屏幕及尺寸（顶配）	液晶仪表：10.25in　中控屏：11.6in			
	驾驶辅助亮点（顶配）	并线辅助、车道偏离预警、车道保持辅助、道路交通标识识别、主动刹车、前方碰撞预警、全速自适应续航、360°全景影像、倒车车侧预警、全速自适应巡航、自动泊车			
	智能网联亮点（顶配）	语音识别控制、CarPlay、车联网、4G			
政策	整车质保政策	3年或10万千米			
	"三电"质保政策	8年或16万千米			
	其他关键词	标配6气囊、L2级智能辅助驾驶、悬架软硬调节、主动格栅、SONOS音响、热泵空调（选装）			

　　奥迪Q4 e-tron是基于MEB平台开发的首款奥迪纯电动SUV。

　　凭借着经典的多边形车灯、大尺寸前格栅等家族化的元素，Q4 e-tron依然会给人"这是辆奥迪车"的直观感受。标志性的矩阵式灯光技术不仅能提供多样化的照明模式，能让夜间视野更为清晰外，它甚至还带来了交互灯语。但与传统奥迪燃油SUV不同的是，Q4 e-tron采用了封闭式格栅设计，并且搭配贯穿式尾灯和四周的空气动力学套件，也会比较直观地给人带来"电动感"，以彰显自己纯电动车型的身份。

　　拉开奥迪Q4 e-tron的车门，其实它的"电动冲击感"并不算强烈。与那些新势力车型采用大量屏幕的方式不同，这款车的基础内饰设计，仍然与奥迪燃油汽车的现有设计保持一致。值得一提的是，Q4 e-tron这款车还是比较注重车内的人机工程学设计的，譬如，在这款车的内部，针对常用的设备保留物理按键控制、在整个中控台上采用偏向驾驶者一侧的布局，能够让驾驶者在开车的时候比较方便地查看信息和控制相关设备，这也算是对喜欢"盲操作"的用户比较友好的设计。

　　在奥迪Q4 e-tron这款车上，智能辅助驾驶功能并不算特别超前，但是，针对高速路和快速路的车道保持辅助、全速自适应巡航等配置，以及针对倒车入库等场景下的倒车车侧预警、自动泊车功能也都有搭载。只是，对于一款售价在30万元以上的豪华品牌SUV而言，只有顶配才有L2级辅助驾驶功能有些说不过去。

在燃油车型中，奥迪所呈现的豪华，是运动和驾控。进入电动化时代，奥迪Q4 e-tron依然如此。在动力方面，一汽奥迪为Q4 e-tron提供了两种动力配置，分别为后驱版和四驱版。其中，后驱版车型的奥迪在燃油时代是比较罕见的，但是在电动化时代却能通过对电机布局的设计，轻松实现后驱布局。

Q4 e-tron后驱版主打城市用车场景，最大功率为150kW，峰值扭矩为310N·m。这种单电机布局在性能方面虽然有局限，但是能耗更低，续航里程也由此得到了提升，这款车的CLTC续航里程可达605km，基本可以满足城市通勤用户对于里程的需求。

Q4 e-tron四驱版车型采用的是综合功率为230kW、综合扭矩为472N·m的前后双电机布局，双电机的加持，不仅能给这款车带来6.8s的0~100km/h加速的动力性能，同时也在一定程度上提升了车辆的越野能力和通过性，让这款SUV变得更加全能一些。

在电池方面，奥迪Q4 e-tron采用宁德时代811三元锂离子电池，电池组的能量密度达到了175W·h/kg，可实现CLTC工况下最高605km的续航里程。为了让这一续航里程更加精准并且提升用车的便利性，一汽奥迪还带来了热泵系统和100kW直流快充，可以做到充电10min提供100km续航。

小鹏G9

（指导价：30.99万~46.99万元）✓

★一句话点评　小鹏汽车的扛鼎之作，抗衡理想L9的急先锋。

小鹏G9是小鹏汽车用于填补高端SUV市场空白的车型，新车同样肩负着拉高小鹏品牌形象的任务。

或许是家族化基因的缘故，小鹏G9的整体造型看上去就像小鹏P7的增高放大版，贯穿式LED灯带和大面积分体式大灯都有着比较高的辨识度，整车气质也以精致耐看为主。值得一提的是，尽管小鹏G9定

▶ 扫二维码 ◀

看小鹏G9视频

位为中大型SUV，但从2998mm的轴距来看，已然达到了大型SUV的水平，加之5座的座椅布局，在实际的乘坐空间方面对比统计许多竞品而言确实要领先不少。

内饰方面，小鹏G9同样采用家族化风格，驾驶舱采用一块小号仪表与双14.96in超大联屏的设计。从功能上来看，智能化一直以来便是小鹏的品牌亮点，小鹏G9除了搭载全球首个3D UI人机交互系统之外，还加入增强版LCC-L以及XPILOT4.0智能驾驶辅助系统，换句话说，新车是现阶段小鹏在智能化方面的集大成之作。

小鹏G9的主要竞争对手为蔚来ES7、理想L9等，因而在动力方面这款车同样铆足了劲。目前，小鹏G9共有后驱和四驱两款车型，后驱版车型电机最大功率为230kW，峰值扭矩为430N·m，CLTC续航里程为702km；四驱版车型电机总功率为405kW，峰值扭矩为717N·m，CLTC则为650km。值得一提的是，未来随着小鹏S4超充桩的推出，G9将可能实现充电5min续航200km的快充效果。

	车型	570 Plus	570 Pro	570 Max	702 Pro	702 Max	650 性能版 Pro	650 性能版 Max	650 上市纪念版
基本信息（2022年款）	定位	5座　纯电动　中大型SUV							
	指导价/万元	30.99	32.99	34.99		36.99	39.99	41.99	46.99
	尺寸/mm	长宽高4891×1937×1670　轴距：2998							
电池性能	CLTC纯电续航里程/km	570			702		650		
	电池容量/（kW·h）	78.2				98			
	电池类型	磷酸铁锂电池			三元锂电池				
	充电速度/h	快充（至80%）：0.72　慢充：—							
动力性	电机类型	永磁同步电机			前交流异步电机/后永磁同步电机				
	电机总功率/kW	230				405			
	电机总扭矩/（N·m）	430				717			
	0~100km/h加速时间/s	6.4				3.9			
智能化	屏幕及尺寸（顶配）	液晶仪表：10.25in　中控屏：14.96in							
	驾驶辅助亮点（顶配）	并线辅助、车道偏离预警、车道保持辅助、车道居中保持、道路交通标识识别、主动刹车/主动安全、疲劳驾驶提示、开门预警、前/后方碰撞预警、360°全景影像、透明底盘、倒车车侧预警、全速自适应巡航、自动泊车、遥控泊车、远程召唤、循迹倒车、自动变道辅助、抬头显示							
	智能网联亮点（顶配）	高德地图、高精地图、语音识别控制、车联网、4G/5G网络、OTA升级、Wi-Fi热点							
政策	整车质保政策	5年或12万千米							
	"三电"质保政策	8年或16万千米							
	其他关键词	标配L2级智能辅助驾驶、悬架软硬/高低调节、空气悬架、电磁感应悬架、电吸门、主动格栅、车载香氛、热泵空调、对外放电（V2L功能）、800V超级快充、双激光雷达、14.96in副驾屏、丹拿22扬声器、第十届轩辕奖年度十佳汽车							

特斯拉Model Y

（指导价：29.9988万～39.79万元）✓

★一句话点评 "三电"品质出色、市场影响力领先的外资电动车标杆。

基本信息（2022年款）	车型	改款 后轮驱动版	改款 长续航全轮驱动版	Performance 高性能全轮驱动版
	定位	5座　纯电动　中型SUV		
	指导价/万元	29.9988	35.79	39.79
	尺寸/mm	长宽高4750×1921×1624　轴距2890		
电池性能	CLTC续航里程/km	545	660	615
	电池容量/（kW·h）	60	78.4	
	电池类型	三元锂电池		
	充电速度/h	快充：1　慢充：10		
动力性	电机类型	永磁同步电机	前感应/异步、后永磁/同步	
	电机总功率/kW	164	331	357
	电机总扭矩/（N·m）	340	559	659
	0～100km/h 加速时间/s	6.9	5	3.7
智能化	屏幕及尺寸（顶配）	液晶仪表：无　中控屏：15in		
	驾驶辅助亮点（顶配）	并线辅助、车道保持辅助、车道偏离预警、车道居中保持、道路交通标识识别（选装）、主动刹车、前方碰撞预警、全速自适应巡航、自动泊车（选装）、遥控泊车（选装）		
	智能网联亮点（顶配）	语音识别控制、4G、车联网、远程控制、OTA、NFC/RFID钥匙		
政策	整车质保政策	4年或8万千米		
	"三电"质保政策	8年或16万千米		
	其他关键词	前排中间气囊、标配L2级智能辅助驾驶、全景玻璃车顶、Autopilot智能驾辅系统、哨兵模式、热泵空调		

　　Model Y是特斯拉的主力车型，也是一款在全球范围内的"通吃"型选手。从销量数据中便不难发现，这款车还有着很强的市场影响力，是不少用户在选择纯电动SUV时的必看车型之一。

　　封闭式前脸可以说是特斯拉的首创，消费者对这种设计的评价褒贬不一，但它至少开创了新能源汽车的设计潮流。Model Y的前脸采用的是家族化风格，线条简洁，但是大灯有着非常个性化的设计，辨识度很高。尺寸方面，特斯拉Model Y车身长度为4750mm，属于标准的中型SUV，与Model 3相比，Model Y在空间上显然改善不少。

► 扫二维码 ◄

看特斯拉Model Y视频

　　目前电动汽车在内饰上的"极简风格"也是特斯拉带起来的，Model Y自然也不例外，当然，也有一些人认为有些过于"简陋"了。这款车的主要设计理念就是以驾驶员为中心，驾驶员座位较高，视野更开阔；中控屏集成了几乎所有常用功能，便于驾驶员进行各种操作。

❶ 在内部配置方面,Model Y的表现还是不错的，倒车影像、方向盘加热、内置行车记录仪、手机前排无线充电、主驾座椅腰部支撑、前后排座椅加热、语音识别控制系统、后排侧隐私玻璃、后座出风口、

车内PM2.5过滤装置等均为全系标配。除此之外，Model Y还拥有包括并线辅助、车道偏离预警、车道保持辅助、主动刹车在内的各种安全驾驶辅助功能，标配的功能便达到了L2级。

当然，Model Y最吸引人的地方还是它的驾驶辅助功能，这款车的视觉雷达探测距离可达250m，大大降低了碰撞风险，并且能够辅助泊车，不过它的自动驾驶功能包需要额外购买，而且并不算十分成熟，这是消费者需要注意的地方。

❷ 动力方面，Model Y提供了单电机和双电机两种车型，最大续航里程可达660km，最大扭矩则可达到659N·m，0～100km／h加速时间最快仅需3.7s，部分车型还提供了电动四驱功能，表现还是相当不错的。

奔驰EQA

（指导价：32.18万元）√

★ 一句话点评　奔驰出品的"油改电"，豪华纯电SUV界的入门级。

基本信息 （2022年款）	车型	EQA 260		
	定位	纯电动　5座　紧凑型SUV		
	尺寸/mm	长宽高4463×1834×1619　轴距2729		
电池性能	CLTC续航里程/km	619		
	电池容量/（kW·h）	73.5		
	电池类型	三元锂电池		
	充电速度/h	快充：0.75		
动力性	电机类型	永磁/同步电机		
	电机总功率/kW	140		
	电机总扭矩/（N·m）	385		
	0～100km/h 加速时间/s	8.6		
智能化	屏幕及尺寸（顶配）	液晶仪表：10.25in　中控屏：10.25in		
	驾驶辅助亮点 （顶配）	车道偏离预警、车道保持辅助、车道居中保持、 主动刹车、前方碰撞预警、定速巡航、自动泊车入位		
	智能网联亮点 （顶配）	语音识别控制、高德地图、CarPlay/CarLife、车联网、 OTA、远程控制		
政策	"三电"质保政策	电池组质保8年或16万千米		
	其他关键词	膝部气囊、热泵空调		

奔驰对电动汽车的态度相当积极，EQ系列车型已经蔚然成军，抛开销量不说，它早已经领先其他车企把新能源车型的框架给撑起来，奔驰EQA就是EQ系列的代表性车型。

奔驰EQA被外界看作是奔驰GLA的油改电版本，车身整体轮廓与GLA高度相似，但它少了奔驰标志性的中网，大灯也少了点"奔驰风"。

奔驰EQA定位于紧凑型SUV，车身长度为4463mm，轴距则达到了2729mm，对于这个尺寸的SUV而言，能有超过2.7m的轴距还是比较有优势的。

❶ 内饰方面，奔驰EQA倒是保留了"奔驰元素"，怀挡式换挡机构、连体式大屏、螺旋桨式空调出风口等都得以保留。相信坐进这款的车，第一眼还是会被这样的内饰所吸引。

❷ 在智能网联方面，这款车搭载MBUX智能人机交互系统，同时还提供高德定制的导航系统，双大屏可以同步显示地图和路况信息，语音系统也可以实现一句话唤醒。这样的智能化体验，对消费者还是具有一定的吸引力的。

❸ 续航方面，奔驰EQA搭载73.5kW·h的三元锂电池，CLTC工况下的最大续航里程可达619km，快充时间则需要45min左右，这样的续航表现，还是具有一定的吸引力的。假如平时不怎么出远门，只是偶尔短途自驾游的话，那么这样的动力和续航表现是能够满足需求的。

岚图FREE纯电版

（指导价：34.36万~39.36万元）✓

★ 一句话点评 安全性、动力性、操控性都可圈可点的智能电动SUV。

岚图FREE纯电版是东风汽车集团有限公司旗下高端电动品牌岚图汽车推出的性能级中大型智能电动SUV。

❶ 前脸部分，岚图FREE纯电版采用的是倒梯形中网设计，搭配竖条镀铬格栅，营造出不俗的气场，保险杠两侧的线条设计则为前脸增加了一分灵动；侧面来看，偏低矮的车身设计使得岚图FREE纯电版面对同级别SUV而言会显得更加修长；车辆尾部线条简洁，多道横向线条的设计增加了层次感，也增加了整车的视觉宽度，细长的红色灯条贯穿尾灯的设计也能带来不错的辨识度。

（2021年/2022年款）	基本信息	车型	2021年款两驱纯电版	2021年款两驱纯电城市版	2022年款DNA联名纯电版	2021年款四驱纯电版	2022年款超长续航纯电版
		定位		5座　纯电动　中大型SUV			
		指导价/万元	34.36	35.86	41.99	37.36	39.36
		尺寸/mm		长宽高4910×1950×1660　轴距：2960			
	电池性能	NEDC纯电续航里程/km	505		475		—
		CLTC纯电续航里程/km		—			631
		电池容量/（kW·h）		88			106
		电池类型		三元锂电池			
		充电速度/h		快充（至80%）：0.75　慢充：8.5~10			
	动力性	电机类型		交流异步电机			永磁同步电机
		电机总功率/kW	255		510		360
		电机总扭矩/（N·m）	520		1040		720
		0~100km/h加速时间/s	7.3		4.5	4.7	44
	智能化	屏幕及尺寸（顶配）		液晶仪表：12.3in　中控屏：双12.3in			
		驾驶辅助亮点（顶配）		并线辅助、车道偏离预警、车道保持辅助、车道居中保持、道路交通标识识别、主动刹车/主动安全、夜视系统、疲劳驾驶提示、开门预警、前/后方碰撞预警、360°全景影像、透明底盘、倒车车侧预警、全速自适应巡航、自动泊车			
		智能网联亮点（顶配）		卫星导航、导航路况显示、AR实景导航、HiCar、语音识别控制、手势控制、面部识别、车联网、5G、OTA、Wi-Fi热点、远程控制			
	政策	整车质保政策		5年或10万千米			
		"三电"质保政策		8年或12万千米			
	其他关键词			全系标配L2级辅助驾驶、空气悬架、对外放电（V2L功能）、哨兵模式、车载香氛、主动降噪、8155芯片、2021年中国十佳车身奖和最佳工艺奖			

❷ 车辆内部，由12.3in液晶仪表、双12.3in中控屏组成的一体式可升降三联屏具有较好的科技感，三联屏的清晰度和流畅度都是同级主流水准，UI设计也比较清爽，在特定的场景下，这套三联屏可按需升降，带来更优的出行体验。

③ 在中控屏内部，岚图FREE纯电版搭载华为HiCar系统，常用的功能均有配备并且支持5G网络。此外，这款SUV还支持手势交互，如果摆出"嘘"的手势，车内影音功能便会静音；如果摆出"OK"的手势靠近脸部，则会确认系统的主动提醒功能；如果是"手掌"手势，便会拒接蓝牙来电。

④ 在智能辅助驾驶方面，除了常见的功能之外，岚图FREE纯电版还标配了车道居中保持、透明底盘、AR实景导航，让驾乘安全性更进一步。此外，在其他方面，岚图FREE纯电版也比较舍得下本，譬如智能主动夜视系统、丹拿音响、智能可调光全景

天幕、空气悬架、车载香氛等。另外，主动降噪、对外放电技术已有搭载，对驾车安全性和舒适性都有一定程度的提升。以夜视系统为例，当经过一段路灯昏暗的郊区公路时候，便可以通过这套系统看清前方150m内的行人、车辆或是其他障碍物。

⑤ 动力方面，岚图FREE纯电版拥有单电机后驱、双电机四驱两个版本，前者最大功率为255kW，最大扭矩为520N·m，后者最大功率为510kW，最大扭矩为1040N·m，得益于此，最快可实现4.7s 0～100km／h的加速性能。与上述两个动力版本对应的车型的NEDC纯电版续航里程分别为505km和475km，可以满足日常上下班代步出行需求。值得一提的是，2021年9月26日，岚图FREE纯电版在中国汽车技术研究中心成功挑战全球首个电动汽车涉水后底部碰撞测试，测试结果均 "未见绝缘报警、未进水、未冒烟、未起火、未爆炸"。

阿维塔11

（指导价：34.99万～60.00万元）✓

★ 一句话点评 华为、长安和宁德时代共同打造，阿维塔科技旗下首款情感智能电动汽车。

作为一个新兴的纯电动品牌，阿维塔科技是由长安、华为、宁德时代共同打造的，而阿维塔11则是这个品牌旗下首款车型，定位为纯电动中大型轿跑SUV。

基本信息（2022年款）	车型	长续航双电机版	长续航双电机奢享版	超长续航双电机奢享版	011 MMW联名限量款
	定位	4座/5座　纯电动　中大型SUV			
	指导价/万元	34.99	36.99	40.99	60
	尺寸/mm	长宽高4880×1970×1601　轴距2975			
电池性能	CLTC纯电续航里程/km	555		680	
	电池容量/（kW·h）	90.38		116.79	
	电池类型	三元锂电池			
	充电速度/h	快充（至80%）：0.25/0.42　慢充：10.5/13.5			
动力性	电机类型	前交流异步电机+后永磁同步电机			
	电机总功率/kW	425			
	电机总扭矩/（N·m）	650			
	0～100km/h加速时间/s	3.98		4.5	
智能化	屏幕及尺寸（顶配）	液晶仪表：10.25in　中控屏：15.6in			
	驾驶辅助亮点（顶配）	并线辅助、车道偏离预警、车道保持辅助、车道居中保持、主动刹车、开门预警、前/后方碰撞预警、360°全景影像、全速自适应续航、倒车车侧预警、自动泊车、遥控泊车、自动变道辅助、AVP代客泊车			
	智能网联亮点（顶配）	语音识别控制、手势控制、面部识别、车联网、远程控制、5G、OTA、NFC/RFID钥匙、Wi-Fi热点			
政策	整车质保政策	5年或12万千米			
	"三电"质保政策	8年或16万千米			
	其他关键词	标配L2级智能辅助驾驶、电吸门、无框门、RNC主动路噪消减、激光雷达、后排双人多功能座椅、对外放电、车内生物监测、车载香氛、HALO屏、第十届轩辕奖年度十佳汽车、第十届轩辕奖"最佳外观奖"			

1 外观方面，阿维塔11的造型由位于德国慕尼黑的全球设计中心操刀。碟翼式前脸上配备曲率大灯灯组，展现出了一定的科技感，位于前盖末端、前风挡玻璃下部的由LED矩阵组成的HALO屏是阿维塔11的独创，上面可以根据车主意图显示不同的字符，带来更温馨的交互体验；侧面来看，悬浮感的车身设计，凸显出了优雅的体态，全车智能感应电动无框门则能带来更自由、更随性的进出体验；车辆尾部，阿维塔11采用了流体型后舷窗设计，窗户透光区域很小，主动升降尾翼则在彰显运动感的同时带来空气动力学性能的优化。

► 扫二维码 ◄

看阿维塔11视频

2 车辆内部，阿维塔11采用的是环拥式座舱设计，10.25in组合仪表、15.6in中控屏、10.25in副驾娱乐屏横贯左右。在中控屏的上部是一个造型颇有艺术感的音响，官方名为"Vortex情感涡流"，音响的背后是可以左右扫风的类似于鲸鳃造型空调出风口，带来了一定的未来感。值得一提的是，阿维塔11全车配备有6颗紫外线杀菌灯，可以对座舱进行全面照射杀毒。

此外，阿维塔11还配备4座版，后排双人多功能座椅具备通风、加热、按摩等功能，座椅可向前调节28°，向后调节12°，中间区域配备触控面板和手机无线快充，带来更便捷更舒适的体验。

③ 配置方面，阿维塔11基本上可以说是入门即标配，安全性相关的6气囊、车内生物监测系统等，舒适性相关的座椅电动调节、座椅记忆、二排靠背调节、14扬声器等，便捷性相关的电动尾门、对外放电、流媒体后视镜等，智能驾驶相关的主动刹车、车道居中保持、开门预警、540°影像、自动泊车、遥控泊车等，智能网联相关的语音识别控制、手势控制、面部识别、车联网、5G、OTA等均为全系标配，带来全方位的用车体验升级。

主打情感智能的阿维塔11，全系标配HI华为全栈智能汽车解决方案,基于华为Harmony OS开发的智能座舱，支持一键备车、离车座舱感知、主动迎宾、情绪识别、智能情景模式等。举个例子，在一键备车功能下，系统可以远程触发紫外线杀菌灯、空调、香氛等功能；在主动迎宾模式下，车辆自动解锁、车内外灯光、HALO屏自动迎宾，座舱内部也会根据不同的账户设定，完成行驶前的驾驶准备。

在包含3颗半固态激光雷达在内的34个智驾传感器的加持之下，阿维塔11可实现全方位的融合感知，监测复杂路况，可实现包括高速NCA导航式巡航辅助，城区NCA导航式巡航辅助，AVP代客泊车等在内的多种智能驾驶辅助功能。

④ 动力方面，阿维塔11标配前后双电机，总功率为425kW，总扭矩为650N·m，可以带来3.98s的0～100km／h加速；续航方面，阿维塔11也分为2个版本，CLTC纯电续航里程分别为555km和680km，在240kW直流快充的加持之下，最快0.25h充电至80%。

奔驰EQB

（指导价：35.18万～43.78万元）✓

★**一句话点评** 奔驰出品，7座布局是亮点，基本匹配多口之家的出行需求。

EQB是奔驰旗下另一款紧凑型纯电动SUV，定价略高于奔驰EQA，但两款车在整体风格上还是比较类似的。

燃油版的奔驰GLB的前脸造型比较个性，与奔驰G级比较接近。但作为GLB的纯电动版，奔驰EQB的封闭式前脸已经看不出"硬派"风格了，只有贯穿式的下格栅传达出了一些运动气息。

① 车辆内部，奔驰EQB的内饰布局与奔驰EQA比较接近，而且同样搭载了MBUX车载智能系统，在智能化配置方面与奔驰EQA大同小异。

② 尺寸方面，奔驰EQB车身长度为4684mm，轴距也提升至2829mm，这个表现在同级别车型中算是比较不错的。与燃油版GLB一样，EQB也提供5座和7座两种座椅布局，但即便有着2829mm的轴距，它的第三排空间仍然有些局促。

值得肯定的是，这款车在驾驶辅助方面也达到了比较高的水平，拥有主动刹车、360°全景影像、自动泊车入位等各种高端配置，高配车型实现了L2级别的驾驶辅助功能。

③ 动力方面，奔驰EQB同样搭载73.5kW·h的三元锂电池，最大续航里程可达600km，最大扭矩可达520N·m，属于同级别车型的主流水平。

基本信息（2022年款）	车型	260	350 4MATIC
	定位	纯电动　5座　紧凑型SUV	
	指导价/万元	35.18	43.78
	尺寸/mm	长宽高4684×1834×1706　轴距2829	
电池性能	CLTC续航里程/km	600	512
	电池容量/（kW·h）	73.5	
	电池类型	三元锂电池	
	充电速度/h	快充：0.75	
动力性	电机类型	永磁/同步电机	前感应/异步 后永磁/同步
	电机总功率/kW	140	215
	电机总扭矩/（N·m）	385	520
	0～100km/h 加速时间/s	8.8	6.3
智能化	屏幕及尺寸（顶配）	液晶仪表：10.25in　中控屏：10.25in	
	驾驶辅助亮点（顶配）	并线辅助、车道保持辅助、车道偏离预警、车道居中保持、主动刹车、前方碰撞预警、全速自适应巡航、360°全景影像（选装）、自动泊车	
	智能网联亮点（顶配）	语音识别控制、CarPlay/CarLife、高德地图、车联网、4G、OTA、远程控制	
政策	"三电"质保政策	电池组质保8年或16万千米	
	其他关键词	标配膝部气囊、L2级智能辅助驾驶、抬头显示（选装）、AR实景导航（选装）	

蔚来ES6

（指导价：38.60万～55.40万元）✓

★ **一句话点评** 蔚来汽车销量的中流砥柱。

	车型	75kW·h 运动版	100kW·h 运动版	75kW·h 性能版	100kW·h 性能版	75kW·h 签名版	100kW·h 签名版
基本信息（2022年款）	定位	5座 纯电动 中型SUV					
	指导价/万元	38.6	44.4	42.6	48.4	49.6	55.4
	尺寸/mm	长宽高4850×1965×1731 轴距：2900					
电池性能	NEDC纯电续航里程/km	455	600	465	610	465	610
	电池容量/（kW·h）	75	100	75	100	75	100
	电池类型	三元锂电池+磷酸铁锂				三元锂电池	
	充电速度/h	快充（至80%）：0.6～0.8 慢充：11.5～14					
动力性	电机类型	永磁同步电机		前永磁同步电机/后交流异步电机			
	电机总功率/kW	320		400			
	电机总扭矩/（N·m）	610		725			
	0～100km/h加速时间/s	5.6		4.7			
智能化	屏幕及尺寸（顶配）	液晶仪表：9.8in 中控屏：11.3in					
	驾驶辅助亮点（顶配）	并线辅助、车道偏离预警、车道保持辅助、车道居中保持、道路交通标识识别、主动刹车/主动安全、疲劳驾驶提示、开门预警、前方碰撞预警、360°全景影像、透明底盘、倒车车侧预警、全速自适应巡航、自动泊车、自动变道辅助、远程召唤、抬头显示					
	智能网联亮点（顶配）	语音识别控制、面部识别、NFC/RFID钥匙、车联网、4G、OTA升级、Wi-Fi热点					
政策	整车质保政策	3年或12万千米，首任车主不限年限/里程					
	"三电"质保政策	首任车主不限年限/里程					
	其他关键词	"女王"副驾（选装）、L2级智能辅助驾驶、NOMI智能助手、悬架软硬/高低调节、空气悬架、主动格栅、车载香氛、热泵空调、Brembo卡钳					

　　必须承认，蔚来是电动化时代下热度最高的造车新势力之一，尤其是蔚来品牌推出的换电项目，在基础设施完善的条件下，确实为该品牌创造了更大的市场空间。

　　具体到蔚来ES6的产品综合实力来看，大致上可以将蔚来ES6看作是ES8的缩小版车型，外观更加年轻，内饰布局基本一致。

▶ 扫二维码 ◀

看蔚来ES6视频

❶ 从前脸来看，蔚来ES6采用了犀利的分体式大灯，灯组内部设计错落有致，中网处的进气格栅也采用细条状的设计，营造了一种犀利的氛围；车身侧面，ES6依然采用简洁的线条勾勒；车辆尾部，蔚来ES6采用与车头相呼应的设计，分体式的尾灯展现出一定的雅致风格，整体看起来清新、干练。

❷ 车辆内部，蔚来ES6的内饰继承了"老大哥"ES8的风格和布局，比如许多人都非常熟悉的中控屏设计、副驾"女王"座椅等，一个都没有落下。当然，人尽皆知的人机交互系统NOMI也赫然在列，不仅有丰富的表情，而且有聪明的"大脑"，涉及安全功能之外的所有事情，都可以通过语音让NOMI为你实现，如打开车窗、天窗、播放音乐等。

❸ 至于空间、动力、续航里程等，蔚来ES6表现也比较全面，尤其是动力方面，455km/465km/600km/610km四种NEDC工况续航里程给予了消费者不同的选择，320kW/400kW两套输出动力以及空气悬架的选配，助力蔚来ES6在满足现阶段消费者"有绿牌、长续航、大空间、好售后"的需求下，成为蔚来销量非常好的车型。

奥迪Q5 e-tron

（指导价：37.65万~47.95万元）✓

★ 一句话点评　奥迪在纯电市场多元化的又一力作。

（2022年款）基本信息		车型	星耀型	星耀型/逐日版	荣耀型	荣耀型/逐日版	艺创典藏版
		定位	6座/7座　纯电动　中大型SUV				
		指导价/万元	37.65	38.65	45.95	46.95	47.95
		尺寸/mm	长宽高4876×1860×1675　轴距：2965				
性能	电池	CLTC纯电续航里程/km	560		520		
		电池容量/（kW·h）	83.4				
		电池类型	三元锂电池				
	动力性	电机类型	永磁同步电机		前交流异步电机/后永磁同步电机		
		电机总功率/kW	125		225		
		电机总扭矩/（N·m）	310		460		
		0~100km/h加速时间/s	9.3		6.7		
智能化		屏幕及尺寸（顶配）	液晶仪表：10.25in　中控屏：11.6in				
		驾驶辅助亮点（顶配）	并线辅助、车道偏离预警、车道保持辅助、道路交通标识识别、主动刹车/主动安全、疲劳驾驶提示、开门预警、前/后方碰撞预警、360°全景影像、倒车车侧预警、全速自适应巡航、自动泊车、抬头显示				
		智能网联亮点（顶配）	语音识别控制、AR实景导航、CarPiay、车联网、4G、远程控制				
政策		整车质保政策	3年或10万千米				
		"三电"质保政策	8年或16万千米				
		其他关键词	标配L2级智能辅助驾驶、悬架软硬可调、主动格栅、热泵空调、B&O音响				

　　2022年年初上市的奥迪Q5 e-tron，可以说是奥迪近年来最具个性化的e-tron系列产品，甚至可以理解为它是奥迪在纯电市场多元化的开始。

　　作为基于MEB平台打造的纯电动中型SUV，奥迪Q5 e-tron确实充分展示了其品牌该有的科技属性和豪华属性，这种属性首先便体现在机甲风浓郁的整体设计上，尤其是金属质感极强的中网设计，配合两侧"反L形"车灯设计，让奥迪Q5 e-tron完全摆脱了燃油版Q5的视觉效果。

内饰方面，奥迪Q5 e-tron依然延续了科技豪华风格，异形方向盘、全电子化的换挡结构以及偏向驾驶员一侧的中控屏，加之AR-HUD增强抬头显示、MMI触控反馈系统等功能的应用，使得奥迪Q5 e-tron科技感十足。

尽管奥迪Q5 e-tron的内饰对比部分汽车品牌使用的贯穿式中控屏、双联屏而言少了点惊艳的感觉，但能够明显看出奥迪内饰在家族设计和电动化方面进行的平衡。

再来聊聊奥迪Q5 e-tron在动力性能上的表现，这款车共推出后驱和四驱两种驱动方式，后驱版车型最大功率为150kW，峰值扭矩为310N·m，CLTC综合续航里程为560km；四驱版车型则主要配备了Quattro电动四驱系统，最大功率为225kW，峰值扭为460N·m，CLTC综合续航里程520km。

整体而言，奥迪Q5 e-Tron在原本品牌知名度更高的条件下，适合那些在换购之后不会因为车辆电动化而产生驾驶割裂感的消费者。

蔚来EC6

（指导价：39.60万～55.40万元）✓

★ 一句话点评　蔚来ES6的Coupe版车型，设计更年轻、更运动。

蔚来EC6定位为智能电动轿跑SUV，采用轿跑设计风格，看起来具有一定的运动感，从某种程度上而言可以看作是溜背版的蔚来ES6。

走进车内会发现，在和蔚来ES6采用相同座舱布局的基础上，蔚来EC6配备了Microfiber超纤绒顶篷、Microcloud纤云材质以及Nappa真皮运动方向盘，提升了整个座舱的质感。同时，这款SUV配备全景天幕式玻璃天窗，拥有超大采光面积，并且得益于双层隔热玻璃设计，能隔绝83%热量和99.9%以上紫外线。

基本信息（2022年款）	车型	75kW·h 运动版	100W·h 运动版	75kW·h 性能版	100kW·h 性能版	75kW·h 签名版	100kW·h 签名版
	定位	5座　纯电动　中型SUV					
	指导价/万元	39.6	45.4	43.6	49.4	49.6	55.4
	尺寸/mm	长宽高4850×1965×1731　轴距2900					
电池性能	NEDC 纯电续航里程/km	465	605	475	615	475	615
	电池容量/（kW·h）	75	100	75	100	75	100
	电池类型	三元锂+磷酸铁锂	三元锂	三元锂+磷酸铁锂	三元锂	三元锂+磷酸铁锂	三元锂
	充电速度/h	快充（至80%）：0.6/0.8　慢充：11.5/14					
动力性	电机类型	前永磁同步；后交流异步					
	电机总功率/kW	320			400		
	电机总扭矩/（N·m）	435			544		
	0～100km/h 加速时间/s	5.4			4.5		
智能化	屏幕及尺寸（顶配）	液晶仪表：9.8in　中控屏：11.3in					
	驾驶辅助亮点（顶配）	并线辅助、车道偏离预警、车道保持辅助、车道居中保持、主动刹车、道路交通标识识别、开门预警、前方碰撞预警、360°全景影像、透明底盘、全速自适应续航、自动泊车、自动变道辅助、抬头显示					
	智能网联亮点（顶配）	语音识别控制、百度地图、5G、OTA、Wi-Fi热点、NFC/RFID钥匙、远程控制					
政策	整车质保政策	3年或12万千米，首任车主不限年限/里程					
	"三电"质保政策	电池组质保首任车主不限年限/里程					
	其他关键词	标配6气囊、L2级智能辅助驾驶、空气悬架、热泵空调、主动格栅、车载香氛、"女王"副驾、Brembo卡钳、哨兵模式、Nomi助手					

与此同时，蔚来EC6搭载全新NOMI Mate 2.0人工智能系统，配备9.8in超窄边数字仪表、11.3in第二代多点触摸中控屏以及HUD增强平视显示系统，可以实现多屏交互。另外，这款SUV全系标配12扬声器的高级环绕音响系统，配合6种个性化声音氛围模式，可以带来声临其境的听觉享受。

值得一提的是，这款SUV搭载高通8155数字座舱计算平台，全面支持5G网络，而前置800万像素行车记录仪高清摄像头和300万像素高感光环视专用摄像头则可以实现4K行车记录仪功能和守卫模式。

智能驾驶辅助功能方面，蔚来EC6搭载了Mobileye EyeQ4自动驾驶芯片，支持NIOPliot蔚来自动辅助驾驶系统，支持高速公路驾驶辅助，转向灯控制变道，车道保持辅助，前向自动紧急制动系统等多项驾辅功能。

捷尼赛思纯电动GV70

（指导价：38.58万～43.98万元）√

★一句话点评 身为豪华SUV，虽然售价不算高，但买单的注定是少数

捷尼赛思纯电GV70是来自韩系高端品牌捷尼赛思的纯电动中型SUV。

❶ 外观造型上，捷尼赛思纯电动GV70与燃油版车型高度一致，都采用"动感的优雅"这一设计风格。前脸部分，这款新车采用"至臻之钻"菱格矩阵格栅，配合"灵感之翼"LED双线车灯，看起来比较时尚；车侧部分，车身线条流畅动感，还配备了独特设计的20in新能源车专用轮毂，运动感油然而生；车尾方面，这款新车采用无尾管设计，再加上造型独特的"灵感之翼"双线尾灯，比较有辨识度。

❷ 内饰方面，这款新车用料上等，做工细致，整个座舱呈现出较高的质感。车辆后排空间宽敞，天然皮革座椅的舒适性，可圈可点。

❸ 配置方面，捷尼赛思纯电动GV70配备了14.5in信息娱乐系统，能让用户通过基于服务器的自然语言语音识别功能，利用语音控制空调、车窗、天窗、尾门、座椅加热等功能，比较方便。除信息娱乐系统外，这款新车还配备了具有车辆启动功能的指纹识别系统、可以锁定或解锁车门、启动车辆、实现共享的捷尼赛思数字钥匙等配置。

基本信息 （2023年款）	车型	豪华版	旗舰版
	定位	5座　纯电动　中型SUV	
	指导价/万元	38.58	43.98
	尺寸/mm	长宽高4715×1910×1642　轴距2875	
电池性能	CLTC续航里程/km	530	511
	电池容量/（kW·h）	76.4	
	电池类型	三元锂电池	
动力性	电机类型	永磁同步电机	
	电机总功率/kW	360	
	电机总扭矩/（N·m）	700	
智能化	屏幕及尺寸（顶配）	液晶仪表：12.3in　中控屏：14.5in	
	驾驶辅助亮点 （顶配）	并线辅助、车道保持辅助、车道偏离预警、车道居中保持、 主动刹车、DOW开门预警、前方碰撞预警、360°全景影像、 车侧盲区影像、倒车车侧预警、全速自适应巡航、遥控泊车	
	智能网联亮点 （顶配）	语音识别控制、百度地图、CarPlay/CarLife、 4G、车联网、远程控制、OTA	
政策	整车质保政策	5年或10万千米	
其他关键词		标配10气囊、标配L2级智能辅助驾驶、 主动式路面噪声控制、指纹识别系统、智能指尖交互、 单踏板模式、悬架软硬调节、对外放电	

④ 续航方面，捷尼赛思纯电动GV70的最高续航里程为530km，不算很突出，但是可以满足用户的日常用车需求。另外，这款新车支持3.6kW的对外充电功能，使得用户可以在车外使用电器设备，对一些露营爱好者来说，算是福音配置。

⑤ 动力方面，捷尼赛思纯电动GV70的最大功率为360kW，峰值扭矩为700N·m，同时如果用户按下Boost模式按钮，这款新车会变得更强劲，0～100km／h的加速时间仅需要4.4s。此外，这款新车搭载的预感知电子控制悬架可通过前方摄像头和导航信息提前预判前方路况，主动调节车辆运动状态，以提升整车的乘坐舒适性和稳定性。

宝马iX3

（指导价：39.99万～43.99万元）✓

★一句话点评　BBA中销量表现极好的纯电动SUV之一。

宝马iX3是BBA新能源车型中市场表现极好的车型之一。从整体性能上看，它也的确达到了比较高的水平。

❶ 整体来看，宝马iX3的外观轮廓与宝马X3高度相似，双肾型的中网得以保留，同时还在雾灯等处加上了蓝色装饰条，整体的颜值还是不错的。

❷ 尺寸方面，宝马iX3的车身长度为4746mm，轴距则达到了2864mm，采用的是大五座设计，后排空间的表现相当不错。这款车在空间方面与燃油版宝马X3比较接近，便于宝马老用户进行从油到电的无缝切换。

③ 内饰方面，宝马iX3采用了家族化设计，与燃油版宝马X3基本没有区别，只是在方向盘、挡把等处加上了蓝色装饰条。如果你不喜欢某些电动汽车那种"光秃秃"的内饰，那么宝马iX3倒是一个不错的选择对象。

④ 宝马iX3搭载了宝马iDrive车载智能系统，操作流畅、便捷，而且为用户提供了充电旅程规划、停车场地图等特色服务，并且拥有自动泊车入位等高端配置，实现了L2级别的驾驶辅助功能。

⑤ 动力方面，宝马iX3搭载后置单电机，CLTC续航里程最大可达550km，快充时间需要45min。与比亚迪和造车新势力相比，这样的表现其实并不算好，但在合资豪华品牌推出的同级别车型中，还是比较有竞争力的。

	车型	改款 领先型	改款 创领型	领先型	创领型
基本信息（2022年款）	定位	5座　纯电动　中型SUV			
	指导价/万元	39.99	43.99	39.99	43.99
	尺寸/mm	长宽高4746×1891×1683　轴距2864			
电池性能	CLTC续航里程/km	550	535	550	535
	电池容量/（kW·h）	80			
	电池类型	三元锂电池			
	充电速度/h	快充：0.75　慢充：7.5			
动力性	电机类型	励磁/同步电机			
	电机总功率/kW	210			
	电机总扭矩/（N·m）	400			
	0～100km/h加速时间/s	6.8			
智能化	屏幕及尺寸（顶配）	液晶仪表：12.3in　中控屏：12.3in			
	驾驶辅助亮点（顶配）	并线辅助、车道保持辅助、车道偏离预警、车道居中保持、道路交通标识识别、主动刹车、前方碰撞预警、360°全景影像、全速自适应巡航、自动泊车入位、自动变道辅助、循迹倒车、抬头显示			
	智能网联亮点（顶配）	语音识别控制、4G、车联网、CarPlay/CarLife、远程控制、OTA、Wi-Fi热点			
政策	整车质保政策	3年或10万千米			
	"三电"质保政策	8年或16万千米			
	其他关键词	标配6气囊、标配L2级智能辅助驾驶、模拟声浪、主动格栅、哈曼卡顿音响、热泵空调			

凯迪拉克LYRIQ锐歌 （指导价：43.97万～47.97万元）✓

★ 一句话点评　奥特能平台首款车型，整车设计、"三电"技术都较为超前。

基本信息（2022年款）	车型	后驱长续航豪华版	后驱长续航尊贵版	四驱高性能尊贵版
	定位	5座　纯电动　中大型SUV		
	厂商指导价/万元	43.97	45.97	47.97
	尺寸/mm	长宽高5003×1977×1637　轴距3094		
电池性能	CLTC纯电续航里程/km	653		608
	电池容量/（kW·h）	95.7		
	电池类型	三元锂电池		
	充电速度/h	快充（至80%）：0.67　慢充：15.5		
动力性	电机类型	永磁同步电机		
	电机总功率/kW	255		375
	电机总扭矩/（N·m）	440		710
	0～100km/h加速时间/s	6.35		4.9
智能化	屏幕及尺寸（顶配）	中控屏：33in（集成全液晶仪表盘）		
	驾驶辅助亮点（顶配）	并线辅助、车道偏离预警、车道保持辅助、道路交通标识识别、主动刹车、DOW开门预警、前方碰撞预警、360°全景影像、倒车车侧预警、全速自适应巡航、自动泊车入位、遥控泊车、自动变道辅助		
	智能网联亮点（顶配）	高精地图、CarPlay、语音识别控制、5G、车联网、OTA、Wi-Fi热点、远程控制		
政策	整车质保政策	首任车主不限年限/里程		
	"三电"质保政策	首任车主不限年限/里程		
	网联流量政策	基础流量（50G/年）终身免费、3个月100G增强流量包		
	其他关键词	奥特能电动车平台、标配L2级别智能辅助驾驶（全新一代SUPER CRUISE超级辅助驾驶系统）、主动进气格栅、AKG 19扬声器、黑晶光曜格栅、1.83m2全景玻璃穹顶、前/后五连杆独立悬架、8155芯片、"中国心"十佳新能源汽车动力系统		

如果要问2022年上半年最惊艳的纯电SUV是哪款，那么凯迪拉克LYRIQ锐歌绝对位列其中。

▶ 扫二维码 ◀
看凯迪拉克LYRIQ锐歌视频

❶ 从整体造型上来看，凯迪拉克LYRIQ锐歌依然采用家族式钻石切割风格，不同的是，新车在"纯电动化"的产品标签下，很好地营造出如同概念车一般的科技感和未来感。譬如其前脸一体化的进气格栅，又譬如其阵列式的LED灯带。另外，LYRIQ锐歌的未来感在车身侧面同样拥有很好的表达，整体下压的C柱在L形镀铬饰条的引导下营造出游艇式的车顶设计，而尾部上提的线条设计却为锐歌营造出"翘臀"般的感觉，这也让它整体看上去并不像传统的中大型SUV。

❷ 在内饰设计方面，基于全新奥迪特纯电平台打造的凯迪拉克LYRIQ锐歌同样延续了科技豪华感，中控采用了33in 9K弧形联屏设计，配合空调调节面板处大面积的镀铬和钢琴烤漆面板，凯迪拉克锐歌终于摆脱了CT系列偏向老气的设计风格。

❸ 智能网联方面，33in的环幕式超视网膜巨屏，自然是第一个重点。在操作中，基于8155芯片和屏幕的硬件素质，它的清晰度、操作流畅度都能达到让人满意的程度。至于在功能性方面，高端新势力

车型拥有的功能在LYRIQ锐歌的座舱内都没有缺席，而且它针对娱乐相关的功能还更加出色。例如，LYRIQ锐歌配备AKG的音响系统和座椅头枕的音源，音色还原度、临场感其实都不错，对得起这辆车的豪华定位。

④ 智能辅助驾驶方面，作为传统豪华品牌旗下的车型，LYRIQ锐歌就显得比较有优势了。开启自适应巡航、车道保持辅助等智能驾驶功能，便可以应对大多数场景。除此之外，为了确保开启智能驾驶系统后的安全，LYRIQ锐歌还多方面地进行了调整，比如，在预判到前方车辆急刹车，或者有追尾风险的时候，前风挡玻璃上会有红色光带进行提醒。红光的来源，便是布置在仪表板前方的LED小模组。如果此时驾驶人还没有做出反应，那么这辆车还有通用汽车专利Haptic振动座椅，可以通过振动的方式来提醒前方的问题，如果还没有做出反应的话，那么主动刹车等功能就会介入。

⑤ 至于动力，凯迪拉克LYRIQ锐歌共推出后驱和四驱两种版本车型，最大功率分别为255kW/375kW，峰值扭矩分别为440N·m/710N·m，对应的纯电续航里程为653km/608km，这样的续航里程在目前纯电动中大型SUV中同样属于主流水平。

▶ 7.1.3 35万～50万元级纯电动MPV（3款）

上汽大通MIFA 9 　（指导价：27.99万～41.99万元）√

★一句话点评　支持全车6座电动调节，搭载业内首创的三排座椅一键联动功能。

　　作为一款既面向商务出行，也面向家庭用户的中大型纯电动MPV，上汽大通MAXUS MIFA 9在保持稳重大气风格的同时，也具备了不少时尚科技的元素。比如，前脸处的"星阵光语"矩阵前灯就比较科幻前卫，还与"战戟光语"梦幻尾灯，形成了前后呼应。

① 车辆内部，MIFA 9采取前卫简约的设计风格，而且仪表板、IP下包覆、全车座椅扶手、前后门包覆饰板等区域均采用软性材质包裹，触感和质感都可圈可点。

作为一款中大型MPV，车身尺寸是上汽大通MAXUS MIFA 9的核心亮点之一：它的长×宽×高分别为5270mm×2000mm×1840mm，轴距则达到了3200mm。值得一提的是，MIFA 9还配备了全三排电动滑轨，一排、二排、三排座椅都可以前后滑动，带来了相当不错的空间灵活性。而且，MIFA 9的座椅宽大厚实，填充物也比较柔软，主驾驶座还支持8向电动调节和4向支撑调节，再加上前排两侧的3挡加热和3挡通风管功能，乘坐舒适性更进一步。

② 智能互联方面，MIFA 9前排搭载斑马系统，采用高通8155芯片；后排则搭载上汽大通自研的操作系统，采用联发科8666的SOC芯片。

③ 动力方面，MIFA 9全系搭载的是180kW的永磁同步电机，得益于智能高效电驱系统，上汽大通MAXUS MIFA 9在中低速时候有着比较积极和灵活的动态表现，但是，毕竟这个家伙"尺寸太大"，在高速路段上，动力还是显得有些力有不逮。好在得益于MIFA 9的电动属性，再加上导风扰流片和低风阻轮圈等隔声措施，这款电动MPV的NVH表现可圈可点。续航方面，MIFA 9分别提供了540km和560km两种版本，可以覆盖大部分消费者的用车需求。值得一提的是，就在2022年12月，上汽大通MAXUS MIFA 9获Euro NCAP五星评级，并斩获新版Euro NCAP安全碰撞MPV最高分。

（2022年款）基本信息	车型	绿洲七座版	草原七座版	森林七座版	森林六座版	高山七座版	高山六座版	高山旗舰版
	定位	纯电动　6/7座　中大型MPV						
	指导价/万元	27.99	29.99	33.99	34.99	38.99	39.99	41.99
	尺寸/mm	长宽高5270×2000×1840　轴距3200						
电池性能	CLTC续航里程/km	560				540		
	电池容量/（kW·h）	90						
	电池类型	三元锂电池						
	充电速度/h	快充（至80%）：0.5　慢充：8.5						
动力性	电机类型	永磁同步电机						
	电机总功率/kW	180						
	电机总扭矩/（N·m）	350						
智能化	屏幕及尺寸（顶配）	液晶仪表：10.25in　中控屏：12.3in						
	驾驶辅助亮点（顶配）	并线辅助、车道保持辅助、车道偏离预警、车道居中保持主动刹车、DOW开门预警、前/后方碰撞预警、360°全景影像、倒车车侧预警、全速自适应巡航、自动泊车、遥控泊车、自动变道辅助、抬头显示						
	智能网联亮点（顶配）	AR实景导航、高精地图、手势控制、面部识别、车联网、远程控制、Wi-Fi热点、OTA						
政策	整车质保政策	3年或10万千米，首任车主不限年限/不限里程						
	"三电"质保政策	8年或30万千米，首任车主不限年限/不限里程						
	其他关键词	前排中间气囊、标配L2级智能辅助驾驶、8155芯片、JBL音响、全3排电动滑轨、电动双侧滑门、12.3in副驾娱乐屏、热泵空调、E-NCAP五星						

腾势D9 EV

（指导价：38.98万～45.98万元）✓

★ 一句话点评　腾势品牌高端MPV的"扛鼎之作"。

腾势是比亚迪和奔驰在2012年联手打造的高端新能源汽车品牌，随着近年来比亚迪在新能源市场的爆火，成立多年的腾势也借势推出了旗下MPV"扛鼎之作"——腾势D9，分为EV和PHEV两种。

腾势D9 EV版采用超大尺寸的直瀑式中网，并且与大灯融合在一起，整个前脸有着比较强的气势感，比较符合这款车的商务定位。这样的设计，已经完全看不到腾势以前车型的影子，与比亚迪也没什么相似之处，属于自成一格。

腾势D9 EV版车身长度为5250mm，轴距则达到3110mm，全系采用"2+2+3"的7座设计，无论是家用还是商用，它在空间方面都不会让消费者失望。尤其是第二排航空座椅，1080mm电动可调节滑轨，是同级车型中少有的亮点。

▶ 扫二维码 ◀

看腾势D9 EV视频

❶ 座舱内部，腾势D9一眼就能让人看出与比亚迪的血缘关系。这款车搭载了腾势Pilot辅助驾驶系统以及腾势Link车载智能系统，拥有5G网络、L2级别驾驶辅助、透明底盘等各种高端配置，另外整车有七个互联智能屏幕，整体配置水平与它的高售价还是比较匹配的。

腾势D9 EV的产品亮点还在于其豪华配置方面，新车作为全球首款搭载UWB钥匙的MPV车型，距离车辆8m内即能感应到车主位置，配合迎宾模式，车辆电滑门、迎宾灯、迎宾音乐会自动打开，车内记忆座椅自动调节，加之全系标配同级最大1.1m双层玻璃天幕，对于仪式感的营造可以说是很好融合了奔驰的精髓。

❷ 动力方面，腾势D9 EV搭载八合一电机，最大功率可达275kW，其全系标配磷酸铁锂刀片电池，最大续航里程可达620km。客观来说，这个数字并不算领先，不过这种车型绝大部分时间都是在市区道路行驶，600多千米的续航，消费者一般不会有什么续航焦虑。

基本信息（2022年款）	车型	620尊贵型	600四驱尊荣型	600四驱旗舰型
	定位	7座　纯电动　中大型MPV		
	指导价/万元	38.98	42.98	45.98
	尺寸/mm	长宽高5250×1960×1920　轴距：3110		
电池性能	CLTC纯电续航里程/km	620	600	
	电池容量/（kW·h）	103.36		
	电池类型	磷酸铁锂		
动力性	电机类型	永磁同步电机		
	电机总功率/kW	230	275	
	电机总扭矩/（N·m）	360	470	
	0~100km/h加速时间/s	9.5	6.9	
智能化	屏幕及尺寸（顶配）	液晶仪表盘：10.25in　中控屏：15.6in		
	驾驶辅助亮点（顶配）	并线辅助、车道偏离预警、车道保持辅助、车道居中保持、道路交通标识识别、主动刹车/主动安全、疲劳驾驶提示、开门预警、前/后方碰撞预警、360°全景影像、透明底盘、倒车车侧预警、全速自适应巡航、自动泊车、遥控泊车、自动变道辅助、抬头显示		
	智能网联亮点（顶配）	卫星导航、导航路况显示、语音识别控制、面部识别、车联网、5G网络、OTA升级、Wi-Fi热点、		
政策	整车质保政策	6年或15万千米		
	"三电"质保政策	首任车主不限年限/里程		
	其他关键词	全系标配L2级辅助驾驶、悬架软硬调节、主动格栅、负离子发生器/车载香氛、热泵空调、电池预加热、对外放电（V2L功能）、后排液晶屏幕、车载冰箱、7屏互联		

岚图梦想家纯电动版 （指导价：36.99万~68.99万元）√

★一句话点评 舒享智能移动会客厅，开创电动豪华MPV低碳出行新时代。

近年来国内MPV整体外观越来越偏向精致的宜家宜商风格，这点在岚图梦想家纯电动版上同样得到很好的表现，尤其是前脸大量的镀铬饰条以及内饰1.4m的联屏设计，岚图梦想家确实很好地拿捏了商务和家用之间尺度。

作为一款中大型MPV，岚图梦想家纯电动版的车身尺寸足够给力，长×宽×高为5315mm×1985mm×1820mm，轴距达到了3200mm，对比同级别其他车型也是有一定优势的，这样的车身尺寸自然确保了车内空间的宽敞，就连第三排座位的乘客，也可以享有宽裕的头部空间和腿部空间。

而且这款MPV不光是空间大，座椅配置也出彩，零重力宽适座椅的填充物软硬适中，无论是支撑性还是包裹性，都达到了一个较高的水准。这款MPV标配豪华双侧电滑门，既方便乘客上下车，在滑动开启的时候还能提升仪式感。

❶ 智能网联方面，在高通8155旗舰芯片和千兆5G车载网络的加持下，岚图梦想家纯电动版的车机系统运行速度相当流畅，还可以实现四音区/手势/触屏在内的多维交互。
不过这款MPV的续航里程表现不算很突出，最高605km的续航里程表现称不上是一个拔尖的水准，但足够覆盖用户的日常出行代步需求，如果用户偶尔要出一趟远门，问题也不大。另外，这款MPV支持高达230kW功率快充，行业领先，20%~80%的充电时间仅需约20min，一定程度上提升了车辆的实用性。

❷ 动力性能方面，岚图梦想家纯电动版的最大输出功率为320kW，峰值扭矩可达620N·m，0~100km/h的加速时间仅需要5.8s，可以说表现相当强劲，续航方面，梦想家纯电动版分别提供有475km和605km两种续航里程。值得一提的是，梦想家纯电动版具有魔毯功能的空悬系统，也是这款MPV的卖点之一。得益于这套悬架配置，梦想家纯电动版可以实时过滤道路振动，带来丝滑般的舒适性感受，符合自身的中高端MPV定位。

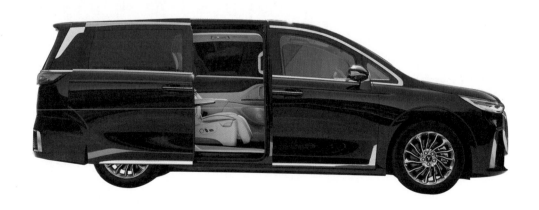

基本信息（2022年款）	车型	0碳版 家475km	0碳版 家+续航包605km	0碳版 想+智驾包475km	0碳版 想+智享包475km	0碳版 梦+智驾包475km	0碳版 梦+智享包 包605km	0碳版 私人定制475km	0碳长续航版 私人定制605km
	定位				4座/7座　中大型MPV				
	指导价/万元	36.99	41.99	38.99	43.99	43.99	48.99	63.99	68.99
	尺寸/mm				长宽高5315×1985×1820　轴距3200				
电池性能	CLTC续航里程/km				475/605				
	电池容量/(kW·h)				82/108.7				
	电池类型				三元锂电池				
	充电速度/h				快充（20%~80%）：0.75/1　慢充：10/13				
动力性	电机类型				永磁同步电机				
	电机总功率/kW				320				
	电机总扭矩/(N·m)				620				
	0~100km/h加速时间/s				5.8/5.9				
智能化	屏幕及尺寸（顶配）				液晶仪表：12.3in　中控屏：双12.3in				
	驾驶辅助亮点（顶配）				并线辅助、车道偏离预警、车道保持辅助、道路交通标识识别、主动刹车/主动安全、夜视系统、开门预警、前方碰撞预警、后方碰撞预警、360°全景影像、全速自适应巡航、自动泊车、遥控泊车、自动变道辅助				
	智能网联亮点（顶配）				卫星导航、百度地图、道路救援呼叫、HiCar、语音识别控制、手势控制、人脸识别、车联网、5G、OTA、Wi-Fi热点、远程控制				
政策	整车质保政策				5年或10万千米				
	"三电"质保政策				8年或16万千米				
	其他关键词				电池智能热管理系统、双侧电动滑门、带魔毯功能的空气悬架+CDC、零重力宽适座椅、主动格栅、丹拿音响、车载香氛、车载冰箱、透明底盘、私人订制、1.4m三联屏、第十届轩辕奖年度十佳汽车				

7.2 50万元级插电混动汽车（11款）

▶ **7.2.1** 50万元级插电混动轿车（3款）

沃尔沃S60 PHEV （指导价：39.99万~46.19万元）

★一句话点评 安全是基础，T8动力加持"让安全更来劲"。

　　沃尔沃S60 PHEV的外观与燃油版车型变化不大，前进气格栅上整齐地排列着多边形造型特征，沿着格栅往两侧看去，标志性的"雷神之锤"大灯进入眼帘，一眼便知，这是一辆沃尔沃！

❶ 车辆内部，新车还是延续着燃油版的造型风格，在配置方面进行了优化升级，如搭载12.3in的组合仪表，采用环保材料制作的水晶挡杆等。S60 PHEV的车机系统采用的是原生的安卓系统，稳定性和流畅度相比较旧款车型有所提升，语音识别采用的是科大讯飞的系统，识别度还是不错的。

❷ 动力方面，沃尔沃S60 PHEV采用的是2.0T涡轮增压发动机，发动机最大功率为228kW，最大扭矩为400N·m。同时，新车还搭载了一台功率为107kW、扭矩为309 N·m的永磁同步电机，整车系统综合总功率为335kW，系统综合扭矩为709N·m。这样的动力输出也让新车可以实现0~100km／h的加速时间为4.7s，对于一款燃油汽车而言，这个成绩还是很不错的。

❸ 续航方面，沃尔沃S60 PHEV在WLTC工况下的纯电续航里程为84km。在纯电模式下，动力输出响应较为迅速，随踩随有，总体来说，动力输出还是比较线性的；对于一款插混车而言，混动模式应该算日常用得比较多的模式，系统会根据电池剩余电量进行判断以何种动力介入车辆，当然这个时候仪表上也会显示当前的驱动模式。

无论是纯电模式还是混动模式，沃尔沃S60 PHEV舱内的隔声效果都还是比较不错的，这得益于其优秀的NVH性能表现。

基本信息（2023年款）		车型	智逸豪华版	智雅运动版	智雅极夜黑版
		定位	5座　插电混动　中型车		
		指导价/万元	39.99		46.19
		尺寸/mm	长宽高4778×1850×1430　轴距2872		
电池性能		WLTC纯电续航里程/km	84		
		电池容量/（kW·h）	18.83		
		电池类型	三元锂电池		
动力性		电机类型	永磁同步电机		
		电机总功率/kW	107		
		电机总扭矩/（N·m）	309		
		系统综合功率/kW	335		
		系统综合扭矩/（N·m）	709		
		0~100km/h加速时间/s	4.7		
智能化		屏幕及尺寸（顶配）	液晶仪表：12.3in　中控屏：9in		
		驾驶辅助亮点（顶配）	并线辅助、车道偏离预警、车道保持辅助、车道居中保持、道路交通标识识别、主动刹车/主动安全、疲劳驾驶提示、开门预警、前/后方碰撞预警、360°全景影像、倒车车侧预警、全速自适应巡航、抬头显示		
		智能网联亮点（顶配）	高德地图、CarPlay、语音识别控制、车联网、4G、OTA升级、远程控制		
政策		整车质保政策	3年不限里程		
		"三电"质保政策	8年或12万千米		
		其他关键词	标配6气囊、L2级智能辅助驾驶、哈曼卡顿音响		

宝马5系PHEV

（指导价：49.99万～53.69万元）

★ 一句话点评　动力性不错但效率一般，主打操控和豪华品质。

基本信息（2022年款）	车型	豪华套装	M运动套装	先锋版M运动套装	改款豪华套装	改款运动套装	先锋版M运动套装
	定位	5座　插电混动　中大型车					
	厂商指导价/万元	49.99	49.99	53.69	49.99	49.99	53.69
	尺寸/mm	长宽高5106×1868×1490　轴距3105					
电池性能	WLTC纯电续航里程/km	73					
	电池容量/（kW·h）	17.7					
	电池类型	三元锂电池					
	充电速度/h	慢充：3.9					
动力性	电机类型	永磁同步电机					
	电机总功率/kW	80					
	电机总扭矩/（N·m）	265					
	0～100km/h加速时间/s	6.7					
智能化	屏幕及尺寸（顶配）	液晶仪表：12.3in　中控屏：12.3in					
	驾驶辅助亮点（顶配）	并线辅助、车道偏离预警、车道保持辅助、车道居中保持、道路交通标识识别、主动刹车、前方碰撞预警、倒车车侧预警、全速自适应巡航、自动变道辅助、自动泊车（选装）、循迹倒车（选装）					
	智能网联亮点（顶配）	语音识别控制、CarPlay/CarLife、4G、车联网、OTA、Wi-Fi热点、NFC/FRID钥匙、远程控制、手势控制（选装）					
政策	整车质保政策	3年或10万千米					
	"三电"质保政策	8年或12万千米					
	其他关键词	标配6气囊、L2级智能辅助驾驶、主动进气格栅、空气悬架、"沃德十佳"发动机、抬头显示（选装）、后排液晶屏（选装）、哈曼卡顿音响、星空全景天窗（选装）					

❶ 在外观设计上，宝马5系PHEV延续了燃油版车型的设计方式，双肾型进气格栅、天使眼大灯组等设计，均未缺席。

❷ 内饰部分，5系PHEV无论是在设计上，还是选材方面，都营造出这个级别该有的豪华感和科技感，柔软舒适的棕色真皮座椅和大面积的木纹饰板等，都值得称道。
在5系PHEV的座舱内，搭载宝马iDrive人机交互系统，支持智能个人助理、手势控制、屏幕触控、iDrive旋钮等多个功能。

❸ 智能驾辅配置方面，5系PHEV搭载自动驾驶辅助系统Pro，支持前向碰撞预警及紧急制动辅助、限速识别辅助、变道盲区预警以及交通拥堵辅助等功能，会比A6L PHEV更丰富一些。不过需要指出的是，只有顶配版才搭载了L2智能驾辅系统。

值得一提的是，5系PHEV搭载了空气悬挂和动态减振控制系统，能够在行驶中不断调整悬架软硬、高低，在不同路况下皆能提供优秀的驾驶及乘坐体验。

奥迪A6L PHEV

（指导价：50.80万元）

★ 一句话点评　科技感、豪华感不减，电机加持让性能更加强悍。

奥迪A6L是国内消费者非常熟悉的豪华中大型车，同时，A6L还推出了插电混动版——奥迪A6L PHEV。

❶ 外观上，奥迪A6L PHEV和燃油版车型保持高度一致，标志性的大尺寸六边形前中网很"虎实"，还配备燃油版顶配/次顶配车型上才会配备的高清矩阵式LED头灯，照明效果相当出色；同时，A6L PHEV车尾部分的流水式转向灯以及带有动画效果的LED尾灯，也很有特色。

❷ 内饰部分，A6L PHEV的中控台整体层次感分明，双液晶显示屏（10.1in+8.6in）科技感较强。但可惜的是，这套大屏不支持OTA升级。
另外，A6L PHEV的驾辅功能也不算全面，车道偏离预警系统、车道保持辅助系统和并线辅助等驾辅功能，均未配备。

❸ 动力部分，A6L PHEV搭载了一台最大功率252匹的2.0T发动机，与之匹配的是7速Stronic双离合变速箱，同时A6L PHEV还配备了"quattro ultra"四驱系统。

基本信息 （2022年款）	车型	55 TFSI e quattro	
	定位	5座　插电混动　中大型车	
	尺寸/mm	长宽高5050×1886×1475　轴距3024	
电池性能	NEDC 纯电续航里程/km	54	
	电池容量/（kW·h）	14.1	
	电池类型	三元锂电池	
	充电速度/h	快充：2.5　慢充：8	
动力性	电机总功率/kW	105	
	电机总扭矩/（N·m）	350	
	系统综合功率/kW	367	
	系统综合扭矩/（N·m）	500	
	0~100km/h 加速时间/s	6.7	
智能化	屏幕及尺寸（顶配）	液晶仪表：12.3in　中控屏：10.1in	
	驾驶辅助亮点 （顶配）	并线辅助（选装）、车道偏离预警（选装）、 车道保持辅助（选装）、主动刹车、前方碰撞预警、 360°全景影像、定速巡航、夜视系统（选装）	
	智能网联亮点 （顶配）	语音识别控制、CarPlay/CarLife、4G、车联网、远程控制	
政策	整车质保政策	3年或10万千米	
	"三电"质保政策	8年或12万千米	
	其他关键词	L2级智能辅助驾驶（选装）、8.6in控制屏、 夜视系统（选装）、抬头显示（选装）、B&O音响（选装）	

▶ 7.2.2 50万元级插电混动SUV（6款）

问界M7

（指导价：31.98万～37.98万元）✓

★ 一句话点评　增程式技术路线避免里程焦虑，华为智能生态带来更便利的新体验。

	车型	两驱舒适版	四驱豪华版	四驱旗舰版
基本信息（2022年款）	定位	6座　（增程式）插电混动　中大型SUV		
	指导价/万元	31.98	33.98	37.98
	尺寸/mm	长宽高5020×1945×1775　轴距2820		
电池性能	CLTC综合续航里程/km	1220	1100	
	CLTC纯电续航里程/km	230	200	
	电池容量/（kW·h）	40		
	电池类型	三元锂电池		
	充电速度/h	快充（30%～80%）：0.5　慢充（20%～90%）：5		
动力性	电机类型	永磁同步电机		
	电机总功率/kW	200	330	
	电机总扭矩/（N·m）	360	560	
	0～100km/h加速时间/s	7.8	4.8	
智能化	屏幕及尺寸（顶配）	液晶仪表：10.25in　中控屏：15.6in		
	驾驶辅助亮点（顶配）	并线辅助、车道偏离预警、车道保持辅助、道路交通标识识别、主动刹车、开门预警、前方碰撞预警、360°全景影像、倒车车侧预警、全速自适应巡航、自动泊车		
	智能网联亮点（顶配）	高德地图、4G、车联网、原厂互联/映射、Wi-Fi、语音识别交互、车家互联、车表互联、车与手机互联、OTA、NFC/RFID钥匙、人脸识别		
政策	整车质保政策	4年或10万千米		
	"三电"质保政策	电池组质保8年或16万千米		
	其他关键词	L2级智能辅助驾驶、标配8气囊、标配19扬声器、零重力座椅、座舱"K歌房"、Harmony OS智慧座舱、静音电吸门、Harmony OS系统、对外放电、车载香氛、第十届轩辕奖年度十佳汽车		

▶ 扫二维码 ◀

看问界M7视频

AITO问界M7是赛力斯汽车与华为联合设计的第二款产品，定位豪华智慧大型电动SUV，其源自纯电驱智能增程平台（DE-i）打造。

❶ 在外观设计上，AITO问界M7遵循着宜家宜商的思路，前脸层次分明，上半部分与大灯融为一体，下半部分则呈现正梯形造型。这样的设计，无论是当作家庭日常用车，还是出现在商务场合，都是比较合适的。

问界M7之所以成为消费者关注的焦点，其中一个重要的原因便是来自华为的智能化加持。具体来看，问界M7车内的15.6in悬浮式中控屏中搭载了升级版的华为Harmony OS智能座舱系统，华为还为问界M7配备了超级桌面功能，用户可以通过大屏来操作手机应用，打开界面之后，软件可以根据屏幕自适应，操作大屏就像操作自己的手机一样快捷。

此外，问界M7还配备了高度智能化的语音助手"小艺"，能够"听懂"各种用车场景，即便是坐在后排的乘客发出的指令，"小艺"都能精准识别，并且进行个性化的服务。在此基础上，这款SUV还配备了车载家庭KTV、高品质音视频、沉浸式游戏模式以及19单元华为SOUND音响系统等诸多娱乐影音配置，提升了车辆的可玩性。

问界M7采用的是"2+2+2"的六座布局，在华为六合一增程器动力总成的技术加持之下，车内空间布局得到一定程度的优化，官方宣称空间转化率达到92.4%。这就好比一套房子，在同等建筑面积下，它有着更小的"公摊面积"，从而有着更大的"套内面积"。在舒适性方面，问界M7搭载了业内首个商用的零重力座椅，能够有效缓解旅途过程中的疲劳感。

问界M7还比较注重打造车辆的品质感，提供了静音电吸门、三面双层隔声玻璃，配合主动降噪、整车密闭性防护、多层底盘隔震等静音技术，即便是在闹市区，也可以确保车内的静谧性。

❷ 动力方面，问界M7搭载的是华为Drive ONE纯电驱增程平台，包括一款专为增程系统而生的1.5T四缸增程器和电驱动系统，这款车的双电机版本电机总功率最大可达330kW，官方表示其0~100km/h的加速时间仅为4.8s。城市通勤时，CLTC工况的纯电续航可达230km（后驱）/200km（四驱），综合续航里程为1220km，油耗低至5.8L/100km，可以满足用户的日常代步需求。值得一提的是，问界M7搭载V2L对外放电功能，能够支持电烤炉等大功率用电器。对家庭消费者来说，一款满油满电的问界M7，可以满足在露营、郊游、野餐时多样化的用车需求。

理想L7

（指导价：35.98万~39.98万元）✓

★一句话点评　空间够用，智能化配置较高，满足普通家庭对于舒适出行的需求。

理想L7延续了理想汽车的家族式设计，整车线条简洁大气，同时前脸的长度超过2m的一体式星环LED头灯，具有相当高的辨识度。从细节上来看，这款增程式SUV的隐藏式门把手的设计和可变进气格栅，还能有效降低风阻系数，对于提升车辆的续航里程表现有一定帮助。

❶ 车辆内部，理想L7沿用理想ONE的四屏语音交互功能，其中Pro版采用双15.7in 3K分辨率的LCD双连屏幕，支持Type-C有线投屏，并搭载一颗高通骁龙8155车规级芯片；Max版则拥有三块15.7in的

LCD屏幕，两颗高通骁龙8155车规级芯片，再加上配合7.3.4杜比全景声技术的21个扬声器，足以带来相当给力的沉浸式体验。

❷ 车身尺寸方面，理想L7的长×宽×高为5050mm×1995mm×1750mm，轴距为3005mm，内部座位是"2+3"的大5座设定。与此同时，L7的全车座椅都支持电动调节和加热功能，第一排、第二排座椅标配通风和腰部按摩功能，主驾还可以一键复位全车座椅或帮助家人收折第三排座椅。

理想L7的Pro版和Max版的异同之处如下。

❸ 在智能网联方面，两个版本都配备了15.7in中控大屏+副驾娱乐屏，不同的是，前者搭载了一颗高通骁龙8155芯片，而后者则是多加了一颗高通骁龙8155芯片。Max版之所以要增加一颗芯片，主要是因为这款车型的第二排增加了可折叠LCD娱乐屏，需要更强的芯片算力作支撑。两车后排娱乐屏的屏幕参数与前排屏幕保持一致，并配有3D ToF传感器，支持手势控制，可以连接Switch和AR眼镜，让后排乘客享受更好的娱乐体验。

基本信息（2023年款）		车型	Pro	Max
		定位	5座　增程式（插电混动）　中大型SUV	
		厂商指导价/万元	35.98	39.98
		尺寸/mm	长宽高5050×1995×1750　轴距3005	
电池性能		WLTC综合续航里程/km	1100	
		CLTC纯电续航里程/km	210	
		电池容量/（kW·h）	42.8	
		电池类型	三元锂电池	
		充电速度/h	快充：0.5　慢充：6.5	
动力性		电机类型	永磁同步电机	
		电机总功率/kW	330	
		电机总扭矩/（N·m）	620	
智能化		屏幕及尺寸（顶配）	液晶仪表：无　中控屏：15.7in	
		驾驶辅助亮点（顶配）	并线辅助、车道偏离预警、车道保持辅助、车道居中保持、道路交通标识识别、主动刹车、前/后方碰撞预警、DOW开门预警、360°全景影像、透明底盘/540°影像、倒车车侧预警、全速自适应巡航、自动泊车入位、自动变道辅助、远程召唤、抬头显示	
		智能网联亮点（顶配）	语音识别控制、高德地图、4G/5G、手势控制、车联网、OTA、Wi-Fi热点、远程控制	
政策		整车质保政策	5年或10万千米	
		"三电"质保政策	8年或16万千米	
		其他关键词	标配L2级智能辅助驾驶、15.7in副驾屏、15.7in二排娱乐屏、空气悬架、静音电吸门、双英伟达Orin-X算力芯片、8155芯片、主动进气格栅、对外放电、哨兵模式、激光雷达	

❹ 在智能驾驶层面，Pro版配备了1个800万像素摄像头、9个200万像素摄像头、1个毫米波雷达和1个高精度定位模块以及总算力为128TOPS的1颗地平线征程5辅助驾驶芯片，支持AD Pro智能驾驶系

统，基本可以覆盖用户的智能驾驶辅助出行需求。Max版则是向L9看齐，配备了6个800万像素摄像头、5个200万像素摄像头、1个128线激光雷达、12个超声波雷达以及1个毫米波雷达以及总算力达到508TOPS的两颗英伟达Orin-X芯片，并支持L9同款的理想AD Max智能辅助驾驶系统。换句话说，Max版智能驾驶功能更强大，给未来留出了L4级自动驾驶所需的硬件冗余。

值得一提的是，理想L7标配了前双叉臂悬架和后五连杆悬架，配合智能空气弹簧和毫秒级响应的CDC连续可变阻尼减振器组成的理想魔毯空气悬架底盘系统，可以根据路况主动调节悬挂阻尼，有效兼容不同路面环境，一定程度上提升了驾乘舒适性和过弯稳定性。

⑤ 在续航方面，理想L7在CLTC工况下的纯电续航里程为210km，综合续航里程达到了1100km，既能满足市区出行需求，亦可覆盖用户的远途出行需求。

理想ONE

（指导价：34.98万元）✓

★ **一句话点评** 整车偏向家用且实际体验不错，开启增程式新风潮。

在国内，理想ONE是第一款掀起"增程式"之风的中国品牌SUV。

对于理想ONE的外观，可以用六个字来形容"够稳重，够自信"。超大面积的进气格栅，贯穿式的灯带，略显攻击性的头灯，都让理想ONE呈现出一副不怒自威的气场；侧面的线条也是如此，没有明显出挑的设计，一切以简洁素雅为主，毕竟，在5m以上的车长面前，并不需要什么讨巧的设计来体现车身的大与长；尾部其实和车头一样，简洁明快，没有一丝拖泥带水的意味。横贯式的尾灯在新车里也算是见怪不怪了。

造车新势力在车型内饰设计部分都走上了简约的设计道路，理想也不例外。进入车内，基本感受不到传统车型琳琅满目的操控按键，就连空调出风口的造型，也保持着最简单的设计思路。方向盘的造型也没有标新立异，尺寸偏大，握持感也相当饱满。至于做工，对于一台成交价30多万元的车型，车内的用料还是不用担心的。

基本信息（2021年款）	车型	2021款 增程6座版	
	定位	6座　增程式　中大型SUV	
	尺寸/mm	长宽高：5030×1960×1760　轴距：2935	
电池×性能	NEDC / WLTC综合续航里程/km	1080/890	
	NEDC / WLTC纯电续航里程/km	188/155	
	电池容量/（kW·h）	40.5	
	电池类型	三元锂电池（宁德时代）	
	充电速度/h	快充（至80%）：0.5	慢充：6
动力性	电机类型	永磁同步电机	
	电机总功率/kW	245	
	电机总扭矩/（N·m）	455	
	0~100km/h 加速时间/s	6.5	
智能化	屏幕及尺寸（顶配）	液晶仪表：12.3in　中控屏：16.2in	
	驾驶辅助亮点（顶配）	并线辅助、车道偏离预警、车道保持辅助、车道居中保持、道路交通标识识别、主动刹车、DOW开门预警、前方碰撞预警、360°全景影像、倒车车侧预警、全速自适应巡航、自动泊车、自动变道辅助	
	智能网联亮点（顶配）	高德/腾讯地图、高精地图、语音识别控制、车联网、4G、OTA、远程控制	
政策	整车质保政策	5年或10万千米	
	"三电"质保政策	8年或12万千米	
	其他关键词	标配7气囊、标配L2级智能辅助驾驶、电动吸合门（选装）、悬架软硬调节、对外放电、主动格栅、10.1in控制屏、12.3in副驾屏、中国保险汽车安全指数（C-IASI）碰撞测试中成绩优异、中国汽车健康指数（C-AHI）获得双五星成绩、中国新车评价规程（C-NCAP）碰撞测试中获得五星评价	

　　其实，不管是新生代的汽车买家，还是上了年纪的长辈，都会对车内的"3+1"屏幕结构赞叹不已。卡片式的UI界面，海量的应用商店，支持连续对话的语音交互系统都让理想ONE值回了售价。对于喜欢出门远游的用户来说，此项功能的实用性是难以掩饰的。

　　至于驾驶辅助，在理想ONE这款车上，全速域自适应巡航、车道保持、主动刹车、车道偏离预警、前方碰撞预警、360°全景影像等应有尽有，L2级的智能辅助驾驶轻松达成。

　　前排的空间其实不用说，对于一台6座SUV而言，第二排以及第三排座椅的乘坐体验才是消费者最关注的。在理想ONE上，第二排的座椅无论何种坐姿，都能获得不错的空间感受。至于第三排，腿部空间就没有那么理想了，不过只要后备厢无行李，在调整好靠背角度之后，还是能获得相对舒适的乘坐体验。

在理想ONE这款车上，工程师为其安装了一套40.5kW的动力电池，在纯电模式下，理想ONE可以实现188km的续航能力。没错，从数据上看并不多，但对于大部分城市用户而言，就算以"纯电优先"模式开着理想ONE通勤，也没有太大压力。当然，在满油满电的情况下，理想ONE可以实现1080km的续航能力，即使有跨省出行的需要，也无太大问题。

▶ 扫二维码 ◀

看理想ONE视频

领克09 EM-P

（指导价：35.58万~36.58万元）✓

★ **一句话点评** 智能豪华舞台再添猛将，是不是新晋的"国货之光"？

❶ 从外观来看，领克09 EM-P气场还是很强大的，全新的"凌光战甲"前格栅，配合分体式大灯和纵置LED日间行车灯，具有较高的辨识度；车侧部分，这款SUV采用简洁、规整的线条设计，使得新车看上去非常敦实；车尾部分，这款SUV拥有狭长的贯穿式尾灯，内部纵置横向排列的LED灯组模块联动发光LOGO，在点亮后具有一定的科技感。

❷ 内饰部分，领克09 EM-P基本沿用现款领克家族的豪华游艇座舱设计风格。坐上主驾，触手可及之处均采用了皮质包裹，按钮上的镀铬及滚花装饰，配上带有雕刻纹路的面板，显得比较精致。同时，车内的平底三辐式多功能方向盘、12in中控液晶屏、贯穿式空调出风口搭配天空之城全真铝饰板，具有较强的科技感。

基本信息（2023年款）	车型	远航版AM六座	远航版PM六座	远航版AM七座	远航版PM七座
	定位	6/7座　插电混动　中大型SUV			
	指导价/万元	35.58	36.58	35.58	36.58
	尺寸/mm	长宽高5042×1977×1780　轴距2984			
电池性能	WLTC综合续航里程/km	1100			
	WLTC纯电续航里程/km	150			
	电池容量/（kW·h）	40.1			
	电池类型	三元锂电池			
	充电速度/h	（70kW）快充（20%~80%）：0.5　慢充：—			
动力性	电机类型	永磁同步电机			
	电机总功率/kW	230			
	电机总扭矩/（N·m）	629			
	0~100km/h加速时间/s	5.9			
智能化	屏幕及尺寸（顶配）	液晶仪表：12.3in　中控屏：12in			
	驾驶辅助亮点（顶配）	并线辅助、车道保持辅助、车道偏离预警、车道居中保持、道路交通标识识别、DOW开门预警、主动刹车、前/后方碰撞预警、360°全景影像、车侧盲区影像、透明底盘/540°影像、倒车车侧预警、全速自适应巡航、自动泊车、遥控泊车、自动变道辅助、HUD			
	智能网联亮点（顶配）	语音识别控制、AR实景导航、面部识别、5G、车联网、OTA、Wi-Fi热点、远程控制、NFC/FRID钥匙			
政策	整车质保政策	首任车主不限年限/里程			
	"三电"质保政策	首任车主不限年限/里程			
	其他关键词	标配6气囊、标配L2级智能辅助驾驶、8155芯片、（6.4kW）对外放电、ANC主动降噪技术、BOSE音响、3挡DHT Pro变速箱			

❸ 车身尺寸方面，领克09 EM-P的长×宽×高为5042mm×1977mm×1780mm，轴距为2984mm，确实够大；同时，这款SUV提供了6座或7座布局。座椅方面，领克09 EM-P配备了采用全新绗缝设计的高级Nappa真皮座椅。除此之外，在Sound True音源修复技术和ANC主动降噪技术的加持下，领克09 EM-P的NVH表现也挺不错。此外，领克09 EM-P车内的音响系统由BOSE量身定制，拥有14个高性能扬声器，音效体验很棒，这对有些人而言很有吸引力。

❹ 智能互联配置方面，领克09 EM-P搭载了高通骁龙8155芯片，整套车机系统的操作流畅，同时这套系统支持面部识别和语音控制功能，语音识别率较高。这款新车配备了AR实景导航功能，能提升驾驶人在路面上的注意力。

❺ 智能驾驶辅助系统方面，领克09搭载的是Lynk Co-Pilot智能驾驶辅助系统，具体到功能层面，在实现L2级智能辅助驾驶的全系标配的基础上，这款SUV支持ALCA打灯变道辅助、TAA大车主动避让、EMA紧急转向避让辅助、HWC高速公路领航辅助等驾辅功能。

❻ 动力方面，领克09 EM-P搭载由Drive-E 2.0TD高功率发动机加"三电"机组成的插电式混动系统，综合最大输出功率为382kW，峰值扭矩为844N·m，0~100km/h的加速时间为5.9s，同时综合续航里程为1100km（WLTC工况），纯电续航里程为150km（WLTC工况）。

❼ 传动部分，领克09 EM-P搭载了三挡DHT Pro变速箱，这套变速箱通过离合器滑摩，匹配1挡大速比，甚至可以进行"弹射起步"，可以带来比较强的推背感；在城市中驾驶时候，使用2挡模式，整车平顺性表现较好；3挡模式则用于高速工况，并能降低高速行驶时的油耗。

　　值得一提的是，通过聚类算法，领克09 EM-P能够不断学习驾驶者的驾驶风格，并对油门响应、能量管理做出更加个性化的调整，让驾驶者的日常用车更加得心应手。

理想L8

（指导价：35.98万～39.98万元）✓

★ 一句话点评 　6座版的理想L7。

	车型	Pro	Max
基本信息（2023年款）	定位	6座　增程式（插电混动）　中大型SUV	
	厂商指导价/万元	35.98	39.98
	尺寸/mm	长宽高5080×1995×1800　轴距3005	
电池性能	WLTC综合续航里程/km	1100	
	CLTC纯电续航里程/km	210	
	电池容量/（kW·h）	40.9	
	电池类型	三元锂电池	
	充电速度/h	快充：0.5　慢充：6.5	
动力性	电机类型	永磁同步电机	
	电机总功率/kW	330	
	电机总扭矩/（N·m）	620	
	0～100km/h加速时间/s	5.5	
智能化	屏幕及尺寸（顶配）	液晶仪表：无　中控屏：15.7in	
	驾驶辅助亮点（顶配）	并线辅助、车道偏离预警、车道保持辅助、车道居中保持、道路交通标识识别、主动刹车、前/后方碰撞预警、DOW开门预警、360°全景影像、透明底盘/540°影像、倒车车侧预警、全速自适应巡航、自动泊车入位、自动变道辅助、远程召唤、抬头显示	
	智能网联亮点（顶配）	语音识别控制、高德地图、4G/5G、手势控制、车联网、OTA、Wi-Fi热点、远程控制	
政策	整车质保政策	5年或10万千米	
	"三电"质保政策	8年或16万千米	
	其他关键词	标配L2级智能辅助驾驶、15.7in副驾屏、15.7in二排娱乐屏、空气悬架、静音电吸门、双英伟达Orin-X算力芯片、8155芯片、主动进气格栅、对外放电、哨兵模式、激光雷达	

　　对于理想L8，可以简单看作是理想L7的6座版（理想L7为5座SUV）。实际上，除了座椅数的差异之外，理想L8和理想L7的差异并不大，主要有以下3点。

▶ 扫二维码 ◀

看理想L8视频

❶ 两车的轴距均为3005mm，理想L8的尺寸（长×宽×高）为5080mm×1995mm×1800mm，对比理想L7的5050mm×1995mm×1750mm而言，在长度和高度方向上有一定的差异。

❷ 理想L8的电池包容量为40.9kW·h，对比理想L7的42.8kW·h而言，少了近2kW·h，也因此理想L8的WLTC续航为168km，小于理想L7的175km。

❸ 6座的设定使得理想L8的第二排座椅为独立座椅，另外6座的理想L8比理想L7还多出来2个第三排座椅，并且这第三排座椅支持靠背调节、座椅加热等功能。

理想L9

（指导价：45.98万元）✓

▶ 扫二维码 ◀

看理想L9视频

★ **一句话点评** 粗中有细，没有焦虑，是不是"50万元以内最好的"家用旗舰SUV？

① 从外观来看，理想L9延续了理想ONE的设计风格，简洁大气，体量感也比理想ONE强出不少。尺寸上，理想L9车长超5.2m，轴距超3.1m，妥妥的全尺寸。讨巧的是理想L9就设6个座位，加上头顶那块大玻璃，每个座位的空间感就出来了。

② 座舱内部，理想L9的车辆中控屏、副驾娱乐屏以及后舱娱乐屏均为15.7in OLED大屏，这3块大屏还融合了手势、语音和触控三种交互方式，让坐在任意位置的乘客都可以享受到车机交互带来的便利性和娱乐性。此外，13.35in HUD也能带来更进一步的交互体验。

为了进一步带来沉浸式的乘坐体验，理想L9还搭载了7.3.4全景声音响布局：7组扬声器组成全车环绕，3个重低音单元组成低音矩阵，4个顶部扬声器组成天空环绕，再配合杜比全景声技术，这款SUV能带来更好的视听享受。

理想L9的座椅采用3D舒适性海绵和Nappa真皮，并采用人机工程学设计，可以充分贴合人体背部曲线，支撑性和包裹性都不错；车内的6个座椅还都配备了加热功能，一二排座椅具有通风和SPA级十点按摩功能，可以有效缓解旅途疲劳。

③ 在智能驾驶方面，理想L9也走在了行业前列，传感器阵容中就包括车规级的激光雷达，通过自研的算法可以加强对路面障碍物的识别，比如可以识别近距离加塞、识别异形事故车辆、识别施工路障等，而常规的车道保持辅助、自动紧急制动、智能泊车及召唤等一个不落，能在保障安全性的同时提升驾车便利性。

④ 动力系统方面，理想L9采用的是基于1.5T四缸增程器的智能四驱系统，前驱动电机最大功率为130kW，后驱动电机最大功率为200kW，总功率达到了330kW，扭矩达到620N·m；在这样性能的加持下，这款SUV0～100km／h的加速时间仅需要5.3s，一定程度上可以满足用户激情驾驶的需求。

基本信息（2022年款）	车型	2022年款 理想L9 Max版（四驱）
	定位	6座　增程式（插电混动）　大型SUV
	尺寸/mm	长宽高　5218×1998×1800　轴距3105
电池性能	WLTC / CLTC 综合续航里程/km	1100/1315
	WLTC / CLTC 纯电续航里程/km	180/215
	电池容量/（kW·h）	44.5
	电池类型	三元锂电池
	充电速度/h	快充（至80%）：0.5　慢充：6.5
动力性	电机类型	永磁同步电机
	电机总功率/kW	330
	电机总扭矩/（N·m）	620
	0~100km/h加速时间/s	5.3
智能化	屏幕及尺寸（顶配）	液晶仪表：无　中控屏：15.7in　副驾屏：15.7in
	驾驶辅助亮点（顶配）	并线辅助、车道偏离预警、车道保持辅助、车道居中保持、道路交通标识识别、主动刹车、开门预警、前/后方碰撞预警、360°全景影像、透明底盘、倒车车侧预警、全速自适应巡航、自动泊车、自动变道辅助
	智能网联亮点（顶配）	高德地图、高精地图、道路救援呼叫、五屏交互、手势控制、语音识别控制、手势控制、车联网、4G/5G、OTA、
政策	整车质保政策	5年或10万千米
	"三电"质保政策	8年或16万千米/免费家用充电桩及基础安装服务
	其他关键词	标配12气囊、L2级智能辅助驾驶、对外放电、HUD、21扬声器、双8155芯片、双5G、智能空气悬架、远程召唤、哨兵模式、15.7in二排屏、车载香氛、车载冰箱、激光雷达、三排全电动座椅、静音电吸门、第十届轩辕奖中国年度汽车大奖

▶ 7.2.3 50万元级插电混动MPV（2款）

腾势D9 PHEV

（指导价：32.98万～43.98万元）√

★一句话点评 DM-i混动系统加持，节油之余，提供更豪华的行驶品质。

腾势D9是腾势品牌旗下首款高端MPV。

① 从前脸来看，腾势D9采用大面积进气格栅，并配有矩阵式的块状镀铬装饰进行点缀；车身侧面，腾势D9线条修长，19in密条辐轮圈看起来动感又大气；车辆尾部，腾势D9设计得简洁大方，贯穿式LED尾灯组融入被官方称为"融入流星之箭"的设计，具有较高的辨识度。

② 车身尺寸方面，腾势D9车长超5.2m，轴距超3m，比丰田埃尔法还大，并且，腾势D9采用了"2+2+3"的标准MPV的座椅布局。此外，这款MPV的第二排还搭载独立的悬浮式大屏，可以提供娱乐功能，座椅具有加热、记忆、通风、按摩等功能，比较舒适。值得一提的是，在空间方面，这款MPV的后备厢空间也很大，能放6个20in的登机箱。

③ 智能网联方面，腾势D9配备了10.25in液晶仪表盘+15.6in中控屏，具有较强的科技感，并搭载了腾势Link车机系统。亮点在于，这套系统标配5G功能，最大下载速率可达1Gbps，支持视频通话，用户还可以用腾势"Share"对车内屏幕内容进行共享。语音功能方面，这款MPV支持全场景语音、连续对话、四音区、可见即可说等功能。

④ 在智能辅助驾驶方面，腾势D9共搭载24个感知传感器，标配L2级智能辅助驾驶，具备ICC智能领航、ACC自适应巡航、LCC车道居中以及智能泊车等驾驶辅助功能。

另外，这款MPV的NEDC纯电续航里程有50km/190km/180km三种规格，综合续航里程最大可达1040km，可以比较轻松地满足用户的日常出行需求和远途出行需求。

基本信息（2022年款）		车型	DM-i 945豪华型	DM-i 1040尊贵型	DM-i 970四驱尊荣型	DM-i 970四驱旗舰型
		定位	7座　插电式混合动力　中大型MPV			
		指导价/万元	32.98	36.98	39.98	43.98
		尺寸/mm	长宽高5250×1960×1920　轴距3110			
电池性能		NEDC 综合续航里程/km	1040			
		NEDC / WLTC 纯电续航里程/km	50/43	190/155	180/145	180/145
		电池类型	磷酸铁锂电池			
		充电速度/h	—	快充：0.42		
动力性		电机类型	永磁同步电机			
		电机总功率/kW	170		215	
		电机总扭矩/（N·m）	340		450	
		系统综合功率/kW	221	254	299	
		系统综合扭矩/（N·m）	571	571	681	
		0~100km/h 加速时间/s	9.5		7.9	
智能化		屏幕及尺寸（顶配）	组合仪表：10.25in　中控屏：15.6in			
		驾驶辅助亮点 （顶配）	并线辅助、车道偏离预警、车道保持辅助、车道居中保持、 道路交通标识识别、主动刹车、DOW开门预警、前/后方碰撞预警、 360°全景影像、透明底盘、倒车车侧预警、全速自适应巡航、 自动泊车、遥控泊车、自动变道辅助、抬头显示			
		智能网联亮点 （顶配）	语音识别控制、车联网、5G、OTA、NFC/FRID钥匙、 Wi-Fi热点、远程控制			
政策		整车质保政策	6年或15万千米			
		"三电"质保政策	首任车主不限年限/里程			
其他关键词			标配膝部气囊、标配L2级智能辅助驾驶、双侧电动侧滑门、悬架 软硬调节、对外放电、丹拿音响、全车多层隔音玻璃、车载香氛			

岚图梦想家PHEV （指导价：36.99万~63.99万元）✓

★ 一句话点评 高端MPV市场有力竞争者，首款采用智能多模驱动的车型。

基本信息（2022年款）	车型	低碳版 家	低碳版 想+智驾包	低碳版 梦+智享包	私人定制 低碳版
	定位	4座/7座 插电式混合动力 中大型MPV			
	指导价/万元	36.99	38.99	43.99	63.99
	尺寸/mm	长宽高5315×1985×1820 轴距 3200			
电池性能	WLTC纯电续航里程/km	82			
	电池容量/（kW·h）	25.57			
	电池类型	三元锂电池			
	充电速度/h	慢充：4.5			
动力性	电机类型	永磁同步电机			
	电机总功率/kW	290			
	电机总扭矩/（N·m）	610			
	0~100km/h 加速时间/s	6.6			
智能化	屏幕及尺寸（顶配）	液晶仪表：12.3in 中控屏：12.3in			
	驾驶辅助亮点（顶配）	并线辅助、车道偏离预警、车道保持辅助、车道居中保持、道路交通标识识别、夜视系统、DOW开门预警、前/后方碰撞预警、360°全景影像、透明底盘、倒车车侧预警、全速自适应巡航、自动泊车、遥控泊车、自动变道辅助			
	智能网联亮点（顶配）	百度地图、HiCai、语音识别控制、手势控制、人脸识别、车联网、5G、OTA、Wi-Fi热点、远程控制			
政策	整车质保政策	5年或10万千米			
	"三电"质保政策	电池组质保8年或16万千米			
	其他关键词	标配6气囊、L2+智能辅助驾驶、8155芯片、空气悬架、双侧电动侧滑门、哨兵模式、12.3in副驾娱乐屏、丹拿音响、车载香氛、车载冰箱、星空穹顶（选装）			

作为一款面向高端市场的MPV，岚图梦想家PHEV的轴距达到了3200mm，也和纯电版本一样分为4座和7座2种座椅布局。同时，前排座椅具有迎宾功能，副驾座椅配有"老板键"，第二排座椅则是拥有70°大角度可调的腿托及最大后旋角度155°的靠背，再加上可调式航空头枕耳片，3挡加热通风、4向腰托及10点气囊等舒适性配置，足以带来行政级别般的乘坐享受。此外，这款MPV全车提供41处储物空间，让乘客可以比较轻松地放置随身物品，进一步提升了乘坐体验感。

在L2+智能驾驶辅助系统的加持下，这款MPV拥有APA全场景自动泊车系统、RPA远程遥控泊车统、TLC触发变道、360°超清全景影像+透明底盘等在内的26项高级驾驶辅助功能，可以大幅减轻驾驶者的驾驶压力，亦能提升行车安全性。值得一提的是，岚图梦想家PHEV也搭载NVS智能主动夜视系统，可以在夜间精准识别道路两旁及横穿车道的行人与骑车行人，帮助车主及时做出预判。

当然，岚图梦想家PHEV与纯电版最大的区别便在于动力系统，前者搭载了东风自研的1.5T GDI中国芯十佳发动机，热效率达到了41.07%，在行业内是一个比较高的水准，这也使得其在WLTC工况下的市区油耗不高于5L/100km；而混动的属性也使得其在对比纯电版时拥有更全面的续航表现，在WLTC工况下的其综合续航里程表现可以达到750km，再加上可油可电的补能方式，岚图梦想家混动版可以覆盖更多的用车场景，也能支持用户跨市甚至是跨省区出行。

动力总成系统表现出色的同时，这款MPV在安全性方面做得也比较到位：岚图梦想家PHEV整车高强度钢使用比例为70%，热成形钢占比达到23.6%，并通过车身结构优化、新型复合材料运用、制造工艺提升等，打造出具有超高强度的笼式座舱骨架。

在具有魔毯功能的空气悬架和前双叉臂+后五连杆独立悬架的支持下，岚图梦想家PHEV在行驶过程中，拥有良好的侧向支撑性。并且，这款车具有多种模式：在贵宾礼敬模式下，乘客上下车或者拿取行李时，离地间隙自动降低至103mm；而在舒适模式/经济模式下，底盘离地间隙为133mm，减振器上下行程居中，余量更大，滤振效果更好；在高能模式下时，底盘离地间隙变小，重心更低，稳定性升高，高速过弯能力得到提升。

8 80万元级新能源汽车选购篇

8.1 80万元级纯电动汽车（9款）

蔚来ES7

（指导价：46.80万～54.80万元）√

| ★一句话点评 | 标配丰富的智能网联、智能驾驶辅助功能，具有强烈的未来气息。 |

❶ 从设计层面来看，蔚来ES7已经抛弃了蔚来第一代大开大合的设计方案，取而代之的是强调整体性的效果，比如刻意把面积往小了做的灯组、尾部更加简洁的贯穿灯组等。

❷ 车辆内部，定位中大型SUV的蔚来ES7座舱采用的还是"2+3"的5座布局，结合这个尺寸来看，空间感是蔚来ES7的优势项目，与此同时，后备厢的容积也有一定的保证。另外，在舒适性方面，蔚来的设计师们为ES7采用了起居室设计理念，辅以Ultra-Fit座椅，前排除了加热、通风按摩功能之外，还有Air Cushion舒缓系统的加持。同时，这种舒适性在后排座椅也有体现，只不过少了通风和按摩功能，但整体的舒适性可以保持在比较高的水准，对家用来说，契合度还是很高的。

蔚来ES7上搭载的是蔚来旗下的第二代数字座舱系统Banyan，对比上代车型而言在算力、图形处理能力上有所加强；通信模式也从简单的车联网拓展到V2X、Wi-Fi、UWB、NFC、蓝牙5.2等，功能更加全面，人机交互效果也有一定的增强。

值得一提的是，蔚来ES7内部主打的是全景数字座舱概念，除了常规的液晶仪表、中控大屏之外，还可接入与合作伙伴开发的AR和VR设备，由23扬声器组成的音响系统也加入了杜比技术，娱乐效果可以有一定的提高。但毫无疑问，这部分需要外部设备支持，要考验一定的"钞能力"。

❸ 在辅助驾驶方面，蔚来ES7上搭载的这套系统主要的亮点集中在Aquila超感系统上，除了常规的毫米波雷达、摄像头之外，顶配版车型配备了一个激光雷达，处理芯片则是来自英伟达的Orin-X。不过，从对于硬件系统上的升级来看，激光雷达从用户角度出发而增加的功能点有限，但在数据处理的准确性上会有不小的提升，反映到实际表现上就是可靠性和安全性有所进阶。

基本信息（2022年款）	车型	75kW	100kW	100kW首发版
	定位	5座　纯电动　中大型SUV		
	指导价/万元	46.8	52.6	54.8
	尺寸/mm	长宽高：4912×1987×1720　轴距：2960		
电池性能	CLTC续航里程/km	485	620	575
	电池容量/（kW·h）	75	100	
	电池类型	三元+磷酸铁锂	三元锂电池	三元锂电池
动力性	电机类型	前：永磁同步电机　后：交流异步电机		
	电机总功率/kW	653		
	电机总扭矩/（N·m）	850		
	0～100km/h加速时间/s	3.9		
智能化	屏幕及尺寸（顶配）	液晶仪表：10.2in　中控屏：12.8in		
	驾驶辅助亮点（顶配）	并线辅助、车道偏离预警、车道保持辅助、车道居中保持、道路交通标识识别、主动刹车、DOW开门预警、前方碰撞预警、360°全景影像、透明底盘、倒车车侧预警、全速自适应巡航、自动泊车、遥控泊车（选装）、自动变道辅助、抬头显示		
	智能网联亮点（顶配）	语音识别控制、高德地图、高精地图、NFC/RFID/UWB钥匙、车联网、5G、OTA、Wi-Fi热点、V2X、远程控制、Nomi助手		
政策	整车质保政策	3年或12万千米		
	"三电"质保政策	十年不限里程		
	其他关键词	标配前排中间气囊、标配L2级智能辅助驾驶、"女王"副驾、Brembo卡钳、换电模式、守卫模式、模拟声浪、空气悬架、电动吸合门、主动格栅、对外放电、哨兵模式、远程召唤（选装）、全铝车身、全车多层隔声玻璃、热泵空调、车载香氛、激光雷达		

❹ 在动力系统上，蔚来ES7的三款车型都搭载最大480kW的双电机系统，0～100km/h的加速时间为3.9s，表现还是相当出众的。电池容量上则有75kW和100kW两种选择，均支持换电模式以降低充电等待时长。此外，蔚来ES7还搭载3.3kW的V2L功能，同时针对性地开发了露营模式，以应对长时间放电工况下的车辆和功能安全。

蔚来ES8

（指导价：49.60万～65.60万元）✓

★ 一句话点评 外能商务、内能顾家，销量最高的国产纯电动中大型SUV之一。

蔚来ES8是目前蔚来品牌定位最高的SUV，也是蔚来的"牌面"。销量虽然不算特别突出，但却为蔚来树立起了高端形象。

❶ 外观来看，蔚来ES8采用家族化的设计语言，看上去大气、精致，同时还不缺时尚感。在众多新能源SUV中，蔚来的外观设计有着比较高的辨识度。蔚来的车身长度为5022mm，轴距则达到了3010mm，与红旗E-HS9相比略有不足，不过也达到了同级别车型的一流水平。

蔚来ES8的内饰采用与特斯拉相接近的极简风格，绝大部分的功能都可以通过11.3in竖置中控屏进行调用，整个内饰简洁、清爽，视觉效果相当不错。值得一提的是，这款车采用6座和7座两种布局，同时还提供了独特的"女王"副驾，能够实现最大160°椅背可调，再带上腿托和脚托，可以有飞机头等舱一样的乘坐体验。

❷ 在内部配置方面，蔚来ES8全系标配哨兵模式，无论你在哪里，都不用担忧车辆的安全问题。除此之外，蔚来ES8还搭载了独特的NOMI交互系统，它能够听懂你的各种命令，车窗升降、导航、音乐选择等轻松呈现，甚至还能讲笑话，坐进车内的人相信都会被它吸引。

❸ 动力方面，蔚来ES8全系搭载前后双电机，总功率为400kW，续航里程则分为450km和580km两种。与此同时，蔚来ES8还全系标配透明底盘和空气悬架，坐在车内会更舒服，驾驶过程中车底的各种情况也会尽收眼底，省心又舒心。

基本信息（2022年款）	车型	75/100kW·h 六座版	75/100kW·h 七座版	75/100kW·h 六座签名版	75/100kW·h 七座签名版	75/100kW·h 六座领航版
	定位	6/7座　纯电动　中大型SUV				
	指导价/万元	50.2/56.0	49.6/55.4	59.2/65	58.6/64.4	59.8/65.6
	尺寸/mm	长宽高5022×1962×1756　轴距：3010				
电池性能	NEDC纯电续航里程/km	450/580				
	电池容量/（kW·h）	75/100				
	电池类型	三元锂电池				
	充电速度/h	快充（至80%）：0.6/0.8　慢充：11.5/14				
动力性	电机类型	前永磁同步电机、后交流异步电机				
	电机总功率/kW	400				
	电机总扭矩/（N·m）	725				
	0～100km/h加速时间/s	4.9				
智能化	屏幕及尺寸（顶配）	液晶仪表：9.8in　中控屏：11.3in				
	驾驶辅助亮点（顶配）	并线辅助、车道偏离预警、车道保持辅助、道路交通标识识别、主动刹车/主动安全、疲劳驾驶提示、开门预警、前方碰撞预警、360°全景影像、透明底盘、倒车车侧预警、全速自适应巡航、自动泊车、自动变道辅助、远程召唤、抬头显示				
	智能网联亮点（顶配）	Nomi智能助手、卫星导航、百度地图、道路救援呼叫、语音识别控制、车联网、5G、OTA升级、Wi-Fi热点、远程控制、蓝牙/遥控/NFC/RFID钥匙				
政策	整车质保政策	3年或12万千米，首任车主不限年限/里程				
	"三电"质保政策	首任车主不限年限/里程				
	其他关键词	L2级智能辅助驾驶、全铝车身、空气悬架、主动格栅、车内香氛、哨兵模式、"女王"副驾（亲子模式）、Brembo卡钳、车辆自动召唤、守卫模式、换电模式				

极氪009

（指导价：49.90万~58.80万元）√

★ 一句话点评　一边真"内卷"，一边秀"肌肉"。

基本信息（2022年款）	车型	WE版	ME版
	定位	6座　纯电动　中大型MPV	
	厂商指导价/万元	49.9	58.8
	尺寸/mm	长宽高5209×2024×1848　轴距：3205	
电池性能	CLTC纯电续航里程/km	702	822
	电池容量/（kW·h）	116	140
	电池类型	三元锂电池	
	充电速度/h	快充：0.47　慢充：—	
动力性	电机类型	永磁同步电机	
	电机总功率/kW	400	
	电机总扭矩/（N·m）	686	
	0~100km/h加速时间/s	4.5	
智能化	屏幕及尺寸（顶配）	液晶仪表：15.4in　中控屏：10.25in	
	驾驶辅助亮点（顶配）	并线辅助、车道偏离预警系统、车道保持辅助系统、车道居中保持、主动刹车、DOW开门预警、前/后方碰撞预警、360°全景影像、透明底盘/540°影像、倒车车侧预警、全速自适应巡航、自动泊车入位、遥控泊车、自动变道辅助	
	智能网联亮点（顶配）	高德地图、语音识别控制、5G、面部识别、车联网、OTA、Wi-Fi热点、远程控制、NFC/RFID/UWB钥匙	
政策	整车质保政策	6年或15万千米	
	"三电"质保政策	首任车主不限年限/里程	
	其他关键词	标配L2级智能辅助驾驶、1.76m"光之翼"水晶LED尾灯、8155芯片、15.6in吸顶屏、2.16m²天幕、全自动空气悬架系统、CCD电磁减振系统、方向盘离手检测、单踏板模式、对外放电、高精地图、雅马哈音响、车载香氛、麒麟电池、匝道自动驶出（选装）、电磁悬架、热泵空调	

如果要问2022年哪款新能源车型最能吊足消费者的胃口，那么极氪009绝对是众多的答案之一，毕竟，在极氪001开局足够惊艳的市场铺垫下，极氪已经成为了不少年轻人心中最具个性化的新能源品牌，但是与极氪001相比，极氪009完全是自成一格。

具体来看，极氪009的前脸并没有采用主流的流线型设计，而是完全沿用了高端车型偏好的建筑风格造型，巨大的镀铬面板配合两侧一体化的家族式分体大灯，让极氪009拥有极高的视觉辨识度。值得一提的是极氪009在拥有两套前脸设计的情况下，显然在于满足不同消费者的需求。

❶ 车身侧面，极氪009隐藏式的A、B、C、D柱营造出悬浮式的车顶设计，加之方盒子式车身结构以及长×宽×高为5209mm×2024mm×1856mm的尺寸，新车无论宽度还是轴距，在面对梦想家、GL8等车型时都有着明显的优势。

❷ 内饰方面，极氪009的布局与极氪001比较接近，通过大尺寸中控屏来进行各种常用功能和配置的调用，基本实现了全触控化操作。另外，极氪009的座椅采用Nappa真皮材质和麂皮绒包裹，第二排附带小桌板，车顶上是15.6in吸顶式液晶屏，全车共有20个雅马哈扬声器，还内置了ZEEKR OS智能系统，可以一键切换备车、休憩、会议、观影等各种模式。综合来看，这款车的内饰称不上惊艳，但也达到了行业主流水平。

❸ 动力方面，极氪009搭载前后双电机和140kW·h的大容量电池，系统总功率为400kW，总扭矩达到686N·m，快充时间仅需要28min。值得一提的是，这款车是宁德时代麒麟电池首次上车，综合工况续航里程最大可达822km。

对于极氪009此类产品来说，在目前中国MPV市场已拥有多款热门车型的情况下，定价50万元级的极氪009更像是"秀肌肉"的产品。

▶ 扫二维码 ◀

看极氪009视频

奔驰EQC

（指导价：49.19万～57.98万元）✓

★ 一句话点评　纯电驱动增加了豪华感，更低的重心让这台SUV的操控也有所提升。

基本信息（2022年款）	车型	改款350 4MATIC	改款350 4MATIC特别版	改款400 4MATIC
	定位	5座　纯电动　中型SUV		
	指导价/万元	49.19	50.19	57.19
	尺寸/mm	长宽高4774×1890×1622　轴距：2873		
电池性能	CLTC纯电续航里程/km	440		443
	电池容量/（kW·h）	79.2		
	电池类型	三元锂电池		
动力性	电机类型	交流异步电机		
	电机总功率/kW	210		300
	电机总扭矩/（N·m）	590		760
	0～100km/h加速时间/s	6.9		5.1
智能化	屏幕及尺寸（顶配）	液晶仪表：10.25in　中控屏：10.25in		
	驾驶辅助亮点（顶配）	并线辅助、车道偏离预警、车道保持辅助、道路交通标识识别、主动刹车/主动安全、车道居中保持、疲劳驾驶提示、前方碰撞预警、360°全景影像、全速自适应巡航、自动泊车		
	智能网联亮点（顶配）	高德地图、CarPlay/CarLife、语音识别控制、车联网、4G、OTA、远程控制		
政策	整车质保政策	3年不限里程		
	"三电"质保政策	8年或16万千米		
	其他关键词	L2级智能辅助驾驶、E-NCAP五星、标配膝部气囊、抬头显示（选装）、悬架软硬调节、主动格栅、柏林之声（选装）		

　　国内新能源市场上，特斯拉、比亚迪、造车新势力风风火火，曾经的"大佬BBA"也一直在努力，奔驰EQC就是其中比较有代表性的一款车。

① 从外观来看，奔驰EQC采用的是封闭式前脸，整个车看上去都比较圆润，前脸熏黑封闭格栅内加入镀铬饰条连接三叉星LOGO，视觉感较强。尺寸方面，奔驰EQC的车身长度为4774mm，轴距则达到了2873mm，与红旗E-HS9和蔚来ES8相比有较大差距，不过满足用户基本需求还是没什么问题的。

目前，奔驰的新一代车型都采用竖置中控大屏，但奔驰EQC还没有来得及更新换代，依然采用双10.25in连体式大屏。不过从整体来看，奔驰EQC的内饰布局依然有着比较强的档次感，大屏内部搭载的是高德定制导航，它能够将手机与导航系统分开，导航过程中即使有手机来电，导航也不受影响；如果出现信号不佳的情况，系统还能自动切换到离线地图，实现"永不掉线"。

② 在智能驾驶配置方面，EQC也对一些配置实现了标配，譬如道路交通标识识别、主动刹车、前方碰撞预警等。当然，想要达到L2级别的智能辅助驾驶，还得买顶配车型才行。

③ 动力方面，奔驰EQC全系搭载前后双电机和电动四驱系统，轻松应对各种路况。除此之外，这款车还可以实现0~100km／h的加速时间为5.1s，换句话说，驾驶这款车，还是有机会体验到什么是推背感的。电池方面，奔驰EQC搭载的是79.2kW·h的三元锂电池，CLTC续航为440km（顶配车型为443km）。

▶ 扫二维码 ◀

看奔驰EQC视频

奔驰EQE

（指导价：52.8万～58.5万元）√

★ 一句话点评　设计遵循EQ系列家族特征，致力于让豪华感更加浓厚。

奔驰EQE是基于EVA纯电平台正向研发的纯电动中大型车，采用了EQ系列的家族化前脸，带有立体星徽图案的暗夜星阵封闭式格栅，看起来像是一片星空，不过对于不少人而言，这样的封闭式设计还需要适应一下，因为奔驰在燃油版车型上的认知度实在太强。车身侧面来看，奔驰EQE拥有隐藏式车门把手、无框车门等设计，再配上流线型的车尾，整车看起来更显流畅，也助力这款新车达成风阻系数低至0.22的优秀空气动力学表现。

奔驰EQE的车身长度为4969mm，在中大型轿车领域并不算突出，但3120mm的轴距还是相当可观的。除此之外，弓形的车顶加溜背式的设计也比较吸引人。

基本信息（2022年款）	车型	先锋版	豪华版	先行特别版
	定位	5座　纯电动　中大型车		
	预售价/万元	52.8	54.8	58.5
	尺寸/mm	长宽高4969×1906×1514　轴距：3120		
电池性能	CLTC纯电续航里程/km	752	717	
	电池容量/（kW·h）	96.1		
	电池类型	三元锂电池		
	充电速度/h	快充（至80%）：0.8　慢充：13		
动力性	电机类型	永磁同步电机		
	电机总功率/kW	215		
	电机总扭矩/（N·m）	556		
	0～100km/h加速时间/s	6.7		
智能化	屏幕及尺寸（顶配）	液晶仪表：12.3in　中控屏：12.8in		
	驾驶辅助亮点（顶配）	并线辅助、车道偏离预警、车道保持辅助、车道居中保持、道路交通标识识别、主动刹车、疲劳驾驶提示、DOW开门预警、前方碰撞预警、360°全景影像、全速自适应巡航、自动泊车、自动变道辅助、抬头显示		
	智能网联亮点（顶配）	高德地图、AR实景导航、CarPlay、语音识别控制、车联网、4G、OTA、远程控制		
政策	整车质保政策	3年不限里程		
	"三电"质保政策	电池组质保10年或25万千米		
	其他关键词	EVA中大型纯电架构平台、标配7气囊、标配被动行人保护、标配L2级智能辅助驾驶、风阻系数0.22、无框车门、柏林之声音响、主动降噪、整体主动转向系统		

❶ 车辆内部，悬浮式的12.3in仪表屏和12.8in的竖置中控屏是视觉的重心，匹配上多色的氛围灯，在彰显科技感的同时，也营造出不凡的豪华感。在大屏内部，高德定制导航功能，可以根据车辆位置智能规划路线、推荐停车场或充电站等。横向对比便不难发现，在座舱的科技感方面，奔驰EQE是走在奥迪和宝马前面的。

除此之外，奔驰EQE的内部配置也比较丰富，诸如自动泊车入位、无线充电、内置行车记录仪、4G网络等均为全系标配。值得一提的是，奔驰EQE配备了15个扬声器的柏林之声环绕立体声音响系统，高音稳、中音准、低音沉，可以带来声临其境般的视听享受。只是，全系的仿皮座椅有点煞风景。

② 动力方面，奔驰EQE搭载后置单电机，最大功率215kW，0～100km／h的加速时间为6.7s，它的动力性能比部分同级别的传统燃油汽车是强一些，但没有四驱版本的车型提供稍显遗憾。

③ 续航方面，奔驰EQE搭载电池容量为96.1kW·h的NCM811电芯电池，最高可以实现752km的CLTC续航里程。虽说部分国产高端电动车的续航里程表现要比奔驰EQE更出色一些，但是752km的续航里程基本可以覆盖用户的用车需求，用户节假日的自驾游需求也可以被满足。

奥迪e-tron

（指导价：54.68万～64.88万元）✓

★ 一句话点评　好开、稳定，相比于新势力车型更有质感，更具品牌号召力。

奥迪e-tron是奥迪新能源家族的主力车型，定位于中大型SUV。从产品角度来看，它还是有一定竞争力的。

奥迪e-tron的外观与燃油版奥迪Q5有一定的继承关系，不过看上去更加年轻化一些。显然，奥迪仍然想拿出一套专属于新能源车型的设计语言，譬如，其保留了未完全封死的大尺寸八边形前格栅，可以兼顾风阻性能与散热需求；车辆尾部，奥迪e-tron的贯穿到LED尾灯组设计具有一定的辨识度，并且，尾灯的点亮效果出色。

① 空间方面，奥迪e-tron车身长度为4901mm，轴距则达到了2928mm，空间方面的表现还是不错的，它在同级别车型中称不上多么领先，但至少达到了主流水平。

② 车辆内部，e-tron给人展现出了奥迪特有的科技感，真皮、搪塑、钢琴烤漆、木纹、金属等多样化的材质交相融合，带来一定的品质感；而12.3in中控屏与奥迪虚拟座舱完美结合，即便是在驾驶过程中，也能轻松控制信息娱乐系统和各种驾驶辅助功能。

❸ 动力方面，奥迪e-tron全系搭载前后双电机和电动四驱系统，总功率为230kW，NEDC纯电续航里程为465km和500km两种，虽然说不上落后，但也没太明显的优势。除此之外，这款车在驾驶辅助方面的表现比较一般，全系标配的功能只有主动刹车、前方碰撞预警等几个，只有顶配车型达到了L2级别的智能辅助驾驶。

基本信息（2021年款）	车型	50 quattro豪华型	50 quattro臻选型	50 quattro尊享型
	定位	5座　纯电动　中大型SUV		
	指导价/万元	54.68	58.58	64.88
	尺寸/mm	长宽高4901×1935×1640　轴距：2928		
电池性能	CLTC纯电续航里程/km	500	465	465
	电池容量/（kW·h）	96.7		
	电池类型	三元锂电池		
	充电速度/h	快充（至80%）：0.67　慢充：9.5		
动力性	电机类型	交流异步电机		
	电机总功率/kW	230		
	电机总扭矩/（N·m）	540		
	0~100km/h加速时间/s	3.4		
智能化	屏幕及尺寸（顶配）	液晶仪表：12.3in　中控屏：10.1in		
	驾驶辅助亮点（顶配）	并线辅助、车道偏离预警、车道保持辅助、道路交通标识识别、主动刹车/主动安全、疲劳驾驶提示、前方碰撞预警、360°全景影像、倒车车侧预警系统、自适应巡航、抬头显示、自动泊车（选装）		
	智能网联亮点（顶配）	语音识别控制、CarPlay/CarLife、4G、车联网、远程控制		
政策	整车质保政策	3年或10万千米		
	"三电"质保政策	8年或16万千米		
其他关键词		L2级智能辅助驾驶、空气悬架、B&O音响、e-quattro电动四驱、8.6in控制屏		

红旗E-HS9

（指导价：58.98万~77.98万元）✓

★ **一句话点评**　首台具有东方美学特征的豪华纯电SUV，能带来独特的豪华感受。

　　红旗素有"国车"之称，在新能源领域也是出手不凡，红旗E-HS9便是红旗新能源家族的期间车型。在50万元价位新能源SUV领域，这款车有一定的分量。

❶ 从外观设计来看，红旗E-HS9采用的是家族化的"高山飞瀑、中流砥柱"设计语言，整个车身高大、威猛，有着很强的商务气息，"气贯山河，红光闪耀"的贯穿式旗标则是这款纯电动大型SUV的外观重要特征之一。

❷ 车身尺寸方面，红旗E-HS9车身长度达到了5209mm，轴距则达到3110mm，属于标准的大型SUV身材，为用户提供了宽敞的乘坐空间。得益于此，红旗E-HS9提供了4座、6座、7座三种座椅布局，值得一提的是，这款车的4座版还提供了后排液晶屏幕，与前排座椅靠背完美融合，有着很强的档次感。

❸ 从座舱内部来看，红旗E-HS9的内饰开阔、大气，有着比较强的档次感。值得一提的是，这款车采用大尺寸贯穿式中控屏，在上市之初非常惊艳，放到现在也不落伍。

作为一款高端车型，红旗E-HS9在配置方面也比较舍得，提供了面部识别、空气悬架、CDC减振器等高端功能，另外AR实景导航也出现在这款车上。这款车的主要销售对象是高端商务人士，这种高科技配置是很有吸引力的。

❹ 动力方面，红旗E-HS9全系搭载前后双电机以及电动四驱系统，低功率版本最大功率为320kW，续航里程为690km；高功率版本最大功率为405km，续航里程则达到了660km，悬架软硬调节功能进一步提升了乘坐体验。

基本信息（2022年款）	车型	690km旗悦版 7座	690km旗享版 6座	690km旗畅版 6座	690km旗领版 4座
	定位	4座/6座/7座　纯电动　大型SUV			
	指导价/万元	58.98	61.98	68.98	77.98
	尺寸/mm	长宽高5209×2010×1731　轴距：3110			
电池性能	NEDC纯电续航里程/km	690		660	
	电池容量/（kW·h）	120			
	电池类型	三元锂电池			
动力性	电机类型	永磁同步电机			
	电机总功率/kW	320		405	
	电机总扭矩/（N·m）	600		750	
智能化	屏幕及尺寸（顶配）	液晶仪表：16.2in　中控屏：15.6in			
	驾驶辅助亮点（顶配）	并线辅助、车道偏离预警、车道保持辅助、倒车车侧预警、道路交通标识识别、主动刹车/主动安全、疲劳驾驶提示、前方碰撞预警、360°全景影像、全速自适应巡航、自动泊车、遥控泊车、抬头显示			
	智能网联亮点（顶配）	卫星导航、语音识别控制、面部识别、车联网、4G、OTA升级、Wi-Fi热点、远程控制、蓝牙数字钥匙			
政策	整车质保政策	4年或10万千米，首任车主不限年限/里程			
	"三电"质保政策	8年或16万千米			
	其他关键词	空气悬架、CDC减振器、主动格栅、动力电池无线充电（选装）、车内香氛、负离子发生器、双色车身、国风内饰、电吸门、后排液晶屏幕			

高合HiPhi Z

（指导价：61.00万～63.00万元）✓

★ 一句话点评　设计十足前卫，配置"拉至满格"，为豪华纯电动市场带来了一股"未来风"。

基本信息（2023年款）	车型	五座版	四座版
	定位	4座/5座　纯电动　中大型车	
	指导价/万元	61	63
	尺寸/mm	长宽高5036×2018×1439　轴距3150	
电池性能	CLTC续航里程/km	705	
	电池容量/（kW·h）	120	
	电池类型	三元锂电池	
	充电速度/h	快充：0.92　慢充：12.4	
动力性	电机类型	永磁同步电机	
	电机总功率/kW	494	
	电机总扭矩/（N·m）	820	
	0～100km/h加速时间/s	3.8	
智能化	屏幕及尺寸（顶配）	中控屏：15.05in	
	驾驶辅助亮点（顶配）	并线辅助、车道保持辅助、车道偏离预警、车道居中保持、主动刹车、DOW开门预警、前/后方碰撞预警、360°全景影像、透明底盘/540°影像、倒车车侧预警、全速自适应巡航、自动泊车入位、遥控泊车、循迹倒车、抬头显示、道路交通标识识别（选装）	
	智能网联亮点（顶配）	高德地图、面部识别、语音识别控制、5G、车联网、V2X、远程控制、Wi-Fi热点、OTA、NFC/FRID/UWB钥匙	
政策	整车质保政策	5年或15万千米	
	"三电"质保政策	8年或24万千米	
	其他关键词	标配L2级智能辅助驾驶、对外放电、电磁NT对开门、侧门ISD智能交互灯、第二代PML可编程智能大灯、电动扰流板、激光雷达、空气悬架、CDC系统、双向13.2°的后轮转向、远程召唤（选装）、哨兵模式、车内生物监测、英国之宝音响、全车多层隔音玻璃、流媒体内后视镜、远程召唤（选装）、整体主动转向	

　　高合HiPhi Z是高合汽车旗下第二款车型，用一个词来形容这辆车的外观，那就是：科幻。无论是低趴的整车姿态，还是极具冲击感的线条设计，亦或是科技感十足的外观配色，都让人眼前一亮。细节来看，这款车前脸采用可以主动开闭的进气格栅，配合可以让用户自定义的智能大灯，让人一眼难忘。且不说性能如何，单是这种科幻气息就能吸引很多人。

▶ 扫二维码 ◀
看高合HiPhi Z视频

　　高合HiPhi Z定位于中大型轿车，车身长度5036mm，设定有4座和5座两种布局，掀背式造型设计既增大了后备厢的开口，也让这辆车兼顾了实用性。

❶ 座舱内部，高合HiPhi Z给人的第一眼感受像是一个太空飞行器，舱内几乎没有任何物理按键，有较强的科幻气息。

❷ 在智能化方面，这款车搭载有HiPhi Pilot辅助驾驶系统，能够实现L2级别的驾驶辅助，同时全系标

配HUD抬头显示、内置行车记录仪、流媒体内后视镜、前排无线充电、前排座椅加热通风按摩、面部识别、5G网络、透明底盘等各种配置，对于这个价位的车型而言，这些也确实是应该有的诚意。

❸ 动力也是高合HiPhi Z的强项，新车全系搭载前后双电机，匹配电动四驱系统，最大功率为494kW，总扭矩为820N·m，0～100km／h的加速时间为3.8s，CLTC工况下续航里程为705km，满足日常需求没什么问题，即便是偶尔想周末自驾出游也不在话下。当然，贵，仍然是这款车最大的特点。

高合HiPhi X

（指导价：57.00万～80.00万元）✓

★一句话点评 设计超前，配置"拉满"，动力十足，号称"全球首款可进化超跑SUV"。

在一众中国品牌新能源车之中，高合HiPhi X的热度是极高的。作为全球首款可进化超跑SUV，高合HiPhi X的诸多配置和功能均为全球首创，当然，毕竟售价也摆在那。

▶ 扫二维码 ◀

看高合HiPhi X视频

❶ 从前脸看过去，高合HiPhi X整车呈现给人们的是一个低趴的正面姿态，犹如一只蓄势待发的豹子。前保险杠造型大胆独特，中部设计为稍稍凹陷下去的造型，巧妙地与两个大灯以及位于前保险杠与舱盖之间细长条的贯穿灯一起构成了"X"造型。值得一提的是其搭载的这个全球首个量产ISD智能交互灯，可针对不同的场景显示不同的动态交互图形，在带来新的交互方式的同时，也兼具一定的可玩性。

❷ 侧面来看，高合HiPhi X前风挡65°倾角在实现动感造型的同时，也优化了风阻系数，同时还带来更大的座舱空间，而悬浮式的车顶设计从视觉上压低了车高，进一步带来动感的跑车感觉。此外，高合HiPhi X的NT展翼门也是一大亮点，前门最大开启角度为81°，后门最大开启角度为89°，车顶展翼门的最大开启角度可达80°，打开后离地最大高度达2295mm，用户上下车不用低头，当然，在地库等低矮的地方使用时，还是要稍微注意一下。
高合HiPhi X搭载全球独创的无门把手免触进出系统，依托传感器、超声波雷达等先进数字技术，用户只需对着B柱5cm左右隔空挥手唤醒显示屏，即可通过3D面部识别感知器进行人脸识别解锁，并自动开启主驾车门。除此之外，这辆车还提供其他多种免触自动解锁方式，比如通过智能钥匙、智

能手机ID等其他方式，实现无钥匙、无接触进出座舱。当然，也可以通过手机APP，远程安全地解锁车辆。

❸ 车辆内部，中控台的三块大屏幕和高清流媒体后视镜彰显出了浓厚的科技氛围，带有Touchpad的多功能方向盘也是兼顾视觉与实用的另一关键；同时，Meridian英国之宝高级音响系统、奇华顿巴黎调香学院定制香氛等，也是现代科技与传统豪华的交相融合。此外，HiphiGo情感化智能出行伙伴则是在科技上融入了智能温情的使用体验。

❹ 动力方面，四驱版的高合HiPhi X搭载两台220kW的驱动电机，可以实现3.9s的0～100km／h加速时间。此外，高合HiPhi X搭载了全球领先的后轮主动转向系统，其转角左右摆幅可达10°，当车速≤40km/h时，这套系统可智能控制后轮与前轮以相反的方向偏转，转弯直径可缩短1m以上，最小仅为11.6m，堪比许多紧凑型SUV。

为了提升行驶质感，高合HiPhi X底盘还搭载了CDC连续可调阻尼减振系统和空气悬架系统，再结合前增强型双叉臂式+后五连杆式独立悬架等配置，这辆车不仅可以更为实时地感知分析道路状况、智能调整底盘，还可以带来更好的驾乘表现。

尽管印象深刻，性能和配置上的诱惑也一步到位，但高合HiPhi X距离"柴米油盐"有些遥远，毕竟，50万元以上这个价格足以让大多数汽车市场终端用户望而却步。同时，HiPhi X上搭载的不少堪称奢华的配置，也已经超出了一个出行工具本身的需求。

基本信息 （2021年）/ 2022年款	车型	2022年款智远版6座长续航版	2022年款创远版6座长续航版	2021年款豪华版6座	2021年款旗舰版6座	2021年款旗舰版4座
	定位	4座/6座 纯电动 中大型SUV				
	指导价/万元	57	62	62	68	80
	尺寸/mm	长宽高5200×2062×1618 轴距：3150				
电池性能	NEDC纯电续航里程/km	630		550		
	CLTC 纯电续航里程/km	650		560		
	电池容量/（kW·h）	97				
	电池类型	三元锂电池				
	充电速度/h	快充（至80%）：0.75 慢充：9				
动力性	电机类型	永磁同步电机				
	电机总功率/kW	220		440		
	电机总扭矩/（N·m）	410		820		
	0～100km/h 加速时间/s	7.1		3.9		
智能化	屏幕及尺寸（顶配）	液晶仪表：14.6in 中控屏：16.9in				
	驾驶辅助亮点 （顶配）	并线辅助、车道偏离预警、车道保持辅助、道路交通标识识别、主动刹车/主动安全、疲劳驾驶提示、开门预警、前/后方碰撞预警、360°全景影像、透明底盘、倒车车侧预警、全速自适应巡航、自动泊车、遥控泊车、自动变道辅助、抬头显示				
	智能网联亮点 （顶配）	卫星导航、导航路况显示、语音识别控制、面部识别、车联网、4G、OTA升级、Wi-Fi热点、远程控制				
政策	整车质保政策	5年或15万千米，首任车主不限年限/里程				
	"三电"质保政策	电池组质保8年或24万千米				
其他关键词		对开门+展翼门、L2级辅助驾驶、主动格栅、19.9in副驾屏、英国之宝音响、车载香氛、热泵空调、Brembo卡钳、可编程大灯、空气悬架、整体主动转向、对外放电				

8.2 80万元级插电混动汽车（6款）

▶ 8.2.1 80万元级插电混动轿车（2款）

沃尔沃S90 PHEV （指导价：49.99万～61.39万元）✓

★一句话点评 主打高性能、高舒适，适合一、二线城市的高知群体。

与大多数插电混动车型一样，沃尔沃S90 PHEV也采用了燃油版车型设计，"雷神之锤大灯组"配上"直瀑式进气格栅"，具有很强的外观辨识度。

进入车内会发现，沃尔沃S90 PHEV的内饰设计不如奔驰E级PHEV那般豪华，但是用料有质感，做工也比较精细，Orrefors打造的水晶换挡杆，具有较强的精致感。

同时，舒适性亦是沃尔沃S90 PHEV的强项。譬如，这辆车配备的是带有19个扬声器的宝华韦健Bowers & Wilkins音响系统，再结合"Hi-Spring"静音技术地毯，能带来声临其境般的音效体验；车内的人体工程学2.0版座椅还采用了Nappa真皮包覆，无论是包裹性还是支撑性，都是可圈可点的；AAC双效增强型空气净化技术，则可以有效净化车内空气。

相较于奔驰E级PHEV等车型而言，沃尔沃S90 PHEV的智能驾辅功能比较全面，配备了车道偏离预警系统、车道保持辅助系统以及并线辅助等功能，入门款车型即达到了L2级智能辅助驾驶级别。

动力方面，沃尔沃S90 PHEV搭载了T8 E驱混动系统，可以实现纯电驱动、混合动力驱动以及高性能三种截然不同的驾驶体验，并具备智能四驱模式，0～100km／h的加速时间仅需要4.9s。

基本信息（2023年款）	车型	智逸豪华版	智雅豪华版
	定位	5座　插电混动　中大型车	
	厂商指导价/万元	49.99	61.39
	尺寸/mm	长宽高5090×1879×1453　轴距3061	
电池性能	WLTC纯电续航里程/km	80	
	电池容量/（kW·h）	18.831	
	电池类型	锂离子电池	
	充电速度/h	快充：0.5　慢充：13	
动力性	电机类型	永磁同步电机	
	电机总功率/kW	107	
	电机总扭矩/（N·m）	309	
	系统综合功率/kW	355	
	系统综合扭矩/（N·m）	709	
	0～100km/h加速时间/s	4.9	
智能化	屏幕及尺寸（顶配）	液晶仪表：12.3in　中控屏：9in	
	驾驶辅助亮点（顶配）	并线辅助、车道偏离预警、车道保持辅助、车道居中保持、主动刹车、前/后方碰撞预警、360°全景影像、倒车车侧预警、自适应巡航、自动泊车、抬头显示	
	智能网联亮点（顶配）	语音识别控制、高德地图、CarPlay/CarLife、4G、车联网、OTA、远程控制	
政策	整车质保政策	3年不限里程	
	"三电"质保政策	8年或12万千米	
	其他关键词	标配L2级智能辅助驾驶、标配膝部气囊、宝华韦健音响、空气悬架（选装）	

奔驰E级PHEV

（指导价：51.76万～52.23万元）✓

★ 一句话点评　混动模式不仅降低了油耗，也在一定程度上优化了行驶品质。

　　奔驰E级PHEV的外观设计与燃油版保持了高度的一致，单条镀铬中网与中央的三叉星徽结合，突出了它的尊贵感。从外观上也不难看出，为了让这款体重超过2t的"大块头"稳稳停下，奔驰E级PHEV还使用了对向四活塞刹车卡钳，并配备打孔刹车盘以及倍耐力为这款车专门设计的P7轮胎（带MO标识）。

❶ 内饰部分，不用怀疑奔驰的做工和用料，都是高水准表现，座椅舒适度亦是可圈可点。同时，车内配备双12.3in显示屏，科技感较强，并搭载最新的MBUX车载多媒体系统，系统流畅度较高，还允许用户使用"Hey Mercedes"来唤醒语音控制功能。
　　有些可惜的是，相较于同价位的造车新势力车型，奔驰E级PHEV的智能驾辅配置表现一般，满足日常用车问题不大，但连全速自适应续航、车道偏离预警、车道保持辅助、车道居中保持等都需要加价选装就显得有些诚意不足了。

❷ 动力方面，采用了奔驰第三代插混动力技术的奔驰E级PHEV，搭载了2.0T涡轮增压发动机与电机的

动力组合，系统综合功率320马力（235kW），仅需6.7s即可完成0～100km／h的加速，百公里综合油耗低至1.8L，并提供6种驾驶模式，还是值得肯定的。

基本信息（2023年款）		车型	E 350 e L轿车	E 350 e L运动轿车
		定位	5座　插电混动　中大型车	
		指导价/万元	51.76	52.23
		尺寸/mm	长宽高5078×1860×1480　轴距3079	
电池性能		WLTC纯电续航里程/km	101	
		电池容量/（kW·h）	25.4	
		电池类型	三元锂电池	
动力性		电机类型	永磁同步电机	
		电机总功率/kW	90	
		电机总扭矩/（N·m）	440	
		系统综合功率/kW	235	
		0～100km/h加速时间/s	6.7	
智能化		屏幕及尺寸（顶配）	液晶仪表：12.3in　中控屏：12.3in	
		驾驶辅助亮点（顶配）	并线辅助、主动刹车前方碰撞预警、360°全景影像、车侧盲区影像、定速巡航、自动泊车入位	
		智能网联亮点（顶配）	语音识别控制、高德地图、4G、车联网、OTA、远程控制	
政策		整车质保政策	3年/不限里程	
		"三电"质保政策	电池组质保8年/12万千米	
		其他关键词	四活塞刹车卡钳、MBUX车载多媒体系统、奔驰第三代插混动力技术、双模式兼容车载充电器、空气悬架	

▶ 8.2.2 80万元级插电混动SUV（4款）

沃尔沃XC60 PHEV （指导价：52.79万~60.39万元）✓

★一句话点评 5s级的0~100km/h加速和低重心优势，为这款SUV提供了不错的驾控性能。

沃尔沃一向注重安全和健康，这一点，在XC60 PHEV上也得到了充分彰显。譬如，这款SUV除了采用沃尔沃家族式设计外，内饰部分相当注重环保和健康。比如采用漂流木装饰板增添自然气息，面料则采用了羊毛混纺等，看着有质感的同时，也不会带来什么异味。

XC60 PHEV的另一个特点是安全。这款SUV配备许多安全功能，比如可以解决视野受限问题的CTA倒车车侧警示系统（带制动辅助）、可实现车辆主动制动的对向车辆智能避让功能、当与相邻车道其他车辆存在碰撞风险时，提供主动转向辅助，帮助车辆回到原车道的盲点信息系统（BLIS）等。可以说，XC60 PHEV更能做到让用户出行更无忧，开车更省心。

❶ 动力方面，T8动力加持的沃尔沃XC60 PHEV可以实现335kW、709N·m的系统综合动力输出，进而达成不输性能车的5s级的0~100km/h加速。

❷ 在底盘方面，顶配版XC60新能源搭载了4C自适应底盘和空气悬架，具有毫秒级动态调整车身高度、可变减振阻尼等功能，如此一来，可以增强车身稳定性。如果用户遇到崎岖路况，也可以开启越野模式，提高车辆离地间隙，更加轻松地通过更多复杂路况。

基本信息（2023年款）	车型	T8插电混动长续航四驱智远豪华版	T8插电混动长续航四驱智远运动版	T8插电混动长续航四驱智雅豪华版
	定位	5座 插电混动 中型SUV		
	指导价/万元	52.79	52.79	60.39
	尺寸/mm	长宽高 4708×1902×1656 轴距2865		
电池性能	WLTC纯电续航里程/km	64		
	电池容量/（kW·h）	18.8		
	电池类型	三元锂电池		
	充电速度/h	快充：0.5 慢充：13		
动力性	电机类型	永磁同步电机		
	电机总功率/kW	107		
	电机总扭矩/（N·m）	309		
	系统综合功率/kW	335		
	系统综合扭矩/（N·m）	709		
	0~100km/h加速时间/s	5		
智能化	屏幕及尺寸（顶配）	液晶仪表：12.3in 中控屏：9in		
	驾驶辅助亮点（顶配）	并线辅助、车道偏离预警、车道保持辅助、车道居中保持、主动刹车、前后方碰撞预警、360°全景影像、倒车车侧预警、全速自适应续航、HUD抬头显示		
	智能网联亮点（顶配）	高德地图、语音识别控制、4G、车联网、远程控制		
政策	整车质保政策	3年不限里程		
	"三电"质保政策	电池组质保8年/12万千米		
	其他关键词	标配7气囊（含膝部气囊）、空气悬架、L2级智能辅助驾驶、宝华韦健15音响、CLEANZONE北欧清洁驾驶舱		

Jeep牧马人PHEV（指导价：54.49万~62.49万元）√

★一句话点评 通过电机提升越野性能，可以适应更复杂的越野场景。

　　一直以来，牧马人便是Jeep品牌在我国知名度最高的车型。而牧马人PHEV共有3款，售价为54.49万~62.49万元。

　　Jeep牧马人是经典的"硬汉"风格越野车，插混版延续了燃油版车型阳刚、硬汉的设计风格，七孔式进气格栅、圆形复古大灯、方盒子造型的车身，都是Jeep的经典设计元素。在新能源时代，这套设计语言依然"很能打"，没有必要进行大幅改动。

　　内饰也是一样，基本与燃油版车型一致的硬派且粗犷的设计风格，车内保留了密密麻麻的物理按键和双挡杆设计，一看就很"Jeep"。但是作为一款新能源SUV，牧马人PHEV的智能网联配置不算丰富，虽然支持语音控制系统、CarPlay和CarLife手机互联等功能，但是4G网络、OTA升级等都不配备。

　　内部配置方面，牧马人插混版全系标配倒车影像、全速自适应巡航、真皮座椅、前排座椅加热、语音识别控制系统、220V电源接口、温度分区控制等配置，在同级别车型

中表现算是不错的。然而，它的智能辅助驾驶表现也比较一般，车道偏离预警、车道保持辅助系统、360°全景影像等功能均不提供。

动力是牧马人PHEV的强项，其搭载的是2.0T发动机和前后双电机的动力组合，同时匹配分时四驱系统，最大功率为276kW，最大扭矩为637N·m，纯电续航里程为55km。官方表示：这款车在NEDC工况下百公里综合油耗可以低至2.4L，这显然解决了不少越野车爱好者最纠结的油耗问题。

值得一提的是，这款SUV的越野性能强劲，拥有34.8°的接近角、29.2°的离去角以及760mm的涉水深度，再加上非承载式车身设计、前后桥差速锁、越野驾驶模式切换等配置，牧马人PHEV可以征服多种地形，为用户带来越野乐趣。

基本信息（2021年/2022年款）	车型	2021年款 四门2.0T 4×e撒哈拉	2022年款四门2.0T撒哈拉荧光黄限量版	2021年款四门2.0T 4×e罗宾汉
	定位	5座 插电混动 中型SUV		
	指导价/万元	54.49	54.99	62.49
	尺寸/mm	长宽高4882×1894×1838 轴距3008		
性能 电池	NEDC纯电续航里程/km	55		
	电池容量/（kW·h）	17		
	电池类型	三元锂电池		
动力性	电机类型	永磁同步电机		
	电机总功率/kW	133		
	电机总扭矩/（N·m）	303		
	系统综合功率/kW	276		
	系统综合扭矩/（N·m）	637		
智能化	屏幕及尺寸（顶配）	液晶仪表：7in 中控屏：8.4in		
	驾驶辅助亮点（顶配）	并线辅助、前方碰撞预警、全速自适应续航、倒车车侧预警		
	智能网联亮点（顶配）	语音识别控制、CarPlay/CarLife、远程控制		
政策	整车质保政策	3年或8万千米		
	其他关键词	"硬汉"风格设计、接近角34.8°、离去角29.2°、涉水深度760mm、双电机、前后差速锁、阿尔派9喇叭		

大众途锐PHEV

（指导价：67.98万元）√

★一句话点评　表面收敛，实则"浑身肌肉"，不折不扣的德系豪华SUV。

大众途锐是大众旗下的旗舰SUV，途锐PHEV亦是如此。

❶ 在外观设计方面，途锐PHEV与燃油版车型并没有很大的区别，整体设计看起来依然气场十足，甚至不输豪华品牌SUV，只有中网上的eHYBRID铭牌能更容易地将两者区分开来。细节来看，这款SUV搭载的智能矩阵式LED大灯，可以在夜间行驶时提供多达12种动态照明模式，对于行车安全性的提升，也有一定帮助。

❷ 车辆内部，这款SUV内饰设计体现了以驾驶员为核心的思想，中控屏幕向驾驶员一侧倾斜，并且这款SUV的内饰做工达到了较高水准，银色拉丝饰条、金属质感的面板、细密的缝线以及声音清脆的旋钮等设计都展示出了应有的品质感。

▶ 扫二维码 ◀

看大众途锐PHEV视频

另外，途锐新能源搭载的全轮转向系统，可以让车辆在低速转向时，后轮自动与前轮反向转向，减少转弯半径，狭小空间也能运转自如；高速行驶时，后轮将自动与前轮同向转向，变道更加轻松、稳定。

对比燃油版车型而言，途锐PHEV的能耗更低，百公里油耗低至3.63L（WLTC工况），这也使得这款新能源SUV的综合续航里程超过了1000km。

基本信息（2022年款）	车型	eHybrid
	定位	5座　插电混动　中大型SUV
	尺寸/mm	长宽高4878×1984×1711　轴距2894
电池性能	NEDC纯电续航里程/km	58
	电池容量/（kW·h）	18
	电池类型	三元锂电池
	充电速度/h	快充：2.5　慢充：10.8
动力性	电机类型	永磁同步电机
	电机总功率/kW	100
	电机总扭矩/（N·m）	350
	系统综合功率/kW	270
	系统综合扭矩/（N·m）	700
	0~100km/h 加速时间/s	5.7
智能化	屏幕及尺寸（顶配）	液晶仪表：12in　中控屏：15in
	驾驶辅助亮点（顶配）	并线辅助、车道偏离预警、车道保持辅助、道路交通标识别、主动刹车、前方碰撞预警、自动泊车、倒车车侧预警、全速自适应续航、HUD
	智能网联亮点（顶配）	CarPlay/CarLife、语音识别控制、手势控制、OTA、车联网、4G、Wi-Fi
政策	整车质保政策	3年或10万千米
	其他关键词	10安全气囊（含膝部气囊）、被动行人保护、L2级智能辅助驾驶、智能矩阵式LED大灯、7种驾驶模式、全轮转向系统、托森式差速器

路虎卫士PHEV

（指导价：79.80万～81.80万元）✓

★ 一句话点评　混动系统不仅提供了强大的动力，同时也让越野性能更强。

外观来看，路虎卫士PHEV依然保留大量老款卫士的经典元素，尤其是车身侧面的轮廓和老款卫士有着很好的传承，阶梯式的腰线让这款新能源SUV显得很硬朗敦实；垂直的车尾以及背挂式的备胎也是经典的风格，另外尾灯造型明显也是在致敬老款卫士。

车辆内部，路虎卫士PHEV注重打造豪华感，譬如其内饰采用檀木黑高档纹理真皮，无论是触感还是质感，都相当不错，这一点，与同为越野属性的牧马人PHEV有所不同。

值得一提的是，这款SUV也注重舒适性的打造，车内的座椅拥有软硬适中的填充物，支撑性和包裹性都做得不错，再加上这款SUV的车内空间足够宽敞，驾乘舒适性确实是可圈可点。

与Jeep牧马人PHEV一样，路虎卫士PHEV也具备较强的全地形能力：这款新能源SUV搭载了3D全方位车身影像系统（带全地形"透视"技术），再加上全时四驱系统、双速分动箱、带自适应动态系统的电子空气悬架等越野配置，可以征服多种复杂路况，让驾驶者面对崎岖路况，也可以比较从容。此外，这款新能源SUV的牵引力达到了3t左右，算是比较出色的。

扫二维码

看路虎卫士PHEV视频

基本信息 （2023年款）	车型	改款110 P400e	110 P400e
	定位	5座　插电混动　中大型SUV	
	指导价/万元	81.8	79.8
	尺寸/mm	长宽高5018×2008×1967　轴距3022	
电池 性能	NEDC纯电续航里程/km	51	
	电池容量/（kW·h）	19.26	
动力性	电机类型	永磁同步电机	
	电机总功率/kW	105	
	系统综合功率/kW	297	
	系统综合扭矩/（N·m）	640	
	0～100km/h加速时间/s	5.6	
智能化	屏幕及尺寸（顶配）	液晶仪表：12.3in　中控屏：11.4in	
	驾驶辅助亮点（顶配）	并线辅助、车道偏离预警、车道保持辅助、主动刹车、道路交通标识识别、开门预警、前方碰撞预警、后方碰撞预警（选装）、360°全景影像、透明底盘、全速自适应巡航（选装）	
	智能网联亮点（顶配）	语音识别控制、CarPlay/CarLife、NFC/FRID钥匙（选装）、远程控制、车联网、4G、Wi-Fi热点	
政策	整车质保政策	3年或10万千米	
	其他关键词	标配6气囊、L2级智能辅助驾驶（选装）、涉水感应、电子空气悬架带自适应动态系统、英国之宝11喇叭、流媒体内后视镜、全地形透视技术、空气悬架、涉水感应系统、后桥差速锁（选配）	

8.3 80万元级氢燃料电池汽车（1款）

长安深蓝SL03氢电版　（指导价：69.99万元）✓

★一句话点评　一款引领时代的氢燃料电池乘用车。

出自长安深蓝全电数字平台的深蓝SL03，可以说是近期最热门的新能源新车之一。上市之初这款新车便推出了纯电版、增程版和氢电版，其中氢电版车型的综合续航里程为730km，不仅能覆盖用户的日常出行需求，远途出行问题也不大。

之所以说这是一款"引领时代的氢燃料电池乘用车"，是因为，在深蓝SL03氢电版之前，也有不少中国品牌车企推出过氢燃料电池车型，诸如长安CS75 FCV、东风氢舟e·H2、广汽埃安AION LX Fuel cell等，但无一例外的是，这些车型基本停留在展示、测试阶段，就连售价都并未公布。

从技术的角度来看，深蓝SL03氢电版还是有不少亮点的。譬如，深蓝SL03氢电版拥有62%的氢电转化率，馈电氢耗也仅为0.65kg/100km（丰田Mirai官方公布的馈电氢耗0.79kg/100km）。此外，深蓝SL03氢电版在运行10000h下的性能衰减小于10%，如此种种，都是值得肯定的。

不过，就目前国内的情况来看，插电混动和纯电动汽车依然是主流，反观氢燃料电池汽车，依然还处在起步阶段，离大规模的普及还为时尚早。

基本信息 （2022年款）	车型	730氢电版
	定位	5座　氢燃料　中型车（掀背车）
	尺寸/mm	长宽高4820×1890×1480　轴距2900
电池性能	NEDC续航里程/km	635
	电池容量/（kW·h）	28.39
	电池类型	磷酸铁锂电池
	充电速度/h	快充：0.5　慢充：—
动力性	电机类型	永磁同步电机
	电机总功率/kW	160
	电机总扭矩/（N·m）	320
	0~100km/h加速时间/s	9.5
智能化	屏幕及尺寸（顶配）	液晶仪表：10.2in　中控屏：14.6in
	驾驶辅助亮点（顶配）	并线辅助、车道偏离预警、车道保持辅助、道路交通标识识别、主动刹车、疲劳驾驶提示、360°全景影像、倒车车侧预警系统、全速自适应续航、前/后方碰撞预警、DOW开门预警、AR-HUD抬头显示
	智能网联亮点（顶配）	高德地图、AR实景导航、语音识别控制、手势控制、面部识别、车联网、4G、OTA、Wi-Fi热点、NFC/RFID钥匙
政策	整车质保政策	3年或12万千米
	"三电"质保政策	10年或30万千米
其他关键词		标配6气囊、标配L2级智能辅助驾驶、无框门、旋转大屏、氢电版、掀背式设计、高通8155芯片、对外放电、索尼音响、风阻系数0.23

9 80万元以上级新能源汽车选购篇

9.1 80万元以上级纯电动汽车（7款）

9.1.1 80万元以上级纯电动轿车（4款）

特斯拉Model S

（指导价：89.00万～106.00万元）√

★一句
话点评　主打高性能与高豪华，堪称细分市场的"旗手"。

Model S是特斯拉旗下专为驾控和动力而打造的"性能怪兽"。

作为一款换代车型，2021年款Model S并未迎来很大的改变，家族式的经典封闭式前格栅依旧极具辨识度，但下方的进气口尺寸有所加大；从车身侧面来看，这辆车的整体比例并未有肉眼可见的变化，甚至一些线条的设计依旧是老款车型的模样，不过一些饰条、边框等均进行了熏黑处理；车辆尾部，新款Model S的设计也没有大的改变，只是尾部的扩散器造型得到了进阶。

进入车内才会发现这款车之所以被称为"换代"的理由了，具体来看，2021年款Model S采用了全新的内饰设计，采用类似于游戏手柄造型的矩形平底式方向盘看上去科技感十足，能瞬间激起驾驶的欲望，全液晶仪表也得到了保留，信息读取更为便捷；横置的17in大屏取代了旧款车型上的竖置屏幕，并且，其可以左右调节倾斜角度，分别率高达2200×1300的大屏内部还搭载诸多娱乐功能。

值得一提的是，Model S的车载游戏系统配有高达每秒10万亿次浮点运算能力的处理器，足以媲美目前市面上最新款游戏主机；并且兼容无线控制手柄，让车上乘员在任意座椅位置都可畅享游戏乐趣。

与此同时，Model S的高级音响系统配备了22个扬声器，总功率高达960W，再加上主动道路降噪功能，可以为用户营造沉浸式的视听体验。

动力一如既往的是Model S的优势所在，在750kW的最大功率的加持下，这款电动车的0～100km／h的加速时间仅需要2.1s，可以说是风驰电掣；再加上比较出色的底盘悬挂系统，这款电动车的驾控表现，确实出彩。

信息基本		车型	双电机全轮驱动版	三电机全轮驱动Plaid版
信息基本		定位	5座 纯电动 中大型车（进口、掀背车）	
		指导价/万元	89	106
		尺寸/mm	长宽高4979×1964×1445 轴距2960	
性能电池		CLTC纯电续航里程/km	715	672
		电池容量/（kW·h）	100	
		电池类型	三元锂电池	
		充电速度/h	快充：1 慢充：10	
动力性		电机类型	前永磁同步电机/后交流异步	永磁同步
		电机总功率/kW	493	750
		0～100km/h加速时间/s	3.2	2.1
智能化		屏幕及尺寸（顶配）	液晶仪表：12.3in 中控屏：17in	
		驾驶辅助亮点（顶配）	前方碰撞预警、主动刹车、并线辅助、车道偏离预警、全速自适应续航、车道保持辅助、车道居中保持、道路交通标识识别（选装）、倒车影像、全速自适应巡航、自动泊车（选装）、远程召唤（选装）、遥控泊车、自动变道辅助	
		智能网联亮点（顶配）	语音识别控制、4G、OTA、远程控制、车联网、热泵空调	
政策		整车质保政策	4年或8万千米	
		"三电"质保政策	8年或24万千米	
其他关键词			标配L2级智能辅助驾驶、风阻系数0.208、无框门、三电机、空气悬架、前后排无线手机充电器、极速322km/h、哨兵模式、主动降噪、智能召唤（选装）	

保时捷Taycan

（指导价：89.80万~180.80万元）✓

★ 一句话点评　源自保时捷Mission E概念车，一匹"英姿飒爽的年轻骏马"。

作为保时捷首款纯电动跑车，同时也作为保时捷的革命性产品，保时捷Taycan源自于2015年在法兰克福车展发布的MissionE概念车，而自面世以来，保时捷Taycan便备受车圈瞩目。

① 从外观来看，除了对开式车门被取消之外，保时捷Taycan在大多数的设计上都源自于MissionE概念车。诸如流线型的造型、四点式矩阵LED日间行车灯、扁平狭长的横贯式尾灯等都得以保留，也正是得益于动感流畅的外观设计，Taycan得以实现0.22的风阻系数。在具体的车型配置上，除了Taycan之外，包括Taycan 4S、Taycan Turbo和Taycan Turbo S在内都是双电机四驱版。

② 车辆内部，设计师们也为Taycan展现出了肉眼可见的科技感和豪华感，在大屏幕增多的同时，车内的按键也得以大幅度减少。在默认模式之下，16.8in的组合仪表采用的是保时捷标志性的三圆形布局，而为了让用户更专注于驾驶，Taycan与驾驶有关的设定基本上都可以通过方向盘来完成。除了仪表之外，Taycan车内还有3块屏幕，分别是：中控屏、副驾屏和控制盘。

对于Taycan而言，500km左右的续航里程表现的确不那么亮眼，智能网联配置尽管够用但也不算出彩，OTA升级功能也未配备，但这款电动车的卖点不是续航，也不是智能网联配置，而是卓越的性能表现。

具体来看，保时捷Taycan在借助起步控制系统的情况下可输出高达560kW的超增压功率，让车辆在最快2.8s内可完成0~100km/h的加速表现，由此带来与918 Spyder等超级跑车不相上下的起步性能。而且，这种性能可以反复爆发出来，实现连续加速，使得这款电动汽车的最高车速达到260km/h，在纯电动汽车中，这个数字是"天花板"级的存在。

为了让驾驶者的肾上腺素进一步飙升，保时捷Taycan还提供了保时捷独有的电动跑车声浪，为用户带去媲美传统燃油汽车的驾控体验。与此同时，这款"性能怪兽"采用了专属调校的自适应空气悬架系统和保时捷主动悬挂管理系统（PASM），这款电子减振控制系统能够根据当前的路况和车主的驾驶方式调节阻尼力，减少车身侧倾并提升驾乘舒适性。

另外，保时捷Taycan车主还可以选装包括下帷幔和侧裙板上的碳纤维镶嵌饰件，以及带碳纤维侧翼的GTS专属黑色后端扩散板等在内的碳纤维Sport Design组件。

基本信息（2022年款）

	改款	改款4S	GTS	改款Turbo	改款Turbo S	4 Cross Turismo	4S Turbo Cross Turismo	Turbo S Cross Turismo	Taycan	Taycan 4S	Taycan Turbo	Taycan Turbo S
定位	4/5座　纯电动　中大型车（全系）											
指导价/万元	89.8	116.8	139.2	151.8	181.8	96.8	120.8	183.8	88.8	115.8	150.8	180.8
尺寸/mm 长	4963	4963	4963	4963	4963	4974	4974	4974	4963	4963	4963	4963
尺寸/mm 宽	1966	1966	1966	1966	1966	1967	1967	1967	1966	1966	1966	1966
尺寸/mm 高	1395	1379	—	1381	1378	1409	1412	1409	1395	1379	1381	1378
尺寸/mm 轴距	2900	2900	2900	2900	2900	2904	2904	2904	2900	2900	2900	2900

电池性能

	改款	改款4S	GTS	改款Turbo	改款Turbo S	4 Cross Turismo	4S Turbo Cross Turismo	Turbo S Cross Turismo	Taycan	Taycan 4S	Taycan Turbo	Taycan Turbo S
NEDC续航里程/km	—											
CLTC续航里程/km	430	461	538	527	475	513	511	523	414	407	450	412
电池容量/(kW·h)	79.2	79.2	79.2	93.4	93.4	93.4	79.2	93.4	—	79.2	93.4	93.4
电池类型	三元锂电池（全系）											
充电速度/h 快充	（至80%）：1.55（全系）											
充电速度/h 慢充	—	—	—	—	—	5	8	9	—	8	9	—

动力性

	改款	改款4S	GTS	改款Turbo	改款Turbo S	4 Cross Turismo	4S Turbo Cross Turismo	Turbo S Cross Turismo	Taycan	Taycan 4S	Taycan Turbo	Taycan Turbo S
电机类型	永磁同步电机（全系）											
电机总功率/kW	300	390	440	500	560	350	420	560	300	390	500	560
电机总扭矩/(N·m)	345	640	850	850	1050	500	650	1050	345	640	850	1050
0~100km/h加速时间/s	5.4	4	3.7	3.2	2.8	5.1	4.1	2.9	5.4	4	3.2	2.8
屏幕及尺寸（顶配）	液晶仪表：16.8in　中控屏：10.9in（全系）											

智能化

驾驶辅助亮点（顶配）： 车道偏离预警系统、车道保持辅助系统、前方碰撞预警、360°全景影像（选装）、全速自适应巡航（选装）、道路交通标识识别、定速巡航、夜视系统（选装）、并线辅助（选装）、自动泊车（选装）、HUD（选装）

智能网联亮点（顶配）： 语音识别控制、Carplay、车联网、4G、远程控制

政策

整车质保政策： 3年或10万千米

"三电"质保政策： 8年或16万千米

其他关键词： 标配膝部气囊、标配被动行人保护、L2级智能辅助驾驶、空气悬架、柏林之声音响、热泵空调、生物监测系统、800V高压充电平台、无框门、车内生物监测系统、BOSE音响、全车多层隔音玻璃（选装）、热泵空调（选装）、整体主动转向、后桥限滑差速锁

奔驰EQS

（指导价：107.46万~151.86万元）✓

▶ 扫二维码 ◀

看奔驰EQS视频

★ **一句话点评** MBUX Hyperscreen系统加持，完美诠释了奔驰对于未来汽车的理解。

作为奔驰甚至是业界首款量产的纯电D级豪华轿车，奔驰EQS与S级一样很注重设计层面的美感与功能性表现，只不过，奔驰EQS采用了更加超前的"弓形设计"理念，整车的线条犹如一张弯曲的大弓，营造出一种蓄势待发的美感；同时，这样的设计也能带来空气动力学性能的提升，奔驰EQS的风阻系数仅为0.20，远超轿车的"优秀水平线"。

车内的氛围感是评判D级纯电豪华轿车表现的重要因素，进入电动化时代的奔驰EQS弱化了传统奔驰的商务风，转而着力呈现豪华科技感，宽度达到1.41m的超长Hyperscreen曲面超连屏横贯中控台左右，650℃高温塑造的三维弧度屏幕与普通的直面屏不同，可以更好地围绕在驾驶者和副驾的视线周围，并且避免阳光反射，使得屏幕信息显得更加清晰。

❶ 空间方面，奔驰EQS的长度为5224mm，虽然比奔驰S级长轴轿车要短一点，但是，得益于纯电架构，车辆的空间利用率比燃油平台更加高效。EQS的轴距也达到了3210mm，搭配宽大柔软的人机工程学座椅，在乘坐质感方面，EQS的表现依然出色。此外，掀背式尾门的设计也让人们在装卸大件行李时更加方便。值得一提的是，由于奔驰EQS拥有超低风阻，再加上是纯电驱动，所以在NVH品质上，它甚至比奔驰S级传统燃油汽车还要出色。

❷ 在用料与配置层面，奔驰EQS也带来了"新玩法"。从材质来看，EQS采用诸多再生材料。譬如，在内饰方面，其地板覆盖物的原材料是由再生尼龙生产的合成纱线，这一方式不仅降低了生产过程中的碳排放，同时也减少了车内的VOC气体含量，减少了新车内部的气味。同时，EQS的空调系统中，PM2.5过滤效果高达99.65%。配合气候预控制系统，不仅能带来适宜的用车温度，还能带来洁净的车内空气，保障内部驾乘者的呼吸健康。

❸ 智能网联层面，奔驰EQS搭载的全新MBUX人机交互系统有效提升了用车的便利度。通过智能助理，车主可以在车上完成生活与工作相关的事务，不管是订机票、订酒店，还是规划行程，都能实现。而且，通过全新的智能语音控制系统，车主还可以对空调温度、车载导航进行轻松操作，提升驾驶便利度。

智能科技除了能在座舱内起到作用之外，在驾驶过程中，也能带来不小的便利度提升。譬如，智能领航限距、智能领航车道保持、拥堵辅助系统……奔驰EQS的智能辅助驾驶功能在场景化适应方面做得比较不错。另外，这辆车还配备有130万像素的"流星雨大灯"，几何多光束增强版及自适应远近光灯，可以让驾驶者在夜间驾驶时避免随时切换远近光灯，还能带来不错的保障驾驶者的视野足够开阔，而600m的超长照射距离，也保障了夜间驾驶的安全性。

❹ 动力方面，奔驰EQS也有着不错的展现。譬如，EQS 580 4MATIC车型配备了前后双电机，其系统最大功率为380kW，峰值扭矩为855N·m。在驾乘体验中，车辆的动态表现控制得很不错，虽然动力储备强劲，但在舒适模式下，车辆的动力输出曲线比较轻柔，可以带来更加沉稳、舒适的乘坐体验。在驾驶过程中，奔驰EQS的加速踏板也很跟脚，在踩下加速踏板的瞬间，它并不会像其他高性能电动汽车那样突兀，而是以一种线性增益的方式，将强大的动力一步步地体现出来。当然，如果愿意的话，也可以直接把加速踏板踩到底，此时，4.4s的0~100km/h加速时间，足够让这款EQS化身高性能豪华轿车产生强大且线性的推背感，也足够让商务人士们爱上驾驶。

此外，奔驰EQS搭载的最大10°的后轮转向功能亦值得一提。在城区内的低速场景下，后轮转角与前轮转角相反，从而降低转弯半径，使得EQS的最低转向直径仅为10.9m，在双车道调头，这款D级轿车甚至可以"一把过"，完全感受不到你驾驶的是一辆尺寸超过5.2m的大车；而在高速公路上，后轮转角与前轮相同，从而使得车辆的行驶过程会更加稳定，提升驾驶的安全性表现。

对于D级豪华轿车来说，车辆的底盘质感也是影响豪华度的重要因素。从结构来看，EQS采用了这一级别常用的前双叉臂+后多连杆悬架结构，并且大量应用了铝合金材质，确保结构稳固和轻量化水平。在配置方面，这套悬架拥有空气悬架功能和软硬度自适应调节功能。在高速行驶时，空气悬架自动降低车身高度，同时底盘更具支撑力；在颠簸路面行进时，悬架系统会自动提升高度，并且让底盘更加柔软，从而提升滤震能力。

⑤ 在续航里程方面，凭借着高效的电驱系统和111.8kW·h电池容量，EQS的CLTC续航里程最大可以达到849km，不管是城区内通行还是跨城的中长途旅行，这样的续航表现基本上可以做到"无忧虑"，提升这款纯电豪华D级轿车的实用性。

⑥ 在充电方面，奔驰EQS配备的快充系统支持145kW大功率充电，最快充电时间仅需37min。长续航+更短的充电时间，更进一步避免了旅程焦虑，提升了车辆的实用性表现。

改款（2022年）	基本信息	车型	450+先锋版	450+豪华版	450+先行特别版	580 4MATIC
		定位	5座 纯电动 大型轿车			
		指导价/万元	107.46	118.86	131.26	151.86
		尺寸/mm	长宽高5224×1926×1517（1513/1512） 轴距3210			
	电池性能	CLTC续航里程/km	849	813		720
		电池容量/（kW·h）	111.8			
		电池类型	三元锂电池			
		充电速度/min	（145kW）快充（10%~80%）：37 慢充：—			
	动力性	电机类型	永磁同步电机			
		电机总功率/kW	245			380
		电机总扭矩/（N·m）	568			855
		0~100km/h加速时间/s	6.4			4.4
	智能化	屏幕及尺寸（顶配）	液晶仪表：12.3in 中控屏：17.7in			
		驾驶辅助亮点（顶配）	智能领航限距功能、主动式车道保持辅助、预防性安全系统、主动式停走辅助、智能领航转向、主动刹车、道路交通标识识别、自动泊车、遥控泊车、自动变道辅助、AR-HUD抬头显示			
		智能网联亮点（顶配）	智能语音交互、车联网、Wi-Fi热点、OTA升级、CarPlay/CarLife、手势控制（选装）、远程控制			
	政策	整车质保政策	3年不限里程			
		"三电"质保政策	非营运车"三电"系统终身保修(首任车主)，电池组质保10年或25万千米			
		其他关键词	标配L2级智能辅助驾驶、12.3in副驾屏、后轮10°主动转向系统、流星雨大灯、柏林之声音响、风阻系数0.2、空气悬架、2022年沃德十佳内饰、无框门、主动降噪、空气悬架、整体主动转向			

宝马i7

（指导价：145.9万元）✓

豪华纯电动轿车市场的新晋"话事人"。

宝马i7定位在宝马i3和宝马i8之间，也是宝马旗下的又一款豪华纯电动轿车。

❶ 外观方面，宝马i7的超大双肾格栅+分体式大灯组，完全打破了宝马7系过去45年的造型风格，这也引起了不小的争议；视线转到车侧处，这款新车造型厚重，侧面折线犀利，在笔者眼里，有一种方正的威严感；宝马i7的车尾造型比较简洁大方，原本7系上的排气管变成了蓝色饰条，倒车灯也被移到后包围底部，夜间可以提供额外照明。

宝马i7的内饰设计延续了宝马iX shy tech简洁设计风格，通俗来讲就是：把一切不必要的功能都隐藏起来，车厢中除了双连屏便见不到太多复杂的按键，从而营造出简洁的豪华风格。从内部设计来看，无论是中控台顶部包覆着的柔软皮革物料，还是镶铝合金边框的木纹饰板设计等，都相当高级，并且无论精细度还是触感，都展现出豪华旗舰应有的水准。细节侧面，宝马i7车内的interaction bar互动光带可根据当前驾驶模式以及场景发出柔和的动态光效，绚丽剔透的效果很吸睛。

宝马不算是中控巨屏的拥趸，宝马i7自然也没有用巨型屏幕来招徕顾客，不过，14.9in的高清多媒体中控屏也足够有科技感了。而且这块大屏能通过触摸、iDrive旋钮控制以及"你好，宝马"语音控制等方式进行操控，菜单简洁，响应迅速。

❷ 在音响配置方面，宝马i7的Bowers & Wilkins宝华韦健音响系统拥有多达36个扬声器及Logic 7处理系统，这是最好听的音响之一，整个音色、音质等，都达到了很高的水准。而且，i7的座椅背部带有谐振器，每一个低音的鼓点都会打在背上，相当有趣。

❸ 车身尺寸方面，宝马i7的长/宽/高为5391mm/1950mm/1548mm，轴距为3215mm，比上一代宝马7系还要大上一圈。而且i7并没有像奔驰EQS因为车顶弧线设计而牺牲了部分车内空间，它的前后排乘坐空间都能让人满意。

❹ 座椅方面，这款新车搭载了混搭材质座椅，厚实温暖的羊毛面料下面是柔软的支撑物料，坐上去犹如十几万元的顶级沙发一般，可能会让你舍不得下车。

❺ 智能驾驶辅助功能方面，宝马i7应用了大陆电子新款长距离毫米波雷达，能够实现垂直分层识别物体。此外，前辅助摄像头升级至800万像素，图像识别处理能力也大幅提高，让这款新车有望在L3级智能驾驶辅助功能上发力。

❻ 动力部分，i7搭载了第五代宝马eDrive电驱系统，采用前后双电机布局，最大输出功率为400kW，峰值扭矩高达745N·m，0～100km/h的加速时间仅需要4.7s，相当强悍，同时拥有650km（CLCT工况）的续航里程表现。

为了打造更好的驾控表现，宝马i7还搭载了智能空气悬挂系统，这套系统在传感器的作用下可以提前用车身主动侧倾的方式减小激烈驾驶时的车身侧倾；并且电子防倾杆代替了传统防倾杆的硬连接，大幅度提升舒适性的同时，还让这台轴距超过3.2m的"大家伙"能拥有与3系近似的操控感受。

基本信息 （2023年款）	车型	豪华套装	M运动套装
	定位	5座　纯电动　大型车	
	尺寸/mm	长宽高5391×1950×1548　轴距3215	
电池性能	CLTC纯电续航里程/km	650	
	电池容量/（kW·h）	95.7	
	电池类型	三元锂电池	
	充电速度/h	快充（至80%）：0.93　慢充：10.5	
动力性	电机类型	永磁同步电机	
	电机总功率/kW	400	
	电机总扭矩/（N·m）	745	
	0~100km/h加速时间/s	4.7	
智能化	屏幕及尺寸（顶配）	液晶仪表：12.3in　中控屏：14.9in	
	驾驶辅助亮点 （顶配）	并线辅助、车道偏离预警、车道保持辅助、车道居中保持、道路交通标识识别、主动刹车、DOW开门预警、前方碰撞预警、360°全景影像、倒车车侧预警、全速自适应巡航、自动泊车入位、循迹倒车、自动变道辅助、抬头显示	
	智能网联亮点 （顶配）	语音识别控制、CarPlay、AR实景导航、手势控制、5G、车联网、OTA、Wi-Fi热点、远程控制	
政策	整车质保政策	3年或10万千米	
	"三电"质保政策	8年或12万千米	
其他关键词		标配L2级智能辅助驾驶、36个宝华韦健音响、31.3in后排液晶屏、风阻系数0.24、模拟声浪、空气悬架、魔毯智能悬架（选装）、星空天窗、电吸门、方向盘离手监测、整体主动转向系统、电动吸合门	

▶ 9.1.2　80万元以上级纯电动SUV（3款）

宝马iX

（指导价：74.69万~99.69万元）✓

★一句话点评　大尺寸加上强悍的性能，让这款车成为纯电驱动的"绿色堡垒"。

单就宝马iX这款纯电动SUV的外观设计来说，就颇具争议性，有人觉得这款车造型科技感十足，十分"拉风"；有人觉得这款电动SUV造型太过激进，有些夸张了。

虽说宝马iX的外观是"仁者见仁智者见智"，但这款SUV的内饰则赢得了广泛称赞：流光溢彩玻璃控件镶嵌于FSC认证原木面板之上，精致感十足；橄榄树叶鞣制的真皮内饰，带来了自然惬意的温柔触感。从某种程度而言，宝马iX的整个座舱营造了现代豪华会客厅感受，展现出简而不凡的优雅格调。

值得一提的一个细节是，宝马iX配备了远红外加热技术，可以保证车内温度快速提升，给予车上乘员更全面的温暖感。

　　动力方面，宝马iX全新标配双电机四驱，不过分为3种输出功率：326匹、524匹和619匹，对应的0～100km／h加速时间分别为6.1s、4.6s和3.8s。在驾控方面，宝马iX搭载了第五代eDrive电驱系统，车身组件经过空气动力学全面优化，再配合能够及时响应路面状况、主动进行减振器软硬调节的自适应减振系统，能主动保持合理的底盘高度的自适应双轴空气悬架等悬架配置，宝马iX可以带来得心应手的操控快感。续航方面，宝马iX的最大CLTC续航达到了665km，对于一款中大型SUV而言，这样的里程表现还是值得肯定的。

　　另外，宝马iX还是宝马旗下首款应用xDrive智能全轮驱动系统的纯电动车型，可以根据驾驶者的需求，尽可能地实时提供更优的动力分配，令驾控体验更加灵活流畅。

基本信息（2022年款）	车型	xDrive40	xDrive50	M60
	定位	5座　纯电动　中大型SUV		
	指导价/万元	74.69	84.69	99.69
	尺寸/mm	长宽高4955×1967×1698　轴距3000		
电池性能	CLTC纯电续航里程/km	455	665	640
	电池容量/（kW·h）	76.6	111.5	
	电池类型	三元锂电池		
	充电速度/h	快充：0.68　慢充：7.25	快充：0.82　慢充：10.75	
动力性	电机总功率/kW	240	385	455
	电机总扭矩/（N·m）	630	765	110
	0～100km/h加速时间/s	6.1	4.6	3.8
智能化	屏幕及尺寸（顶配）	液晶仪表：12.3in　中控屏：14.9in		
	驾驶辅助亮点（顶配）	360°全景影像、倒车车侧预警、全速自适应续航、自动泊车、自动变道辅助、循迹倒车、车道偏离预警、车道保持辅助、前方碰撞预警、主动刹车		
	智能网联亮点（顶配）	卫星导航系统、AR实景导航、语音识别控制、OTA升级、远程控制、CarPlay/CarLife、车联网、UWB数字钥匙		
政策	整车质保政策	3年或10万千米		
	"三电"质保政策	8年或12万千米		
	其他关键词	Wards Auto 2022年十大最佳内饰和用户体验奖、2021年iF设计金奖、自适应双轴空气悬架、自适应减振系统、哈曼卡顿/宝华韦健音响、高性能卡钳		

路特斯ELETRE

（指导价：82.8万~102.8万元）√

★ 一句话点评 全球首台纯电Hyper SUV，行走的"荷尔蒙制造机"。

在跑车界，路特斯的名气虽不及保时捷和法拉利，但也称得上是世界级的跑车品牌，亦是许多车迷心中的"Dream Car"，旗下首款纯电动SUV路特斯ELETRE一经发布便引起了不少人的关注。

▶ 扫二维码 ◀

看路特斯ELETRE视频

❶ 外观方面，基于"羽翼式"理念设计的大灯组造型犀利，内部纵向排列的LED日间行车灯看起来"目露凶光"，前包围处还拥有主动式开闭的进气格栅。值得强调的是，这款SUV大量采用空气动力学设计，车身结构极具流线感，风阻系数仅有0.26。

❷ 进入座舱内部，首先映入眼帘的是15.1in超薄悬浮式OLED触控屏+12.6in超窄主副驾屏，再配上29in超大HUD，视觉效果还是比较震撼的。值得一提的是，这款新车搭载了双高通骁龙8155芯片，在使用车机系统的时候，操作丝滑，页面切换称心应手。座椅方面，这款新车配备了一体式超跑风格座椅，座椅头枕可以提供良好的头部支撑，缓解颈部压力，靠背则紧贴背部，坐垫也能带来不错的支撑性。为了带来更好的驾乘体验，路特斯ELETRE还配备了带有15个扬声器的KEF音响系统，并采用了Uni-Q技术，高音和中音从同点发声，从而让每个坐在车里的人都能听到清晰、自然的声音。

❸ 智能驾辅配置方面，路特斯ELETRE配备了508 TOPS的双Orin-X芯片、4个激光雷达、4个200万像素环视摄像头、2个4D成像毫米波雷达以及4个角毫米波雷达等硬件，较为全面的硬件配置，再结合匹配良好的算法，这款新车可以给驾驶者带去更安全、更个性化的智驾体验。

如果说外观、内饰等只是路特斯ELETRE的"开胃菜"，那动力性能便是这款新车的"重头戏"：在918马力（675kW）、985N·m的动力性能的加持下，路特斯ELETRE的0~100km/h的加速时间仅需要2.95s，妥妥的超跑级动力。续航方面，路特斯ELETRE的最高续航里程为600km，不算特别出众，但也有中上水准。

而为了提升充电便利性，在800V高压架构的加持下，通过420kW超充桩补能，路特斯ELETRE最快可在20min内将电量从10%提升至80%，充电速度还是比较快的。

基本信息（2023年款）	车型	S+	R+
	定位	5座　纯电动　中大型SUV	
	指导价/万元	82.8	102.8
	尺寸/mm	长宽高5103×2019×1636　轴距3019	
电池性能	CLTC续航里程/km	650	560
	电池容量/（kW·h）	112	
	电池类型	三元锂电池	
	充电速度/h	快充：0.33　慢充：5.8	
动力性	电机类型	永磁同步电机	
	电机总功率/kW	450	675
	电机总扭矩/（N·m）	612	918
	0~100km/h加速时间/s	4.5	2.95
智能化	屏幕及尺寸（顶配）	液晶仪表：12.6in　中控屏：15.1in	
	驾驶辅助亮点（顶配）	并线辅助、车道保持辅助、车道偏离预警、道路交通标识识别、主动刹车、前/后方碰撞预警、DOW开门预警、360°全景影像、倒车车侧预警、全速自适应巡航、自动泊车入位、遥控泊车、自动变道辅助、抬头显示	
	智能网联亮点（顶配）	语音识别控制、5G、车联网、远程控制、Wi-Fi热点、OTA、NFC/RFID钥匙	
	其他关键词	标配L2级智能辅助驾驶、整体主动转向系统、可翻转中控屏、双高通骁龙8155芯片、风阻系数0.26、29in超大HUD、方向盘离手检测、6D底盘系统、双Orin-X芯片、空气悬架、无框门、主动进气格栅、KEF扬声器、800V高压快充	

特斯拉Model X

（指导价：94.00万~100.00万元）√

★ 一句话点评　介于SUV和轿跑车之间的跨界车，鸥翼门的设计让进出车辆更便利。

　　从上市之后，特斯拉Model X的外观就没有太大的设计变化，最新款的特斯拉Model X整体沿用了特斯拉家族的经典设计，几乎全封闭式的车头能够为整车有效地优化风阻系数。

　　不过，在车辆内部，Model X则采用了全新的设计语言，视觉效果具有一定的科幻感，独特的方向盘和无组合仪表的设计对于一些人而言可能需要适应一下，从引擎盖底部无缝延伸到前排乘员头顶上方的挡风玻璃也是汽车圈不多见的存在。

　　在产品亮点方面，特斯拉Model X也采取了与Model S相似的"打法"，譬如新车同样配备了车载游戏系统、无线控制手柄等；同时，这款电动SUV注重打造舒适的座舱环境，标配三区温度控制、通风前排座椅和HEPA高效空气过滤器，可以让座舱的空气环境清新且自然。

此外，特斯拉Model X还拥有出色的载物空间和卓越的牵引能力，载物空间最大可以达到2577L，牵引能力则达到了2268kg，实用性可满足大部分家庭的用车需求。

在动力性能方面，特斯拉Model X的表现也相当出众，Model X Plaid "三电"机版最大输出功率为750kW，峰值扭矩达到了1020N·m，可以实现2.6s的0~100km／h加速表现；并且这款SUV的动力总成搭载了新电池架构，在任何速度下都可以实现瞬时扭矩输出。在续航方面，特斯拉Model X Plaid为664km。

基本信息（2021年款）	车型	双电机全轮驱动版	三电机全轮驱动Plaid版
	定位	5座　纯电动　中大型SUV	
	指导价/万元	94	100
	尺寸/mm	长宽高5037×2070×1684　轴距2965	
电池性能	CLTC纯电续航里程/km	700	664
	电池容量/（kW·h）	100	
	电池类型	三元锂电池	
	充电速度/h	（250kW）快充：1　慢充：10	
动力性	电机类型	前永磁同步电机+后交流异步电机	
	电机总功率/kW	493	750
	0~100km/h加速时间/s	3.9	2.6
智能化	屏幕及尺寸（顶配）	全液晶仪表盘：12.3in　中控屏：17in	
	驾驶辅助亮点（顶配）	并线辅助、车道偏离预警、车道保持辅助、车道居中保持、道路交通标识识别（选装）、主动刹车、前方碰撞预警、全速自适应续航、遥控泊车、自动泊车（选装）、远程召唤（选装）、自动变道辅助（选装）	
	智能网联亮点（顶配）	语音识别控制、OTA、车联网、4G、远程控制	
政策	整车质保政策	3年或8万千米	
	"三电"质保政策	电池组质保8年或24万千米	
	其他关键词	标配L2级智能辅助驾驶、"半圈"式方向盘设计、三电机驱动、空气悬架、可变转向比、风阻系数0.24、后备厢容积2577L、哨兵模式	

9.2 80万元以上级插电混动汽车（7款）

▶ 9.2.1 80万元以上级插电混动SUV（6款）

奔驰GLE PHEV （指导价：81.45万~82.24万元）✓

★一句话点评 安静、平顺、省油，适合高端长途旅行。

奔驰GLE PHEV是GLE的混动版车型，在外观上与燃油版车型基本一致，在车身上只有少量新能源标识能让你知道这是一款新能源SUV。

作为奔驰旗下车型，奔驰GLE PHEV的内饰依然是它和竞品相比更强的地方，无论是双联屏幕还是皮质内饰，都能比较充分地体现这款SUV豪华的一面；对比燃油版车型来看，奔驰GLE PHEV的内饰变化不大，只是在屏幕中增加了混动行驶状态等功能，而且车辆空间也没有受电池包的影响，整个车内空间依然比较宽敞舒适。

奔驰GLE PHEV的驾辅硬件配置不算突出，全车只配备了12个超声波雷达，驾驶辅助配置自然也弱一些，像是全速自适应续航只是选配，道路交通识别等功能也是没有的。

动力总成系统部分，奔驰GLE PHEV搭载了2.0T涡轮增压发动机与电机组成的插电式混合动力总成系统，综合输出功率为245kW，系统综合扭矩为700N·m，0~100km／h的加速时间为7.4s。

（2022年款）		车型	改款350 e 4M ATIC	350 e 4M ATIC
基本信息		定位	5座　插电混动　中大型SUV	
		指导价/万元	81.45	82.24
		尺寸/mm	长宽高4941×2018×1782　轴距2995	
电池性能		NEDC纯电续航里程/km	88	
		电池容量/（kW·h）	31.2	
		电池类型	锂离子电池	
		充电速度	快充（10%~80%）：20min　慢充：3.5h	
动力性		电机总功率/kW	100	
		电机总扭矩/（N·m）	440	
		系统综合功率/kW	245	
		系统综合扭矩/（N·m）	700	
		0~100km/h加速时间/s	7.4	
智能化		屏幕及尺寸（顶配）	中控屏：12.3in　液晶仪表盘：12.3in	
		驾驶辅助亮点（顶配）	定速巡航、胎压显示、车道偏离预警系统、车道保持辅助系统、并线辅助、主动刹车/主动安全系统、疲劳驾驶提示、倒车影像、自适应巡航（选装）、道路交通标识识别（选装）、自动变道辅助（选装）、抬头显示（选装）	
		智能网联亮点（顶配）	卫星导航系统、导航路况信息显示、CarPlay/CarLife/Android Auto、语音识别控制系统、OTA升级、车联网	
政策		整车质保政策	3年不限里程	
		"三电"质保政策	电池组质保8年或12万千米	
		其他关键词	可变悬架功能、空气悬架、可变转向比、柏林之声音响	

宝马X5 PHEV

（指导价：85.99万元）✓

★ 一句话点评　宝马eDrive技术加持，动力性能有明显提升。

　　从外观上来看，宝马X5 PHEV与燃油版的宝马X5差异并不是很大，略显张扬的设计给人一种"不怒自威"的感觉；从车身侧面来看，最大的差异之处便在于左前翼子板上的充电口，可支持最大16A电流输入的慢充口充满电需要6.5h；车辆尾部，除了xDrive 45e的新能源专属字牌之外，也基本没有与燃油版的差异之处。

　　车辆内部，风格依旧是新一代宝马的座舱设计风格，简洁但又具有一定的层次感。12.3in的大屏幕内搭载的是iDrive7.0系统，无线CarPlay也被应用在这款车上。经典的水晶挡把亦在这款车内出现，多个棱面切割而成的iDrive旋钮也同样彰显出了一定的质感。

　　和许多混动车不同的是，混动版的宝马X5 45e提供的依然是一台3.0T直列6缸发动机，最大功率282马力（207kW），在电机的加持之后系统总输出可以达到394马力（290kW），匹配的依然是8速手自一体变速箱。续航方便，宝马X5 PHEV搭载的一块24kW·h的电池包，NEDC纯电续航为里程85km。

基本信息 （2022年款）	车型	xDrive45e M运动套装
	定位	5座　插电混动　中大型SUV
	尺寸/mm	长宽高4930×2004×1767　轴距2975
电池性能	NEDC纯电续航里程/km	85
	电池容量/（kW·h）	24
	电池类型	锂离子电池
	充电速度/h	慢充：6.5
动力性	电机类型	永磁同步
	电机总功率/kW	82
	电机总扭矩/（N·m）	265
	系统综合功率/kW	290
	系统综合扭矩/（N·m）	600
	0~100km/h加速时间/s	5.6
智能化	屏幕及尺寸（顶配）	中控屏：12.3in　液晶仪表盘：12.3in
	驾驶辅助亮点 （顶配）	碰撞预警、主动刹车、循迹倒车、自动泊车入位、并线辅助(选装)、道路交通标识识别（选装）、360°全景影像（选装）、HUD（选装）
	智能网联亮点 （顶配）	卫星导航系统、导航路况信息显示、CarPlay/CarLife、语音识别控制系统、OTA升级、车联网
政策	整车质保政策	3年或10万千米
	"三电"质保政策	电池组质保8年或12万千米
其他关键词		空气悬架、可变转向比、主动格栅、哈曼卡顿音响、智能激光大灯

路虎揽胜运动版PHEV

（指导价：86.48万元）✓

★ 一句话点评　插混系统带来更强的动力性能和越野能力。

　　路虎揽胜运动版PHEV采用了运动化的风格设计，整车拥有强劲有力的车身线条，外观冲击力十足。整体来看，PHEV版的设计与汽油版几乎是完全相同的，哪怕是车身侧面也没有多出任何充电接口的造型。

　　内饰方面，这款SUV也与燃油版别无二致，扁平化设计的中控台，与内嵌式的仪表、大屏和空调面板组合在一起，显得比较简洁，既能够方便控制，也不会影响美观。

　　同时中控区域的屏幕分为上下两个部分，上方屏幕的尺寸为10in，用于设置导航、地图、音乐、车联网以及车辆设置等功能配置，下方屏幕主要用于控制空调、全地形反馈、座椅加热/通风和底盘升降等功能。

　　作为路虎家族的一员，路虎揽胜运动版PHEV的道路通过性较高，可以应对多种复杂路况；但是这款SUV的智能驾驶辅助水平比较一般，未配备全速自适应续航功能，搭载的是比较低阶的定速巡航。

　　有意思的是，这款SUV的厂商指导价为86.48万元，要比燃油版车型更低一些：要知道，往往同品牌同车型衍生出的插电混动车型，指导价都会比燃油版车型贵，而路虎揽胜运动版PHEV却反其道而行之。

基本信息 （2022年款）	车型	P400e SE		
	定位	5座　插电混动　中大型SUV		
	尺寸/mm	长宽高4879×2073×1803　轴距2923		
电池性能	NEDC纯电续航里程/km	51		
	电池容量/（kW·h）	13.1		
	充电速度/h	慢充：7.5		
动力性	电机类型	永磁同步		
	电机总功率/kW	85		
	电机总扭矩/（N·m）	275		
	系统综合功率/kW	297		
	系统综合扭矩/（N·m）	640		
	0～100km/h加速时间/s	6.3		
智能化	屏幕及尺寸（顶配）	全液晶仪表盘　中控屏：10in		
	驾驶辅助亮点 （顶配）	并线辅助、车道偏离预警、车道保持辅助（选装）、道路交通标识识别、主动刹车/主动安全、疲劳驾驶提示、全速自适应巡航（选装）、360°全景影像（选装）、自动泊车（选装）		
	智能网联亮点 （顶配）	卫星导航、导航路况信息显示、CarPlay/CarLife、语音识别控制、道路救援呼叫、远程控制、车联网		
政策	整车质保政策	3年或10万千米		
	"三电"质保政策	电池组质保8年或16万千米		
其他关键词		空气悬架、涉水感应系统（选装）、电吸门（选装）、10.2in控制屏、英国之宝音响、车载冰箱（选装）		

沃尔沃XC90 PHEV

（指导价：89.49万元）✓

★一句话点评　又快又安全，能够在豪华之旅中带来更多激情。

作为沃尔沃旗下的旗舰车型，沃尔沃XC90 PHEV沿袭了沃尔沃家族式设计，雷神之锤大灯组具备较高辨识度。内饰部分，这款SUV采用了环保材质打造，基本没有什么异味，同时这款SUV的挡把采用纯正瑞典水晶手工制作而成，显得比较精致。不过这款SUV的内饰虽然有质感，但不像"BBA"车型那般，有比较强的豪华感。

▶ 扫二维码 ◀

看沃尔沃XC90 PHEV
视频

空间方面，这款SUV采用了7座布局，比较适合一大家子出行；但是这款SUV的第三排座位比较狭窄，不适合长途乘坐。

众所周知，沃尔沃一向注重安全性的打造，XC90 PHEV亦是如此。这款SUV的智能安全辅助技术能有效探测其他车辆、行人、骑行者和大型动物，一旦探测到障碍，系统会先警示驾驶员，如驾驶员未能采取措施，系统将自动进行刹车制动。

另外，在盲点信息系统（BLIS）支持下，这款SUV与相邻车道其他车辆有发生碰撞风险时，可以提供主动转向辅助，帮助车辆回到原车道，尽量避免事故的发生。

与此同时，得益于动力强劲的后电动机，沃尔沃XC90 PHEV的四轮驱动特性得到了有效提高，可以让车辆在湿滑路面上行驶更为得心应手。

基本信息 （2022年款）	车型	改款E驱混动T8智尊豪华版7座
	定位	7座　PHEV　中大型SUV
	尺寸/mm	长宽高4953×1958×1776　轴距2984
电池 性能	WLTC纯电续航里程/km	59
	电池容量/（kW·h）	18.8
	电池类型	锂离子电池
	充电速度/h	快充（至80%）：0.5　慢充：13
动力性	电机总功率/kW	107
	电机总扭矩/（N·m）	309
	系统综合功率/kW	335
	系统综合扭矩/（N·m）	709
	0~100km/h加速时间/s	5.5
智能化	屏幕及尺寸（顶配）	液晶仪表：12.3in　中控屏：9in
	驾驶辅助亮点 （顶配）	并线辅助、车道偏离预警、车道保持辅助、主动刹车/主动安全、疲劳驾驶提示、前/后方碰撞预警、360°全景影像、全速自适应续航、自动泊车、抬头显示
	智能网联亮点 （顶配）	卫星导航、导航路况信息显示、CarPlay、语音识别控制、道路救援呼叫、远程控制、车联网
政策	整车质保政策	3年不限里程
	"三电"质保政策	电池组质保8年或12万千米
其他关键词		标配7气囊（含膝部气囊）、标配L2级智能辅助驾驶、空气悬架、电动四驱、宝华韦健音响

保时捷Cayenne E-Hybrid

（指导价：87.80万~102.80万元）√

★ **一句话点评**　通过电驱动为车辆赋予更强的性能，带来更强的趣味性。

保时捷Cayenne E-Hybrid主要分为两大车型，在外观上承袭燃油版Cayenne的普通版，以及承袭燃油版Cayenne Coupe的跨界版，两大车型均展现出特色鲜明的保时捷基因，例如着重突出的前翼子板、修长而低垂且具有强劲有力拱顶的发动机舱盖以及尺寸更大的三段式进气口。

❶ 座舱内部，保时捷Cayenne E-Hybrid采用平坦的宽屏控制台设计，并且12.3in的中控屏还稍微向上倾斜，更符合人体工程学设计理念。

❷ 在智能网联和驾驶辅助方面，Cayenne E-Hybrid和保时捷其他混动车型一样，表现不算突出，配备的只有定速巡航、倒车影像等基础功能，其他诸如车道偏离辅助、道路交通标识识别等均需加钱选装。

③ 在动力操控方面，这款新能源SUV
达到了一定的高度。Cayenne
E-Hybrid的动力总成系统采用了源
自勒芒冠军赛车919 Hybrid与跑车
918 Spyder的混动技术，系统综合
功率达到了284kW，系统综合扭矩
高达600N·m，0～100km／h的加
速时间仅需要5.6s。

而且，Cayenne E-Hybrid还搭载拥
有保时捷主动悬挂管理技术(PASM)
的自适应空气悬架系统以及保时捷
动态底盘控制系统 (PDCC)，可以
带来更小的车身运动幅度，从而提高整车的动态性能水平。

④ 在驱动模式上，Cayenne E-Hybrid提供Sport Chrono组件模式开关，可以让驾驶者自如切换包括
"E-Power"（电力驱动）"Hybrid Auto"（混合动力自动）"Sport"（运动）或者"Sport
Plus"（运动升级）模式在内的4种驾驶模式，享受更畅快的驾驶体验。如果驾驶者按下"Sport
Response"（运动响应）按钮，车辆能在连续20s内提升响应性，实现快速超车。

基本信息（2023年款）	车型	2.0T	2.0T铂金版	Coupe 2.0T	Coupe 2.0T 铂金版
	定位	4/5座　插电混动　中大型SUV			
	指导价/万元	87.8	99.8	94.8	102.8
	尺寸/mm	长宽高4918×1983×1673 轴距2895		长宽高4931×1983×1653 轴距2895	
性能　电池	WLTC纯电续航里程/km	77			
	电池容量/（kW·h）	17.9			
	电池类型	锂离子电池			
动力性	电机类型	永磁同步			
	电机总功率/kW	100			
	电机总扭矩/（N·m）	400			
	系统综合功率/kW	284			
	系统综合扭矩/（N·m）	600			
	0～100km/h 加速时间/s	5.6			
智能化	屏幕及尺寸（顶配）	中控屏：12.3in			
	驾驶辅助亮点 （顶配）	定速巡航、胎压显示、倒车影像、并线辅助（选装）、车道偏离辅助（选装）、道路交通标识识别（选装）、夜视系统(选装)、HUD(选装)			
	智能网联亮点 （顶配）	卫星导航系统、导航路况信息显示、支持CarPlay、语音识别控制系统			
政策	整车质保政策	3年或10万千米			
	"三电"质保政策	8年或16万千米			
	其他关键词	L2级智能辅助驾驶、空气悬架、主动格栅、保时捷动态底盘控制系统、保时捷扭矩引导系统升级版、后桥转向系统、整体主动转向系统（选装）、BOSE音响			

宾利添越PHEV

（指导价：238.50万元）✓

★一句话点评 混动不为省油，而是为行驶旅程更加安静和平顺。

宾利是超豪华汽车圈的佼佼者之一，添越亦是顶级SUV中的代表选手。

整体来看，宾利添越PHEV的外观设计富有雕塑感，从车头来看，宾利标志性的前格栅居中而立，采用水晶切割外观设计的LED矩阵大灯分饰左右；车身侧面，引人瞩目的21in轮毂，进一步强化了整车气势；车尾部分，宝石般璀璨的尾灯堪称点睛之笔。

进入座舱更能感受到这款SUV的顶级之处：手工匠造的内饰汇集了天然真皮与精致饰面，定制徽标刺绣强化了身份认知，整个座舱呈现出不俗的华美奢雅氛围，而且用户可以根据自己的喜好对座舱进行定制。

智能网联配置方面，在10.9in中控屏之下，添越PHEV内置Wi-Fi热点以及Android Auto和Apple CarPlay车载系统（支持有线和无线连接方式），后排乘坐者还可以通过无线触摸屏进行座椅加热、通风以及音响系统等的控制。

动力部分，这款SUV搭载了3.0T插电式混合动力系统，NEDC纯电续航里程为50km，用户可以启用预判型电动模式 (Predictive E-Mode)，使车辆在不同阶段智能切换最佳的动力来源。

	车型	3.0T PHEV	3.0T PHEV First Edition限量版
基本信息（2021年款）	定位	5座　插电混动　中大型SUV	
	指导价/万元	238.5	—
	尺寸/mm	长宽高5125×1998×1710　轴距2995	
电池性能	NEDC纯电续航里程/km	50	
	电池容量/（kW·h）	17.3	
	充电速度/h	快充：2.5　慢充：7.5	
动力性	电机类型	永磁同步电机	
	电机总功率/kW	94	
	电机总扭矩/（N·m）	350	
	系统综合功率/kW	330	
	系统综合扭矩/（N·m）	700	
	0～100km/h加速时间/s	5.5	
智能化	屏幕及尺寸（顶配）	液晶仪表：12.3in　中控屏：10.9in	
	驾驶辅助亮点（顶配）	全速自适应巡航、主动刹车、道路交通标识识别、车道保持辅助、车道偏离预警（选装）、车道居中保持(选装)、道路交通标识识别（选装）、夜视系统（选装）、360°全景影像、全速自适应巡航（选装）、倒车车侧预警、自动泊车、抬头显示(选装)	
	智能网联亮点（顶配）	语音识别控制、CarPlay、车联网、4G	
政策	整车质保政策	3年不限里程	
	其他关键词	标配7气囊（含膝部气囊）、L2级智能辅助驾驶（选装）、预判型电动模式（Predictive E-Mode）、私人化定制、选配全地形驾驶套件、Nami音响、空气悬架、车载冰箱（选装）	

▶ 9.2.2 80万元以上级插电混动掀背车（1款）

保时捷Panamera E-Hybrid

（指导价：119.30万～250.10万元）✓

★ **一句话点评** 设计惊艳，性能出色，提供多种套装选择，让人有"试一把"的冲动。

作为保时捷旗下的经典车型，Panamera E-Hybrid拥有长轴距、短前悬和长后悬设计，在视觉上为车辆赋予了不俗的动感气质，富有雕塑感的侧面线条则刻画出典型的保时捷特征和轻盈的身姿。

① 车辆内部，仪表盘采用的是保时捷经典的五环造型的指针式设计，12.3in的中控触摸屏被布置在车辆中部稍微靠向主驾的位置，其支持CarPlay、语音识别、车联网等多种功能；在驾辅配置以及智能网联配置方面，Panamera E-Hybrid不算特别突出，即便是顶配车型，搭载的也只有定速巡航、车道保持、车道偏离预警、360°全景影像等基础功能，并线辅助、道路交通标识识别、主动刹车等均需要加价选装。

作为一款保时捷的产品，Panamera E-Hybrid的突出之处主要在于驾控：这款新能源车的系统综合功率最高可以达到515kW，峰值扭矩则高达870N·m，是名副其实的"性能怪兽"。在这样强劲性能的加持下，Panamera E-Hybrid 0～100km／h的加速时间仅需3.3s。

② 底盘方面，Panamera E-Hybrid采用的是前双摇臂+后多连杆式独立悬架，并搭载采用3腔室技术的自适应空气悬架系统、保时捷动态底盘控制系统以及后桥转向系统，可以集中分析三个空间维度（俯仰、侧倾和横摆）的行驶条件，并计算出最佳行驶状态，实时同步底盘系统，带来更优秀的驾控感受。

保时捷旗下车型的另一大特色便是丰富的套件，Panamera E-Hybrid亦不例外，其也为消费者提供多样化的选择，比如轮圈可选样式达到了10种，尺寸则有20in及21in两种；内饰部分，消费者可以选择Alcantara翻毛皮、碳纤维/真皮等材质搭配。

基本信息（2023年款）	车型	2.9T	铂金版2.9T Sport Turismo 2.9T	行政加长版2.9T	行政加长铂金版2.9T	4S E-Hybrid Sport Turismo 2.9T	4S E-Hybrid 行政加长版2.9T	行政加长版4.0T
	定位	插电混动 大型车（PHEV大型车）　4座/5座						
	指导价/万元	119.3	129	132.3	137.6	150.3	159.6	250.1
	尺寸/mm	长宽高 5199×1937×1428　轴距3100						
电池性能	WLTC纯电续航里程/km				44			43
	电池容量/(kW·h)				17.9			
	电机总功率/kW				100			
	电机总扭矩/(N·m)				400			
动力性	系统综合功率/kW	340				412		515
	系统综合扭矩/(N·m)	700				750		870
	0~100km/h加速时间/s	4.4		4.5		3.7	3.8	3.3
智能化	屏幕及尺寸（顶配）	中控屏：12.3in						
	驾驶辅助亮点（顶配）	定速巡航、并线辅助（选装）、夜视系统(选装)、360°全景影像、主动刹车/主动安全（选装）、车道保持辅助、车道偏离预警、道路交通标识识别（选装）						
	智能网联亮点（顶配）	语音识别控制系统、CarPlay、4G、车联网						
政策	整车质保政策	3年或10万千米						
	"三电"质保政策	8年或16万千米						
其他关键词		标配膝部气囊、L2级智能辅助驾驶（选装）、双涡轮增压、空气悬架、Bose音响、主动格栅、电动扰流板						